Claudia Ehrenfeuchter | Andrea Jörger
Arbeitszeit von A–Z für den Betriebsrat

PRAXISLÖSUNGEN

Claudia Ehrenfeuchter · Andrea Jörger

Arbeitszeit von A–Z für den Betriebsrat

Kollegen beraten – Arbeitszeit gestalten

IMPRESSUM

Bibliografische Information der Deutschen Nationalbibliothek
Die Deutsche Nationalbibliothek verzeichnet diese Publikation
in der Deutschen Nationalbibliografie; detaillierte bibliografische
Daten sind im Internet über http://dnb.d-nb.de abrufbar.

© 2014 by WEKA MEDIA GmbH & Co. KG
Alle Rechte vorbehalten. Nachdruck und Vervielfältigung
– auch auszugsweise – nicht gestattet.

Wichtiger Hinweis
Die WEKA MEDIA GmbH & Co. KG ist bemüht, ihre Produkte jeweils nach
neuesten Erkenntnissen zu erstellen. Deren Richtigkeit sowie inhaltliche und
technische Fehlerfreiheit werden ausdrücklich nicht zugesichert. Die WEKA
MEDIA GmbH & Co. KG gibt auch keine Zusicherung für die Anwendbarkeit
bzw. Verwendbarkeit ihrer Produkte zu einem bestimmten Zweck. Die
Auswahl der Ware, deren Einsatz und Nutzung fallen ausschließlich in den
Verantwortungsbereich des Kunden.

WEKA MEDIA GmbH & Co. KG
Sitz in Kissing
Registergericht Augsburg
HRA 13940

Persönlich haftende Gesellschafterin:
WEKA MEDIA Beteiligungs-GmbH
Sitz in Kissing
Registergericht Augsburg
HRB 23695
Geschäftsführer: Stephan Behrens, Michael Bruns, Werner Pehland

WEKA MEDIA GmbH & Co. KG
Römerstraße 4, D-86438 Kissing
Fon 0 82 33.23-40 00
Fax 0 82 33.23-74 00
service@weka.de
www.weka.de

Umschlag geschützt als Geschmacksmuster der
WEKA MEDIA GmbH & Co. KG
Satz: EDV-Fotosatz Huber · Dorfstr. 56f · D-82110 Germering
Druck: Kessler Druck + Medien GmbH & Co. KG, D-86399 Bobingen
Printed in Germany 2014

ISBN 978-3-8111-0043-5

Inhaltsverzeichnis

Abkürzungsverzeichnis	9
Die Autorinnen	11
Vorwort	13
Der Arbeitszeitbegriff — eine Einführung	15
Grundlagen	15
Rechtliche Voraussetzungen	18
Sicht des Arbeitgebers	25
Auswirkungen auf die Arbeitnehmer	26
Vorgehensweise des Betriebsrats	27
Ihre digitalen Arbeitshilfen	32
Arbeitszeiterfassung	33
Grundlagen	33
Rechtliche Voraussetzungen	39
Sicht des Arbeitgebers	42
Auswirkungen auf die Arbeitnehmer	43
Vorgehensweise des Betriebsrats	44
Ihre digitalen Arbeitshilfen	48
Arbeitszeitkonten	49
Grundlagen	49
Rechtliche Voraussetzungen	61
Sicht des Arbeitgebers	73
Auswirkungen auf die Arbeitnehmer	75
Vorgehensweise des Betriebsrats	76
Ihre digitalen Arbeitshilfen	77
Bereitschaftsdienst/Rufbereitschaft	78
Grundlagen	78
Rechtliche Voraussetzungen	81
Sicht des Arbeitgebers	91
Auswirkungen auf die Arbeitnehmer	92
Vorgehensweise des Betriebsrats	93
Ihre digitalen Arbeitshilfen	96

Inhaltsverzeichnis

Elternzeit **97**
Grundlagen 97
Rechtliche Voraussetzungen 103
Sicht des Arbeitgebers 122
Auswirkungen auf die Arbeitnehmer 124
Vorgehensweise des Betriebsrats 126
Ihre digitalen Arbeitshilfen 128

Gleitzeit **129**
Grundlagen 129
Rechtliche Voraussetzungen 133
Sicht des Arbeitgebers 137
Auswirkungen auf die Arbeitnehmer 139
Vorgehensweise des Betriebsrats 140
Ihre digitalen Arbeitshilfen 142

Kurzarbeit **143**
Grundlagen 143
Rechtliche Voraussetzungen 147
Sicht des Arbeitgebers 153
Auswirkungen auf die Arbeitnehmer 154
Vorgehensweise des Betriebsrats 156
Ihre digitalen Arbeitshilfen 161

Mehrarbeit/Überstunden **162**
Grundlagen 162
Rechtliche Voraussetzungen 164
Sicht des Arbeitgebers 172
Auswirkungen auf die Arbeitnehmer 174
Vorgehensweise des Betriebsrats 177
Ihre digitalen Arbeitshilfen 181

Nebenbeschäftigung **182**
Grundlagen 182
Rechtliche Voraussetzungen 184
Sicht des Arbeitgebers 190
Auswirkungen auf die Arbeitnehmer 192
Vorgehensweise des Betriebsrats 194
Ihre digitalen Arbeitshilfen 195

Pflegezeit/Familienpflegezeit ... 196
Grundlagen ... 196
Rechtliche Voraussetzungen ... 200
Sicht des Arbeitgebers ... 207
Auswirkungen auf die Arbeitnehmer ... 209
Vorgehensweise des Betriebsrats ... 211
Ihre digitalen Arbeitshilfen ... 212

Sabbatical ... 213
Grundlagen ... 213
Rechtliche Voraussetzungen ... 215
Sicht des Arbeitgebers ... 222
Auswirkungen auf die Arbeitnehmer ... 224
Vorgehensweise des Betriebsrats ... 226
Ihre digitalen Arbeitshilfen ... 227

Schicht-/Nachtarbeit ... 228
Grundlagen ... 228
Rechtliche Voraussetzungen ... 233
Sicht des Arbeitgebers ... 241
Auswirkungen auf die Arbeitnehmer ... 244
Vorgehensweise des Betriebsrats ... 247
Ihre digitalen Arbeitshilfen ... 251

Sonn-/Feiertagsarbeit ... 252
Grundlagen ... 252
Rechtliche Voraussetzungen ... 254
Sicht des Arbeitgebers ... 262
Auswirkungen auf die Arbeitnehmer ... 264
Vorgehensweise des Betriebsrats ... 265
Ihre digitalen Arbeitshilfen ... 268

Teilzeitbeschäftigung ... 269
Grundlagen ... 269
Rechtliche Voraussetzungen ... 278
Sicht des Arbeitgebers ... 297
Auswirkungen auf die Arbeitnehmer ... 299
Vorgehensweise des Betriebsrats ... 301
Ihre digitalen Arbeitshilfen ... 304

Telearbeit 305
Grundlagen 305
Rechtliche Voraussetzungen 312
Sicht des Arbeitgebers 324
Auswirkungen auf die Arbeitnehmer 326
Vorgehensweise des Betriebsrats 329
Ihre digitalen Arbeitshilfen 334

Urlaub 335
Grundlagen 335
Rechtliche Voraussetzungen 341
Sicht des Arbeitgebers 352
Auswirkungen auf die Arbeitnehmer 354
Vorgehensweise des Betriebsrats 355
Ihre digitalen Arbeitshilfen 358

Vertrauensarbeitszeit 359
Grundlagen 359
Rechtliche Voraussetzungen 370
Sicht des Arbeitgebers 372
Auswirkungen auf die Arbeitnehmer 375
Vorgehensweise des Betriebsrats 376
Ihre digitalen Arbeitshilfen 379

Zeitarbeit 380
Grundlagen 380
Rechtliche Voraussetzungen 384
Sicht des Arbeitgebers 387
Auswirkungen auf die Arbeitnehmer 388
Vorgehensweise des Betriebsrats 389
Ihre digitalen Arbeitshilfen 392

Stichwortverzeichnis 393

Abkürzungsverzeichnis

Abs.	Absatz
AG	Amtsgericht
AGG	Allgemeines Gleichbehandlungsgesetz
AltTZG	Altersteilzeitgesetz
ArbG	Arbeitsgericht
ArbPlSchG	Arbeitsplatzschutzgesetz
ArbSchG	Arbeitsschutzgesetz
ArbZG	Arbeitszeitgesetz
ASiG	Arbeitssicherheitsgesetz
AÜG	Arbeitnehmerüberlassungsgesetz
AZV	Arbeitszeitverordnung
BAG	Bundesarbeitsgericht
BAuA	Bundesanstalt für Arbeitsschutz und Arbeitsmedizin
BBiG	Berufsbildungsgesetz
BEEG	Bundeselterngeld- und Elternzeitgesetz
BetrVG	Betriebsverfassungsgesetz
BGB	Bürgerliches Gesetzbuch
BGBl.	Bundesgesetzblatt
BGH	Bundesgerichtshof
BUrlG	Bundesurlaubsgesetz
BPersVG	Bundespersonalvertretungsgesetz
BSG	Bundessozialgericht
BVerfG	Bundesverfassungsgericht
bzw.	beziehungsweise
d.h.	das heißt
EltZV	Elternzeitverordnung
EG, EU	Europäische Gemeinschaft, Europäische Union
EntgFG	Entgeltfortzahlungsgesetz
etc.	et cetera, und so weiter
EuGH	Europäischer Gerichtshof
ff.	folgende
FPfZG	Familienpflegezeitgesetz
GG	Grundgesetz
i.S.d.	im Sinne des

Abkürzungsverzeichnis

i.S.v.	im Sinne von
JArbSchG	Jugendarbeitsschutzgesetz
JAV	Jugend- und Auszubildendenvertretung
KSchG	Kündigungsschutzgesetz
LAG	Landesarbeitsgericht
MuSchG	Mutterschutzgesetz
MitbestG	Mitbestimmungsgesetz
Nr.	Nummer
o.Ä.	oder Ähnliches
OLG	Oberlandesgericht
PflegeZG	Pflegezeitgesetz
SeemG	Seemannsgesetz
SGB III	Drittes Sozialgesetzbuch (Arbeitsförderung)
SGB IV	Viertes Sozialgesetzbuch (Sozialversicherung)
SGB IX	Neuntes Sozialgesetzbuch (Rehabilitation und Teilhabe behinderter Menschen)
SGB V	Fünftes Sozialgesetzbuch (gesetzliche Krankenversicherung)
SGB VI	Sechstes Sozialgesetzbuch (gesetzliche Rentenversicherung)
SGB XI	Elftes Sozialgesetzbuch (Pflegeversicherung)
sog.	sogenannt
TV-L	Tarifvertrag für den öffentlichen Dienst der Länder
TVöD	Tarifvertrag für den öffentlichen Dienst
TzBfG	Teilzeit- und Befristungsgesetz
u.U.	unter Umständen
vgl.	vergleiche
VwVfG	Verwaltungsverfahrensgesetz

Die Autorinnen

Claudia Ehrenfeuchter

studierte Rechtswissenschaften an der Universität Regensburg, 1998 zweites juristische Staatsexamen, 1999-2009 Lektorin in verschiedenen juristischen Fachverlagen (Arbeitsschwerpunkte u.a. Tarifrecht, Personalvertretungsrecht und Beamtenrecht), Zusatzausbildung Online-Redaktion, freies Lektorat und Social Media Managerin, seit Mai 2009 eigenes Lektorat und Redaktionsbüro "Text und Recht".

Andrea Jörger

ist Volljuristin und Diplom-Verwaltungswirtin mit journalistischer Ausbildung. 1991 bis 1996 Studium der Rechtswissenschaften an der Universität Marburg, 1998 Zweites Juristisches Staatsexamen, 1999 bis 2004 Lektorin in juristischen Fachverlagen, 2004/2005 Zusatzausbildung im Online-Journalismus. Seit Mai 2005 freie Redakteurin, Autorin und Fachlektorin mit den Schwerpunkten staatliches und kirchliches Arbeits- und Mitbestimmungsrecht.

Autorenverzeichnis

Vorwort

Sehr geehrte Betriebsrätin, sehr geehrter Betriebsrat,

die heutige Arbeitswelt mit ihren modernen Kommunikationstechniken verlangt Arbeitnehmern eine hohe Stressresistenz ab. Die ständige Erreichbarkeit und das damit verbundene Verschwimmen von Privat- und Berufsleben können auch zu psychischen Belastungen bis hin zur Selbstausbeutung und zu Burn-out-Syndromen führen.

Gerade angesichts der dramatischen Zunahme von psychischen Erkrankungen am Arbeitsplatz haben wir bewusst das Stichwort **Sabbatical** in die Neuauflage dieses Fachbuchs aufgenommen. Hier lesen Sie zu den Rahmenbedingungen, unter denen Beschäftigte eine Auszeit von der Arbeit nehmen und ihre persönliche Work-Life-Balance wiederherstellen können, wie sie in der Freistellungsphase geschützt sind und warum auch der Arbeitgeber aus dem Langzeiturlaub eines Mitarbeiters Vorteile ziehen kann.

Wir geben Ihnen mit der **dritten überarbeiteten und erweiterten Neuauflage dieses Fachbuchs** wieder einen handlichen, verständlichen Begleiter an die Hand, der bei individuellen Anliegen und komplexen Fragen rund um das weitumspannende Thema **Arbeitszeit** praktische Lösungen anbietet. So können Sie Ihren Kollegen schnell und kompetent Auskunft geben, ohne dass Sie lange recherchieren müssen.

Alle wichtigen Themen sind nach **Stichworten von A bis Z** (Arbeitszeitbegriff bis Zeitarbeit) sortiert und haben die gleiche Struktur:

In den **Grundlagen** erhalten Sie einen Überblick zu den Problemstellungen. Die **rechtlichen Voraussetzungen** zeigen die gesetzlichen Rahmenbedingungen des Themas auf. Die **Sicht des Arbeitgebers** hilft Ihnen, Standpunkte und mögliche Argumente der Geschäftsleitung im Vorfeld zu betrachten. Mit den **Auswirkungen auf die Arbeitnehmer** geben wir Ihnen Hilfestellung bei der Beurteilung der langfristigen Wirkung von Entscheidungen für die Belegschaft. Lösungsansätze und Empfehlungen für Ihre tägliche Arbeit finden Sie im Kapitel **Vorgehensweise des Betriebsrats**. Am Ende jedes Stichworts folgen Hinweise auf praktische und direkt einsetzbare **Checklisten, Musterschreiben, Betriebsvereinbarungen, Fragen-und-Antwort-Kataloge** und noch viele weitere Arbeitshilfen. Auf der **beiliegenden CD-ROM** können Sie diese frei bearbeiten für den Einsatz in Ihrem Unternehmen.

Ergänzend bietet die im Rahmen der Neuauflage aktualisierte CD-ROM **wesentliche Gerichtsurteile** zu allen Stichworten, umfassend kommentiert. Die Rechtsprechung ist auf dem Stand März 2014 berücksichtigt.

Alles in allem haben Sie damit ein umfassendes Wissenspaket in Ihren Händen, das Sie nicht nur theoretisch informiert, sondern ganz praktisch in Ihrer Betriebsratsarbeit unterstützt.

Dazu wünschen wir Ihnen viel Erfolg!

Ihre Herausgeber

Claudia Ehrenfeuchter und Andrea Jörger

Vorwort

Der Arbeitszeitbegriff — eine Einführung

Grundlagen

Begriff der Arbeitszeit

Der Begriff der Arbeitszeit ist in verschiedenen Vorschriften geregelt:

Arbeitszeit im **Sinne des Arbeitszeitgesetzes** ist die Zeit vom Beginn bis zum Ende der Arbeit ohne Ruhepausen, die aufgrund arbeitsvertraglicher Vereinbarung zu leisten ist. Sie ist unter zwei Gesichtspunkten von Bedeutung. Zum einen richtet sich die vom Arbeitgeber geschuldete **Vergütung** in der Regel nach der Arbeitszeit. Zum anderen darf die **werktägliche Arbeitszeit** der Arbeitnehmer grundsätzlich eine gewisse Grenze, nämlich acht oder zehn Stunden, nicht überschreiten. Es ist daher von erheblicher Bedeutung, was genau zur Arbeitszeit zu zählen ist.

In **Tarifverträgen** gibt es zahlreiche Regelungen zu dem Begriff in sehr unterschiedlichen Ausführungen und Modellen. Diese sind sehr speziell und nur für den jeweiligen Tarifbereich gültig. Zum Teil kann davon sogar noch abgewichen werden.

Einzelarbeitsverträge enthalten Regelungen speziell für diesen Mitarbeiter, z.B. Festlegung von Teilzeit, Schichtarbeit, Einsatz nur in den Nachtschichten. Auch **Betriebsvereinbarungen** können Regelungen enthalten, die dann für den ganzen Betrieb gelten, z.B. Festlegung des Gleitzeitrahmens.

Beginn/Ende der Arbeitszeit gesetzlich nicht geregelt

Da gesetzlich nicht geregelt ist, wann die Arbeitszeit beginnt bzw. endet, kommt es zunächst darauf an, ob dies **arbeitsvertraglich** oder aber in einer **Betriebsvereinbarung** bzw. **Tarifvereinbarung** geregelt worden ist. Findet sich eine solche Regelung nicht, gilt Folgendes:

Waschen und Umkleiden

Waschen und Umkleiden sind in der Regel nicht zur Arbeitszeit zu zählen. Ausnahmsweise zählt es zur Arbeitszeit, wenn der Arbeitnehmer verpflichtet ist, **vorgeschriebene Schutzkleidung** zu tragen und diese nach seiner Tätigkeit am Arbeitsplatz zurückzulassen. Wenn sich der Arbeitnehmer aus **hygienischen Gründen** nach Arbeitsende einer gründlichen Körperreinigung unterziehen muss, handelt es sich auch insoweit um Arbeitszeit. Wenn das Umkleiden nur der persönlichen Vorbereitung dient (z.B. beim Koch), liegt keine Arbeitszeit vor.

Pausen

Die Pausenzeit zählt **nicht zur Arbeitszeit.** Der Pausenanspruch beträgt bei mehr als sechsstündiger Arbeit 30 Minuten, bei mehr als neunstündiger Arbeit 45 Minuten. Die Pause kann in Abschnitte von je 15 Minuten unterteilt werden. Die Ruhepausen müssen im Voraus feststehen, es muss einen Rahmen geben, innerhalb dessen die Pausen in Anspruch genommen werden können. Im Bereich Gaststätten und im Pflegebereich gibt es andere Ruhezeiten.

Wegezeit

Die sog. Wegezeit, also die Zeit, die der Arbeitnehmer morgens von seinem **Wohnort zum Betrieb** benötigt und andersherum, zählt grundsätzlich nicht zur Arbeitszeit. Als Arbeitszeit gelten dagegen **Wege im Betrieb** und zu außerhalb des Betriebs gelegenen Betriebsorten. Dazu gehören alle Zeiten für die Beförderung von Arbeitnehmern in betriebseigenen Beförderungsmitteln **von der Betriebsstätte zu einer auswärtigen Arbeitsstätte** und zurück. Bei der unmittelbaren Anreise vom Wohnort zu der auswärtigen Arbeitsstätte wird die Zeit angerechnet, die über die Wegezeit von der Wohnung zum Betrieb hinausgeht.

Beispiel
- Fahrt von der Wohnung zur auswärtigen Arbeitsstätte: eine Stunde
- Fahrt von der Wohnung zum Betrieb: eine halbe Stunde
- Für die Fahrt von der Wohnung zur auswärtigen Arbeitsstätte wird dann eine halbe Stunde Arbeitszeit angerechnet.

Dienstreise

Arbeitszeit im Sinne des Arbeitszeitgesetzes liegt auch dann vor, wenn der Arbeitnehmer eine **Tätigkeit auf der Dienstreise** verrichtet. Was die Reisezeit selbst angeht, differenziert das Bundesarbeitsgericht, wie der Arbeitnehmer zum Ziel der Dienstreise gelangt. Wird die Dienstreise mit der Bahn oder dem Flugzeug absolviert, so stellt die Reisezeit keine Arbeitszeit dar, wenn dem Arbeitnehmer während des Fluges oder der Bahnfahrt überlassen bleibt, wie er die Fahrtzeit gestaltet. Nach den geltenden Regeln des Arbeitszeitgesetzes sind Fahrtzeiten in solchen Fällen wie Ruhezeiten zu behandeln. Muss der Arbeitnehmer dagegen während der Fahrt eine **Arbeitsaufgabe,** wie z.B. Aktenbearbeitung, Arbeit am Laptop, Dienstbesprechung oder Protokollführung erfüllen, so wird die Reisezeit als Arbeitszeit gewertet. Wird die Dienstreise mit einem **Pkw** absolviert und steuert der Arbeitnehmer das Fahrzeug selbst, so erbringt er eine Arbeitsleistung und die Zeit wird ebenfalls als Arbeitszeit im Sinne des Arbeitszeitgesetzes gewertet.

Dienstreise eines Betriebsratsmitglieds

Grundsätzlich können auch Wege-, Fahrt- und Reisezeiten, die ein Betriebsratsmitglied zur **Erfüllung notwendiger betriebsverfassungsrechtlicher Aufgaben** außerhalb seiner Arbeitszeit aufwendet, einen Anspruch auf Freizeitausgleich gemäß § 37 Abs. 3 BetrVG auslösen. Allerdings dürfen Betriebsratsmitglieder gemäß § 78 Satz 2 BetrVG wegen ihrer Tätigkeit nicht benachteiligt oder begünstigt werden. Für die Bewertung von Reisezeiten, die ein Betriebsratsmitglied zur Wahrnehmung von Betriebsratstätigkeiten aufwendet, können daher keine anderen Maßstäbe gelten.

Berufsschultage

Berufsschultage mit **mehr als fünf Unterrichtsstunden werden mit acht Stunden** auf die gesetzliche Höchstarbeitszeit angerechnet. Bei kürzerem Unterricht wird die tatsächliche Unterrichtszeit einschließlich der Pausen kalkuliert.

Betriebsveranstaltungen

Betriebsveranstaltungen mit **überwiegend dienstlichem Charakter,** wie z.B. Betriebsversammlungen, zählen zur Arbeitszeit und müssen bezahlt/angerechnet werden.

Fazit

Arbeitszeit ist nicht:
- Waschen und Umkleiden
- Wegezeit von der Wohnung zur Arbeitszeit
- Ruhepausen

Zur Arbeitszeit zählen:
- Wege im Betrieb
- Wege zu außerhalb des Betriebs gelegenen Arbeitsstätten
- Dienstreisen außerhalb des Geltungsbereichs des Tarifvertrags für den öffentlichen Dienst, sofern der Arbeitnehmer Arbeitsleistungen erbringen muss

Rechtliche Voraussetzungen

§ 2 ArbZG Begriff

Das Arbeitszeitgesetz (ArbZG) enthält die wichtigsten Regelungen zum Arbeitszeitbegriff. Zunehmend nimmt das europäische Recht, z.B. durch die Arbeitszeitrichtlinie, Einfluss auf die Definition. Aber auch Tarifverträge können Regelungen enthalten.

In § 2 regelt das Arbeitszeitgesetz, dass Arbeitszeit die Zeit vom **Beginn bis zum Ende der Arbeit ohne die Ruhepausen** ist. Arbeitszeit ist demnach die Summe der Zeiten zwischen Arbeitsbeginn und dem Arbeitsende abzüglich der Pausenzeiten.

Tatsächliches Arbeiten nicht erforderlich

Hierbei ist zunächst zu beachten, dass es für den Begriff der Arbeitszeit unerheblich ist, ob der Arbeitnehmer auch tatsächlich arbeitet. Ausreichend ist, dass er sich am Arbeitsplatz **zur Verfügung hält.** Wartet etwa ein Verkäufer im Verkaufsraum auf Kunden, um diese bedienen zu können, so zählt das ebenso zur Arbeitszeit wie das Bedienen der Kunden selbst. Auch Arbeitsunterbrechungen wegen Maschinenstillstands oder fehlender Arbeitsmaterialien zählen zur Arbeitszeit.

Zur Arbeitszeit gehören die Zeiten, die der Arbeitnehmer nicht mit der eigentlich geschuldeten Arbeit verbringt, sondern in denen er sog. **Vor- oder Abschlussarbeiten** verrichtet. Solche Arbeiten, wie etwa Vorbereiten, Aufbau, Abräumen und Reinigen des Arbeitsplatzes, müssen innerhalb der werktäglichen Arbeitszeit i.S.d. § 3 ArbZG erledigt werden.

Betriebs- oder Tarifvereinbarungen

Was der Beginn oder das Ende der Arbeitszeit ist, ist gesetzlich nicht geregelt. Insoweit ist auf Regelungen des Tarifvertrags, einer Betriebsvereinbarung oder aber eines Einzelarbeitsvertrags abzustellen. Findet sich zum Beginn und Ende der Arbeitszeit keine Regelung oder besteht kein Zeiterfassungssystem im Betrieb („Stempeluhr"), beginnt und endet die Arbeitszeit **generell erst am eigentlichen Arbeitsplatz.**

In § 2 ArbZG wird auch die Nachtarbeit definiert. Nähere Einzelheiten siehe Stichwort **„Nachtarbeit".**

Fazit
Nach dem Arbeitszeitgesetz ist Arbeitszeit die Zeit vom Beginn bis zum Ende der Arbeit ohne Ruhepausen.

Bereitschaftsdienst und Rufbereitschaft

Bereitschaftsdienst ist als **Arbeitszeit** zu werten. Bereitschaftsdienst ist dann gegeben, wenn der Arbeitnehmer sich an einer vom Arbeitgeber bestimmten Stelle innerhalb oder außerhalb des Betriebs aufzuhalten hat, um seine Arbeit aufzunehmen, sobald es notwendig wird. Solange sein beruflicher Einsatz nicht erforderlich ist, darf der Arbeitnehmer während des Bereitschaftsdiensts ruhen oder sich anderweitig beschäftigen.

Davon ist die **Rufbereitschaft** zu unterscheiden. Sie unterscheidet sich von dem Bereitschaftsdienst dadurch, dass der Arbeitnehmer bei Rufbereitschaft den Aufenthaltsort bestimmt. Der Arbeitnehmer teilt dem Arbeitgeber den Aufenthaltsort mit, um seine Arbeit außerhalb der regelmäßigen Arbeit aufnehmen zu können. Rufbereitschaft an sich ist keine Arbeitszeit, erst wenn es zu einem Einsatz kommt, liegt Arbeitszeit vor.

Fazit

Bereitschaftsdienst zählt zur Arbeitszeit. Rufbereitschaft dagegen nicht, außer der Arbeitnehmer wird zur Arbeitsleistung herangezogen, dann sind die Wegezeiten und die Zeit der tatsächlichen Inanspruchnahme Arbeitszeit im Sinne des Arbeitszeitgesetzes. Diese Zeiten müssen dann bei der Ermittlung der Höchstarbeitszeit (§ 3 ArbZG) berücksichtigt werden.

Höchstarbeitszeiten

Die werktägliche Arbeitszeit beträgt acht Stunden (§ 3 ArbZG). Bei einer Arbeitswoche von sechs Tagen bedeutet dies eine Höchstarbeitszeit von **48 Stunden pro Woche**. Die Verteilung auf die einzelnen Wochentage muss nicht gleichmäßig sein. Insgesamt dürfen aber die 48 Stunden nicht überschritten werden.

Die Arbeitszeit kann auf **bis zu zehn Stunden verlängert** werden, wenn innerhalb von sechs Kalendermonaten oder innerhalb von 24 Wochen im Durchschnitt acht Stunden werktäglich nicht überschritten werden. Das heißt, die Arbeitszeit kann auf bis zu 60 Stunden in der Woche ausgedehnt werden. So sind vielfältige Möglichkeiten für eine flexible Arbeitszeitgestaltung möglich, z.B. bei Saisonarbeit, Jahresarbeitszeitmodellen, Vorarbeit in der Altersteilzeit.

Beispiel

Ein Arbeitnehmer mit 40 Wochenstunden nach Vertrag arbeitet drei Wochen 60 Stunden nach der Höchstregelung und hat dann eine Woche komplett frei. Oder er arbeitet zwölf Wochen mit 60 Stunden und hat anschließend vier Wochen frei.

Praxistipp

Die tägliche Höchstarbeitszeit gilt für den Arbeitnehmer selbst, nicht das jeweilige Arbeitsverhältnis. Hat also ein Arbeitnehmer zwei Teilzeitbeschäftigungen, darf er insgesamt nur zehn Stunden am Tag arbeiten.

Ruhepausen

§ 4 **ArbZG** regelt, dass nach mehr als sechs Stunden Arbeitszeit eine Ruhepause durchzuführen ist. Ruhepausen sind im Voraus festliegende Unterbrechungen der Arbeitszeit, in denen der Arbeitnehmer weder Arbeit zu leisten hat noch sich dafür bereitzuhalten braucht. Vielmehr hat er die freie Verfügung darüber, wo und wie er diese Ruhezeit verbringen will. Ruhepausen sind keine Arbeitszeit. Der Arbeitnehmer kann frei darüber entscheiden, wo und wie er die Pause verbringen will.

Dauer der Pause

Der Pausenanspruch beträgt bei **mehr als sechsstündiger Arbeit 30 Minuten**, bei **mehr als neunstündiger Arbeit 45 Minuten.** Die Pausen können in Zeitabschnitte von jeweils 15 Minuten unterteilt werden. Eine Arbeitsunterbrechung von weniger als 15 Minuten zählt nicht zur Pause. Für Jugendliche gilt § 11 JArbSchG (vgl. Arbeitshilfe „Jugendarbeitsschutzgesetz"). In Schicht- und Verkehrsbetrieben kann die Gesamtdauer der Pausen gemäß §7 Abs. 1 Nr. 2 ArbZG auf **„Kurzpausen von angemessener Dauer"** aufgeteilt werden. Diese Pausen zählen nach allgemeiner Auffassung zur Arbeitszeit und sind dementsprechend zu vergüten.

Eine Abweichung gibt es auch in § 7 Abs 2 Nr. 3 ArbZG bei der Behandlung, Pflege und Betreuung von Personen. Hier ist die Pausenregelung der Eigenart dieser Tätigkeit und dem Wohl der Person anzupassen.

Lage der Pause

Wie die Pausen gelegt werden, schreibt das Gesetz nicht vor. Allerdings stellt § 4 ArbZG klar, dass **nicht länger als sechs Stunden ohne Pause** gearbeitet werden darf. Daraus folgt, dass die Pause nicht am Anfang oder am Ende der Arbeitszeit liegen darf. Für Jugendliche ist dies in § 11 Abs. 2 Satz 1 Arbeitsschutzgesetz (ArbSchG) ausdrücklich festgelegt. Sie dürfen auch nicht länger als viereinhalb Stunden ohne Pause arbeiten.

Pause muss im Voraus feststehen

Die Ruhepause muss im Voraus feststehen, sodass **variable Pausenzeiten unzulässig** sind. Wenn etwa Verkäufer oder Kundenberater ihre Pausen in kundenschwache Zeiten legen, diese jedoch beim Auftauchen von Kundschaft ab- oder unterbrechen, so gilt diese Zeit nicht als Pause. Der Arbeitgeber darf die Pausengestaltung nicht den Arbeitnehmern überlassen, sondern muss die Pausen im Einvernehmen mit dem Betriebsrat selbst festlegen. Anderenfalls gilt die Pause als nicht gewährt. Eine Arbeitsunterbrechung, bei deren Beginn der Arbeitnehmer nicht weiß, wie lange sie dauert, ist ebenfalls keine Pause.

Mitbestimmung durch den Betriebsrat

Der Betriebsrat hat bei Beginn und Ende der täglichen Arbeitszeit einschließlich der Pausen mitzubestimmen. Das Arbeitszeitgesetz legt nur die Mindestunterbrechungszeit der Arbeitszeit fest, sodass der Betriebsrat die Möglichkeit hat, zusätzliche unbezahlte Pausen, z.B. innerhalb der ersten sechs Stunden der Arbeitszeit durchzusetzen. Bei bezahlten Pausen ist das Mitbestimmungsrecht des Betriebsrats allein auf deren Lage beschränkt.

Ruhezeiten

Unter Ruhezeit nach § 5 ArbZG ist jede Zeitspanne außerhalb der Arbeitszeit zu verstehen. **Ruhezeiten zählen nicht zur Arbeitszeit.** Ruhezeiten sind auch von den Pausen zu unterscheiden. Ruhezeiten liegen zwischen den Arbeitstagen und der Arbeitnehmer ist meist zu Hause, jedenfalls nicht im Betrieb. Wegezeiten von der Wohnung zur Arbeitsstätte und zurück werden auf die Ruhezeiten angerechnet, nicht dagegen innerbetriebliche Wege- und Umkleidezeiten.

§ 5 Abs. 1 ArbZG schreibt vor, dass den Arbeitnehmern nach Beendigung der Arbeit eine **ununterbrochene Ruhezeit von mindestens elf Stunden** zu gewähren ist. Ununterbrochen bedeutet, dass die Ruhezeit zusammenliegen muss. Sie darf nicht in Zeitabschnitte von weniger als elf Stunden aufgeteilt werden. Sie ist aber nicht an einen Kalendertag gebunden, kann also auch über Nacht stattfinden. Jede auch nur kurzzeitige Tätigkeit, z.B. durch Inanspruchnahme der Rufbereitschaft, unterbricht diesen Zeitraum, was dazu führt, dass die Ruhezeit von elf Stunden erneut beginnt.

Ausnahmen sind in den von § 5 Abs. 2 ArbZG definierten Bereichen möglich:

- Krankenhäuser und Pflegeeinrichtungen
- Gaststätten und Beherbergungsbetriebe
- Verkehrsbetriebe
- Rundfunk und Fernsehen
- Landwirtschaft und Tierhaltung

Hier kann die Ruhezeit um bis zu einer Stunde auf zehn Stunden verkürzt werden. Eine Verkürzung der Ruhezeit ist unter den engen Voraussetzungen des § 7 ArbZG möglich.

Fazit
Arbeitszeit und Ruhezeit schließen einander aus. § 5 Abs. 1 ArbZG schreibt vor, dass den Arbeitnehmern nach Beendigung der Arbeit eine ununterbrochene Ruhezeit von mindestens elf Stunden zu gewähren ist.

Lage der Arbeitszeit

Die Lage der Arbeitszeit ist nicht gesetzlich geregelt, meist ist sie durch eine Betriebsvereinbarung geregelt. Hier besteht ein Mitbestimmungsrecht des Betriebsrats. Nähere Einzelheiten siehe Abschnitt „Vorgehensweise des Betriebsrats" in diesem Stichwort.

Sonderregelungen für besondere Personengruppen

Höchstarbeitszeiten für Jugendliche

Für Jugendliche (das sind nach § 2 Abs. 2 JArbSchG Personen, die 15, aber noch nicht 18 Jahre alt sind) gilt eine Höchstarbeitszeit von **acht Stunden täglich und 40 Stunden wöchentlich** (§ 8 Abs. 1 JArbSchG). Tägliche Arbeitszeit ist die Zeit vom Beginn bis zum Ende der täglichen

Der Arbeitszeitbegriff – eine Einführung | Rechtliche Voraussetzungen

Beschäftigung ohne Ruhepausen (§ 4 Abs. 1 JArbSchG). Für die Berechnung der wöchentlichen Arbeitszeit ist als Woche die Zeit von Montag bis einschließlich Sonntag zugrunde zu legen (§ 4 Abs. 4 Satz 1 JArbSchG). Wenn an einzelnen Werktagen die Arbeitszeit auf weniger als acht Stunden verkürzt ist, können Jugendliche an den übrigen Werktagen derselben Woche achteinhalb Stunden beschäftigt werden (§ 8 Abs. 2a JArbSchG). Eine weitere Ausnahmeregelung besteht auch für die Erntezeit in der Landwirtschaft (vgl. dazu § 8 Abs. 3 JArbSchG).

Arbeitsfreistellung für Berufsschulunterricht

Für die Zeiten des Berufsschulunterrichts gibt es eine besondere Freistellungsregelung in § 9 JArbSchG (für die Teilnahme an Prüfungen und außerbetrieblichen Ausbildungsmaßnahmen vgl. § 10 JArbSchG). Die Zeiten für die Berufsschule und die Prüfungen werden **voll auf die Arbeitszeit angerechnet** und die Jugendlichen erhalten das volle Arbeitsentgelt.

Pausenregelung für Jugendliche

Für die Arbeitspausen legt § 11 JArbSchG fest:

Es gelten als Pausen nur Arbeitsunterbrechungen von mindestens 15 Minuten (§ 11 Abs. 1 Satz 3 JArbSchG). Die Pausen müssen im Voraus feststehen (§ 11 Abs. 1 Satz 1 JArbSchG). Die Ruhepausen dürfen nicht in der ersten oder letzten Arbeitsstunde liegen (§ 11 Abs. 2 Satz 1 JArbSchG).

Länger als viereinhalb Stunden hintereinander dürfen Jugendliche nicht ohne Ruhepause beschäftigt werden. Die Ruhepausen müssen nach § 11 Abs. 1 Satz 2 JArbSchG mindestens betragen:

- 30 Minuten bei einer Arbeitszeit von mehr als viereinhalb bis zu sechs Stunden
- 60 Minuten bei einer Arbeitszeit von mehr als sechs Stunden

Einschränkung von Schichtarbeit für Jugendliche

Jugendliche dürfen zwar grundsätzlich Schichtarbeit leisten. Es sind aber die §§ 4, 12, 14, 16 bis 18 JArbSchG zu beachten. Die Schichtzeit darf bei Jugendlichen **zehn Stunden nicht überschreiten** (§ 12 JArbSchG). Als Schichtzeit gilt gemäß § 4 Abs. 2 JArbSchG die tägliche Arbeitszeit unter Hinzurechnung der Ruhepausen. Ausnahmen gibt es z.B. für den Bereich des Bergbaus, das Gaststättengewerbe und in der Landwirtschaft.

Nachtarbeitsverbot, Sonn- und Feiertagsruhe für Jugendliche

§ 13 JArbSchG regelt, dass nach Beendigung der täglichen Arbeitszeit Jugendliche nicht vor Ablauf einer ununterbrochenen Freizeit von mindestens zwölf Stunden beschäftigt werden dürfen. Grundsätzlich dürfen Jugendliche nur in der Zeit zwischen 6.00 bis 20.00 Uhr beschäftigt werden (**Nachtarbeitsverbot**: § 14 Abs. 1 JArbSchG). Ausnahmen bestehen z.B. für das Gaststätten- und Bäckereigewerbe (§ 14 Abs. 2 bis 7 JArbSchG).

§ 15 JArbSchG bestimmt eine Fünftagewoche mit zwei nach Möglichkeit aufeinanderfolgenden Ruhetagen. In § 16 und 17 JArbSchG ist die Samstags- und Sonntagsruhe festgeschrieben.

§ 18 enthält eine **Feiertagsruhevorschrift**.

Das gesetzliche Verbot zur Beschäftigung von Jugendlichen an **Sonn- und Feiertagen** schließt eine Anwendung der in § 10 ArbZG festgelegten Ausnahmetatbestände zu § 9 Abs. ArbZG (genehmigungsfreie Sonn- und Feiertagsarbeit) aus. Ausnahmetatbestände für Jugendliche finden sich in den §§ 17, 18 JArbSchG (z.B. für Landwirtschaft, Gastronomie, Krankenhäuser, Schaustellergewerbe, Hörfunk und Fernsehen).

Nähere Einzelheiten in der Arbeitshilfe „Jugendarbeitsschutzgesetz".

Wichtig

Verstöße gegen das Jugendarbeitsschutzgesetz werden als Ordnungswidrigkeiten oder in schweren Fällen auch als Straftaten verfolgt. Bei Missachtung der öffentlich-rechtlichen Pflichten können die Gewerbeaufsichtsämter der Länder als die zuständigen Aufsichtsbehörden von ihren polizeilichen Befugnissen Gebrauch machen und die Zwangsmittel des Verwaltungsvollstreckungsgesetzes (VwVfG) anwenden. Außerdem können gegenüber dem Arbeitgeber Bußgelder (bei Ordnungswidrigkeiten) und Geld- sowie Freiheitsstrafen (bei Straftaten) verhängt werden (§§ 58 ff. JArbSchG).

Sonderregelung für werdende oder stillende Mütter

Der Betrieb hat es werdenden oder stillenden Müttern während der Pausen und, soweit es aus gesundheitlichen Gründen erforderlich ist, auch während der Arbeitszeit zu ermöglichen, sich unter geeigneten Bedingungen hinzulegen und auszuruhen.

§ 7 MuSchG enthält eine spezielle Regelung zur Stillzeit

Stillenden Müttern ist auf ihr Verlangen die **zum Stillen erforderliche Zeit**, mindestens aber zweimal täglich eine halbe Stunde oder einmal täglich eine Stunde freizugeben. Bei einer zusammenhängenden Arbeitszeit von mehr als acht Stunden soll auf Verlangen zweimal eine Stillzeit von mindestens 45 Minuten oder, wenn in der Nähe der Arbeitsstätte keine Stillgelegenheit vorhanden ist, einmal eine Stillzeit von mindestens 90 Minuten gewährt werden.

Die Arbeitszeit gilt als zusammenhängend, soweit sie nicht durch eine Ruhepause von mindestens zwei Stunden unterbrochen wird.

§ 8 MuSchG

Stillende und werdende Mütter unterliegen einem **Verbot der Mehrarbeit**, Verbot der Nachtarbeit zwischen 20.00 Uhr und 6.00 Uhr und Verbot der Sonn- und Feiertagsarbeit.

Nähere Einzelheiten in der Arbeitshilfe „Mutterschutzgesetz".

Fazit

- Das Jugendarbeitsschutzgesetz enthält besondere Arbeitszeitregelungen, die der Arbeitgeber bei der Beschäftigung von Personen, die noch nicht 18 Jahre alt sind, zu beachten hat.
- Für erwerbstätige werdende und stillende Mütter sieht das Mutterschutzgesetz besondere Maßnahmen vor, um Mutter und Kind vor Gefahren für Leib, Leben und Gesundheit zu schützen. Insbesondere sind Beschäftigungsverbote für die Zeit vor und nach der Entbindung zu beachten sowie Besonderheiten bei Nacht- und Schichtarbeit.

Flexibilisierung der Arbeitszeit

In der heutigen Zeit gibt es kaum noch Bereiche mit starren Arbeitszeiten für ein ganzes Unternehmen. Gleitzeitmodelle, längere Servicezeiten für den Kunden, durchgängige Maschinenlaufzeiten benötigen flexible Arbeitszeiten. Flexible Arbeitszeitmodelle sind zum Schutz des Arbeitnehmers vor einer Verlagerung wirtschaftlicher Risiken und im Interesse einer sinnvollen Arbeitszeitgestaltung nicht uneingeschränkt möglich. So ist zum einen zu berücksichtigen, dass der Arbeitnehmer während der Arbeitszeit nicht selbst über seine Zeit verfügen kann und ein verständliches Interesse an einer gewissen **Vorhersehbarkeit von Dauer und Lage** der Arbeitszeit hat. Zum anderen muss der Arbeitnehmer davor geschützt werden, dass ihm **wirtschaftliche Risiken** auferlegt werden und er keinen Ausgleich dafür erhält.

Flexible Arbeitszeitmodelle sind dann nicht zulässig, wenn

- sie gegen ein gesetzliches Verbot verstoßen (§ 134 BGB),
- sie sittenwidrig sind (§ 138 BGB),
- der erforderliche Nachweis in Form eines schriftlichen Arbeitsvertrags mit den entsprechenden Nachweisen nicht erbracht wird oder
- sie gegen kollektivrechtliche Regelungen verstoßen.

Sicht des Arbeitgebers

Der Arbeitgeber muss dem Arbeitnehmer ermöglichen, die Grundlagen für die tägliche Arbeitszeit, also das Arbeitszeitgesetz, Tarifverträge und die Betriebsvereinbarung, einsehen zu können.

Der Arbeitgeber muss Aufzeichnungen über die tägliche Arbeitszeit der Beschäftigten führen, um Ruhepausen, Ruhezeiten und mögliche Ausgleichszeiten für höhere Arbeitszeiten bestimmen und ermöglichen zu können. (Nähere Einzelheiten siehe Stichwort „Arbeitszeiterfassung".

Fazit

Der Arbeitgeber muss die Regelungen über die höchstzulässige Arbeitszeit beachten, die durch Arbeitszeitgesetz, Tarifverträge oder Betriebsvereinbarung bestimmt werden. Er ist verpflichtet, die Arbeitszeiten festzuhalten und ggf. einen entsprechenden Ausgleich zu leisten.

Auswirkungen auf die Arbeitnehmer

Das Arbeitszeitgesetz räumt die Möglichkeit ein, in einigen Punkten Regelungen zwischen Arbeitnehmern und Arbeitgeber zu treffen. Der Betriebsrat hat bei der Arbeitszeit einen großen Gestaltungsspielraum, nämlich bei der Festlegung der täglichen Arbeitszeit und der Ruhepausen bzw. Ruhezeiten und einer möglichen Dienstplangestaltung. Dies kann durch Tarifverträge oder Betriebsvereinbarung geschehen. Durch Betriebsvereinbarung können Beginn und Ende der täglichen Arbeitszeit und die Aufteilung der Ruhepausen geregelt werden. Es muss immer sichergestellt sein, dass die Gesundheit der Arbeitnehmer nicht gefährdet wird. Der Betriebsrat sollte auch in den Dienstplänen überprüfen, ob die Ruhepause und Ruhezeiten eingehalten werden.

In **besonderen Situationen** sind die Arbeitnehmer zur Mehrarbeit verpflichtet, wenn

- Notfälle, wie Unfälle oder Katastrophen, eine vorübergehende Arbeit erfordern oder
- unvorhersehbare Dinge passieren und die Folgen nicht auf andere Weise beseitigt werden können, z.B. wenn Rohstoffe oder Lebensmittel verderben oder Arbeitsergebnisse misslingen könnten.

Diese Mehrarbeit muss innerhalb eines halben Jahres auf durchschnittlich 48 Stunden pro Woche ausgeglichen werden.

Daneben ist es in einigen Branchen üblich, zu bestimmten Zeiten länger zu arbeiten, z.B. bei Saisonbetrieben oder Bau- und Montagestellen. Hier ist eine längere tägliche Arbeitszeit nach Genehmigung der Aufsichtsbehörde möglich. Diese erhöhten Arbeitszeiten müssen später ausgeglichen werden.

Fazit
Die Arbeitnehmer müssen so planen, dass sie mit Arbeitsweg und Umkleiden rechtzeitig zum Arbeitsbeginn am Arbeitsplatz sind.
Bei Notfällen ist auch eine längere Arbeitszeit möglich und muss erfüllt werden.

Vorgehensweise des Betriebsrats

Die Arbeitszeit betreffend hat der Betriebsrat gemäß § 87 Abs. 1 Nr. 2 BetrVG ein umfassendes **Mitbestimmungsrecht** bei der Festlegung folgender Angelegenheiten:
- Beginn und Ende der täglichen Arbeitszeit
- Lage der Pausen
- vorübergehende Verkürzung oder Verlängerung der Arbeitszeit
- Verhaltens- und Leistungskontrollen

Beginn und Ende der täglichen Arbeitszeit gemäß § 87 Abs. 1 Nr. 2 BetrVG

Zweck des Mitbestimmungsrechts

Gemäß § 87 Abs. 1 Nr. 2 BetrVG hat der Betriebsrat über den Beginn und das Ende der täglichen Arbeitszeit einschließlich der Pausen sowie der Verteilung der Arbeitszeit auf die einzelnen Wochentage mitzubestimmen. Dadurch soll das Interesse der Arbeitnehmer an einer **sinnvollen Arbeitszeit-** und damit auch **Freizeiteinteilung** geschützt werden.

Das Mitbestimmungsrecht des § 87 Abs. 1 Nr. 2 BetrVG setzt einen kollektiven Tatbestand voraus. Ein Mitbestimmungsrecht besteht insoweit beispielsweise nicht, wenn die Arbeitszeit anhand der persönlichen Wünsche und Bedürfnisse eines einzelnen Arbeitnehmers für diesen individuell geregelt wird. Liegt jedoch ein Mitbestimmungstatbestand vor, muss selbst dann, wenn die Veränderung der Arbeitsbedingungen ausdrücklich vertraglich vereinbart wurde, bei der konkreten Veränderung das Mitbestimmungsrecht gewahrt werden.

Einzelfälle

Das Mitbestimmungsrecht besteht bei:
- **Verteilung der Arbeitszeit auf die einzelnen Wochentage:** Auch die Verteilung der Arbeitszeit auf die Tage eines Monats oder Jahres, wenn eine Monats- bzw. Jahresarbeitszeitvereinbarung besteht, ist mitbestimmungspflichtig. Beispiele:
  - Einführung der Vier- oder Fünftagewoche
  - Erstellung von Dienstplänen
  - rollierende Freizeitsysteme im Einzelhandel
  - Einführung von Sonntagsarbeit
  - Arbeitszeitverlegung im Zusammenhang mit Feiertagen
- **Festsetzung von Beginn und Ende der Arbeitszeit:** Dies betrifft die Einführung, Ausgestaltung oder Abschaffung der gleitenden bzw. flexiblen Arbeitszeit. Das Mitbestimmungsrecht entfällt nicht etwa deshalb, weil sich der Arbeitgeber aus Wettbewerbsgründen oder aufgrund des Ladenschlussgesetzes zu bestimmten Öffnungszeiten verpflichtet hat.
- **Pausen:** Mitbestimmungspflichtig sind Beginn, Ende und Dauer der Pausen. Das Mitbestimmungsrecht bezieht sich nur auf unbezahlte Pausen. Bezahlte Arbeitsunterbrechungen

oder vergütete Zeitgutschriften für besondere Erschwernisse können vom Betriebsrat nicht erzwungen werden.
- **Bereitschaftsdienste und Rufbereitschaften:** Der Mitbestimmungspflicht unterliegt nur die Ausgestaltung, nicht die Einführung von Bereitschaftsdienst und Rufbereitschaften.
- **Schichtarbeit:** Das Mitbestimmungsrecht bei der Erstellung von Schichtplänen schützt das Interesse der Arbeitnehmer an einer sinnvollen Abgrenzung zwischen Arbeitszeit und der für die Gestaltung des Privatlebens verfügbaren Zeit.

Wichtig

Mitbestimmungspflichtig ist z.B.
- die Frage, ob im Betrieb in mehreren Schichten gearbeitet werden soll,
- die Festlegung der zeitlichen Lage der einzelnen Schichten,
- die Abgrenzung des Personenkreises, der Schichtarbeit zu leisten hat,
- die nähere Ausgestaltung des Schichtplans,
- die Zuordnung der Arbeitnehmer zu den einzelnen Schichten,
- eine ersatzlose Streichung einzelner Schichten,
- die Einführung und der Abbau von Schichtarbeit,
- die Einrichtung der Schichten und Umsetzung der Arbeitnehmer in die Schichten,
- die Festlegung einer Ankündigungsfrist bei geänderter Schichteinteilung.

Ausübung des Beteiligungsrechts

Das Mitbestimmungsrecht ist durch eine **Betriebsvereinbarung** auszuüben. Der Arbeitgeber ist nicht dazu berechtigt, Anfang und Ende der täglichen Arbeitszeit einschließlich der Pausen sowie die Verteilung der Arbeitszeit auf die einzelnen Wochentage ohne Zustimmung des Betriebsrats einseitig selbst festzulegen. Insoweit kann der Betriebsrat sein Beteiligungsrecht gerichtlich durchsetzen.

Beispiel

Ordnet der Arbeitgeber ohne Zustimmung des Betriebsrates eine Änderung des Schichtplans an, nach der Schichten gestrichen werden, so gilt Folgendes: Die Änderung des Schichtenplans ohne Zustimmung des Betriebsrats ist **unwirksam**. Damit sind die Arbeitnehmer zur Arbeit in der gestrichenen Schicht berechtigt. Bieten die Arbeitnehmer ihre Arbeit an, so befindet sich der Arbeitgeber im Annahmeverzug, sodass er ggf. zur **Fortzahlung der Vergütung** für die ausgefallenen Schichten verpflichtet sein kann.

Fazit
Der Betriebsrat hat ein Mitbestimmungsrecht bei
- der Verteilung der Arbeitszeit auf die einzelnen Wochentage,
- der Festsetzung von Beginn und Ende der Arbeitszeit,
- den Pausen,
- den Bereitschaftsdiensten und Rufbereitschaften,
- der Schichtarbeit.

Dieses Mitbestimmungsrecht muss der Betriebsrat auch kontrollieren. Gerade im Bereich Pausen, Ruhepausen und Dienstpläne ist eine umfassende Kontrolle notwendig.

Vorübergehende Verkürzung oder Verlängerung der Arbeitszeit gemäß § 87 Abs. 1 Nr. 3 BetrVG

Nach § 87 Abs. 1 Nr. 3 BetrVG ist die vorübergehende Verkürzung oder Verlängerung der betriebsüblichen Arbeitszeit mitbestimmungspflichtig. Die **betriebsübliche Arbeitszeit** ist die regelmäßige betriebliche Arbeitszeit, die durch den regelmäßigen geschuldeten zeitlichen Umfang der Arbeitsleistung und ihre Verteilung auf einzelne Zeitabschnitte bestimmt wird.

Nach § 87 Abs. 1 Nr. 3 BetrVG hat der Betriebsrat bei der **vorübergehenden Verkürzung** (Kurzarbeit) oder der **Verlängerung** (Überstunden) der betriebsüblichen Arbeitszeit ein Mitbestimmungsrecht in Form eines Initiativrechts. Dieser Tatbestand erfasst somit auch die Dauer der wöchentlich oder monatlich geschuldeten Arbeitsleistung, jedoch nur in dem Sinne, dass die vorübergehende Verkürzung oder Verlängerung mitbestimmungspflichtig ist. Die Vereinbarung der regelmäßig geschuldeten Arbeitszeit hingegen sowie deren Veränderung auf Dauer ist mitbestimmungsfrei.

Die Hauptanwendungsfälle für mitbestimmungspflichtige Tatbestände nach Nummer 3 sind im Wesentlichen **Mehrarbeit** sowie **Bereitschaftsdienst und Rufbereitschaft außerhalb der regelmäßigen Arbeitszeit**. Der Abbau von Überstunden und der Verzicht auf Kurzarbeit sind als Rückkehr zur Normalarbeitszeit nicht mitbestimmungspflichtig. Auch bezieht sich das Mitbestimmungsrecht nicht auf Entgeltregelungen, z.B. Überstundenzuschläge.

Kein Mitbestimmungsrecht nach § 87 Abs. 1 Nr. 3 BetrVG besteht bei der **Freistellung** der Arbeitnehmer von der Arbeitspflicht.

Ausübung des Beteiligungsrechts

Das Mitbestimmungsrecht bei der Anordnung von Überstunden oder der Einführung von Kurzarbeit kann durch eine **Betriebsvereinbarung** oder eine **Regelungsabrede** ausgeübt werden.

Der Betriebsrat kann seine Zustimmung von der **Erfüllung von Bedingungen**, z.B. Zahlung von Zulagen, abhängig machen.

Fazit

Dem Betriebsrat steht ein Mitbestimmungsrecht bei der vorübergehenden Verkürzung oder Verlängerung der betriebsüblichen Arbeitszeit zu. Das Mitbestimmungsrecht bei der Anordnung von Überstunden oder der Einführung von Kurzarbeit kann durch eine Betriebsvereinbarung oder eine Regelungsabrede ausgeübt werden.

Verhaltens- und Leistungskontrollen gemäß § 87 Abs. 1 Nr. 3 BetrVG

Schutzzweck

Der Mitbestimmung durch den Betriebsrat unterliegen auch die Einführung und die Anwendung von technischen Einrichtungen, die dazu bestimmt sind, das Verhalten oder die Leistung von Arbeitnehmern zu überwachen. Schutzzweck des § 87 Abs. 1 Nr. 3 BetrVG ist es, den **Eingriff in das Persönlichkeitsrecht des Arbeitnehmers mittels technischer Kontrolleinrichtung** nur nach Mitbestimmung des Betriebsrats zuzulassen.

Nähere Einzelheiten siehe Stichwort „**Arbeitszeiterfassung**".

Freistellung eines Betriebsratsmitglieds

Wahrnehmung von Aufgaben während der Arbeitszeit

Die Wahrnehmung der in den §§ 81 bis 86 BetrVG beschriebenen Kommunikationsrechte und Pflichten aus dem Betriebsverfassungsgesetz, wie Unterrichtung und Anhörung der Arbeitnehmer, Akteneinsicht Beschwerde, ebenso wie der Besuch von Sprechstunden des Betriebsrats, Betriebsversammlungen und die Teilnahme an Wahlen erfolgt **während der Arbeitszeit**. Es besteht weder eine Verpflichtung, die dadurch angefallene Zeit nachzuarbeiten, noch mindert sich das Arbeitsentgelt.

Umsetzungsverlangen

Ein Arbeitnehmer, der zum Betriebsratsvorsitzenden gewählt wird, kann von seinem Arbeitgeber verlangen, von der Wechselschicht in die Normalschicht umgesetzt zu werden, **um seiner Betriebsratsarbeit nachgehen zu können.** Hat er in der Wechselschicht Nacharbeitszuschläge bekommen, so muss er allerdings darlegen, dass die Umsetzung zur Erfüllung der Betriebsratsaufgaben erforderlich gewesen ist, anderenfalls hat er keinen Anspruch auf Zahlung der Nacharbeitszuschläge.

Vergütungsfortzahlung

Auch die Arbeitsbefreiung eines Betriebsratsmitglieds unter voller Vergütungsfortzahlung setzt zweierlei voraus:

- das Vorliegen einer Betriebsratsaufgabe
- den Nachweis der Erforderlichkeit der Arbeitsbefreiung zu deren Wahrnehmung gegenüber dem Arbeitgeber

Fazit

Ein Betriebsratsmitglied darf durch die Wahrnehmung seiner Betriebsratsaufgaben nicht benachteiligt werden.

Ihre digitalen Arbeitshilfen

 Sie erhalten direkt einsetzbare Arbeitshilfen zu diesem Stichwort. So können Sie schnell und einfach Ihre benötigte Arbeitshilfe finden und diese gleich am PC bearbeiten.

Arbeitshilfen
- Abgrenzung Arbeit und Urlaub und Arbeitsbefreiung
- Checkliste: Das zählt zur Arbeitszeit
- Leitfaden zur Entwicklung von flexiblen Arbeitszeitmodellen
- Fragenkatalog: Entwicklung von flexiblen Arbeitszeitmodellen
- Umgang mit Problemen
- Zehn Gründe für flexible Arbeitszeiten
- Jugendarbeitsschutzgesetz (JArbSchG) – Überblick
- Mutterschutzgesetz (MuSchG) – Überblick
- Zehn Fragen und Antworten zu flexiblen Arbeitszeitmodellen

Arbeitszeiterfassung

Grundlagen

Pro und Kontra

Vorteile des Verzichts auf betriebliche Arbeitszeiterfassung

Der seit einigen Jahren begonnene Entwicklungsprozess in Richtung eigenverantwortlicher Arbeitszeitflexibilisierung auf der Basis eines Vertrauensverhältnisses zwischen Arbeitgeber und Arbeitnehmer tendiert zu Arbeitszeitregelungen, die mit Ausnahme der gesetzlichen Aufzeichnungspflichten (vgl. z.B. § 16 Abs. 2 ArbZG) vollständig auf betriebliche Zeiterfassung und Zeitkontenführung verzichten. Für einen solchen Verzicht spricht durchaus, dass hierdurch bestmögliche **Flexibilitätsvoraussetzungen** geschaffen werden:

- Der Umfang des persönlichen Zeitguthabens kann, da er nicht mehr durch den Arbeitgeber gemessen bzw. kontrolliert wird, nicht mehr zur Beurteilung der persönlichen Leistung eingesetzt werden, wodurch eine bessere **individuelle Anpassung der Arbeitszeit an den tatsächlichen Arbeitsanfall** erreicht wird.
- Die mitunter zu beobachtende „**Minutenmentalität**" als häufige Begleiterscheinung speziell maschineller „Kommt-Geht-Zeiterfassung" (Stechuhr) verliert ihre Grundlage, was ergebnis- statt zeitverbrauchsorientierte Arbeitsstile unterstützt und **eigenverantwortliches Zeitmanagement** fördert.
- Auch innerhalb der täglichen Anwesenheitszeit im Betrieb sind jederzeit **ohne Aus- und Einstempeln private Auszeiten** möglich, etwa für Telefonate, privates Internetsurfen, kurze oder längere Arbeitsunterbrechungen, ein Schläfchen zwischendurch usw. Das dient der höheren Arbeitseffektivität und -effizienz und zugleich der verbesserten Lebensqualität auch während der im Betrieb verbrachten Zeit. Damit wird auch die **Vereinbarkeit von Privatleben, Familie und Beruf** verbessert ("Work-Life-Balance") und im Ergebnis die Zufriedenheit und Motivation der Beschäftigten gestärkt.

Nähere Einzelheiten siehe Stichwort „**Vertrauensarbeitszeit**".

Wichtig

Aber auch wenn die Tendenz eindeutig dahin geht, dass die Kommt-Geht-Zeiterfassung seltener zum Einsatz kommt, so ist Zeiterfassung doch vielfach noch unverzichtbar. In einigen Unternehmen ist die Erfassung der von den Arbeitnehmern für bestimmte Projekte geleisteten Arbeitsstunden z.B. erforderlich, um diese dem jeweiligen Auftraggeber in Rechnung stellen zu können.

Nachteile fehlender betrieblicher Arbeitszeiterfassung

Auf der einen Seite stärkt eine fehlende Zeiterfassung die Zeitsouveränität der Arbeitnehmer – auf der anderen Seite geht die fehlende Zeiterfassung oft mit einer „Selbstausbeutung" einher. Es wird mehr gearbeitet als vereinbart oder durch das Arbeitszeitgesetz zugelassen ist. Dadurch kann es zu **Überlastungssituationen** für den einzelnen Mitarbeiter und zu Burnout-Syndromen kommen.

Nähere Einzelheiten siehe Stichwort „**Vertrauensarbeitszeit**".

Arten der Arbeitszeiterfassung

Die Erfassung der Arbeitszeit kann maschinell (elektronisch) oder aber durch die Selbstaufzeichnung des Arbeitnehmers (sei es freiwillig oder verpflichtend) erfolgen.

Maschinelle/elektronische Arbeitszeiterfassung

Die maschinelle Zeiterfassung wird in klassischer Weise mittels eines Hardwareterminals vorgenommen, der im Eingangsbereich des Betriebs aufgestellt ist und dem jeder Arbeitnehmer seinen **Arbeitsbeginn, sein Arbeitsende und gegebenenfalls auch die Arbeitspausen** mitteilt. Die Mitteilung erfolgt üblicherweise über eine Tastatur durch die Eingabe einer Personalnummer oder über eine ID-Karte.

Beim klassischen **Stempelautomaten** werden die Kommen- und Gehen-Zeiten auf eine Stempelkarte gedruckt und die Zeitdaten in einem elektronischen Speicher gesammelt.

Zeitbuchungsterminals unterliegen ständiger technischer Weiterentwicklung. Längst hat sich das berührungslose Buchen gegenüber **Magnetstreifen** oder **Chipkarten** durchgesetzt.

Das „Ein- und Auschecken" kann aber auch je nach der im Unternehmen vorhandenen technischen Ausrüstung mithilfe des **Fingerabdrucks** des Arbeitnehmers erfolgen (sogenanntes biometrisches System). Jede Kommt-Geht-Mitteilung wird als Datensatz entweder direkt im Terminal gespeichert oder gleich über das Netzwerk auf einen **Server** übertragen. Der Server übernimmt die Auswertung der Daten, auf die der Vorgesetzte oder die Personalabteilung zurückgreifen kann.

Praxistipp

Der Vorteil der Fingerabdruckzeiterfassung gegenüber klassischen elektronischen Zeiterfassungssystemen liegt darin, dass der Arbeitnehmer kein Erfassungsmedium mehr bei sich tragen muss, damit dieses vom Hardwareterminal identifiziert werden kann. Durch die eindeutige, unverwechselbare **Identifikation des Arbeitnehmers** ist das Ein- und Ausstempeln außerdem absolut geschützt gegenüber Arbeitszeitbetrugsversuchen! Auch deshalb wird die biometrische Zeiterfassung sicher in naher Zukunft zum gängigen Standard werden.

Viele mittelständische Unternehmen und Verwaltungen verwenden **Zeiterfassungssoftware** auf PC-Basis, die ihre Daten aus Zeitbuchungsterminals bezieht.

Bei **integrierten Systemen** ist es möglich, das Kommen und Gehen des Arbeitnehmers durch das Hochfahren oder Abschalten seines PC oder durch das Wählen einer Telefonnummer zu erfassen. Für Arbeitnehmer, die im Außendienst beschäftigt sind, besteht sogar die Möglichkeit, die Zeiterfassung per Handy vorzunehmen (mobile Zeiterfassung) . Bei all diesen Modalitäten ist eine Kontrolle der geleisteten Arbeitszeit durch den Vorgesetzen oder die Personalabteilung zumindest möglich.

Bei einer **Onlinezeiterfassung** loggt sich der Arbeitnehmer mit seinem persönlichen Benutzernamen in ein Onlinesystem ein, wodurch der Arbeitsbeginn erfasst wird. Das Arbeitsende wird durch Klicken auf einen bestimmten Button angezeigt. Der Vorteil dieser Zeiterfassung für Arbeitsplätze mit Internetanschluss ist, dass keine spezielle Software installiert werden muss, da die Zeiterfassung über das Web erfolgt.

Bei der **Selbstaufzeichnung** erfolgt eine Erfassung der geleisteten Arbeitszeit auf der Basis gegenseitigen Vertrauens **durch den Arbeitnehmer selbst**. Der Arbeitgeber stellt dem Arbeitnehmer dafür entweder ein Formular auf seinem PC oder einen Vordruck, den er handschriftlich ausfüllen kann, zur Verfügung.

Es gibt hier verschiedene inhaltliche Varianten der Zeiterfassung, die sich immer weiter von der herkömmlichen Zeiterfassung entfernen:

- **indirekte Arbeitszeiterfassung:** Hier erfasst der Arbeitnehmer Arbeitsbeginn und -ende, berücksichtigt jedoch eigenverantwortlich auch die gemäß betrieblicher Regelung nicht auf die Arbeitszeit anzurechnenden Arbeitsunterbrechungen. Schon damit werden ganz unterschiedliche persönliche Arbeitsweisen ermöglicht.
- **direkte Arbeitszeiterfassung:** Hier erfasst der Arbeitnehmer nur noch die am jeweiligen Tag erbrachte Dauer der Arbeitszeit und nicht mehr ihre Lage.
- **verwendungsbezogene Arbeitszeiterfassung:** Hier verteilt der Arbeitnehmer die von ihm erbrachte Arbeitszeit verwendungsbezogen, damit diese beispielsweise gegenüber Kunden abgerechnet werden kann oder Projekte nachkalkuliert werden können.
- **Abweichungserfassung:** Hier erfasst der Arbeitnehmer nur noch größere Abweichungen von der Tages- bzw. Vertragsarbeitszeit, so dass an Tagen, an denen er diese ungefähr einhält, überhaupt kein Eintrag erfolgt.

Arbeitszeiterfassung | Grundlagen

Musterformulare

Beispiel 1: direkte Arbeitszeiterfassung

Ein Formular für eine direkte Arbeitszeiterfassung könnte beispielsweise folgendermaßen aussehen:

Name, Vorname: _____

Personal-Nr.: _____

Kalenderwoche:	Mo	Di	Mi	Do	Fr	Sa	So	Saldo
Arbeitsbeginn								
Dauer der Pausen								
Arbeitsende								
Anwesenheitszeit mit Pausenzeiten								
Arbeitszeit								
täglich fiktive Arbeitszeit								
Urlaubstag								
Wochenfeiertag								
bezahlte Freistellung nach Tarifvertrag								
Krankheitstag bei geplanter Arbeitsleistung								
Krankheitstag ohne geplante Arbeitsleistung								
Tag ohne geplante Arbeitsleistung								
Reisezeiten								
Zwischensaldo								
Saldo des Vortags								
tägliches Saldo								

Rundungsregel:

- ein bis 15 Minuten: eine Viertelstunde
- 16 bis 30 Minuten: eine halbe Stunde
- 31 bis 45 Minuten: eine Dreiviertelstunde
- 46 bis 60 Minuten: eine Stunde

Grundlagen | **Arbeitszeiterfassung**

Bei diesem Beispiel werden lediglich Differenzen in Zeitspannen einer Viertelstunde **(Rundungsregel)** gegenüber der täglichen fiktiven Arbeitszeit berücksichtigt und fortlaufend saldiert. Diese Aufzeichnungen werden jeweils zum ersten Arbeitstag des folgenden Kalendermonats über den Vorgesetzten der personalführenden Dienststelle zur Kenntnisnahme zugesandt. Es gilt der Grundsatz, dass Aufzeichnungen nur infrage gestellt werden dürfen, wenn konkrete Anhaltspunkte für ihre Fehlerhaftigkeit vorliegen.

Beispiel 2: verwendungsbezogene Arbeitszeiterfassung

Ein Formular für eine verwendungsbezogenen Zeiterfassung könnte z.B. folgendermaßen aussehen:

Name, Vorname: _____ Personal-Nr.: _____ Monat: _____	Projekt A	Projekt B	Projekt C	Projekt D	Urlaub	Krankheit	gesamt
1. Mittwoch							
2. Donnerstag							
3. Freitag							
4. Samstag							
5. Sonntag							
6. Montag							
....							
31.							
Summe							

Bei dieser verwendungsbezogenen Arbeitszeiterfassung geht es in erster Linie darum, festzuhalten, welche Arbeitszeit die Arbeitnehmer für welches Projekt aufgewendet haben. Es wird nicht der Beginn und das Ende der täglichen Arbeitszeit erfasst, sondern die Arbeitnehmer tragen lediglich ein, wie viel Zeit sie an den Tagen des Monats für welches Projekt aufgewendet haben. Je nachdem, wie das Unternehmen die Arbeitsstunden der Arbeitnehmer berechnet, sind unterschiedliche Rundungsregeln möglich. Vielfach wird die volle oder halbe Arbeitsstunde berechnet, sodass im Formular für die verschiedenen Projekte jeweils die pro Tag aufgewendeten vollen oder halben Stunden einzutragen sind.

Mobile Arbeitszeiterfassung

Unter mobiler Arbeitszeiterfassung versteht man die Arbeitszeiterfassung **außerhalb des eigenen Unternehmens.** Sie ist für Außendienstmitarbeiter, wie z.B. Handwerker, die nach Arbeitszeit vergütet werden und häufig an verschiedenen Orten arbeiten, relevant. Traditionell werden diese Arbeitszeiten handschriftlich auf Stundenzetteln erfasst. Wegen des großen Aufwands für die Auswertung der handschriftlichen Aufzeichnungen und der späten Verfügbarkeit der Daten sind sie in der Regel unwirtschaftlich. Deshalb kommen auch in diesem Bereich zunehmend Lösungen zum Einsatz, die eine elektronische Erfassung der Arbeitszeiten ermöglichen.

Hierbei sind folgende Lösungsansätze zu unterscheiden:

- **Offlinelösungen:** Die Daten werden zunächst auf einem mobilen Datenerfassungsgerät erfasst und gespeichert und später im Unternehmen über eine stationäre Schnittstelle auf eine Software übertragen.
- **Lösungen auf SMS-Basis:** Buchungen werden vom Mobiltelefon als SMS an das Zeiterfassungssystem versandt.
- **Lösungen auf Internetbasis:** Buchungen werden vom Mobiltelefon als Datenpaket über das Internet an einen Server versandt.

Fazit

Die Entscheidung für oder gegen ein bestimmtes Zeiterfassungssystem hängt stark von den Strukturen in einem Unternehmen, der dort vorhandenen technischen Ausstattung und von der Anzahl der Mitarbeiter ab. Bei großen Unternehmen kann es auch empfehlenswert sein, vor der Einführung eines neuen Zeiterfassungssystems für alle Mitarbeiter zunächst eine Testphase mit einzelnen Abteilungen zu fahren, um dessen Praxistauglichkeit zu prüfen.

Rechtliche Voraussetzungen

Folgen der Manipulation bei der Arbeitszeiterfassung

Manipulationen bei der Arbeitszeiterfassung durch den Arbeitnehmer können eine rechtswirksame **Kündigung des Arbeitsverhältnisses** durch den Arbeitgeber nach sich ziehen. So entschied schon im Jahr 1987 das Bundesarbeitsgericht. Das BAG hat seine Rechtsprechung in mehreren nachfolgenden Urteilen bestätigt und fortgeführt. Ebenso haben in vergleichbaren Sachverhalten die Arbeitsgerichte und Landesarbeitsgerichte geurteilt.

Bundesarbeitsgericht: Arbeitszeitbetrug stellt Kündigungsgrund dar

In einem im Jahr 1987 entschiedenen Fall *(– 2 AZR 629/86 –)* wurde im Betrieb die tägliche Arbeitszeit (Gleitzeit) durch Selbstaufschreibung seitens der Arbeitnehmer erfasst. Dafür benutzten die Arbeitnehmer ein Formular, in das sie Beginn, Ende und Unterbrechung der täglichen Arbeitszeit eintrugen. Anlässlich einer Stichprobenkontrolle der Zeiterfassungskarte der Arbeitnehmerin stellte die Arbeitgeberin eine Reihe von Unregelmäßigkeiten und Falscheintragungen fest. Insgesamt handelt es sich um 18 Eintragungen, bei denen die Arbeitnehmerin nach Auffassung der Arbeitgeberin bewusst falsche Eintragungen zu ihren Gunsten vorgenommen haben soll. Nachdem die Arbeitnehmerin bei einer Anhörung keine plausiblen Erklärungen zu den Fehleintragungen machen konnte, sprach die Arbeitgeberin die ordentliche Kündigung des Arbeitsverhältnisses aus.

Das Bundesarbeitsgericht gab der Arbeitgeberin recht und erachtete das Verhalten der Arbeitnehmerin als geeignet, eine ordentliche Kündigung aus verhaltensbedingten Gründen i.S.v. § 1 Abs. 2 Kündigungsschutzgesetz zu rechtfertigen. Überträgt ein Arbeitgeber den Arbeitnehmern den Nachweis der geleisteten Arbeitszeit im Wege der Selbstaufzeichnung und füllt der Arbeitnehmer die dafür zur Verfügung gestellten Formulare **wissentlich und vorsätzlich** falsch aus, so stelle dies einen **schweren Vertrauensmissbrauch** dar. Dieser könne, insbesondere wenn damit ein persönlicher Vorteil angestrebt werde, nicht nur zur ordentlichen, sondern sogar zur **fristlosen Kündigung aus wichtigem Grund** berechtigen.

Hinsichtlich der Darlegungs- und Beweislast stellte das Bundesarbeitsgericht fest, der Kündigende müsse zwar die Voraussetzungen für die Unzumutbarkeit der Weiterbeschäftigung in vollem Umfang beweisen, der Umfang der Darlegungs- und Beweislast richte sich jedoch danach, wie substantiiert sich der Arbeitnehmer auf die Kündigungsgründe einlässt. **Es reiche nicht aus, wenn der Arbeitnehmer den Kündigungssachverhalt pauschal ohne nähere Substantiierung bestreitet,** so die Richter. Die Arbeitnehmerin hätte sich dementsprechend nicht mit dem pauschalen Vortrag begnügen dürfen, sie habe länger gearbeitet als angegeben. Wer auf den Vorwurf seines Arbeitgebers, er habe wissentlich zu seinen Gunsten zu Unrecht Zeitguthaben in die Zeiterfassungskarte eingetragen, sich allgemein mit der höchst ungewöhnlichen Behauptung begnügt, er habe noch länger gearbeitet, müsse dies näher erklären. Nur dann werde der Arbeitgeber in die Lage versetzt, entsprechende Recherchen anzustellen und gegebenenfalls den Beweis zu führen, dass die Behauptung nicht zutrifft.

Das BAG hat in ständiger Rechtsprechung immer wieder bestätigt, dass der vorsätzliche Verstoß eines Arbeitnehmers gegen seine Pflicht, die abgeleistete Arbeitszeit korrekt zu dokumentieren, einen **wichtigen Grund zur außerordentlichen Kündigung** gemäß § 626 Abs. 1 BGB darstellen kann (siehe z.B. BAG, Urteil vom 09.06.2011 – 2 AZR 381/10 –).

Rechtsprechung der Landesarbeitsgerichte/Arbeitsgerichte

Die Rechtsprechung des Bundesarbeitsgerichts wurde von den Arbeits- und Landesarbeitsgerichten aufgegriffen und auf ähnliche Sachverhalte entsprechend angewendet. Im Folgenden werden einige Entscheidungen exemplarisch dargestellt.

Landesarbeitsgericht Rheinland-Pfalz: vorherige Abmahnung entbehrlich

Im Jahr 2005 hielt das **Landesarbeitsgericht Rheinland-Pfalz** (Urteil vom 27.05.2005 – 11 Sa 1285/03 –) eine vom Arbeitgeber ausgesprochene **fristlose Kündigung** wegen manipulierter Arbeitszeiterfassung für rechtswirksam. In dem zu beurteilenden Fall hatte es sich ein Arbeitnehmer erlaubt, die Nachtschicht zwei Stunden zu früh zu verlassen. Seine Stechkarte wies allerdings das reguläre Arbeitszeitende aus. Zwar war dem Arbeitnehmer nicht nachzuweisen, dass er einen Kollegen angestiftet hatte, seine Stechkarte für ihn abzustempeln, er gestand aber vor Gericht, wegen Magenschmerzen vorzeitig seinen Arbeitsplatz verlassen zu haben.

Das LAG stellte fest, bei Manipulation von Zeiterfassungsgeräten müssten Arbeitnehmer auch **ohne vorherige Abmahnung** mit einer Kündigung rechnen. Der Arbeitnehmer habe eine Arbeitszeit vorgetäuscht, die er tatsächlich nicht abgeleistet hat. Alle anderen Aspekte sind nach Auffassung des LAG als nebensächlich zu betrachten, weil **sonst jede Art der Zeiterfassung sinnlos** würde und der Arbeitgeber keine Instrumente zur Kontrolle der Arbeitszeit mehr in der Hand hätte. Wer – wie auch immer – die betriebliche Arbeitszeiterfassung manipuliert, könne selbst dann, wenn es sich nur um wenige Stunden handelt, nicht auf Nachsicht des Arbeitgebers hoffen. Ein derartiges Fehlverhalten mache auch eine vorherige Abmahnung entbehrlich.

Landesarbeitsgericht Frankfurt/Main: Nachweis des Vorsatzes erforderlich

Nach einer Entscheidung des Landesarbeitsgerichts Frankfurt/Main (Urteil vom 08.02.2006 – 6 Sa 1191/05 –) rechtfertigt die Angabe falscher Arbeitszeiten allein noch **nicht automatisch** eine Kündigung wegen Arbeitszeitbetrugs.

In dem zu entscheidenden Fall hatte eine Arbeitnehmerin als Arbeitsschluss 15.00 Uhr angegeben, war jedoch bereits zwei Stunden vorher von einer Kollegin beim Verlassen des Arbeitsplatzes beobachtet worden. Später bezeichnete sie die Angaben als „Panne" und „Versehen". Dennoch wurde ihr nach rund 20 Jahren Betriebszugehörigkeit wegen Betrugs **fristlos** gekündigt.

Das LAG entschied, dass die Kündigung unwirksam war. Als Grund führte es an, dass der Arbeitgeber nicht in der Lage war, die Einlassung der Arbeitnehmerin, es habe sich um ein Versehen gehandelt, auszuräumen und ihr Vorsatz nachzuweisen. Nach Auffassung des LAG muss aber bei der Angabe falscher Arbeitszeiten dem zu kündigenden Arbeitnehmer ein **Betrugsvor-**

satz nachgewiesen werden. Unachtsamkeit oder Nachlässigkeit bei der Arbeitszeitangabe können für sich genommen zwar ebenfalls Grund für arbeitsrechtliche Sanktionen sein, rechtfertigen allein aber keine Betrugskündigung.

Arbeitsgericht Frankfurt: Schaden für den Betrieb keine Kündigungsvoraussetzung

Das Arbeitsgericht Frankfurt/Main (Urteil vom 24.02.2005 – 18/2 Ca 4896/03 –) hat entschieden, dass auch ohne einen konkreten Schaden für das Unternehmen Manipulationen an den Zeiterfassungsgeräten eine **außerordentliche Kündigung** rechtfertigen. Im konkreten Fall hatte ein Arbeitnehmer seit Längerem Arbeitszeiten in die Erfassungsgeräte eingegeben, die mit seinen tatsächlich abgeleisteten Arbeitszeiten nicht übereinstimmten. Vor Gericht berief er sich darauf, dass er nicht nach geleisteten Arbeitsstunden, sondern nach Arbeitsergebnissen bezahlt werde. Davon ließ sich das ArbG nicht beeindrucken. Manipulationen an Arbeitszeiterfassungsgeräten würden den Straftatbestand des Betrugs und der Urkundenfälschung erfüllen, so das Gericht. Es verwies darauf, dass ein Unternehmen sich derartige Unkorrektheiten nicht bieten lassen müsse, das Entstehen eines konkreten Schadens sei nicht erforderlich.

Zum Erfordernis der Abmahnung bei einer Kündigung wegen Arbeitszeitbetrugs siehe auch Rechtsprechung LAG Düsseldorf, Urteil vom 01.07.2013 – 9 Sa 205/13 – „Abmahnung ist auch bei Arbeitszeitbetrug eines Arbeitnehmers in der Vertrauensarbeitszeit erforderlich."

Fazit
Nach ständiger Rechtsprechung der Arbeitsgerichte (BAG, LAG, ArbG) kann die bewusste und gewollte Manipulation der Arbeitszeiterfassung durch den Arbeitnehmer eine außerordentliche Kündigung des Arbeitsverhältnisses durch den Arbeitgeber rechtfertigen, und zwar auch dann, wenn kein konkreter Schaden für das Unternehmen hierdurch verursacht worden ist. Allerdings muss der Arbeitgeber dem betroffenen Arbeitnehmer Betrugsvorsatz nachweisen können.

Sicht des Arbeitgebers

Betrieblicher Nutzen der Arbeitszeiterfassung

Für den Arbeitgeber ist die Erfassung der Arbeitszeit seiner Beschäftigten mit vielerlei Nutzen verbunden:

- Er kann die Arbeitszeiten als Grundlage für die Lohn- und Gehaltsabrechnung auswerten,
- An- und Abwesenheitszeiten kontrollieren,
- Arbeitszeitkonten führen und Ist- und Sollzeiten entsprechend den jeweils vereinbarten Arbeitszeitmodellen abgleichen,
- seine Personaleinsatzplanung und das betriebliche Zeitmanagement gestalten,
- statistische Auswertungen durchführen,
- Urlaubskonten und Krankheitskonten verwalten und
- die Erfüllung gesetzlicher, tariflicher und individualrechtlicher Verpflichtungen hinsichtlich der geschuldeten Arbeitszeit prüfen.

Vorteile der maschinellen Zeiterfassung

Eine maschinelle Zeiterfassung ermöglicht dem Arbeitgeber:

- **Kontrolle der Mitarbeiter:** Die Kommen- und Gehen-Zeiten jedes Arbeitnehmers lassen sich auf einen „Klick" anzeigen – Beschäftigte, die wiederholt zu spät kommen, können ermahnt werden. Es kann problemlos kontrolliert werden, ob die vertraglich vereinbarten Sollarbeitszeiten von dem einzelnen Mitarbeiter auch wirklich eingehalten werden.
- **Ermittlung von Überstunden:** Werden automatisch alle Überstunden erfasst, hat das für den Arbeitgeber den Vorteil, dass er sofort erkennen kann, in welchen Abteilungen Handlungsbedarf besteht, um Mehrarbeit zu reduzieren.
- **Dokumentation der Daten/Einsparung von Personalkosten:** Die elektronisch ermittelten Daten können direkt als Grundlage für die Gehaltsabrechnung genommen werden und für die Verwaltung von Urlaubs- bzw. Krankheitskonten herangezogen werden. Das erspart eine erneute Ermittlung und Aufzeichnung von Urlaubs- oder Krankheitstagen und reduziert damit letztlich Personalkosten. Denn durch die automatisierte Erfassung dieser Daten fällt ein enormer Verwaltungsaufwand für die Personalabteilung weg.

Fazit

Die Einführung eines elektronischen Zeiterfassungssystems bietet dem Arbeitgeber Kontroll- und Überwachungsmöglichkeiten hinsichtlich der geleisteten Arbeitszeiten seiner Beschäftigten. Durch die automatische Datenerfassung können umfangreiche Auswertungen erfolgen und Personalkosten gespart werden. Angesichts des vielfältigen Angebots von verschiedenen Erfassungsmedien ist eine auf Größe und Struktur des Unternehmens abgestimmte Lösung zu finden.

Auswirkungen auf die Arbeitnehmer

Nachteile der Arbeitszeiterfassung für den Arbeitnehmer

Im Gegensatz zur Vertrauensarbeitszeit (nähere Einzelheiten beim Stichwort **„Vertrauensarbeitszeit"**) wird bei einer Zeiterfassung jede Minute, die mehr oder weniger gearbeitet wird, erfasst. Diese Kontrolle durch den Arbeitgeber kann zur Demotivation der Mitarbeiter beitragen. Wenn sich Mitarbeiter durch den Einsatz von Zeiterfassungssystemen **überwacht** fühlen, können die Zufriedenheit sinken und die konkreten Arbeitsergebnisse und das Betriebsklima darunter leiden.

Wichtig

Doch auch der Verzicht auf jegliche Arbeitszeiterfassung (Vertrauensarbeitszeit) birgt Risiken in sich: Es kann zu Überlastungssituationen kommen, da der Arbeitstag konturenlos wird und die Arbeitsmenge unkontrolliert ansteigen kann.

Mehr dazu lesen Sie beim Stichwort **„Vertrauensarbeitszeit"**.

Fazit

Die Erfassung der Arbeitszeit und deren Kontrolle stehen in einem untrennbaren Verhältnis zueinander. Wo Arbeitszeit mithilfe moderner Erfassungssysteme exakt gemessen wird, können „schwarze Schafe" unter den Arbeitnehmern, die Arbeitszeitgrenzen und Pausenzeiten permanent überschreiten, durch datenbasierte Auswertungen und Statistiken quasi „auf Knopfdruck" aus der anonymen Masse herausgefunden werden.

Die Tendenz geht heute zu flexiblen Arbeitszeitmodellen, die dem Arbeitnehmer ein Mehr an Zeitsouveränität bieten bis hin zum vollständigen Verzicht auf betriebliche Zeiterfassung.

Vorgehensweise des Betriebsrats

Im Zusammenhang mit den im Betrieb eingesetzten Zeiterfassungssystemen hat ein Betriebsrat zum einen Aufsichtspflichten und zum anderen Mitbestimmungsrechte.

Aufsichtspflichten des Betriebsrats

Die Aufsichtspflichten des Betriebsrats ergeben sich aus § 80 Abs. 1 Nr. 1 Betriebsverfassungsgesetz. Danach gehört es zu seinen Aufgaben, darüber zu wachen, dass die zum **Schutz der Arbeitnehmer geltenden Vorschriften im Betrieb eingehalten werden**. Solche Schutzvorschriften, die im Zusammenhang mit Zeiterfassungssystemen von Bedeutung sein können, sind das Arbeitszeitgesetz, das Arbeitsschutzgesetz sowie das Bundesdatenschutzgesetz und die Landesdatenschutzgesetze. Es gehört also zu den Aufgaben des Betriebsrats, sich über die Art und den Umfang des Einsatzes der verschiedenen Systeme beim Arbeitgeber zu informieren, wobei der Arbeitgeber gegenüber dem Betriebsrat **umfassende Auskunftspflichten** hat. Darüber hinaus muss der Betriebsrat überprüfen und beurteilen, ob die jeweiligen Schutzvorschriften auch tatsächlich eingehalten werden, und hat dort, wo er Schwächen erkennt, diese beim Arbeitgeber zu bemängeln.

Die Aufsichtspflicht des Betriebsrats entfällt nicht etwa, wenn es im Betrieb **weitere Stellen oder Personen** gibt, die ebenfalls die Aufgabe haben, die Einhaltung von Schutzvorschriften zu überwachen. Wird z.B. ein Datenschutzbeauftragter bestellt, so hat das nicht zur Folge, dass der Betriebsrat deshalb seine Aufsichtspflicht nicht mehr wahrzunehmen braucht. Der **Datenschutzbeauftragte** hat die Aufgabe, auf den Schutz der personenbezogenen Daten insgesamt hinzuwirken – und ist außerdem dem Arbeitgeber gegenüber verantwortlich. Insofern hat er eine andere Funktion als der Betriebsrat.

Fazit

Der Betriebsrat muss sich über die Art und den Umfang des Einsatzes der verschiedenen Zeiterfassungssysteme beim Arbeitgeber informieren. Außerdem muss der Betriebsrat überprüfen und beurteilen, ob die jeweiligen Schutzvorschriften auch tatsächlich eingehalten werden, und hat Schwächen oder Probleme beim Arbeitgeber zu bemängeln.

Mitbestimmungsrechte des Betriebsrats

Neben den Aufsichtspflichten, aus denen sich noch keine Möglichkeit des Betriebsrats ergibt, den Arbeitgeber zur Einhaltung von Vorschriften zu zwingen, besteht auch ein zwingendes Mitbestimmungsrecht im Zusammenhang mit Zeiterfassungssystemen. Der Betriebsrat hat gemäß § 87 Abs. 1 Nr. 6 BetrVG über die Kontrolle von Verhalten und Leistung der Arbeitnehmer mitzubestimmen, sofern diese Kontrolle **durch technische Einrichtungen** ermöglicht wird.

Voraussetzungen

Um ein Mitbestimmungsrecht zu begründen, müssen folgende Punkte erfüllt sein:

- Es muss um eine technische Einrichtung gehen.
- Die Einrichtung muss Verhalten oder Leistung überwachen. Dies ist zu bejahen, sobald durch eine technische Einrichtung wahrnehmbar gemacht wird, was eine oder mehrere Personen aktuell oder zu einem anderen Zeitpunkt tun oder getan haben.
- Es müssen Arbeitnehmer davon betroffen sein. Ob die Überwachung sich vorrangig gegen Arbeitnehmer richtet oder die Information über das Verhalten der Arbeitnehmer nur als Nebenprodukt anfällt, spielt dabei keine Rolle.
- Die technische Einrichtung muss zur Überwachung bestimmt sein.

Was bedeutet „zur Überwachung bestimmt"?

Zum letzten Punkt gibt es häufig Diskussionen, weil er nicht besonders eindeutig formuliert ist. Arbeitgeber tendieren zu der Ansicht, dass eine technische Einrichtung nur dann der Mitbestimmung unterliegt, wenn sie auch zur Überwachung der Arbeitnehmer eingesetzt wird. Das ist aber eine falsche Interpretation, denn schließlich heißt es im Gesetz nicht „technische Einrichtungen, die mit dem Zweck eingesetzt werden", sondern „die dazu bestimmt sind". **Eine technische Einrichtung ist dazu bestimmt, das zu tun, was sie üblicherweise tut.** Wenn also z.B. das Betriebssystem eines PC mit jedem Speichervorgang auch das Datum und die Uhrzeit sowie den Urheber einer Datei speichert, ist das Betriebssystem auch dazu bestimmt, dies zu tun; damit ist diese technische Einrichtung Gegenstand der Mitbestimmung.

Wichtig

Ob der Arbeitgeber diese Information benutzt, ist dagegen unerheblich für die Frage der Mitbestimmungspflicht. Er kann sich ja z.B. jederzeit später dazu entschließen, die Information doch zu nutzen – und dann ist es für den Betriebsrat zu spät, seine Mitbestimmungsaufgaben noch zu erfüllen.

Inhalt der Mitbestimmung

Inhalt der Mitbestimmung sollten Regelungen sein, die etwa bestimmen

- welche Daten gespeichert werden,
- zu welchen Zwecken die Daten genutzt werden dürfen,
- wie lange die Daten gespeichert bleiben,
- welche Personen bzw. Personenkreise zum Zugriff berechtigt sind etc.

Praxistipp

Sofern der Betriebsrat eine Betriebsvereinbarung zur Zeiterfassung plant, sollte Folgendes beachtet werden:

- Die technische Entwicklung schreitet ungeheuer schnell voran. Betriebsvereinbarungen, in denen technisch detailliert beschrieben wird, wie ein bestimmtes System funktioniert, sind mit dem nächsten Versions- oder Releasewechsel unter Umständen schon veraltet. Es ist daher sinnvoller, sich in einer Betriebsvereinbarung im Wesentlichen auf Verfahrensregeln zu einigen, statt seitenlange technische Beschreibungen vorzunehmen.
- Eine Formulierung im Zusammenhang mit einer Betriebsvereinbarung über Zeiterfassungssysteme wie „jede Art von Verhaltens- und Leistungskontrolle oder -beurteilung" ist unzulässig. Diese Klausel wäre zwar mit dem Zusatz „Ausnahmen von dieser Regel werden jeweils mit dem Betriebsrat vereinbart" zulässig, aber wenig sinnvoll. Zum einen wird dadurch letztlich nur geregelt, dass man nichts regelt, sondern von Fall zu Fall Absprachen trifft. Zum anderen geht diese Regelung an der Realität vorbei: Natürlich werden Zeiterfassungssysteme immer auch dazu verwendet, das Verhalten der Beschäftigten zu beurteilen, denn dafür sind sie da. Daher ist es besser, klare Regeln aufzustellen, indem etwa festgelegt wird, welche Abfragen zulässig sind und von welchen Personen für welche Zwecke sie genutzt werden dürfen.

Siehe dazu auch die Arbeitshilfen.

Der Verzicht auf Zeiterfassung unterliegt nicht der Mitbestimmung

Bei dem Mitbestimmungsrecht nach § 87 Abs. 1 Nr. 6 BetrVG ist zu berücksichtigen, dass die Entscheidung, auf eine Arbeitszeiterfassung durch den Arbeitgeber zu verzichten, nicht mitbestimmungspflichtig ist. Nach der Rechtsprechung des Bundesarbeitsgerichts (Beschluss vom 28.11.1989 –1 ABR 97/88 –) ist die Beseitigung von bestehenden technischen Zeiterfassungssystemen nicht gemäß § 87 Abs. 1 Nr. 6 BetrVG mitbestimmungspflichtig, da dies zugunsten der Arbeitnehmer geschieht und somit kein Bedürfnis für den Schutz des Persönlichkeitsrechts der Arbeitnehmer durch den Betriebsrat ersichtlich ist.

Wichtig

Vielfach werden in der Literatur zum Arbeitszeitrecht Stimmen laut, nach denen ein Mitbestimmungsrecht dann bestehen soll, wenn die Abschaffung der Zeiterfassung nachteilig für den Arbeitnehmer ist. Solange diesbezüglich aber noch keine gerichtlichen Entscheidungen vorliegen, sollte der Rechtsprechung des Bundesarbeitsgerichts gefolgt werden.

Fazit

Zeiterfassungssysteme ermöglichen die Kontrolle der Arbeitnehmer, daher hat der Betriebsrat ein Mitbestimmungsrecht bei ihrer Einführung. Das Mitbestimmungsrecht beinhaltet die Fragen,

- welche Daten gespeichert werden,
- zu welchen Zwecken die Daten genutzt werden dürfen,
- wie lange die Daten gespeichert bleiben,
- und welche Personen bzw. Personenkreise zum Zugriff berechtigt sind etc.

Die Abschaffung der Zeiterfassungssysteme unterliegt in der Regel nicht der Mitbestimmung des Betriebsrats.

Ihre digitalen Arbeitshilfen

 Sie erhalten direkt einsetzbare Arbeitshilfen zu diesem Stichwort. So können Sie schnell und einfach Ihre benötigte Arbeitshilfe finden und diese gleich am PC bearbeiten.

Arbeitshilfen
- Regelungsinhalte einer Betriebsvereinbarung zu Arbeitszeiterfassungssystemen
- Betriebsvereinbarung zur Arbeitszeiterfassung

Arbeitszeitkonten

Grundlagen

Sinn und Zweck von Arbeitszeitkonten

Steuerungselement der flexiblen Arbeitszeitgestaltung

Arbeitszeitkonten sind kein eigenständiges Arbeitszeitmodell. Sie werden in der Praxis vielmehr für die unterschiedlichsten **flexiblen Arbeitszeitmodelle** genutzt. Diese reichen von schlichten Gleitzeitmodellen bis hin zu komplizierten Lebensarbeitszeitmodellen, die lange Phasen ohne tatsächliche Arbeitsleistung, etwa gleitenden Übergang in den Ruhestand, vorsehen. Bei all diesen flexiblen Arbeitszeitmodellen sind Arbeitszeitkonten die zentralen **Steuerungselemente**.

Saldo von Zeitguthaben und Zeitschulden

Arbeitszeitkonten ersetzen das traditionelle und starre Muster der gleichmäßig über die Arbeitswoche verteilten Vertragsarbeitszeit und eröffnen sowohl Arbeitnehmern als auch Arbeitgebern die **Möglichkeit, die individuelle Arbeitszeit flexibel zu gestalten.** Auf einem persönlichen Zeitkonto des Mitarbeiters werden tagesbezogene Abweichungen zwischen der vertraglich vereinbarten und der tatsächlich geleisteten Arbeitszeit saldiert, sie sind daher mit **Girokonten** vergleichbar. Mithilfe von Arbeitszeitkonten können somit in einem festgelegten Umfang Zeitguthaben und Zeitschulden gebildet werden, die jedoch innerhalb eines festgelegten Zeitraums ausgeglichen werden müssen. Durch Arbeitszeitkonten werden somit die Möglichkeiten erheblich ausgeweitet, die tägliche, wöchentliche und monatliche Arbeitszeit zu variieren.

Ausgleichsanspruch für Arbeitnehmer/Arbeitgeber

Arbeitszeitkonten werden eingerichtet, damit der Arbeitgeber einen **belegbaren Ausgleichsanspruch** hat, wenn die tatsächliche Arbeitszeit unter der Vertragsarbeitszeit liegt und die Arbeitnehmer einen belegbaren Ausgleichsanspruch haben, wenn die tatsächliche Arbeitszeit über die Vertragsarbeitszeit hinausgeht. Je weiter von der Vertragsarbeitszeit abgewichen werden kann, desto höher ist folglich der Druck auf die Einrichtung eines Zeitkontos – und umgekehrt: Sind nur geringfügige oder kurzzeitige Abweichungen zu erwarten, kann in einem Klima gegenseitigen Vertrauens der Arbeitgeber sich darauf verlassen, dass die Arbeitnehmer ihren vertraglichen Arbeitszeitverpflichtungen nachkommen, und die Arbeitnehmer sich im Gegenzug darauf verlassen, dass über diese Verpflichtungen hinaus geleistete Arbeitszeit kompensiert wird.

Nutzen von Arbeitszeitkonten in Krisenzeiten

Arbeitszeitverkürzungen sicherten in Zeiten der Finanz- und darauffolgenden Wirtschaftskrise in den Jahren 2008/2009 Millionen Arbeitsplätze in Deutschland. Die Krise hat sich auf die

Entwicklung am Arbeitsmarkt weniger dramatisch ausgewirkt als befürchtet. Viele Betriebe haben die Folgen der teils immensen Einbrüche bei Aufträgen und Umsätzen mit stabilisierenden Maßnahmen abgefedert.

Nach einer Studie des Instituts für Arbeitsmarkt- und Berufsforschung (IAB) hat jeder dritte Betrieb den Abbau von Arbeitszeitguthaben bzw. den Aufbau von Minusstunden auf Arbeitszeitkonten zur Beschäftigungssicherung genutzt. Durchschnittlich sind ca. 45 Stunden pro Arbeitnehmer abgebaut worden. Die Zeitguthaben der Beschäftigten gingen bis zum dritten Quartal 2009 von rund 72 Stunden auf 27 Stunden zurück.

Die Arbeitsmarkt- und Berufsforscher folgern aus dieser Untersuchung, dass der Abbau von Guthaben auf Arbeitszeitkonten und der damit verbundene Rückgang der gesamten Arbeitszeit zur Stabilität der Beschäftigung beigetragen haben. Arbeitszeitkonten sind demnach ein effektives Instrument, das die **interne Flexibilität in Unternehmen** erhöht: Betriebe können in Krisenzeiten besser reagieren und bei wieder anziehender Konjunktur ihren Auslastungsgrad und die Produktion schneller steigern (Quelle: IAB-Kurzbericht 22/2010).

Voraussetzungen für die Einrichtung eines Arbeitszeitkontos

Die Einrichtung eines Arbeitszeitkontos ist an drei Voraussetzungen gebunden:

- Die **Vergütung muss unabhängig von der tatsächlichen Arbeitszeit** geleistet werden, z.B. durch Zahlung eines verstetigten Entgelts oder eines Monatsgehalts. Denn würde die tatsächliche Arbeitszeit vergütet, wäre es nicht erforderlich, Differenzen zwischen Vertrags- und tatsächlicher Arbeitszeit festzuhalten.
- Es muss eine **Grundverteilung der Vertragsarbeitszeit auf die einzelnen Arbeitstage** gegeben sein. Nur so kann man überhaupt feststellen, ob eine Abweichung aufgetreten ist.
- Die tatsächliche **Arbeitszeit muss tagesbezogen festgehalten** werden. Das kann mithilfe elektronischer Zeiterfassungssysteme, Stempeluhren oder Formularen zur Selbstaufzeichnung durch die Arbeitnehmer erfolgen. Nähere Einzelheiten siehe Stichwort „**Arbeitszeiterfassung**".

Beispiel

In den Schichtbereichen eines Chemieunternehmens wird trotz tarifvertraglicher 37,5-Stunden-Woche montags bis freitags acht Stunden pro Tag gearbeitet. Aufgrund der fest vorgegebenen Schichtzeiten wird auf eine Zeiterfassung verzichtet. Als Normalverteilung der Vertragsarbeitszeit und Grundlage der Entgeltzahlung ist Montag bis Freitag eine Arbeitszeit von 7,5 Stunden festgelegt. Das Arbeitszeitkonto wird gemäß dem Durchschnittsprinzip geführt. Dies hat zur Folge, dass an tatsächlichen Arbeitstagen automatisch eine halbe Stunde auf dem im Zeitwirtschaftssystem geführten Zeitkonto des Arbeitnehmers gutgeschrieben wird. Darüber hinaus werden auf dem Konto auch Abweichungen von den üblichen Schichtzeiten verbucht, etwa aufgrund erforderlicher Nacharbeit oder eines Arbeitskreises im Anschluss an die Schicht oder aufgrund von Samstagsarbeit. Diese meldet der Arbeitnehmer per Beleg über die Führungskraft an die Personalabrechnung, damit die Abweichungen in das Zeitwirtschaftssystem eingegeben werden können.

> Aufgrund vorübergehender Unterauslastung geht dieses Unternehmen auf eine Viertagebetriebswoche von Montag bis Donnerstag über. Dies führt bei unveränderter Normalverteilung der Arbeitszeit an tatsächlich arbeitsfreien Freitagen zu einer automatischen Belastung des Zeitkontos des Arbeitnehmers in Höhe von 7,5 Stunden, während es montags bis donnerstags an tatsächlichen Arbeitstagen bei der halbstündigen Zeitgutschrift bleibt.
>
> **Variante:** Im selben Unternehmen gibt es im Angestelltenbereich eine Gleitzeitregelung mit einer Soll-Verteilung der Vertragsarbeitszeit von gleichmäßig 7,5 Stunden auf die Tage Montag bis Freitag und elektronischer Zeiterfassung. Die Arbeitnehmer erhalten ein Monatsentgelt. Im Rahmen der Gleitzeitregelung werden arbeitstäglich Abweichungen der tatsächlichen von der Tages-Soll-Arbeitszeit auf Zeitkonten verbucht.

Historische Entwicklung der Arbeitszeitkonten

Im Grunde genommen gibt es Arbeitszeitkonten schon so lange, wie es die Erfassung der Arbeitszeit gibt. Bereits bei der Einführung von Gleitzeitregelungen in den 60er-Jahren handelte es sich um Vorläufer der heutigen hochflexiblen Arbeitszeitmodelle, die für ihren reibungslosen Ablauf immer eines verwaltungstechnischen Mittels zur Erfassung der geleisteten Arbeitszeit bedurften.

Mitte der 80er-Jahre ist es zu einer **kontinuierlichen Verkürzung der tariflichen Arbeitszeit** gekommen. Hierdurch wurde es erforderlich, die Arbeitszeit flexibler zu gestalten. Insbesondere wurden Lösungswege gesucht, um die **Entkoppelung der Wochenarbeitszeit von der Betriebsarbeitszeit** zu unterstützen und zu fördern. Während auf der einen Seite die Arbeitszeitverkürzung voranschritt, mussten die Defizite, die daraus entstanden, kompensiert werden. Zur Aufrechterhaltung oder Erweiterung der Betriebsnutzungszeiten musste die individuelle regelmäßige wöchentliche Arbeitszeit deshalb ungleichmäßig verteilt werden. Im Rahmen der Flexibilisierungsmodelle bedeutete dies insbesondere den **Abschied von der Normalarbeitszeit** und den Beginn hochflexibler Arbeitszeitmodelle.

Modelle der Arbeitszeitkonten

In der Praxis gibt es eine Vielzahl von flexiblen Arbeitszeitmodellen. Fast für jedes Modell existieren eigenständige Arbeitszeitkonten, die sich in ihrer Ausgestaltung voneinander unterscheiden. Deshalb muss jedes Unternehmen ein individuelles Arbeitszeitkontenmodell suchen, das am besten zu seiner betrieblichen Struktur unter Berücksichtigung seiner jeweiligen Bedürfnisse und Eigenheiten passt.

Unterscheidet man Arbeitszeitkonten nach deren **zeitlichem Regulierungsrahmen**, so lassen sich zwei Grundtypen unterscheiden:

- Kurzzeitkonten und
- Langzeitkonten

Zu den **Kurzzeitkonten** zählen alle Arbeitszeitkonten, deren **Bezugs- bzw. Ausgleichszeitraum weniger als ein Jahr** beträgt. Es existieren verschiedene Varianten von Kurzzeitkonten, von denen die wesentlichen im Folgenden näher vorgestellt werden sollen.

Gleitzeitkonto

Die am meisten verbreitete Form der Arbeitszeitkontenführung ist die Gleitzeit, die gewissermaßen die **Urform des Arbeitszeitkontos** darstellt und in einfache und qualifizierte Gleitzeit unterschieden werden kann. Im Rahmen der **einfachen Gleitzeit** hat der einzelne Arbeitnehmer die Möglichkeit, Beginn und Ende der täglichen Arbeitszeit innerhalb bestimmter Grenzen frei zu wählen. Die Dauer der täglichen Arbeitszeit liegt jedoch fest. Bei der **qualifizierten Gleitzeit** kann der Arbeitnehmer hingegen sowohl über die Lage als auch über die Dauer der täglichen Arbeitszeit entscheiden.

Bei der Gleitzeit existiert eine tägliche oder wöchentliche Regelarbeitszeit, bei der die Arbeitnehmer innerhalb einer **Kernarbeitszeit** (z.B. 9.00 bis 15.00 Uhr) anwesend sein müssen, den Rest ihrer Arbeitszeit jedoch innerhalb der **Rahmenarbeitszeit** (z.B. 7.00 bis 19.00 Uhr) verteilen dürfen. Überstunden werden nach einer festgelegten Gleitzeitübertragsregelung gemäß eines vertraglichen Vergütungsmodus oder einer Freizeitregelung ausgeglichen (nähere Einzelheiten siehe Stichwort **„Gleitzeit"**).

Arbeitszeitkorridor

Eine **arbeitgeberfreundliche Form des Kurzzeitkontenmodells** ist der Arbeitszeitkorridor. Im Unterschied zur Gleitzeit gibt dieser dem Arbeitgeber unter Vorankündigung und in einem festgelegten Rahmen die **Entscheidungskompetenz über Lage und Dauer der täglichen Arbeitszeit**. Im Rahmen einer Arbeitszeitkorridorregelung hat der Arbeitgeber die Möglichkeit, die vertraglich festgelegte Arbeitszeit innerhalb bestimmter Ober- und Untergrenzen in Abhängigkeit vom Arbeitsaufkommen zu bestimmen. Er ist beispielsweise in der Lage, die wöchentliche Arbeitszeit bei einer vertraglichen Durchschnittsarbeitszeit von 35 Stunden in der Woche zwischen 40 und 30 Stunden zu variieren. In der Regel wird eine Arbeitszeitkorridorregelung mit der Führung eines Kurzzeitkontos mit festgelegtem **Ausgleichszeitraum** verbunden, um sicherzustellen, dass der Arbeitnehmer im Durchschnitt auf seine vertraglich vereinbarte Arbeitszeit kommt.

Jahresarbeitszeitkonto

Mit der Bezeichnung „Jahresarbeitszeitkonto" werden alle Arbeitszeitkontenmodelle zusammengefasst, bei denen der traditionell starre Wochen- oder Monatsbezug (Gleitzeitkonto) durch einen **Jahresbezug** ersetzt wird

Ampelkonto

Eine Erweiterung des einfachen Arbeitszeitkontenmodells ist das Ampelkonto. In der betrieblichen Praxis werden hierbei für den Fall, dass der Ausgleich des Arbeitszeitkontos in dem vorgesehenen Ausgleichszeitraum nicht durchgeführt wird, **Warnsysteme** eingerichtet. Der Stundensaldo des Arbeitnehmers wird beobachtet und es wird permanent kontrolliert, ob das Arbeitszeitkonto „überzulaufen" droht oder übermäßig viel Freizeit genommen wird. Hierdurch soll eine gewisse Steuerung des Auf- und Abbaus der Zeitkonten gewährleistet werden.

Das Grundprinzip eines solchen Ampelkontos besteht darin, dass das Plus- und Minusvolumen der Arbeitszeit wie bei einer Verkehrsampel in einen grünen, einen gelben und einen roten Bereich unterteilt wird. Zwar existieren Ampelkonten auch als zweiphasige Modelle, d.h. nur mit einem grünen und einem roten Bereich, in der Praxis ist jedoch überwiegend das dreistufige Modell verbreitet.

- In der **grünen Zone**, z.B. bei einem Plus oder Minus von bis zu 20 Stunden, kann sich der Arbeitnehmer unter Berücksichtigung der betrieblichen Belange frei bewegen, er trägt die Verantwortung für seine Arbeitszeit alleine.
- In der **gelben Zone**, z.B. bei einem Plus oder Minus von 20 bis 30 Stunden, muss der Arbeitnehmer ein weiteres Anwachsen seines Zeitkontos, sei es im Plus- oder Minusbereich, verhindern. Er muss in die grüne Zone zurückkehren. Ist das etwa wegen der zu bewältigenden Arbeitsmenge nicht möglich, so muss der Arbeitnehmer seinen Vorgesetzten einschalten.
- Die **rote Zone**, z.B. ein Plus oder Minus von 30 bis 40 Stunden, darf nur ausnahmsweise vorübergehend und in Abstimmung mit dem Vorgesetzen genutzt werden und ist schnellstmöglich wieder zu verlassen. Hier sind gegensteuernde Maßnahmen zwingend erforderlich. Bei Plusstunden kann beispielsweise Freizeit angeordnet werden. Auch die Anordnung von Überstundenbezahlung oder des Verfalls der Plusstunden ist möglich. Bei Minusstunden kommen demgegenüber eine Abmahnung und, um zukünftige Schwierigkeiten zu vermeiden, eine dauerhafte Verringerung der regelmäßigen vertraglichen Arbeitszeit in Betracht. Der tatsächliche Abbau des Kontoguthabens wird dabei nicht selten durch den Vorgesetzten oder den Betriebsrat kontrolliert.

Durch eine konsequente Beobachtung und Regulierung von Arbeitszeitkonten kann sichergestellt werden, dass sich keine Zeitguthaben ansammeln, die durch Freizeitausgleich nicht mehr abgebaut werden können. Welche Grenzwerte letztlich bei den Ampelkonten gewählt und welche Steuerungsmaßnahmen dadurch in Gang gesetzt werden, hängt von der Struktur des Betriebs, der jeweiligen Branche und anderen, insbesondere betriebsspezifischen Merkmalen ab. Aber je höher man die **Eigenverantwortung der Arbeitnehmer** einschätzt, desto größer kann der ihnen eingeräumte eigenverantwortliche Handlungsspielraum sein.

Zeitbudgetkonto

Ähnlich wie die Ampelkonten funktionieren die Zeitbudgetkonten, allerdings ist die Überschreitung der Soll-Arbeitszeit keine positive Leistung, sondern wird im Sinne von Budgetüberziehungen zunächst einmal negativ gewertet. Umgekehrt werden dann Unterschreitungen der Vertragsarbeitszeit zunächst einmal positiv gewertet, was dazu anregen soll, zur rechten Zeit nicht zu arbeiten. Eine Unterschreitung der täglichen Soll-Arbeitszeit bedeutet also, dass das verfügbare Arbeitszeitbudget am betreffenden Tag nicht ausgeschöpft wurde. Mit anderen Worten, **wer kürzer arbeitet** oder einen Tag freinimmt, der **geht ins Plus, wer länger arbeitet, ins Minus**. Wird die geschuldete Arbeitsleistung mit weniger Zeitverbrauch erbracht, so ist dies unter der Voraussetzung, dass auch die Qualität der geleisteten Arbeit nicht zu bemängeln ist, positiv zu bewerten.

Ein Zeitbudgetkonto lässt sich, ähnlich wie das Ampelkonto, in drei Phasen unterteilen:
- Die **Grünphase** umfasst den herkömmlichen Minusbereich: Die zur Verfügung stehende Arbeitszeit wurde nicht vollständig verbraucht, sodass besondere Steuerungsaktivitäten nicht erforderlich sind.
- Die **Gelbphase** umfasst den herkömmlichen „Wohlfühlbereich" eines gewissen Zeitguthabens: Die zur Verfügung gestellte Arbeitszeit wurde überschritten, sodass bereits die Rücksteuerung einsetzen muss.
- Die **Rotphase** schließlich ist für den Bereich deutlicher Arbeitszeitüberschreitungen reserviert, die höchstens für kurze Zeit toleriert werden können.

Langzeitkonten dienen in erster Linie dem **langfristigen Ansparen von Arbeitszeitguthaben.** Mithilfe solcher Ansparkonten ist es möglich, Arbeitsstunden, die über die normale Regelarbeitszeit hinaus geleistet worden sind, auf einem separaten Arbeitszeitkonto anzusparen. Das entstandene Arbeitszeitguthaben kann mit unterschiedlichen Zielsetzungen genutzt werden: Abhängig von dem Ansparzeitraum ist es möglich, das Arbeitszeitguthaben entweder zu einem zeitweiligen Ausstieg aus dem Berufsleben, einen sog. **Sabbatical** zu nutzen oder wie beim Lebensarbeitszeitkonto oder dem Altersteilzeitmodell mit dem Ziel, in den vorzeitigen Ruhestand gehen zu können. Nähere Einzelheiten zum Sabbatical lesen Sie bitte unter dem entsprechenden Stichwort nach.

Lebensarbeitszeitkonto

Im Gegensatz zu Kurzzeitkonten, auf welchen abzuleistende und abgeleistete Arbeitszeiten gegeneinander aufgerechnet werden, wird auf einem Langzeit- bzw. Lebensarbeitszeitkonto „überschüssige" Arbeitszeit, die nicht relativ zeitnah in Freizeit ausgeglichen wird, gutgeschrieben. Zum Ansparen dieser „überschüssigen Zeit" wird in Abweichung zu der tarif- oder vertraglich vereinbarten Arbeitszeit ein **zusätzliches Stundenkontingent** vereinbart, z.B. eine 40- statt einer 38,5-Stunden-Woche, welches Woche für Woche auf ein zusätzlich zu dem normalen Kurzzeitkonto bestehendes Langzeitkonto gebucht wird (d.h. eineinhalb Stunden/Woche) und für längere Freizeitblöcke, eine kürzere Lebensarbeitszeit, den gleitenden Übergang in den Ruhestand oder Weiterbildung genutzt werden kann.

Zeitwertkonto

Bei dem Zeitwertkonto handelt es sich um eine Kombination aus einem Langzeitkonto und einem Fondssparmodell. Der Arbeitnehmer hat danach während seines Arbeitslebens die Möglichkeit, Teile seiner Ansprüche aus dem Beschäftigungsverhältnis in ein Zeitwertkonto einzubringen.

Gemeinsamkeiten der verschiedenen Modelle

Auch wenn die einzelnen Modelle der Arbeitszeitkonten sehr verschieden ausgestaltet sind, so existieren doch einige Punkte, die alle Arbeitszeitkonten gleichermaßen aufweisen müssen.

Ausgleich in Freizeit oder Geld

So kann bei allen Kontenmodellen das Guthaben entweder in Freizeit oder in Geld ausgeglichen werden, wobei die erste Variante die weitaus häufigere ist. Vor allem aber beinhalten alle Arbeitszeitkonten drei wesentliche Elemente, die bei der Einführung und Ausgestaltung jedes Kontenmodells berücksichtigt werden müssen, nämlich

- eine Schwankungsbreite,
- einen Ausgleichszeitraum und
- eine Höchstgrenze für Positiv- bzw. Negativsalden.

Schwankungsbreite

Unter der Schwankungsbreite versteht man die **Ober- und Untergrenzen** der täglichen oder wöchentlichen Arbeitszeitdauer. In der Regel wird auf die **tägliche Arbeitszeit** abgestellt, sodass ein Arbeitstag z.B. mindestens sechs und höchstens zehn Stunden hat. Man kann aber durchaus auch auf andere Anknüpfungspunkte abstellen, z.B. auf die wöchentliche Arbeitszeit.

Ausgleichszeitraum

Unter dem Ausgleichszeitraum versteht man den **Zeitraum, innerhalb dessen die vertragliche Durchschnittsarbeitszeit erreicht** werden muss. Um die individualvertragliche oder tarifvertragliche Arbeitszeit einzuhalten, ist es erforderlich, dass Kontenguthaben ebenso wie Kontendefizite in einem bestimmten Zeitraum ausgeglichen werden müssen, sodass der Endsaldo nach Ablauf des Ausgleichszeitraums null beträgt.

Höchstgrenze für Positiv-/Negativsalden

Abgesehen von den Langzeitkonten müssen bei allen Arbeitszeitkonten Höchstgrenzen für den **Aufbau bzw. Abbau von Zeitsalden** festgesetzt werden, von denen der Arbeitnehmer weder durch Ansammlung von zu viel noch von zu wenig Arbeitszeiteinheiten abweichen darf bzw. sollte. Was die Höchstgrenzen von Kontenguthaben oder -minusstunden betrifft, so gibt es eine große Bandbreite möglicher Begrenzungszahlen. So kann z.B. die Grenze eines Guthabenaufbaus durchaus bei bis zu 65 Tagen, d.h. 1.540 Stunden, liegen, es gibt aber auch Höchstgrenzen von 50 Plus- oder Minusstunden.

Regelung für den Fall der Überschreitung von Höchstgrenzen

In diesem Rahmen sollte auch geregelt werden, was geschehen soll, wenn die festgelegten Höchstgrenzen überschritten werden und ein **Ausgleich innerhalb des festgesetzten Ausgleichszeitraums nicht möglich** ist. In der Praxis wird ein derartiger Fall häufig nicht bedacht, was stets zu Problemen zwischen Arbeitgeber und Arbeitnehmer führt. In Betracht kommen folgende Möglichkeiten:

Verfall

Es besteht zunächst die Möglichkeit, Plusstunden, die über den Höchstbetrag hinausgehen, verfallen zu lassen. Dies ist zwar eine durchaus wirksame Methode, um die Überschreitung von Maximalsalden zu verhindern. Für den Arbeitnehmer führt es jedoch, zumindest bei akuter und länger andauernder Mehrarbeit, immer häufiger zu unbezahlten Überstunden.

Vergütung/Übertragung

Man kann aber auch die Überschreitung der Höchstgrenze für Plusstunden zusätzlich vergüten oder aber eine Übertragung in den folgenden Ausgleichszeitraum bestimmen. Hier erhält der Arbeitnehmer zwar eine Gegenleistung für seine Arbeitszeit, mit der er den Maximalsaldo überschritten hat. Es stellt sich jedoch die Frage, warum man überhaupt Höchstgrenzen vorsieht, wenn diese letztendlich doch überschritten werden dürfen.

Kontrollsysteme

Am besten zur Kontrolle eignen sich Kontrollsysteme, wie etwa das **Ampelkonto**, zur Vermeidung der Überschreitung von Höchstarbeitszeiten. Hierbei haben Arbeitgeber und Arbeitnehmer darauf zu achten, dass die Konten nicht „überzogen" werden bzw. bei drohender oder bereits eingetretener Überschreitung automatisch verschiedene Vermeidungs- und Abbaumaßnahmen in Kraft treten.

Gestaltung von Langzeitkonten

Bei der Gestaltung von Langzeitkonten stellen sich drei zentrale Fragen:

- Sollen Langzeit- oder Lebensarbeitszeitkonten geführt werden?
- Sollen die Konten „in Zeit" oder „in Geld" geführt werden?
- Sollen den Konten Zeit und/oder Entgeltbestandteile zugeführt werden?

Langzeit- oder Lebensarbeitszeitkonto?

Das Lebensarbeitszeitkonto ist ein Langzeitkonto, das ausschließlich die **Verkürzung der Erwerbsphase** zum Ziel hat, sei es in Form eines gleitenden Übergangs in den Ruhestand oder der Verkürzung der Arbeitsphase bei Blockaltersteilzeit. Ein bekanntes Lebensarbeitszeitkonto ist das bei der Volkswagen AG praktizierte **„Zeitwertpapier"**, das in dieser Firma ausschließlich zum Vorziehen des vorzeitigen Ausscheidens, nicht dagegen für Langzeiturlaub oder familienbedingte Freistellungen genutzt werden darf. Bereits seit 1998 bietet die VW-AG ihren Beschäftigten Zeitwertpapiere auf der Grundlage eines Haustarifvertrages und einer Betriebsvereinbarung an.

Vorteil des Lebensarbeitszeitkontos

Ob man sich für ein Langzeit- oder Lebensarbeitszeitkonto entscheidet, muss vonseiten der Arbeitnehmer für jeden Einzelfall gesondert entschieden werden. Es ist aber im Rahmen einer solchen Entscheidung zu beachten, dass dem Lebensarbeitszeitkonto dadurch ein erheblicher praktischer Vorteil zukommt, dass Zeitguthaben, die ausschließlich für eine vorzeitige Freistellung vor einer altersbedingten Beendigung des Arbeitsverhältnisses bestimmt sind, **im Fall von Kurzarbeit nicht zu deren Vermeidung aufgelöst werden müssen.** Bei allen anderen Zeitguthaben erfolgt im Rahmen der Kurzarbeit dagegen die Auflösung der Wertguthaben in den Grenzen von § 170 SGB III. Das bedeutet, die Arbeitnehmer müssen im Fall der Kurzarbeit damit rechnen, dass, ausgehend vom unantastbaren niedrigsten Stand des gesamten persönlichen Freistellungsanspruchs der vorangegangenen zwölf Monate, die darüber hinaus bestehenden Guthaben bis zu einem Volumen von 10 % der vertraglichen Jahresarbeitszeit zur Vermeidung von Kurzarbeit eingesetzt werden. Das heißt, bei Vollzeitbeschäftigten können mindestens 150 Stunden eingesetzt werden!

„In Zeit" oder „in Geld"?

Ob ein Arbeitszeitkonto „in Zeit" oder „in Geld" geführt wird, ist insbesondere für die Frage der Verzinsung von Bedeutung.

„In Zeit"

„In Zeit" geführte Konten werden nicht in oder mit Geld verzinst, die Verzinsung ergibt sich vielmehr aus der **geldwerten Freistellungszeit.** Mit anderen Worten, die Verzinsung des Guthabens erfolgt dadurch, dass die Freistellung oder, falls diese nicht möglich ist, deren Abgeltung auf der Basis des dann aktuellen Stundenentgelts erfolgt. Das ist insbesondere dann von Vorteil, wenn der freigestellte Arbeitnehmer in der Zeit zwischen Ansparen und Freistellung **Entgelterhöhungen** oder **Karrieresprünge** aufweisen kann. Bei dieser Verzinsung liegen Ertragschance und -risiko der mittels Langzeitkonto aufgeschobenen Entgeltzahlung beim Arbeitgeber: Sofern dieser nämlich eine Rendite oberhalb der Wertsteigerung der Guthaben auf diesen Konten erwirtschaftet, erzielt er in der betreffenden Periode einen Zusatzertrag, anderenfalls trifft ihn eine entsprechende Nachschusspflicht.

„In Geld"

„In Geld" geführte Konten werden mit **Geld** verzinst. Bei der Langzeitkontenführung „in Geld" werden die Guthaben vielfach durch **Fondsanteile** ausfinanziert, deren Erträge den Arbeitnehmern zukommen. **Ertragschance und -risiko** der mittels Langzeitkonto aufgeschobenen Entgeltzahlung liegen bei den **Arbeitnehmern:** Wenn die erzielte Rendite die individuelle Entgeltsteigerung pro Stunde übersteigt, wächst der Freistellungsanspruch, während er im umgekehrten Fall schrumpft. Allerdings ist der positive Fall jedenfalls auf lange Sicht sehr wahrscheinlich, da die Einlagen der Arbeitnehmer auf Bruttobasis, also aus dem unversteuerten Entgelt, erfolgen. Darüber hinaus können bei „in Geld" geführten Langzeitkonten die gesetzlich und gegebenenfalls tariflich geforderte **Absicherung** für den Insolvenzfall, die Bildung von Rückstellungen sowie die Mitnahme des Langzeitkontos zu einem neuen Arbeitgeber erfolgen.

„In Geld" geführte Langzeitkonten sind damit vor allem dann interessant, wenn erst **langfristig anstehende Freistellungen** finanziert werden sollen, insbesondere also ein früherer und/

oder flexiblerer Übergang in den Ruhestand. Für alle anderen Zielsetzungen ist das „in Zeit" geführte Langzeitkonto vorzuziehen, weil es den Arbeitnehmern und bei entsprechender Auslegung auch dem Unternehmen den kurzfristigen, nicht aufwendigen Zugriff auf in ihrer Dauer jederzeit eindeutig feststehende Freistellungsansprüche ermöglicht.

Zuführung von Zeit, Entgeltbestandteilen oder beidem?

Wenn dem Langzeitkonto nur Zeit zugeführt werden soll, so liegt auch die Einrichtung eines „in Zeit" geführten Langzeitkontos nahe, da es dann ausschließlich um den **mittel- und langfristigen Zeitausgleich** geht. Möchte ein Vollzeitarbeitnehmer also einen Langzeiturlaub ansparen und wird von ihm keine Zusatzarbeitszeit benötigt, dann muss er eben befristet in Teilzeitarbeit wechseln und sich zur Weiterarbeit auf dem bisherigen Arbeitszeitniveau verpflichten.

Vermeidung von Rückforderungen

Praxistipp

Wenn dem Langzeitkonto ausschließlich Zeit zugeführt wird, sollte der **Freistellungszeitraum immer auf die Ansparphase folgen,** damit das Langzeitkonto ständig einen positiven Saldo aufweist. Anderenfalls sähen sich die Arbeitnehmer, wenn sie zwischenzeitlich aus dem Unternehmen ausscheiden, erheblichen Rückforderungen zu viel gezahlten Entgelts ausgesetzt, statt einen Anspruch auf Auszahlung des verbliebenen Guthabens zu haben.

Wenn einem Langzeitkonto ausschließlich Zeit zugeführt werden kann, **begrenzt dies erfahrungsgemäß die in solchen Konten angesammelten Freistellungsansprüche** – was je nach betrieblicher Zielsetzung ein durchaus erwünschter Nebeneffekt sein kann: Man stellt den Arbeitnehmern zwar die Langzeitoption zur Verfügung, muss aber nur mit überschaubaren Freistellungsfolgeproblemen, wie etwa erforderlichen Abwesenheitsvertretungen, rechnen.

Gleichbehandlung der Arbeitnehmer

Will man dem Langzeitkonto **ausschließlich Entgeltbestandteile** zuführen, so bringt das den Vorteil der Gleichbehandlung der Arbeitnehmer mit sich. Solche Konten können nämlich allen Arbeitnehmern im gleichen Maße angeboten werden, und zwar unabhängig davon, in welchem Arbeitszeitsystem sie arbeiten, ob es für sie ein Zeitkonto gibt und ob für sie Arbeitszeit überhaupt noch eine Rolle spielt.

Sowohl Zeit als auch Entgeltbestandteile

Sofern man dem Langzeitkonto sowohl Zeit als auch Entgeltbestandteile zuführen möchte, so ist dies nur dann sinnvoll, wenn **alle Arbeitnehmer der gleichen Arbeitszeitregelung** unterliegen, da es anderenfalls zu Problemen mit der Gleichbehandlung der Arbeitnehmer kommen kann. Ein anderer Grund für eine Kombination aus Zeit und Entgeltbestandteilen ist, dass man aus bestimmten Gründen **den Ansparprozess von Personen erleichtern will,** die in besonderem Maße die Möglichkeit zur Zuführung von Zeit haben. Dies ist gegebenenfalls bei Arbeitnehmern ohne leistungsbezogene Vergütungsbestandteile der Fall.

Beispiele für Langzeitkonten

Das „in Zeit" geführte Langzeitkonto, dem nur Zeit zugeführt werden kann

Dieses Langzeitkonto ist ein unkompliziertes, transparentes und faires Instrument für den **mittel- und langfristigen Zeitausgleich**. Bei gleichzeitiger Führung eines Zeitkontos sollte es hiervon deutlich abgegrenzt werden, z.B. dadurch, dass ihm nur vorab vereinbarte Zusatzzeitbudgets gutgeschrieben werden können. Es kann aber auch gut in **Vertrauensarbeitszeitsystemen** eingesetzt werden.

Beispiel

In einem Dienstleistungsunternehmen, in dem es weder Zeiterfassung noch Zeitkonten gibt, können Arbeitnehmer projekt- bzw. aufgabenbezogen für einen Zeitraum von maximal zwölf Monaten Arbeitszeitbudgets über die Vertragsarbeitszeit (von in der Regel 5 x 8 = 40 Wochenstunden) hinaus vereinbaren. Das jeweilige Budget wird einem Langzeitkonto gutgeschrieben, aus dem die betreffenden Arbeitnehmer Qualifizierungszeiten und Blockfreizeiten sowie vorübergehende Teilzeitarbeit mit vollem Lohnausgleich entnehmen können.

Das „in Zeit" geführte Langzeitkonto, dem nur Entgeltbestandteile zugeführt werden können

Dieses Langzeitkonto ist eine interessante Option im Rahmen von **Gesamtvergütungssystemen mit Wahlmöglichkeiten** für die Arbeitnehmer, mittels derer diese, auch ohne über ihre Vertragsarbeitszeit hinaus arbeiten zu müssen, Ansprüche auf bezahlte Freistellung erwerben können. Es bietet sich vor allem für Unternehmen an, in denen trotz **differenzierter Arbeitszeitsysteme** allen Arbeitnehmern genau die **gleichen Freistellungsmöglichkeiten** geboten werden sollen. Darüber hinaus stellt sich bei diesem Langzeitkonto die Problematik der Abgrenzung zu einem eventuell zusätzlich geführten Zeitkonto nicht.

Das „in Geld" geführte, durch Fonds ausfinanzierte Lebensarbeitszeitkonto, dem Entgeltbestandteile, gegebenenfalls auch Zeit, zugeführt werden können

Dieses Langzeitkonto bietet sich deshalb in besonderer Weise als Mittel zum Ansparen eines **früheren und/oder flexibleren Übergangs in den Ruhestand** an, weil zum einen über den langen Anlagehorizont die Vorteile der Fondsanlage auf der Hand liegen und zum anderen die relativ aufwendige Umwandlung in einen Freistellungsanspruch nur einmal vorgenommen werden muss.

Arbeitszeitkonten | Grundlagen

Das „in Geld" geführte Langzeitkonto, dem Entgeltbestandteile, gegebenenfalls auch Zeit, zugeführt werden können

Bei diesem vergleichsweise freistellungsfernen Langzeitkonto tritt der Aspekt des **Bruttolohnsparens** stark in den Vordergrund.

Rechtliche Voraussetzungen

Überblick: Gesetzliche Rahmenbedingungen

Arbeitszeitkonten sind derzeit nicht ausdrücklich gesetzlich geregelt. Allerdings sind auf sie die durch das Gesetz zur sozialrechtlichen Absicherung flexibler Arbeitszeitregelungen (sogenanntes **Flexi-I-Gesetz**) aus dem Jahr 1998 eingeführten Regelungen anwendbar.

Die Einführung von Arbeitszeitkonten bedarf – mangels ausdrücklicher gesetzlicher Regelung – einer **Vereinbarung**. Diese kann entweder individuell zwischen Arbeitgeber und Arbeitnehmer getroffen werden (Arbeitsvertrag) oder durch eine Betriebsvereinbarung erfolgen. In beiden Fällen sind die Vorgaben eines gegebenenfalls bestehenden Tarifvertrags über Arbeitszeiten zu beachten. Nähere Einzelheiten siehe Abschnitt Kollektivrechtlicher Rahmen: Regelung durch Tarifvertrag/Betriebsvereinbarung.

In individualrechtlicher Hinsicht gelten die Vorgaben des **Arbeitszeitgesetzes**.

Mit dem **Gesetz zur Verbesserung der Rahmenbedingungen für die Absicherung flexibler Arbeitszeitregelungen und zur Änderung anderer Gesetze** (sogenanntes Flexi-II-Gesetz) vom 21.12.2008 (BGBl. I Nr. 64 S. 2940) wurde insbesondere der Insolvenzschutz für Arbeitszeitkonten und die Übertragbarkeit von Wertguthaben bei einem Wechsel des Arbeitgebers verbessert. Die mit diesem Gesetz erfolgten Änderungen des Vierten Buches Sozialgesetzbuch (SGB IV) sind **zum 01.01.2009** wirksam geworden.

Individualrechtlicher Rahmen: Bestimmungen des Arbeitszeitgesetzes

Da das Instrument der Arbeitszeitkonten auf die Arbeitszeit Einfluss nimmt, sind bei der Einrichtung und Fortführung der Konten vor allem die rechtlichen **Schutzbestimmungen des** Arbeitszeitgesetzes (ArbZG) zu beachten.

Einhaltung der zulässigen Höchstarbeitszeit

Gemäß § 3 Satz 1 ArbZG darf die **werktägliche Arbeitszeit** acht Stunden nicht überschreiten. Sie kann jedoch unter der Voraussetzung des § 3 Satz 2 ArbZG auf **bis zu zehn Stunden verlängert** werden. Hierfür ist erforderlich, dass die verlängerte Arbeitszeit innerhalb von sechs Kalendermonaten oder innerhalb von 24 Wochen auf einen Durchschnitt von acht Stunden ausgeglichen wird. Selbstverständlich kann der Arbeitgeber auch einen kürzeren Ausgleichszeitraum festlegen. Die Verlängerung des Ausgleichszeitraums ist dagegen gemäß § 7 Abs. 1 Nr. 1b ArbZG nur durch einen Tarifvertrag oder eine auf einem Tarifvertrag basierende Betriebs- oder Dienstvereinbarung möglich.

Daneben kann die werktägliche Arbeitszeit gemäß § 7 Abs. 1 Nr. 1a ArbZG durch einen Tarifvertrag oder eine auf einem Tarifvertrag basierende Betriebs- oder Dienstvereinbarung **auf über zehn Stunden** verlängert werden, wenn in die Arbeitszeit regelmäßig und in erheblichem Umfang Arbeitsbereitschaft oder Bereitschaftsdienst fällt. In diesen Fällen ist nach § 7 Abs. 2a i.V.m. Abs. 7 ArbZG auch eine Verlängerung der Arbeitszeit ohne Ausgleich möglich, wenn

Arbeitszeitkonten | Rechtliche Voraussetzungen

durch besondere Regelungen sichergestellt wird, dass die Gesundheit der Arbeitnehmer nicht gefährdet wird und der **Arbeitnehmer schriftlich eingewilligt** hat (sogenannte Opt-out-Regelung). Darüber hinaus kommt eine Verlängerung der täglichen Höchstarbeitszeit auf über zehn Stunden in den Fällen des § 15 Abs. 1 Nr. 1 und 2 ArbZG in Betracht, sofern die **Aufsichtsbehörde die längere Arbeitszeit bewilligt**. Allerdings sind dann die in § 15 Abs. 4 ArbZG festgelegten Grenzen zu beachten.

Auch beim Arbeitszeitkontenmodell ist die geltende **Arbeitsfreiheit an Sonn- und Feiertagen** gemäß § 9 ArbZG zu beachten. Gemäß §§ 10 , 13 ArbZG sind hiervon jedoch eine Reihe von Ausnahmen vorgesehen, die sich auf Not- und Rettungsdienste, Krankenhäuser und Gaststätten beziehen.

Kollektivrechtlicher Rahmen: Regelung durch Tarifvertrag/Betriebsvereinbarung

Mehrere **Tarifverträge** sehen die Einrichtung von Arbeitszeitkonten vor. Eine tarifvertragliche Klausel kann beispielsweise folgendermaßen aussehen: Wird durch die durchschnittliche Verteilung der Arbeitszeit die regelmäßige tarifliche wöchentliche Arbeitszeit über- oder unterschritten, so ist die sich daraus ergebende Zeitdifferenz einem für jeden betroffenen Arbeitnehmer zu führenden Arbeitszeitkonto gutzuschreiben oder das Konto damit zu belasten. Tarifverträge legen häufig Obergrenzen für die anzusammelnden Guthaben vor. Sie regeln darüber hinaus exakt den Zeitraum, in dem das Guthaben abgebaut werden muss. Entsprechende Klauseln können auch in eine **Betriebsvereinbarung** aufgenommen werden.

Praxistipp
Generell kann auch ein Arbeitsvertrag selbst Regelungen über ein Arbeitszeitkonto enthalten. Es ist aber dann im Einzelfall zu prüfen, ob nicht zwingende tarifvertragliche Regelungen entgegenstehen. Insbesondere wenn eine Mindestwochenarbeitszeit tariflich zwingend vorgeschrieben ist, könnten Arbeitszeitkonten durch Arbeitsvertrag oder Betriebsvereinbarung gegen den zwingenden Tarifvertrag verstoßen, soweit dieser nicht eine Öffnungsklausel enthält.

Weisungsrecht des Arbeitgebers

Grundsätzlich erwächst dem Arbeitgeber aus dem Arbeitsvertrag ein Weisungsrecht (Direktionsrecht), das sich auf **Art und Umfang der Leistung** und auf die Leistungsumstände beziehen kann. Auch die genaue zeitliche Lage der täglichen und wöchentlichen **Arbeitsleistung** wird davon erfasst. Wenn die Flexibilisierung der Arbeitszeit bedeuten würde, dass ausschließlich die Arbeitnehmer über Lage und Dauer der täglichen Arbeitszeit bestimmen könnten, käme dies einem teilweisen Verlust des Direktionsrechts gleich.

Allerdings sind die Arbeitnehmer trotz flexibler Handhabung ihrer täglichen, wöchentlichen oder monatlichen Arbeitszeit in der Regel an **Rahmenvorgaben des Arbeitgebers** und an die Arbeitszeit betreffende **Kontrollmechanismen** einzel- oder kollektivvertraglicher Art gebunden. So legt beispielsweise der Arbeitgeber bei der für Jahresarbeitszeitverträge üblichen Langzeitplanung regelmäßig in Absprache mit dem Arbeitnehmer und unter Mitbestimmung des

Betriebsrats im Voraus fest, wie die Arbeitszeit auf das Jahr verteilt werden soll. Auf kurzfristig eintretende Änderungen wird dann in der Weise reagiert, dass der Arbeitgeber mit dem betroffenen Arbeitnehmer eine abweichende, an die Auftragslage angepasste Lösung zu finden versucht. Von einer willkürlichen, im Belieben des Arbeitnehmers liegenden Arbeitszeiteinteilung kann demnach keine Rede sein.

Darüber hinaus gibt es Regelungsmechanismen, wie z.B. die **Festlegung von Höchstgrenzen und Steuerungsmöglichkeiten**, wie etwa beim Ampelkontenmodell, die bewirken, dass der Arbeitgeber sein Weisungsrecht behält und ausüben kann.

Grundsätze zum Negativsaldo

Regelungen zu Minusstunden fehlen meist

Bei den Regelungen über Arbeitszeitkonten, sei es in Tarifverträgen, Betriebsvereinbarungen oder Arbeitsverträgen, ist häufig festgelegt, wie mit **Plusstunden** verfahren werden soll. Der Ausgleich erfolgt regelmäßig durch **Freizeit** oder durch **Vergütungszahlung**. Dagegen fehlt es häufig an einer Regelung für Minusstunden. Insbesondere die Frage, wie mit Minusstunden im Fall des Ausscheidens verfahren werden soll, wird nicht festgelegt.

Regelungen treffen!

Soweit Arbeitszeitkonten per Arbeitsvertrag oder Betriebsvereinbarung eingerichtet werden, ist dringend zu empfehlen, eine entsprechende Regelung zu treffen. Denn gerade im Fall des Ausscheidens aus dem Arbeitsverhältnis ist die Verrechnung eines Negativzeitsaldos problematisch.

Wer hat die Minusstunden verursacht?

Entscheidendes Kriterium für die Zulässigkeit einer Verrechnung von Negativstunden beim Ausscheiden eines Arbeitnehmers ist die Frage, ob er selbst über das Entstehen und den Ausgleich eines negativen Kontostands entscheiden konnte oder nicht. Dies betrifft sowohl die Entscheidung darüber, ob überhaupt ein Negativguthaben entstehen soll, als auch darüber, **wann und wie es ausgeglichen werden soll**. Wird ein negatives Zeitguthaben allein vom Arbeitgeber durch entsprechende Anweisung, Direktionsrecht oder wegen Arbeitsmangel verursacht, so hat der Arbeitgeber beim Ausscheiden kein Recht, dieses Negativzeitkonto mit Abzügen zu seinen Gunsten auszugleichen. Andernfalls würde gegen den Anspruch des Arbeitnehmers auf Einhaltung der tariflichen Wochenarbeitszeit unter Vergütung jeder geleisteten Arbeitsstunde verstoßen werden.

Verrechnung

Fehlt eine Verrechnungsregel für Plusstunden oder für Minusstunden, so kommen die allgemeinen Grundsätze zur Anwendung: Ein **Zeitguthaben** bedeutet eine **Vorleistung des Arbeitnehmers**. Beim Ausscheiden ist das Zeitguthaben im Rahmen der Kündigungsfrist durch Freizeit auszugleichen oder am Ende auszuzahlen. Ein **Negativsaldo** bedeutet dagegen eine **Vorleistung des Arbeitgebers**, sofern dies alleine vom Arbeitnehmer veranlasst wurde. Das negative Zeitguthaben ist dann der Sache nach ein Lohn- oder Gehaltsvorschuss des Arbeitgebers. Besteht bei Vertragsende ein solches Negativsaldo, so muss der Arbeitnehmer das negative Guthaben finanziell ausgleichen (siehe Rechtsprechung „Lohneinbehalt wegen negativen Arbeitszeitkontos").

Zur Auszahlung eines Arbeitszeitkontoguthabens nach Beendigung eines Arbeitsverhältnisses siehe auch Urteil „Keine Auszahlung des Arbeitszeitkontoguthabens nach Beendigung des Arbeitsverhältnisses für Zeitarbeiter".

Fazit

Regelungen, wie mit Negativsalden im Fall der Beendigung des Arbeitsverhältnisses zu verfahren ist, fehlen häufig. Entscheidend ist, ob der Arbeitnehmer selbst über das Entstehen und den Ausgleich eines negativen Kontostands entscheiden konnte oder nicht. Wurde das Negativsaldo allein vom Arbeitgeber verursacht, so muss er dieses finanziell ausgleichen.

Abgrenzung zur Mehrarbeit

Im Rahmen von flexiblen Arbeitszeitgestaltungen ist problematisch, **wann Mehrarbeit und wann dagegen ein dem Zeitausgleich zugänglicher Vollzug der Arbeitszeitgestaltung vorliegt.** Es stellt sich damit die Frage, wie die regelmäßige tägliche Arbeitszeit bei flexibler Arbeitszeitgestaltung zu bestimmen ist, zumal diese zum Teil vereinbarungsgemäß nicht unerheblichen Schwankungen unterliegt.

Das Bundesarbeitsgericht ist davon ausgegangen, dass bei flexiblen Arbeitszeitgestaltungen die individuelle regelmäßige Arbeitszeit und die darüber hinausgehende Mehrarbeit die durch **Betriebsvereinbarung festgelegte tägliche Sollarbeitszeit** ist.

Entsprechendes muss gelten, wenn die tägliche Sollarbeitszeit nicht durch eine Betriebsvereinbarung, sondern arbeitsvertraglich geregelt ist. Als Folge dessen wäre aber jede Überschreitung der Sollarbeitszeit und damit jeglicher Plussaldo auf dem Arbeitszeitkonto als Mehrarbeit zu werten, ein Ergebnis, das vor allem aus Arbeitgebersicht nicht tragbar wäre.

Unter Berücksichtigung der Tatsache, dass eine gesetzliche Regelung, wonach ein sich aus der Flexibilisierung der täglichen Arbeitszeit ergebender positiver Zwischensaldo als Mehrarbeit zu vergüten wäre, nicht existiert, ist auch das Bundesarbeitsgericht davon ausgegangen, dass entscheidend auf den Zweck der Flexibilisierung der Arbeitszeit abzustellen ist. Diese soll nämlich, **gerade am Durchschnitt der Arbeitszeit im Ausgleichszeitraum gemessen, längere oder kürzere Tagesarbeitszeiten ermöglichen, ohne dass infolge der Abweichung vom Durchschnitt zuschlagpflichtige Mehrarbeit entsteht.** Daraus folgt, dass der jeweilige Stundensaldo während des Ausgleichszeitraums keine Mehr- oder Minderarbeit beschreibt, sondern lediglich ein Zeitguthaben bzw. eine Zeitschuld. Daraus folgt, dass Mehrarbeit bei flexiblen Arbeitszeitmodellen wie etwa den Arbeitszeitkonten erst dann vorliegt, wenn die im Rahmen der flexiblen Arbeitszeit für den jeweiligen Arbeitstag per Betriebsvereinbarung festgelegte Arbeitszeit aufgrund einer arbeitgeberseitigen Anordnung überschritten wird.

Kein gesetzlicher Anspruch auf die zusätzliche Vergütung von Mehrarbeit

Es besteht kein gesetzlicher Anspruch auf die zusätzliche Vergütung von Mehrarbeit! Ein solcher setzt eine entsprechende arbeitsvertragliche Vereinbarung oder kollektivvertragliche Bestimmungen, die auf das Arbeitsverhältnis Anwendung finden, voraus. Im Rahmen von Arbeitszeitkonten können somit Mehrarbeitszuschläge in der Form anfallen, dass sie bei einer Auszahlung von Plussalden in Entgelt Berücksichtigung finden oder aber auf einem Arbeitszeitkonto mit einer entsprechenden Zeitgutschrift verbucht werden.

Übertragung von Wertguthaben

Die Beantwortung der Frage nach der Übertragbarkeit von Guthaben auf einem Arbeitszeitkonto hängt davon ab, ob das Arbeitsverhältnis noch andauert oder bereits beendet ist.

Laufendes Arbeitsverhältnis

In einem laufenden Arbeitsverhältnis ist gemäß § 613 BGB der **Arbeitnehmer Schuldner seiner Arbeitsleistung**. Daher kann die Pflicht zur Vor- oder Nacharbeit bei einem bestehenden Arbeitsverhältnis grundsätzlich nicht auf eine andere Person übertragen werden. Aus dem Sinn und Zweck der Arbeitszeitkonten, nämlich der Flexibilisierung der Arbeitszeit, ergibt sich, dass auch **angesammelte Wertguthaben** nicht auf Dritte übertragen werden können. Anderenfalls könnte der Arbeitnehmer, nachdem er sein Guthaben an einen Dritten übertragen hat, in dem für die Freizeitentnahme vorgesehenen Zeitraum weiter voll arbeiten, was aber der durch die Anwendung von Zeitkonten angestrebten Flexibilisierung entgegenstünde. In der Regel wird die Frage der Übertragbarkeit von Wertguthaben während des laufenden Arbeitsverhältnisses arbeitsvertraglich oder in einer Betriebsvereinbarung geregelt.

Beendetes Arbeitsverhältnis

Eine Übertragung des Wertguthabens auf einen Dritten ist aber grundsätzlich möglich, wenn das Arbeitsverhältnis bereits beendet ist. Das ergibt sich bereits aus dem Wortlaut von § 7 Abs. 1a Satz 4 und § 23b Abs. 4 SGB IV. Für den Arbeitnehmer stellt das Kontoguthaben eine **geldwerte Vorleistung** dar, der positive Saldo auf dem Arbeitszeitkonto ist damit nichts anderes als der äquivalente Auszahlungsanspruch des Arbeitnehmers gegenüber dem Arbeitgeber, sodass eine Abtretung an Dritte insoweit grundsätzlich möglich ist.

Wichtig

Auch wenn die Übertragung des Wertguthabens eines Arbeitszeitkontos möglich ist, so bedeutet das nicht, dass mit dem Übergang des Wertguthabens auch die sozialversicherungsrechtlichen Rechte und Pflichten übergehen. Derjenige, an den das Wertguthaben abgetreten wird, erhält keinen **sozialversicherungsrechtlichen Schutz**. Die Übertragung des Wertguthabens auf einen Dritten ändert auch nichts an der weiterhin bestehenden Beitragspflicht des abtretenden

Arbeitnehmers. Diesem kommt auch der sozialversicherungsrechtliche Schutz zugute, da er es war, der die abzugeltende Vorleistung getätigt hat.

Neuregelung für die Übertragbarkeit von Wertguthaben bei Jobwechsel

Durch das Gesetz zur Verbesserung der Rahmenbedingungen für die Absicherung flexibler Arbeitszeitregelungen und zur Änderung anderer Gesetze vom 21.12.2008 wurde mit Wirkung zum 01.01.2009 für Arbeitnehmer die Möglichkeit geschaffen, Wertguthaben bei einem Arbeitgeberwechsel mitzunehmen. In dem mit diesem Gesetz neu eingefügten **§ 7f SGB IV** ist nunmehr ausdrücklich geregelt, dass der Beschäftigte bei Beendigung der Beschäftigung durch schriftliche Erklärung gegenüber dem Arbeitgeber verlangen kann, dass ein Wertguthaben auf den **neuen Arbeitgeber** übertragen wird. Gesetzliche Voraussetzung dafür ist, dass der neue Arbeitgeber mit dem Arbeitnehmer eine entsprechende Wertguthabenvereinbarung (§ 7b SGB IV) abgeschlossen und der Übertragung zugestimmt hat.

Als weitere Möglichkeit bei der Beendigung der Beschäftigung sieht § 7f SGB IV die Übertragung des Wertguthabens auf die **Deutsche Rentenversicherung Bund** vor, soweit das Wertguthaben einschließlich des Gesamtversicherungsbeitrags einen Betrag in Höhe des Sechsfachen der monatlichen Bezugsgröße übersteigt.

Krankheitsbedingte Fehlzeiten

Lohnausfallprinzip

Im Rahmen von Arbeitszeitkonten stellt sich die Frage, wie sich krankheitsbedingte Fehlzeiten des jeweiligen Arbeitnehmers auswirken. Gemäß § 3 Abs. 1 und § 4 Abs. 1 des Entgeltfortzahlungsgesetzes (EntgFG) ist in Fällen unverschuldeter, mit Arbeitsunfähigkeit verbundener Krankheit das Arbeitsentgelt des Betroffenen für einen Zeitraum von **sechs Wochen** zu 100 % fortzuzahlen. Dem liegt das sogenannte Lohnausfallprinzip zugrunde, wonach der Arbeitnehmer so zu stellen ist, wie er stünde, wenn er in dem besagten Zeitraum gearbeitet hätte. Hierbei wird grundsätzlich die **regelmäßige individuelle Arbeitszeit** des erkrankten Arbeitnehmers berücksichtigt.

Individuelle Arbeitszeit

Die individuelle Arbeitszeit ergibt sich in erster Linie aus dem Arbeitsvertrag. Die allgemein im Betrieb geltende Arbeitszeit ist insoweit unerheblich. Ebenso ist eine wirksame Vereinbarung über die Arbeitszeit nicht erforderlich. Das Gesetz stellt dem Grundsatz nach entscheidend darauf ab, **welche Arbeitsleistung tatsächlich ausgefallen ist.** Hierfür ist allein entscheidend, in welchem Umfang der Arbeitnehmer gearbeitet hätte, wenn er arbeitsfähig gewesen wäre. Etwaige gesetzliche oder tarifliche Höchstarbeitszeiten dienen allein dem Schutz des Arbeitnehmers. Sie bewahren den Arbeitgeber jedoch nicht vor der Verpflichtung, die darüber hinausgehende Arbeitszeit zu vergüten.

Berechnung

Zur Berechnung des fortzuzahlenden Arbeitsentgelts ist bei einer Stundenvergütung die Zahl der durch die Arbeitsunfähigkeit ausfallenden Arbeitsstunden (**Zeitfaktor**) mit dem hierfür jeweils geschuldeten Arbeitsentgelt (**Geldfaktor**) zu multiplizieren. Bei einer verstetigten, also stets gleichbleibenden Arbeitszeit bereitet die Feststellung der maßgebenden Arbeitszeit keine Schwierigkeiten. Wenn ein festes Monatsentgelt mit dem Arbeitnehmer vereinbart worden ist, so ist dieses bis zur Dauer von sechs Wochen fortzuzahlen. Wenn aber die Arbeitszeit und damit die Entgelthöhe vereinbarungsgemäß unregelmäßigen Schwankungen unterliegt und deshalb der Umfang der ausgefallenen Arbeit nicht exakt bestimmt werden kann, bedarf es der Festlegung eines Referenzzeitraums, dessen durchschnittliche Arbeitsmenge maßgebend ist. Das heißt, die regelmäßige Arbeitszeit wird anhand einer **vergangenheitsbezogenen Betrachtung** bestimmt.

Referenzzeitraum

Der Referenzzeitraum in diesem Sinne bezweckt die sichere Erfassung dessen, **was die Arbeitsvertragsparteien als regelmäßige Arbeitszeit des Arbeitnehmers gewollt haben.** Er ist so zu bemessen, dass das Arbeitsverhältnis mit seinen Besonderheiten möglichst vollständig erfasst wird und Zufallsergebnisse vermieden werden. Es handelt sich nicht lediglich um einen Referenzzeitraum zur praktikablen Berechnung des Lohnausfalls, sondern um die rechtsgeschäftliche Bestimmung der beständigen Arbeitszeit. Hierfür ist grundsätzlich ein Vergleichszeitraum von **zwölf Monaten vor Beginn** der Arbeitsunfähigkeit heranzuziehen. Dieser Zeitraum wird besonderen Eigenarten eines Arbeitsverhältnisses gerecht und vermeidet unbillige Zufallsergebnisse. Hat das Arbeitsverhältnis bei Beginn der Arbeitsunfähigkeit weniger als ein Jahr gedauert, ist dessen gesamter Zeitraum maßgebend.

Die vorgenannten Grundsätze sind auch auf Arbeitszeitkonten anzuwenden, da es sich auch bei der Zeitgutschrift auf dem Arbeitszeitkonto um eine Form von Entgelt handelt. Ein Unterschied besteht lediglich insoweit, als diese Form des Entgelts nicht sofort ausgezahlt, sondern **verrechnet** wird. Daher kann auch ein Anspruch auf Zeitgutschrift durchaus Gegenstand eines Anspruchs auf Entgeltfortzahlung sein. Dem Arbeitnehmer, der ohne den krankheitsbedingten Ausfall gearbeitet hätte, sind die entsprechenden Fehlzeiten nach den Regeln der Entgeltfortzahlung gutzuschreiben.

Zusatzschichten

Dementsprechend sind Zusatzschichten, die der Arbeitnehmer in dem Zeitraum seiner krankheitsbedingten Arbeitsunfähigkeit leisten sollte, dem Arbeitszeitkonto gutzuschreiben. Auch bei Zusatzschichten und Schichtverlängerungen im Rahmen der Registrierung von Zeitelementen auf dem Arbeitszeitkonto handelt es sich nämlich um eine Form von Entgelt, das im Krankheitsfall für längstens sechs Wochen fortzugewähren ist, da das Arbeitszeitkonto letztlich den Vergütungsanspruch des Arbeitnehmers nur in anderer Form ausdrückt. Hinsichtlich Zusatzschichten und Schichtverlängerungen ist dabei für den Vergütungsanspruch allerdings **keine Durchschnittsbetrachtung anzustellen,** sondern die Zeitschuld ist entsprechend der konkret ausgefallenen Arbeit auszugleichen. Für die Gutschrift auf dem Arbeitszeitkonto bedeutet die „ungekürzte" Entgeltfortzahlung damit einen vollen Zeitausgleich entsprechend der tatsächlich ausgefallenen Arbeitszeit.

Arbeitsfreie Samstage

Was die Fehlzeiten an arbeitsfreien Samstagen angeht, so ist für diese zu beachten, dass nach § 3 Abs. 1 EntgFG Ansprüche auf Entgeltfortzahlung nur dann bestehen, wenn die **Arbeitsunfähigkeit die alleinige Ursache für den Arbeitsausfall ist**. Wenn also bereits aus dem Grund keine Arbeitspflicht besteht, dass im Zeitraum der Arbeitsunfähigkeit im Betrieb nicht gearbeitet wurde, so scheidet eine Anrechnung der Fehlzeit auf dem Arbeitszeitkonto wegen des Krankheitsfalls aus. Anderenfalls würde der kranke Arbeitnehmer gegenüber den anderen Arbeitnehmern besser gestellt, was jedoch vermieden werden soll. Dementsprechend sind krankheitsbedingte Fehlzeiten an arbeitsfreien Samstagen nicht anzurechnen.

Freischichten

Entsprechend sind auch Freischichten zu behandeln. Auch bei Krankheit des Arbeitnehmers während Freischichten ist die **Arbeitsunfähigkeit nicht die alleinige Ursache für den Ausfall der Arbeitsleistung**, sodass auch krankheitsbedingte Fehlzeiten in Freischichten nicht anzurechnen sind (Nähere Einzelheiten im Urteil „Berücksichtigung von Zeiten der Arbeitsunfähigkeit auf dem Arbeitszeitkonto").

Freistellungszeitraum

Auch wenn der Arbeitnehmer im Freistellungszeitraum arbeitsunfähig erkrankt, erfolgt keine Anrechnung dieser Zeit auf dem Arbeitszeitkonto. Wenn der Arbeitnehmer wirksam von der Arbeitspflicht freigestellt ist, so ist er in diesem Freistellungszeitraum gerade nicht verpflichtet, seine arbeitsvertraglich geschuldete Arbeitsleistung zu erbringen. Demzufolge ist auch hier wieder die Arbeitsunfähigkeit nicht die alleinige Ursache des Arbeitsausfalls.

Wichtig

Durch eine nachträglich eintretende krankheitsbedingte Arbeitsunfähigkeit im Freistellungszeitraum wird die **Erfüllung des Ausgleichsanspruchs** nicht etwa hinfällig. Grundsätzlich trägt der Arbeitnehmer das Risiko, die durch die Arbeitsbefreiung als Arbeitszeitausgleich gewonnene Freizeit nach seinen Vorstellungen nutzen zu können.

Tarifvertragliche Abweichungen

Aufgrund der eingeschränkten Öffnungsklausel des § 4 Abs. 4 EntgFG sind **tarifvertragliche Abweichungen** von §§ 4 Abs. 1, 1a und 3 EntgFG durchaus möglich. Den Tarifparteien sind allerdings dann **Grenzen** gesetzt, wenn der Anspruch auf Entgeltfortzahlung in seiner Substanz angetastet wird, entsprechende Regelungen wären nichtig. Demzufolge sind die Tarifparteien an den Grundsatz der vollen Entgeltzahlung gebunden, der sich aus den nicht tarifdispositiven § 3 Abs. 1 und § 4 Abs. 1 EntgFG ergibt

Sozialrechtlicher Rahmen

Der **sozialversicherungsrechtliche Rahmen** für die Arbeitszeitkonten wurde erst 1998 mit dem Gesetz zur sozialrechtlichen Absicherung flexibler Arbeitszeitregelungen, dem sogenannten Flexi-I-Gesetz, geschaffen. Das Flexi-I-Gesetz ermöglicht es sowohl, in solche Konten auch Entgeltbestandteile, wie etwa ein 13. Monatsgehalt, einzubringen, die dadurch zu wertgleichen Freistellungsansprüchen der Arbeitnehmer werden, als auch diese Konten „in Geld" zu führen. Praktisch bedeutet dies, dass gegenüber den Arbeitnehmern statt des aufgelaufenen Freistellungsanspruchs in Stunden und Minuten der Geldwert dieses Freistellungsanspruchs ausgewiesen wird, nicht aber, dass einem „in Zeit" geführten Konto nur Zeit und einem „in Geld" geführten Konto nur Entgeltbestandteile zugeführt werden könnten.

Insolvenzsicherung

Notwendigkeit des Insolvenzschutzes

In den vergangenen Jahren haben Arbeitszeitmodelle mit längeren Ausgleichszeiträumen und höheren Schwankungsbreiten immer mehr an Bedeutung gewonnen. Diese Modelle müssen einen relativ langen Freistellungszeitraum ermöglichen und beinhalten demnach hohe Arbeitszeitguthaben, die durchaus den Wert von mehreren Jahresgehältern erreichen können. Die Ansammlung eines hohen Zeitguthabens stellt einen erheblichen wirtschaftlichen Wert dar, der eines insolvenzrechtlichen Schutzes bedarf. Wenn nämlich ein Unternehmen insolvent wird, so verliert der Arbeitnehmer nicht nur seinen Arbeitsplatz, sondern auch den Anspruch, sein angespartes Arbeitszeitguthaben auszugleichen. Das Erfordernis eines Schutzes der Arbeitszeitguthabens für den Fall der Insolvenz wird besonders vor dem Hintergrund deutlich, dass nicht nur die Verbreitung von Arbeitszeitkonten, sondern auch die Zahl der Insolvenzen in den letzten Jahren zugenommen hat.

Insolvenzgeld

Zunächst ist zu beachten, dass der positive Saldo auf einem Arbeitszeitguthaben nicht vom Insolvenzgeld nach §§ 183 ff. SGB III abgedeckt wird. Insolvenzgeld wird von der Bundesagentur für Arbeit für den Zeitraum der letzten drei Monate des Arbeitsverhältnisses vor dem Insolvenzereignis gezahlt. Grundlage des Entgelts ist das verstetigte monatliche Einkommen und zwar unabhängig von der tatsächlichen Arbeitsleistung.

In der Durchführungsanweisung der Bundesagentur für Arbeit zum Insolvenzgeld ist unter anderem ausgeführt:

„Der Arbeitnehmer, der mit seinem Anspruch auf den Monatslohn ausgefallen ist, erhält Insolvenzgeld in Höhe des Monatslohns auch dann, wenn er weniger oder mehr als die arbeitsrechtlich vorgeschriebene Zahl von Sollarbeitsstunden in dem jeweiligen Monat gearbeitet hat."

Arbeitszeitkonten | Rechtliche Voraussetzungen

Aus dem oben Gesagten folgt:

- Bei verstetigter Entgeltzahlung für Arbeits- und Freistellungsphasen erhält der Arbeitnehmer Insolvenzgeld für die letzten drei Monate auf der Basis des verstetigten Entgelts. Es spielt dabei keine Rolle, wann das in einer Freistellungsphase gezahlte Entgelt erarbeitet worden ist.
- Vergütungen für Arbeitsleistungen, die (noch) nicht in Form verstetigten Lohns abgegolten worden sind, werden nach dem Prinzip des Erarbeitens berücksichtigt.

Beispiel

Wie nachteilig das tatsächlich für den Arbeitnehmer sein kann, lässt sich an folgendem Beispiel verdeutlichen:

Arbeitnehmer Y. praktiziert Altersteilzeit im Blockzeitmodell (vier Jahre). Er hat 24 Monate bei 70 % Vergütung voll (40 Wochenstunden) weitergearbeitet. Vier Monate nach Beginn seiner Freistellungsphase tritt das Insolvenzereignis ein. Gemäß § 183 Abs. 1 SGB III besteht ein Insolvenzgeldanspruch für die dem Insolvenzereignis vorausgehenden drei Monate. Daraus folgt, dass trotz der Freistellungsphase wegen der Verstetigung der Entgeltleistungen in der Altersteilzeit Anspruch auf Insolvenzgeld auf Grundlage der gezahlten Vergütung inklusive Aufstockungsbetrag (70 %) besteht. Darüber hinaus besteht für das in der Arbeitsphase aufgebaute Wertguthaben kein Anspruch, weil es nicht in den drei Monaten vor dem Insolvenzereignis erarbeitet wurde. Das vom Arbeitnehmer aufgebaute Wertguthaben ist in Höhe von 21 Monaten x 20 Wochenarbeitsstunden, also in Höhe von ca. 1.680 Arbeitsstunden, nicht vor Insolvenz geschützt. Für die Absicherung des Arbeitszeitguthabens wäre daher einer gesonderte Regelung erforderlich gewesen.

Insolvenzschutz durch Flexi-I-Gesetz

Mit dem Gesetz zur sozialrechtlichen Absicherung flexibler Arbeitszeitregelungen von 1998, dem sogenannten Flexi-I-Gesetz wurden eine Reihe von Regelungen eingeführt, die zur Verbesserung der rechtlichen Rahmenbedingungen von Arbeitszeitkonten beigetragen haben. Vor allem § 7d SGB IV enthielt bereits eine ausdrückliche Regelung zur Insolvenzsicherung von Arbeitszeitguthaben. Diese Vorschrift legte fest, dass die Vertragsparteien bei Vorliegen der dort genannten Voraussetzungen eine irgendwie geartete **Vorkehrung zur Insolvenzsicherung der Arbeitszeitkonten** vereinbaren müssten, d.h. der Arbeitnehmer hatte unter bestimmten Voraussetzungen einen Anspruch auf Insolvenzsicherung seines Wertguthabens.

Neuregelung durch Flexi-II-Gesetz

Mit dem Gesetz zur Verbesserung der Rahmenbedingungen für die Absicherung flexibler Arbeitszeitregelungen und zur Änderung anderer Gesetze (**Flexi-II-Gesetz**) vom 21.12.2008 wurden mit Wirkung zum 01.01.2009 die Vorschriften zum Insolvenzschutz von Arbeitszeitkonten im Vierten Buch Sozialgesetzbuch geändert und durch § 7e SGB IV ergänzt und verbessert. In § 7e SGB IV ist nunmehr geregelt, dass die Vertragsparteien Vorkehrungen zur Insolvenzsicherung der Konten zu treffen haben, soweit

- kein Anspruch auf Insolvenzgeld gemäß § 183 ff. SGB III besteht und

- das Wertguthaben des Arbeitnehmers einschließlich des darin enthaltenen Gesamtsozialversicherungsbeitrags einen Betrag in Höhe der monatlichen Bezugsgröße gemäß § 18 SGB IV übersteigt.

Eine abweichende Regelung ist durch Tarifvertag oder aufgrund eines Tarifvertrags in einer Betriebsvereinbarung möglich.

Praxistipp
Im Gegensatz zur alten Regelung reicht nunmehr die Höhe des einfachen monatlichen Bezugsrahmens aus. Bisher wurde Insolvenzschutz erst ab der dreifachen Höhe des monatlichen Bezugsrahmens gewährt. Auch auf einen **Ausgleichszeitraum** wird mit der Neuregelung verzichtet. Bisher bestand die Regelung, wonach der Schutz erst gelten sollte, wenn der vereinbarte Zeitraum, in dem das Wertguthaben auszugleichen ist, 27 Kalendermonate nach der ersten Gutschrift übersteigt.

Haftung des Arbeitgebers bei Verstoß

In § 7e Abs. 7 SGB IV wurde durch das Flexi-II-Gesetz erstmalig eine Sanktion angeordnet für den Fall, dass ein Verstoß gegen den zu treffenden Insolvenzschutz eintritt. In der neuen Vorschrift heißt es wörtlich: „Kommt es wegen eines nicht geeigneten oder nicht ausreichenden Insolvenzschutzes zu einer Verringerung oder einem Verlust des Wertguthabens, haftet der Arbeitgeber für den entstandenen Schaden."

Tarifvertragliche Regelungen

Von den rund 55.000 zurzeit gültigen Tarifverträgen haben einige Vereinbarungen zur Insolvenzsicherung von Arbeitszeitguthaben getroffen. Die Art der Sicherung kann dabei in der Regel betrieblich festgelegt werden. Der Arbeitgeber ist meistens verpflichtet, gegenüber dem Betriebsrat und gegenüber dem Arbeitnehmer jährlich die ausreichende Sicherung nachzuweisen.

Sicherungsinstrumentarien

Obwohl erst wenige Finanzinstitute und Versicherungsunternehmen Modelle zur Insolvenzsicherung von Arbeitszeitguthaben anbieten, sind in der unternehmerischen Praxis bereits **einige Ansätze** diesbezüglich eingeführt worden. Viele Unternehmen beklagen dabei den hohen finanziellen und organisatorischen Aufwand und mahnen nach wie vor bessere Modelle bei den Banken und Versicherungen an. Folgende Modelle der Insolvenzsicherung werden praktiziert:

- **Fondslösung**: Der Arbeitgeber richtet bei einer Kapitalanlagegesellschaft ein Depotkonto ein und entscheidet über den Fondstyp (meist eher risikoarme Fondsanlagen wie Rentenfonds, Geldmarktfonds); Inhaber der erworbenen Fondsanteile bleibt der Arbeitgeber. Die während der Fondsanlage erwirtschafteten Erträge stehen dem Arbeitgeber zu. Daraus bestreitet er seine Kosten für Verwaltung und Depotführung. Wird der Arbeitgeber während der Vertragslaufzeit insolvent, übernimmt die Kapitalanlagegesellschaft die Zahlungsabwicklung an die Beschäftigten und führt Steuern und Sozialabgaben an die zuständigen Stellen ab.

Arbeitszeitkonten | Rechtliche Voraussetzungen

- **Bankbürgschaft:** Ein Kreditinstitut schließt mit einem Arbeitgeber nach entsprechender Bonitätsprüfung einen Vertrag ab, in dem sich das Kreditunternehmen verpflichtet, gegenüber den Beschäftigten für die Verbindlichkeiten aus dem Arbeitszeitkonto einzustehen. Die Gebühren für die Bankbürgschaft hat der Arbeitgeber zu zahlen. Die Höhe richtet sich nach dem Umfang der zu sichernden Forderung und nach der Risikobeurteilung durch das Kreditinstitut. Vorteil: Die Bankbürgschaft deckt immer genau den Umfang der gesicherten Forderung ab und das Unternehmen büßt nicht an Liquidität ein. Nachteil: Die Bankbürgschaft eignet sich nur für solvente Unternehmen, die ihre Kreditlinie noch nicht ausgeschöpft haben.
- **Kautionsversicherungsmodell:** Im Rahmen der Kautionsversicherung für Zeitguthaben gibt eine Versicherungsgesellschaft den Unternehmen eine Bürgschaft. Statt der 100-prozentigen Hinterlegung der Guthabensumme reichen in der Regel 25 %. Bei größeren Summen prüft die Versicherung die Bonität des Unternehmens. Im Insolvenzfall übernimmt ein Treuhänder die Abwicklung (und nicht die Versicherungsgesellschaft). Liquiditätsvorteil: Das Unternehmen hat einen größeren Finanzierungsspielraum durch Nutzung nicht gebundener Wertguthaben.
- **Zeitwertpapier:** Bei der Volkswagen AG können die Beschäftigten ihre Arbeitszeitguthaben aus Mehrarbeit, aber auch Teile des Gehalts wie Weihnachtsgeld oder Prämien auf ein Konto einzahlen. Die Zeit wird auch in Geld umgerechnet und als verzinsliches Zeitwertpapier in Form eines Rentenfonds bei einer geschätzten Rendite von 10 % angelegt. 96 % der Mitarbeiter nutzen inzwischen das „Zeitwertpapier". Vorteil: Das eingezahlte Geld muss erst im Rentenalter mit einem günstigen Satz versteuert werden. Außerdem entfallen die Sozialabgaben ebenso wie die Bearbeitungsgebühren für den Fonds. Das Modell hat die HypoVereinsbank inzwischen auch für andere Unternehmen weiterentwickelt.

Sicht des Arbeitgebers

Vorteile von Arbeitszeitkonten für den Arbeitgeber

Arbeitszeitkonten machen es Betrieben nicht nur möglich, optimal auf schwankende Auftragslagen zu reagieren, sondern mit ihrer Hilfe kann auch produktiver und kosteneffizienter gearbeitet und damit die Wettbewerbsfähigkeit gesteigert oder die Betriebs- und Servicezeit ausgeweitet werden.

Optimale Reaktion auf schwankende Auftragslagen

Mithilfe der Arbeitszeitkonten können Unternehmen flexibel auf saisonale oder konjunkturelle Schwankungen im Arbeitsaufkommen reagieren, da die Verlängerung des Bezugs- und Ausgleichszeitraums und die damit verbundene Flexibilisierung der täglichen, wöchentlichen oder monatlichen Arbeitszeit ermöglicht, das vertraglich vereinbarte **Arbeitszeitvolumen entsprechend dem Arbeitsaufkommen** flexibel auf saisonale oder unvorhergesehene Auftragsschwankungen anzupassen.

Sicherung der Wettbewerbsfähigkeit

Um die Wettbewerbsfähigkeit eines Unternehmens zu sichern und damit auch den Fortbestand der Arbeitsplätze garantieren zu können, mussten und müssen Unternehmen schnell und effizient auf Schwankungen der Marktlage reagieren. Dementsprechend war eine Flexibilisierung der Arbeitszeit erforderlich, um die Arbeitnehmer gezielt betriebs-, produkt- und kundenorientiert einsetzen zu können. Die persönlichen Arbeitszeiten der Arbeitnehmer sollten dadurch an die betriebsspezifischen Arbeitszeiten sowie an die ständig wechselnde Marktlage angepasst werden.

Ausweitung von Betriebs- und Servicezeiten

Betriebs- oder Servicezeiten (vor allem im Dienstleistungsbereich), die über den gewöhnlichen Arbeitstag eines Angestellten hinausgehen, sind mittlerweile eine Selbstverständlichkeit. Während in produzierenden Unternehmen oft mit Schichtarbeitsmodellen gearbeitet wird, wenn längere Betriebszeiten durch verschiedene Beschäftigte mit versetzten Arbeitszeiten besetzt werden sollen, werden im Dienstleistungssektor bzw. in der Verwaltung versetzte Arbeitszeiten in der Regel durch eine **variable Personaleinsatzplanung** verwirklicht. Unabhängig davon, ob diese Abdeckung der Ansprechzeiten dadurch erfüllt wird, dass zeitautonome Teams ihre Arbeitszeiten eigenständig untereinander absprechen und die Arbeitsplätze besetzen, oder dass die Abteilungsleitung mit oder ohne Absprache mit den Mitarbeitern einen Dienstplan aufstellt, Arbeitszeitkonten werden in der Regel in beiden Fällen zum Einsatz kommen.

Auch die flexible Anpassung an Kundenwünsche und allgemeine Änderungen der Ladenöffnungszeiten können in betriebswirtschaftlich sinnvoller Weise verwirklicht werden: Ausreichend lange Ansprechzeiten in den kundennahen Bereichen wie Vertrieb und Beratung in In-

Arbeitszeitkonten | Sicht des Arbeitgebers

dustriebetrieben oder Verlängerung der Öffnungszeiten und Verlängerung der Erreichbarkeit in Dienstleistungsbetrieben können mittels Arbeitszeitkonten bedarfsgerecht und flexibel gestaltet werden.

Weitere Vorteile

- bessere Synchronisation von Markt- und Betriebsbedingungen durch die Anpassung der Arbeitszeit an die betrieblichen Anforderungen
- schnellere Reaktionsmöglichkeiten auf Markt- und Kundenerfordernisse
- effektiverer Einsatz der Arbeitskräfte
- optimierte Anlagennutzungszeiten
- bessere Arbeitsmotivation und höhere Arbeitszufriedenheit
- Vermeidung von Überstundenzuschlägen und Kurzarbeit
- Sicherung des Betriebs in Krisenzeiten
- geringere Leerzeiten und Lagerkosten
- kürzere Produktions- und Lieferzeiten

Wichtig

Diese genannten Vorteile sind unter Umständen mit einem höheren Verwaltungsaufwand für den Arbeitgeber verbunden, der zwangsläufig im Rahmen der Einführung und Handhabung von Arbeitszeitkonten zur Dokumentation der flexiblen Arbeitszeitgestaltung entsteht.

Auswirkungen auf die Arbeitnehmer

Risiken/Chancen von Arbeitszeitkonten für die Arbeitnehmer

Höhere Zeitsouveränität

Arbeitszeitkonten ermöglichen den Arbeitnehmern eine höhere Arbeitszeitsouveränität, indem starre Arbeitszeitstrukturen aufgebrochen werden. Die Folge davon ist, dass persönliche zeitliche Bedürfnisse wie Kinderbetreuung, die Pflege von Angehörigen oder Freizeitaktivitäten (Sport, außerbetriebliche Weiterbildung) besser berücksichtigt und mit dem Beruf in Einklang gebracht werden können. Der Arbeitnehmer erhält außerdem die Möglichkeit, seine Arbeitszeit lebensphasengerecht zu gestalten und an individuelle Situationen und Lebensumstände anzupassen.

Risiken

Diesen positiven Auswirkungen stehen Risiken gegenüber, denen der Arbeitnehmer im Rahmen der Bedienung von Arbeitszeitkonten ausgesetzt wird. Im Folgenden werden die wesentlichen Faktoren genannt:

- **Vergütung für Mehrarbeit/Überstunden:** Wie hoch ist der Verzicht auf Vergütungsbestandteile, die sich aus geleisteter Mehrarbeit/Überstunden ergeben würden? Siehe dazu im Abschnitt „Rechtliche Voraussetzungen/ Abgrenzung zur Mehrarbeit".
- **Negativsaldo:** Muss der Arbeitnehmer im Fall des Vorliegens von Minusstunden (Zeitschuld) diese gegenüber dem Arbeitgeber finanziell ausgleichen? Siehe dazu im Abschnitt „Rechtliche Voraussetzungen/ Grundsätze zum Negativsaldo".
- **Übertragbarkeit von Wertguthaben:** Kann ein bestehendes Zeitguthaben auf einen Dritten übertragen werden? Siehe dazu im Abschnitt „Rechtliche Voraussetzungen/ Übertragung von Zeitguthaben".
- **Insolvenz des Arbeitgebers:** Was passiert mit einem Zeitguthaben des Arbeitnehmers, wenn der Arbeitgeber insolvent wird? Siehe dazu im Abschnitt „Rechtliche Voraussetzungen/ Insolvenzsicherung".
- Arbeitgeberwechsel: Was passiert mit einem Wertguthaben, das bei einem Ausscheiden aus dem Betrieb und Wechsel zu einem anderen Arbeitgeber nicht mehr abgegolten werden kann? Siehe dazu im Abschnitt „Rechtliche Voraussetzungen/ Übertragung von Zeitguthaben".

Vorgehensweise des Betriebsrats

Zwingendes Mitbestimmungsrecht bei der Lage der Arbeitszeit

Gemäß § 87 Abs. 1 Nr. 2 Betriebsverfassungsgesetz (BetrVG) hat der Betriebsrat über die **Lage der Arbeitszeit**, also die Verteilung der vertraglich vorgegebenen Arbeitszeit auf den Tag, die Woche, den Monat oder das Jahr, **zwingend mitzubestimmen**. Da mithilfe von Arbeitszeitkonten die tägliche Arbeitszeitdauer variabel gestaltet und der jeweiligen Auftragslage entsprechend angepasst wird, stellt dies auch eine Veränderung der Lage der Arbeitszeit dar, sodass sowohl bei der Einführung von Arbeitszeitkonten als auch bei deren Ausgestaltung und Überwachung der Betriebsrat gemäß § 87 Abs. 1 Nr. 2 BetrVG zu beteiligen ist. Mögliche mitbestimmungspflichtige Punkte könnten dann beispielsweise die

- Festlegung der Schwankungsbreite,
- mögliche Kernzeiten sowie
- Pausen

sein.

Kein Mitbestimmungsrecht bei der Dauer der Arbeitszeit

Was jedoch die **Arbeitszeitdauer** als solche angeht, etwa das Arbeitszeitvolumen, das durchschnittlich innerhalb des Ausgleichszeitraums erreicht werden soll, so unterliegt diese tarifvertraglichen oder individualvertraglichen Regelungen, nicht aber der Mitbestimmung des Betriebsrats gemäß § 87 Abs. 1 BetrVG.

Tarifvertrag geht vor!

Das Mitbestimmungsrecht des Betriebsrats gemäß § 87 Abs. 1 Nr. 2 BetrVG ist nur dann einschlägig, wenn **keine Tarifsperre** besteht, also für den an sich mitbestimmungspflichtigen Tatbestand nicht bereits eine tarifliche Regelung besteht oder der Tarifvertrag nicht durch eine **Öffnungsklausel** ergänzende Betriebsvereinbarungen zulässt.

Fazit

Der Betriebsrat hat über die Lage der Arbeitszeit mitzubestimmen. Umfasst wird auch die Mitbestimmung über die Arbeitszeitkonten. Sowohl deren Einführung also auch ihre Ausgestaltung und Überwachung unterliegen dem zwingenden Mitbestimmungsrecht des Betriebsrats.

Ihre digitalen Arbeitshilfen

Sie erhalten direkt einsetzbare Arbeitshilfen zu diesem Stichwort. So können Sie schnell und einfach Ihre benötigte Arbeitshilfe finden und diese gleich am PC bearbeiten.

Arbeitshilfen
- Beispiele aus der Praxis für verschiedene Modelle von Arbeitszeitkonten
- Checkliste zur Vermeidung von Fehlern bei Jahresarbeitszeitsystemen
- Checkliste zur Einführung flexibler Jahresarbeitszeit
- Checkliste zu Zeitwertkonten
- Betriebsvereinbarung zu Arbeitszeitkonten
- Zehn Fragen und Antworten zu Arbeitszeitkonten

Bereitschaftsdienst/Rufbereitschaft

Grundlagen

Die deutsche Wirtschaft unterliegt im Zuge der fortschreitenden Öffnung der Märkte einem erhöhten Wettbewerbsdruck. Um zu bestehen, ist es oftmals entscheidend, wie schnell ein Unternehmen auf bestimmte Entwicklungen reagieren kann und in welcher Zeit Probleme gelöst werden können. Daher verpflichten Arbeitgeber ihre Arbeitnehmer in zunehmendem Maße zur Verfügbarkeit auf Abruf. Solche Bereitschaftsdienste erstrecken sich zumeist auf Zeiten außerhalb der betrieblichen Arbeitszeit.

Begriffsdefinition

Zusammen mit dem Begriff des Bereitschaftsdiensts werden häufig auch die Begriffe **Arbeitsbereitschaft und Rufbereitschaft** genannt. Zur Vermeidung von Unklarheiten sind diese arbeitszeitrechtlichen Begriffe zunächst voneinander abzugrenzen.

Bereitschaftsdienst

Bereitschaftsdienst liegt vor, wenn der Arbeitnehmer sich an einer vom **Arbeitgeber bestimmten Stelle** innerhalb oder außerhalb des Betriebs aufzuhalten hat, um seine Arbeit aufzunehmen, sobald es notwendig wird. Während des Bereitschaftsdiensts darf der Arbeitnehmer **ruhen oder sich anderweitig beschäftigen,** solange seine beruflichen Leistungen nicht erforderlich sind. Bereitschaftsdienst ist z.B. der Dienst eines Arztes im Krankenhaus, bei dem er sich auf der Station auf Abruf bereithalten muss, sich aber in der Zeit, in der seine Dienste nicht benötigt werden, im Ruheraum ausruhen oder schlafen darf.

Wichtig

Der Bereitschaftsdienst ist durch folgende Merkmale gekennzeichnet:

- Der Arbeitnehmer hält sich innerhalb oder außerhalb des Betriebs auf.
- Der Arbeitgeber bestimmt diese Stelle.
- Der Arbeitnehmer nimmt seine Arbeit auf, sobald es notwendig wird.
- Verrichtet der Arbeitnehmer keine Arbeit, darf er ruhen/sich anderweitig beschäftigen.

Arbeitsbereitschaft

Arbeitsbereitschaft ist gegeben, wenn der Arbeitnehmer dem Arbeitgeber am Arbeitsplatz zur Verfügung stehen und **sich ständig bereithalten muss,** um im Bedarfsfall von sich aus tätig zu werden. Das heißt, die Art der vom Arbeitnehmer verrichteten Arbeit beinhaltet einen Wechsel zwischen voller und geringer Beanspruchung, sie ist **wache Aufmerksamkeit im Zustand der**

Entspannung. Arbeitsbereitschaft liegt z.B. vor, wenn der Verkäufer auf den Kunden wartet oder der Pförtner an der offenen Haustür auf den Besucher.

Rufbereitschaft

Wichtig

Die Abgrenzung zwischen Bereitschaftsdienst und Rufbereitschaft ist von erheblicher Bedeutung, da Bereitschaftsdienst als Arbeitszeit gilt, während es sich bei der Rufbereitschaft um keine Arbeitszeit handelt, die den Grenzen des Arbeitszeitgesetzes unterliegt.

Rufbereitschaft ist dadurch gekennzeichnet, dass der Arbeitnehmer sich nicht an einer vom Arbeitgeber bestimmten Stelle bereithalten, sondern **nur jederzeit erreichbar sein** muss, um seine beruflichen Aufgaben auf Abruf unverzüglich wahrnehmen zu können. Der Arbeitnehmer kann sich innerhalb eines zuvor vereinbarten Gebiets an einem Ort seiner Wahl aufhalten, der entweder dem Arbeitgeber anzuzeigen ist oder an dem er über Piepser bzw. Handy jederzeit erreichbar ist. Rufbereitschaft liegt z.B. vor, wenn ein Arzt zwar seinen **Aufenthaltsort frei wählen** kann, für den Arbeitgeber aber jederzeit für einen Kurzeinsatz erreichbar sein muss. Diese Bestimmung über den Aufenthaltsort des Arbeitnehmers kann der Arbeitgeber auch nicht mittelbar dadurch erlangen, dass er von dem Arbeitnehmer verlangt, seine Arbeit innerhalb **sehr kurzer Zeit**, z.B. innerhalb von nur 20 Minuten, aufzunehmen. Will der Arbeitgeber, dass der Arbeitnehmer innerhalb so kurzer Zeit verfügbar ist, muss er einen Bereitschaftsdienst oder Schichtdienst anordnen.

Fazit

Rufbereitschaft:
- ist keine Arbeitszeit
- Arbeitnehmer bestimmt seinen Aufenthaltsort selbst
- Arbeitgeber kann nur verlangen, dass sich der Arbeitnehmer sofort auf den Weg zur Arbeit macht

Bereitschaftsdienst:
- ist Arbeitszeit
- Arbeitgeber bestimmt den Aufenthaltsort des Arbeitnehmers
- Arbeitgeber kann verlangen, dass die Arbeit sofort aufgenommen wird

Die Rufbereitschaft ist also die schwächere Form des Bereitschaftsdiensts.

(Weitere Informationen lesen Sie bitte im Urteil LAG Köln vom 13.08.2008 – 3 Sa 1453/07 –.)

Bereitschaftsdienst/Rufbereitschaft | Grundlagen

Arbeit auf Abruf

Ein anderes Modell ist die Arbeit auf Abruf. Diese unterscheidet sich von der Rufbereitschaft darin, dass der Umfang der Arbeitsleistung insgesamt von dem Arbeitsanfall abhängt. Hier darf der Arbeitnehmer die Arbeitsleistung verweigern, wenn ihm der Arbeitseinsatz nicht mindestens vier Tage im Voraus mitgeteilt wird.

Betroffene Berufsgruppen

Bereitschaftsdienste werden in vielen Berufssparten abgeleistet. So gibt es sie z.B.

- in Krankenhäusern und Pflegeheimen,
- in Apotheken und Rettungsdiensten,
- im Justizdienst,
- bei Polizei und Feuerwehr,
- bei Energieversorgungsunternehmen, Entsorgungsunternehmen,
- im Wach- und Aufsichtswesen,
- in psychologischen Diensten, in der Telefonseelsorge,
- in Unternehmensbereichen, wo längere Ausfälle gravierend wären (z.B. Server und zentrale Computeranlagen).

Fazit
Bereitschaftsdienst findet sich in verschiedenen Berufssparten wieder. Den größten Bekanntheitsgrad besitzt der Bereitschaftsdienst, den Ärzte in Krankenhäusern und Pflegeheimen ableisten müssen.

Rechtliche Voraussetzungen

Bereitschaftsdienst ist Arbeitszeit

Das Arbeitszeitgesetz ist mit dem **Gesetz zu Reformen am Arbeitsmarkt** in wesentlichen Punkten geändert worden. Diese Änderung war wegen der Rechtsprechung des Europäischen Gerichtshofs (vor allem SIMAP-Urteil vom 03.10.2000 und Jäger-Entscheidung vom 09.09.2003 – C151/02 –) und des Bundesarbeitsgerichts zum Bereitschaftsdienst erforderlich geworden. Seitdem wird auch nach deutschem Arbeitsrecht der Bereitschaftsdienst in vollem Umfang als Arbeitszeit gewertet.

Rufbereitschaft gilt **nicht als Arbeitszeit** im Sinne des Gesetzes. Rufbereitschaft ist **Ruhezeit**. Wird der Arbeitnehmer aber zur Arbeitsleistung herangezogen, so wird diese Zeit zur Arbeitszeit im Sinne des Arbeitszeitgesetzes. Zu beachten ist hierbei, dass als Arbeitszeit nur die Zeit gilt, in der die Arbeit geleistet wird, nicht dagegen die Zeit, die der Arbeitnehmer während der Rufbereitschaft für den Weg zur Arbeitsstätte und zurück aufwendet. Die Zeiten des Arbeitseinsatzes während der Rufbereitschaft werden bei der Ermittlung der Höchstarbeitszeit (§ 3 ArbZG) mitgezählt und unterbrechen die Ruhezeit (§ 5 ArbZG). Dies kann zur Folge haben, dass die Ruhezeit nach Abschluss des Arbeitseinsatzes neu einsetzt.

Die derzeitige Rechtslage in Deutschland führt in der Praxis zu großen Problemen. Einige Initiativen auf nationaler und europäischer Ebene, hier Klarheit zu schaffen, z.B. durch eine neue Arbeitszeitrichtlinie, sind bislang gescheitert. Die Entwicklung bleibt abzuwarten.

Das Arbeitszeitgesetz

Das Arbeitszeitgesetz (ArbZG) trifft für den Bereitschaftsdienst folgende wesentliche Regelungen:

- Bereitschaftsdienste zählen zur Arbeitszeit i.S.d. § 2 Abs. 1 ArbZG.
- Bereitschaftsdienste sind daher in vollem Umfang bei der Berechnung der wöchentlichen Höchstarbeitszeit von 48 Stunden und der täglichen Höchstarbeitszeit von acht Stunden (ohne Zeitausgleich) bzw. zehn Stunden (bei Zeitausgleich) i.S.d. § 3 ArbZG zu berücksichtigen.
- Durch Tarifvertrag oder aufgrund eines Tarifvertrags durch Betriebs- oder Dienstvereinbarung ist es möglich, die Arbeitszeit auf über zehn Stunden pro Tag zu verlängern, wenn in die Arbeitszeit regelmäßig und in erheblichem Umfang Arbeitsbereitschaft oder Bereitschaftsdienst fällt. Hierbei darf die Arbeitszeit allerdings wöchentlich im Durchschnitt von zwölf Monaten 48 Stunden nicht überschreiten (Arbeitszeitverlängerung mit Ausgleich; § 7 Abs. 1 Nr. 1a und 4a i.V.m. Abs. 8 ArbZG).
- Des Weiteren ist es erstmals möglich, in Tarifverträgen oder aufgrund eines Tarifvertrags in Betriebs- oder Dienstvereinbarungen eine Grundlage dafür zu schaffen, dass Arbeitnehmer sich durch schriftliche Erklärung zu einer Verlängerung ihrer täglichen und wöchentlichen Arbeitszeit ohne Zeitausgleich verpflichten (sog. **„Opt-out-Regelung"**; § 7 Abs. 2a i.V.m. Abs. 7 ArbZG).

- Allgemein muss bei einer Verlängerung der täglichen Arbeitszeit über zwölf Stunden hinaus im unmittelbaren Anschluss an die Beendigung der Arbeitszeit eine Ruhezeit von elf Stunden gewährt werden (§ 7 Abs. 9 ArbZG).

Fazit
Bereitschaftsdienst ist Arbeitszeit, das bedeutet:
- Er ist in vollem Umfang bei der Berechnung der wöchentlichen bzw. täglichen Höchstarbeitszeit zu berücksichtigen.
- Ausnahmen sind in oder aufgrund von Tarifverträgen möglich.
- Unmittelbar an die tägliche Arbeitszeit von über zwölf Stunden ist eine Ruhezeit von elf Stunden zu gewähren.
- Tarifvertragliche Regelungen zum Bereitschaftsdienst, in denen die zulässigen Höchstgrenzen überschritten werden, bleiben für einen Übergangszeitraum gültig.

Rufbereitschaft ist keine Arbeitszeit, erst durch Aufnahme der Arbeit wird sie zur Arbeitszeit.
- Wegezeiten zählen nicht zur Arbeitszeit, soweit nicht tarifvertraglich oder mit Betriebsvereinbarung etwas anderes vereinbart wird.
- Bei der Anordnung von Rufbereitschaft ist immer zu prüfen, ob Arbeitsvertrag oder Tarifvertrag diese überhaupt vorsehen.

Die Tatsache, dass der Bereitschaftsdienst nunmehr der Arbeitszeit zuzuordnen ist, hat Folgen für den Begriff der Arbeit. Bislang war als Arbeit die Erbringung der arbeitsvertraglich geschuldeten Leistung durch den Arbeitnehmer anzusehen. Nunmehr ist als Arbeit i.S.d. § 2 Abs. 1 ArbZG nicht mehr nur die Erbringung der vertraglich geschuldeten Arbeitsleistung anzusehen, sondern auch das Sich-Bereithalten an einem vom Arbeitgeber bestimmten Ort zur Erbringung dieser Arbeitsleistung, und zwar unabhängig davon, ob diese in Erfüllung einer arbeitsvertraglichen Leistungspflicht erfolgt.

Auswirkung bei Pausen, Nachtarbeit, Ruhezeiten und Urlaub

Pausen
Die **Pausenregelung** des Arbeitszeitgesetzes gilt auch für die Bereitschaftsdienste. Gemäß § 4 ArbZG ist dem Arbeitnehmer eine vorab festgelegte Pause von mindestens 30 Minuten zu gewähren, wenn mehr als sechs Stunden Arbeitszeit geleistet werden. Bei mehr als neun Stunden Arbeitszeit erhöht sich die Pause auf mindestens 45 Minuten. Gleichzeitig gilt, dass kein Arbeitnehmer länger als sechs Stunden hintereinander ohne Pause beschäftigt werden darf. Eine strikte Anwendung der Pausenregelung führt dazu, dass ein Arbeitnehmer, der z.B. von 20.00 Uhr bis 6.00 Uhr Bereitschaftsdienst hat, spätestens um 2.00 Uhr abgelöst werden muss, damit er seine Pause machen kann.

Gleiches gilt für den Arbeitseinsatz bei Rufbereitschaft, auch hier muss bei Arbeitseinsatz eine Pause geleistet werden. In den meisten Fällen ist der Einsatz meist unter den geforderten sechs Stunden Arbeitszeit und so ohne festgelegte Pause möglich.

Wichtig

Aus der Praxis heraus gesehen ist das in vielen Fällen nicht erforderlich. Wenn nämlich der Arbeitnehmer aufgrund eines ruhigen Bereitschaftsdiensts überwiegend schläft, ist die tatsächliche Belastung durch Inanspruchnahme seiner Arbeit viel zu gering, als dass eine Pause erforderlich wäre. **Streng formal gesehen verstößt hier jedoch der Arbeitgeber gegen das Arbeitszeitgesetz**, es sei denn, er bestimmt für 45 Minuten, deren zeitliche Lage konkretisiert ist, eine offizielle Vertretung. Der Arbeitgeber muss hier praktisch gewährleisten, dass der Arbeitnehmer sich in dieser Zeit nicht bereithalten muss und Pause machen darf.

Ruhezeiten

Bei Geltung der arbeitszeitgesetzlichen Vorschriften müssen nicht nur die gesetzlich zulässigen Höchstarbeitszeiten eingehalten werden, insbesondere müssen die gesetzlich vorgeschriebenen Ruhezeiten eingehalten werden. Durch die Einsätze im Rahmen von Rufbereitschaften wird die vorgeschriebene **Ruhezeit von elf Stunden** unterbrochen. Nach Beendigung eines Arbeitseinsatzes während der Rufbereitschaft läuft die Ruhezeit von elf Stunden erneut, sodass sich der Beginn der werktäglichen Arbeitszeit entsprechend nach hinten verlagert. Der Arbeitnehmer darf dann erst mit Ablauf der elf Stunden seine Tätigkeit im Betrieb wieder aufnehmen.

Beispiel

A. arbeitet von 10.00 Uhr bis 18.00 Uhr. Nach der Ruhezeit von elf Stunden kann er um 6.00 Uhr wieder für eine Schicht eingeplant werden.

Hat er in der Zeit von 18.00 Uhr bis 5.00 Uhr Rufbereitschaft und muss um 23.00 Uhr eine Arbeitsleistung von einer Stunde erbringen, beginnt die Ruhezeit ab 24.00 Uhr erneut. A. darf erst um 11.00 Uhr die „normale" Arbeit wieder aufnehmen.

Um diesem Problem zu begegnen, sehen **Tarifverträge oder Betriebsvereinbarungen** aufgrund eines Tarifvertrags Möglichkeiten vor, eine vom Gesetz abweichende Regelung zu treffen. Eine gesetzliche Ausnahme von der elfstündigen Ruhezeit besteht gemäß § 5 Abs. 3 ArbZG für Krankenhäuser und andere Einrichtungen zur Behandlung, Pflege und Betreuung von Personen.

Nachtarbeit

Arbeitnehmer, die durchschnittlich einmal pro Woche nachts Bereitschaftsdienst leisten, sind Nachtarbeiter mit den entsprechenden arbeitsrechtlichen Konsequenzen. Dazu gehört insbesondere die Verpflichtung des Arbeitgebers, angemessene **Zusatzfreizeit** oder Nachtzuschläge zu gewähren, sofern diesbezüglich keine tarifvertraglichen Regelungen bestehen.

Urlaub

Während des Erholungsurlaubs des Arbeitnehmers ist es unzulässig, Rufbereitschaften anzuordnen. Zweck des Urlaubs ist die Erholung des Arbeitnehmers. Diesem Zweck würde jede Art von Bereitschaftsdienst widersprechen. Deshalb ist die Verpflichtung zur **Rufbereitschaft wäh-**

rend des Urlaubs unzulässig. Rufbereitschaften sind nach allgemeinem Verständnis keine Überstunden. Deshalb muss die Vergütung für diese Dienste bei der Berechnung des Urlaubsgelds nach dem Bundesurlaubsgesetz berücksichtigt werden.

Wichtig

Auch teilzeitbeschäftigte Mitarbeiter sind grundsätzlich zur Leistung von Rufbereitschaft verpflichtet.

Rufbereitschaft kann im Arbeitsvertrag ausdrücklich ausgeschlossen werden.

Arbeitszeitverlängerung mit Ausgleich (§ 7 Abs. 1 Nr. 1a und 4a ArbZG)

Gemäß § 3 ArbZG darf die werktägliche Arbeitszeit acht Stunden nicht überschreiten. Sie kann auf bis zu zehn Stunden verlängert werden, wenn innerhalb von sechs Kalendermonaten oder innerhalb von 24 Wochen im Durchschnitt acht Wochen werktäglich nicht überschritten werden. Das Arbeitszeitgesetz lässt aber auch Verlängerungen der werktäglichen Höchstarbeitszeiten über zehn Stunden zu: Nach § 7 Abs. 1 Nr. 1a und 4a ArbZG kann in einem Tarifvertrag oder aufgrund Tarifvertrags in einer Dienst- oder Betriebsvereinbarung zugelassen werden, die Arbeitszeit über zehn Stunden werktäglich zu verlängern, wenn

- in die Arbeitszeit regelmäßig und in erheblichem Umfang Arbeitsbereitschaft oder Bereitschaftsdienst fällt und
- die Überschreitung der werktäglichen Arbeitszeit von acht Stunden zu anderen Zeiten ausgeglichen wird.

Eine bestimmte Obergrenze der Verlängerung der werktäglichen Arbeitszeit bei regelmäßigem Vorliegen von erheblichen Anteilen von Bereitschaftsdiensten bestimmt das Gesetz nicht, sodass auch eine **Dauer der Arbeitszeit von deutlich mehr als zehn Stunden möglich** ist.

Praxistipp

Aus dem Begriff der „werktäglichen" Arbeitszeit ergibt sich aber, dass eine **Verlängerung über den 24-stündigen Werktag** hinaus, der mit der Arbeitsaufnahme beginnt, nicht möglich ist. Eine Verlängerung der Vollarbeitszeit ist durch § 7 ArbZG nicht gedeckt!

Regelmäßiges Vorliegen von Bereitschaftsdiensten

Das regelmäßige Vorliegen von Bereitschaftsdienst ist dann gegeben, wenn es für die Tätigkeit typisch ist und nicht nur in Ausnahmefällen vorliegt. Als erheblich gilt hierbei ein **Anteil von 25 % der Gesamtarbeitszeit.** Bei einer Verlängerung der Arbeitszeit auf zwölf Stunden pro Tag müssen regelmäßig mindestens drei Stunden Arbeitsbereitschaft innerhalb einer solchen Arbeitsschicht vorliegen. In den restlichen neun Stunden ist mit Ausnahme der Ruhepausen eine volle Inanspruchnahme des Arbeitnehmers zulässig.

Wichtig

Innerhalb einer auf maximal 24 Stunden verlängerbaren Gesamtarbeitszeit dürfen nicht mehr als zehn Stunden Vollarbeitszeit enthalten sein. Das hat zur Folge, dass 24-Stunden-Dienste nur dann zulässig sind, wenn sie insgesamt mindestens 14 Stunden Bereitschaft enthalten.

Tarifvertragliche Regelung

Voraussetzung für die Überschreitung der täglichen Arbeitszeit von zehn Stunden ist weiterhin eine entsprechende Regelung innerhalb eines wirksamen Tarifvertrags. Das kann sowohl ein Flächentarifvertrag als auch ein Haustarifvertrag sein. Auch **nicht tarifgebundene Unternehmen** können dabei Arbeitszeitregelungen in Tarifverträgen für sich nutzen. Voraussetzung dafür ist, dass sich diese Unternehmen im Geltungsbereich eines Tarifvertrags befinden, der entsprechende Regelungen enthält, und sie diese Regelungen durch Dienst- oder Betriebsvereinbarungen übernehmen.

Fazit

Verlängerungen der Arbeitszeit setzen voraus:

- Zulassung der Verlängerung durch oder aufgrund Tarifvertrag
- In die Arbeitszeit fällt regelmäßig und in erheblichem Umfang (mindestens 25 %) Arbeitsbereitschaft oder Bereitschaftsdienst.
- Die Überschreitung der werktäglichen Arbeitszeit von acht Stunden wird zu anderen Zeiten ausgeglichen.

Obergrenze der Verlängerung: 24 Stunden

Arbeitszeitverlängerung ohne Ausgleich, Opt-out-Regelung (§ 7 Abs. 2a ArbZG)

Europarechtlich ist eine dauerhafte Überschreitung der wöchentlichen Höchstarbeitszeit nur auf der Grundlage der Opt-out-Regelung möglich, die in Artikel 21 der europäischen Arbeitszeitrichtlinie verankert ist. Danach ist es einem Mitgliedstaat unter bestimmten Voraussetzungen freigestellt, die Regelung der 48-Stunden-Obergrenze nicht anzuwenden, wenn er die allgemeinen Grundsätze der Sicherheit und des Gesundheitsschutzes der Arbeitnehmer einhält.

Opt-out-Regelung im Arbeitszeitgesetz

Nach § 7 Abs. 2a ArbZG besteht die Möglichkeit, die Opt-out-Regelung im Rahmen **tarifvertraglicher Vereinbarungen** anzuwenden, d.h., es sind auch Verlängerungen der werktäglichen Arbeitszeit **ohne Zeitausgleich** möglich. In einem Tarifvertrag oder aufgrund eines Tarifvertrags in einer Betriebs- oder Dienstvereinbarung kann dies aber nur zugelassen werden, wenn in die Arbeitszeit regelmäßig und in erheblichem Umfang Arbeitsbereitschaft oder Bereitschaftsdienst fällt und in dem maßgeblichen Tarifvertrag oder der Betriebs-/Dienstvereinbarung durch besondere Regelungen sichergestellt wird, dass die Gesundheit der Arbeitnehmer nicht gefährdet wird.

Wahrung des Gesundheitsschutzes

Der Gesetzgeber hat keine bestimmten Vorkehrungen vorgeschrieben. Sofern der Tarifvertrag die Betriebsparteien dazu ermächtigt, die Arbeitszeitverlängerung im Wege der Betriebs- oder Dienstvereinbarung zuzulassen, sind entsprechende **Vorkehrungen auf betrieblicher Ebene** zu treffen. Es kommen beispielsweise folgende Maßnahmen in Betracht:

- regelmäßige arbeitsmedizinische Untersuchungen
- zusätzliche freie Tage für die über 48 Stunden pro Woche geleisteten Arbeitsstunden
- mehrere zusammenhängende freie Tage in regelmäßigen Abständen
- Festlegung einer Obergrenze für die Verlängerung der durchschnittlichen wöchentlichen Arbeitszeit
- Festlegung einer Obergrenze der zu leistenden Vollarbeitszeit innerhalb der zu leistenden Gesamtarbeitszeit
- zusätzliche Pausen innerhalb der verlängerten Arbeitszeit

Erfordernis der schriftlichen Zustimmung

§ 7 Abs. 7 Satz 1 ArbZG sieht die schriftliche Zustimmung des Arbeitnehmers für die Verlängerung vor. Es handelt sich hierbei um eine **individuelle Zustimmung des Arbeitnehmers**, die nicht durch kollektivrechtliche Regelungen wie Tarifvertrag, Betriebsvereinbarung oder Regelungsabrede ersetzt werden kann. Der Arbeitnehmer kann seine Einwilligung **jederzeit** mit einer Frist von sechs Monaten **schriftlich widerrufen** (§ 7 Abs. 7 Satz 2 ArbZG). Nähere Einzelheiten im Musterschreiben: „Musterschreiben: Zustimmung zur ausgleichsfreien Verlängerung der Arbeitszeit durch Bereitschaftsdienst".

Wichtig

Der Arbeitgeber darf keinen Arbeitnehmer benachteiligen, weil er die Einwilligung zur Verlängerung der Arbeitszeit nicht erklärt oder die Einwilligung widerrufen hat (vgl. § 7 Abs. 7 Satz 3 ArbZG). Benachteiligende Maßnahmen sind z.B.:

- disziplinarische arbeitsrechtliche Maßnahmen wie Abmahnungen
- Benachteiligungen bei beruflichen Entwicklungsmöglichkeiten wie Beförderungen, die Verlängerung befristeter Arbeitsverträge oder die Teilnahme an Fortbildungen
- Ausschluss von Prämien oder Tantiemen

Gemäß § 16 Abs. 2 ArbZG ist der Arbeitgeber dazu verpflichtet, ein Verzeichnis der Arbeitnehmer zu führen, die in eine Verlängerung der Arbeitszeit eingewilligt haben. Das Verzeichnis enthält nicht nur die aktuell von der Arbeitszeitverlängerung betroffenen Arbeitnehmer. Sämtliche **Arbeitszeitnachweise müssen zwei Jahre lang aufbewahrt** werden. Eine bestimmte Form ist nicht vorgeschrieben. Es reicht z.B. ein Ordner mit Kopien aller Zustimmungserklärungen und möglicher Widerrufserklärungen.

Fazit

Gemäß § 7 Abs. 2a ArbZG ist eine Überschreitung der werktäglichen Arbeitszeit von acht Stunden unter folgenden Voraussetzungen möglich:

- tarifvertragliche Regelung/Dienstvereinbarung bzw. Betriebsvereinbarung aufgrund einer tarifvertraglichen Regelung
- In die Arbeitszeit fällt regelmäßig und in erheblichem Umfang Arbeitsbereitschaft oder Bereitschaftsdienst (mindestens 25 %).

§ 25 ArbZG – Übergangsregelung für Tarifverträge

Nach der Änderung des Arbeitszeitgesetzes zum 01.01.2004 gab es vielfach tarifliche Bestimmungen, die mit den Regelungen des neuen Arbeitszeitgesetzes nicht zu vereinbaren waren. Insbesondere aufgrund der Tatsache, dass **Bereitschaftsdienste nunmehr zur Arbeitszeit zählen,** gab es viele tarifvertragliche Regelungen, die, da nach ihnen Bereitschaftsdienste eben keine Arbeitszeit waren, den festgelegten Rahmen zur gesetzlichen Höchstarbeitszeit überschritten. Daher wurden durch die Änderungen im Arbeitszeitgesetz weitreichende Änderungen der Arbeitszeitorganisation erforderlich, was vielfach mit enormen Schwierigkeiten verbunden war.

Der Tarifvertrag für den öffentlichen Dienst (TVöD)

Das TVöD-Grundmodell erlaubt Bereitschaftsdienstdauern von maximal 13 Stunden bzw. 16 Stunden mit maximal acht Stunden Vollarbeit innerhalb einer durchschnittlichen **maximalen 48-Stunden-Woche.** Nur unter relativ engen Voraussetzungen, insbesondere der vorherigen Prüfung von Alternativen, kann durch Betriebs- bzw. Dienstvereinbarung hiervon abgewichen werden. Die Bedeutung der TVöD-Regelungen für den Bereitschaftsdienst zeigt sich auch daran, dass nicht tarifgebundene Krankenhäuser im Rahmen von § 7 Abs. 3 ArbZG auf diese zurückgreifen können.

Beschränkung der Dienstdauern auf 13 bzw. 16 Stunden

Der TVöD sieht im Zusammenhang mit Bereitschaftsdienst tägliche Arbeitszeitdauern von bis zu 13 Stunden bzw. 16 Stunden vor. In solchen Diensten dürfen jedoch maximal acht Stunden Vollarbeit geleistet werden und es muss die gesetzlich erforderliche, unbezahlte Pausenzeit enthalten sein.

Längere Dienstdauern (bis 24 Stunden)

Längere Dienstdauern (von bis zu 24 Stunden) sind gemäß TVöD nur unter den folgenden Voraussetzungen zulässig:

- Es muss eine Betriebs- oder Dienstvereinbarung über die längere Dienstdauer abgeschlossen werden.
- Alternative Arbeitszeitmodelle müssen ernsthaft geprüft werden. Ergibt sich daraus eine tragfähige Alternative zum langen Dienst, sollte auf diesen verzichtet werden.

- Durch einen Betriebsarzt oder eine Sicherheitsfachkraft muss eine Belastungsanalyse gemäß § 5 ArbSchG durchgeführt werden, deren Ergebnisse zu dokumentieren sind. Wenn diese Analyse beispielsweise ergibt, dass nach dem Regeldienst im „Bereitschaftsdienst", was im ärztlichen Dienst durchaus häufig der Fall ist, bis gegen Mitternacht mehr oder weniger regelhaft gearbeitet wird, so schließt dies eine solche Regeldienst-Bereitschaftsdienst-Kombination aus. Unter diesen Umständen sind lediglich Spätdienst-Nachtbereitschaftsdienst-Kombinationen, in denen bis zum Beginn des echten Bereitschaftsdiensts in der Kernnachtzeit nicht mehr als acht Stunden Vollarbeit zu leisten sind, zulässig.
- Bei Bedarf müssen Maßnahmen zur Gewährleistung des Gesundheitsschutzes der Mitarbeiter vorgenommen werden.

Der 13-Stunden-Nachtdienst

Aufgrund des Ausnahmecharakters des längeren Dienstes muss zunächst immer geprüft werden, ob bei Präsenzbedarf rund um die Uhr mit bis zu 13-stündigen Diensten ausgekommen werden kann.

Beispiel
- Regeldienst von 7.30 Uhr bis 15.45 Uhr, also 7,7 Stunden zzgl. 33 Minuten Pausenzeit
- Nachtdienst von 19.00 Uhr bis 8.00 Uhr bei 30 Minuten Übergabezeit
- Die Lücke zwischen Ende des Regeldiensts, 15.45 Uhr, und Beginn des Nachtdiensts, einschließlich der erforderlichen Übergabezeit 19.30 Uhr, muss realistischerweise mit Vollarbeit gefüllt werden, was sehr gut mit der Einführung einer entsprechend über das Ende des Regeldiensts hinaus verlängerten „Servicezeit" als Hauptleistungszeit des Krankenhauses verbunden werden kann.

Um dieses Modell einzuhalten, gibt es folgende Möglichkeiten:
- **Versetzter Dienst:** Die betroffenen Mitarbeiter arbeiten im obigen Beispiel etwa von 11.15 Uhr bis 19.30 Uhr, also 7,7 Stunden zzgl. 33 Minuten Pausenzeit. Dieser Dienst könnte ohne Überschreitung der gesetzlichen Pausenzeit frühestens um 8.45 Uhr beginnen und enthält dann zehn Stunden Arbeitszeit und 45 Minuten Pausenzeit. Die betroffenen Mitarbeiter fehlen dann allerdings in den oft besonders wichtigen frühen Morgenstunden, in denen Übergabe, Tagesbesprechung, Visite u.Ä. stattfinden, weshalb dieses Verfahren in der Praxis oft auf wenig Gegenliebe stößt.
- **Geteilter Dienst:** Die Mitarbeiter arbeiten im obigen Beispiel etwa von 7.30 Uhr bis 10.57 Uhr und von 15.15 Uhr bis 19.30 Uhr, also insgesamt 7,7 Stunden, oder auch bis zu zehn Arbeitsstunden, länger bei entsprechend kürzerer Unterbrechung. Geteilte Dienste werden in Deutschland allerdings von vielen Mitarbeitern abgelehnt.
- **Langer Dienst:** Die Mitarbeiter arbeiten im obigen Beispiel von 7.30 Uhr bis 19.30 Uhr, z.B. elf Stunden zuzüglich 60 Minuten Pausenzeit. Solche langen Dienste können im Geltungs-

bereich des TVöD „aus dringenden betrieblichen/dienstlichen Gründen" durch Dienst- bzw. Betriebsvereinbarung geregelt werden. Ansonsten müssen sie von der Aufsichtsbehörde genehmigt werden, was unter bestimmten Auflagen, wie etwa, dass innerhalb von sieben Tagen nicht mehr als 60 Stunden gearbeitet werden darf, geschehen kann. Besonders interessant ist der Einsatz langer Dienste am Wochenende und an Feiertagen, weil dadurch die Zahl der an diesen Tagen benötigten Mitarbeiter minimiert werden kann.

- **Flexibler Dienst:** Die Mitarbeiter stimmen ihre Arbeitszeiten im Rahmen der gesetzlichen Bestimmungen so miteinander ab, dass zwischen 7.30 Uhr und 19.30 Uhr die jeweils für die Aufgabenerledigung erforderliche quantitative und qualitative Besetzung gewährleistet ist. Dadurch können sowohl versetzte als auch geteilte Arbeitszeiten zustande kommen, deren Dauer zudem täglich variieren kann.

Problem Vertragsarbeitszeit

13-Stunden-Dienste können, noch längere Dienste müssen zwecks Einhaltung der gesetzlichen Ruhezeit einzeln vergeben werden. Das ist vorteilhaft, da eingestreute Nachtdienste als weniger belastend gelten und im Krankheitsfall leichter vertreten werden können. Allerdings stellt sich bei der Einzelvergabe von Nachtdiensten im Anwendungsbereich des TVöD das Problem, dass es schwierig sein kann, die Mitarbeiter auf ihre Vertragsarbeitszeit zu bringen. Das resultiert daraus, dass der **Freizeitausgleich von Bereitschaftsdienst am Folgetag nicht erzwungen** werden kann. Dieser soll vielmehr nur dann erfolgen können, wenn

- durch Betriebs- bzw. Dienstvereinbarung ein spezielles „Arbeitszeitkonto" für die Mitarbeiter eingerichtet worden ist,
- hierin der Zufluss von in Zeit umgerechnetem Bereitschaftsdienstentgelt zugelassen worden ist,
- der jeweilige Mitarbeiter diesen Zufluss wünscht,
- der Mitarbeiter den Freizeitausgleich gleich am Folgetag in Anspruch nehmen möchte und
- der Arbeitgeber dies genehmigt.

Das bedeutet, dass den Mitarbeitern praktisch die Möglichkeit gegeben werden muss, den **Bereitschaftsdienst vollständig vergütet** zu bekommen und ihre Vertragsarbeitszeit komplett in Vollarbeit abzuleisten. Das ist aber letztlich nur möglich, wenn die Vollarbeit in den Bereich außerhalb des Regeldienst ausgedehnt wird. Das hat zwar einerseits zur Folge, dass dadurch die wertvolle und knappe ärztliche Arbeitszeitkapazität besser als durch Bereitschaftsdienste genutzt wird. Andererseits ist diese aber in der Regel mit einer Aufstockung des Stellenbestands verbunden. Hier kann jedoch der Betriebsrat zusammen mit dem Arbeitgeber prüfen, ob sich andere Lösungen, wie etwa bereichsübergreifender Bereitschaftsdienst oder Rufbereitschaft statt Bereitschaftsdienst, finden lassen.

Opt-out unter TVöD-Bedingungen

Sofern Stellen nicht besetzt werden können, kann gemäß der Opt-out-Regelung mittels Bereitschaftsdienst **auch ohne Zeitausgleich über durchschnittlich 48 Wochenstunden** hinaus gearbeitet werden. Das ist allerdings nur dann möglich, wenn wiederum folgende Voraussetzungen vorliegen:

- eine Dienst- bzw. Betriebsvereinbarung
- die Prüfung alternativer Arbeitszeitmodelle
- die Belastungsanalyse gemäß Arbeitsschutzgesetz
- bei Bedarf zu treffende gesundheitssichernde Maßnahmen
- die Information der Tarifvertragsparteien bei Aufnahme diesbezüglicher Verhandlungen

Opt-out-Regelung ist freiwillig!

Darüber hinaus ist das Opt-out gemäß Arbeitszeitgesetz für die Mitarbeiter freiwillig, die Entscheidung hierfür kann **mit einer Frist von sechs Monaten widerrufen werden** und die Mitarbeiter dürfen wegen ihres Bestehens auf Einhaltung von durchschnittlich 48 Wochenstunden nicht benachteiligt werden.

Fazit

Vor dem Hintergrund dieser tariflichen Regelung sollten folgende Überlegungen bei der Umsetzung des Arbeitszeitgesetzes für den Bereich des Bereitschaftsdiensts Beachtung finden:

- Vermeidung langer Bereitschaftsdienste sowie ihres Freizeitausgleichs
- Verknüpfung arbeitsorganisatorischer und arbeitszeitsystematischer Optimierungen
- beteiligungsorientierte Entwicklung von auch für die Mitarbeiter attraktiven flexiblen Arbeitszeitsystemen
- pilothafte Erprobung neuer Arbeitszeitmodelle

Sicht des Arbeitgebers

Bereitschaftsdienste sind in allen Organisationen und Tätigkeitsfeldern notwendig, wo die Allgemeinheit oder wichtige Bereiche von Unternehmen bei länger anhaltenden Störungen stark betroffen wären. Sie werden u.a. deshalb eingerichtet, um ständige Anwesenheits- und Nachtdienste zu verringern. So können **Kosten gespart** und die **Belastung des Personals verringert** werden. Die Rufbereitschaft schafft im Bedarfsfall noch **größere Sicherheit**, immer genug Arbeitskräfte zu Verfügung zu haben. Wird sie nicht benötigt, fallen auch kaum Kosten an.

Anordnung

Bereitschaftsdienst und Rufbereitschaft können vom Arbeitgeber nur angeordnet werden, wenn er mit den betroffenen Beschäftigten eine entsprechende Regelung im Arbeitsvertrag getroffen hat oder eine solche Möglichkeit im Tarifvertrag vorgesehen ist.

Die Einteilung zu den Diensten kann der Arbeitgeber selbst festlegen. Er muss dabei die **Interessen des Arbeitnehmers angemessen** berücksichtigen. Wie bei der Festlegung der normalen Arbeitszeit erfolgt die Anordnung von Bereitschaftsdienst und Rufbereitschaft durch den Arbeitgeber im Rahmen seines **Direktionsrechts**.

Eine besondere **Form für die Anordnung** ist nicht vorgesehen. Aus Gründen der Rechtssicherheit sollte die Schriftform, z.B. in Form von Dienstplänen, gewählt werden.

Fazit

Die Arbeitnehmer haben keinen Anspruch auf Einteilung zum Bereitschaftsdienst oder zur Rufbereitschaft, auch wenn diese Möglichkeit arbeits- oder tarifvertraglich vereinbart worden ist.

Auswirkungen auf die Arbeitnehmer

Bereitschaftsdienst und Rufbereitschaft müssen nur geleistet werden, wenn dies im Arbeitsvertrag oder Tarifvertrag festgelegt ist. Während des Urlaubs ist eine Rufbereitschaft nicht zulässig. Die Arbeitnehmer haben keinen Anspruch auf Einteilung zu Bereitschaftsdiensten, auch wenn diese Möglichkeit arbeits- oder tarifvertraglich vereinbart worden ist. Auch **Teilzeitmitarbeiter** sind verpflichtet, Bereitschaftsdienste zu übernehmen, wenn dies im Arbeitsvertrag steht.

Die Zeit des Bereitschaftsdienstes oder der Rufbereitschaft kann der Arbeitnehmer beliebig nutzen. Die Tätigkeit muss aber so gewählt werden, dass sie bei einem Arbeitseinsatz jederzeit unterbrochen werden kann und der Beginn des Einsatzes rasch möglich ist.

Wesentlich ist, dass der Mitarbeiter sich **bei Rufbereitschaft** nicht an einem vom Arbeitgeber definierten Ort aufhalten muss, sondern auf Anruf zur Verfügung stehen muss. Er kann also seinen **Aufenthaltsort selbst festlegen** und diesen dem Arbeitgeber mitteilen. Alternativ kann die Erreichbarkeit durch einen Pieper oder durch ein Handy gewährleistet werden. Berücksichtigt werden muss, dass die Arbeit schnell aufgenommen werden kann. Im Vorfeld ist zu klären, in welchem Zeitraum der Arbeitnehmer im Bereitschaftsfall die Arbeit aufnehmen kann. Dies sollte in einer Betriebsvereinbarung festgelegt werden. Wird die Zeit zwischen Abruf und Arbeitsaufnahme sehr eng gewählt, liegt keine Rufbereitschaft, sondern Bereitschaftsdienst vor, auch wenn der Aufenthaltsort selbst bestimmt werden kann.

Praxistipp
Wenn für Fahrten zum Einsatzort bei Bereitschaftsdienst der eigenen Pkw benutzt wird, sollte der Arbeitgeber die Haftung für Unfälle übernehmen.

Wird der Arbeitnehmer in dieser Zeit in Anspruch genommen, handelt es sich um **Arbeitszeit**. Dies gilt auch, wenn die Arbeitsleistung per Telefon oder **zu Hause** online am Computer erbracht wird.

Bereitschaftsdienste und Rufbereitschaft sollten für den Mitarbeiter planbar sein, d.h. vorher feststehen. So können z.B. private Aktivitäten an die Rufbereitschaft angepasst werden.

Praxistipp
Bei Erreichbarkeit per Handy sollte vorher geprüft werden, ob dieses an dem gewünschten Aufenthaltsort einen sicheren und guten Empfang hat.

Vorgehensweise des Betriebsrats

Überprüfung der Vorschriften des Arbeitszeitgesetzes

Der Betriebsrat hat einige Möglichkeiten, darauf hinzuwirken, dass die Vorschriften des Arbeitszeitgesetzes hinsichtlich der Bereitschaftsdienste auch eingehalten werden.

- Überprüfung der **Einhaltung der Vorschriften** des Arbeitszeitgesetzes gemäß § 80 BetrVG
- Mitbestimmungsrecht gemäß § 87 Abs. 1 Nr. 2 BetrVG hinsichtlich der **Einführung von Bereitschaftsdiensten**
- Mitbestimmungsrecht gemäß § 87 Abs. 1 Nr. 2 BetrVG hinsichtlich der **Lage von Bereitschaftsdiensten**
- Mitbestimmungsrecht gemäß § 87 Abs. 1 Nr. 3 BetrVG hinsichtlich der **vorübergehenden Einführung** von Bereitschaftsdiensten

Gemäß § 80 Nr. 1 BetrVG gehört es zu den allgemeinen Aufgaben des Betriebsrats, zu überwachen, dass die zugunsten der Arbeitnehmer geltenden Gesetze, Verordnungen, Unfallverhütungsvorschriften, Tarifverträge und Betriebsvereinbarungen eingehalten werden. Das **Überwachungsrecht des Betriebsrats** gibt diesem keinen Anspruch auf Unterlassen der gegen das Arbeitszeitgesetz verstoßenden Maßnahme.

Der Betriebsrat hat aber ein **Beanstandungsrecht.** Er kann die ungenügende Beachtung der Vorschriften beim Arbeitgeber beanstanden und auf Abhilfe drängen. Ein Gespräch mit dem Arbeitgeber ist sinnvoll, dabei kann der Betriebsrat Vorschläge für eine Beseitigung des Verstoßes machen. Verstößt beispielsweise das im Betrieb verwendete Arbeitszeitmodell gegen die Höchstarbeitszeiten, so ist es sinnvoll, ein Arbeitszeitmodell vorzuschlagen, das mit den geltenden gesetzlichen Bestimmungen vereinbar ist, und dieses durch eine Betriebsvereinbarung zu festigen.

Kommt es nicht zu einer Einigung, so obliegt es dem betroffenen Arbeitnehmer, seine individuellen Ansprüche gerichtlich geltend zu machen. Eine solche Geltendmachung ist dem Betriebsrat, solange er nicht selbst in seinen Rechten betroffen ist, nicht möglich. Der Betriebsrat hat aber über die Beanstandung eines Verstoßes beim Arbeitgeber hinaus die Möglichkeit, diesen bei der **zuständigen Behörde für Arbeitsschutz** anzuzeigen.

Sofern die Arbeitszeitvorschriften, gegen die der Arbeitgeber verstößt, in einer Betriebsvereinbarung festgelegt sind, kann der Betriebsrat im Beschlussverfahren gemäß § 2a ArbZG **gerichtlich klären** lassen, ob der Arbeitgeber die Betriebsvereinbarung richtig durchführt. Insbesondere kann er das Einhalten der Betriebsvereinbarung und das Unterlassen entgegenstehender Handlungen verlangen.

Fazit

Bei einem Verstoß des Arbeitgebers gegen arbeitszeitrechtliche Vorschriften hat der Betriebsrat kein Recht auf individuelle Geltendmachung der Rechte des Arbeitnehmers. Er kann aber den Verstoß vor dem Arbeitgeber beanstanden. Bleibt die Beanstandung ohne Erfolg, so kann er den Verstoß bei der Arbeitsschutzbehörde zur Anzeige bringen. Wird gegen eine Betriebsvereinbarung verstoßen, so kann der Betriebsrat gerichtlich klären lassen, ob der Arbeitgeber die Betriebsvereinbarung richtig anwendet.

Mitbestimmungsrechte

Der Betriebsrat hat bei der Einführung und Gestaltung von Bereitschaftsdiensten und Rufbereitschaft ein Mitbestimmungsrecht, soweit nicht eine detaillierte, tarifliche Regelung besteht.
Der Betriebsrat hat bei der Einführung von Bereitschaftsdienst gemäß § 87 Abs. 1 Nr. 2 und 3 BetrVG in zweierlei Hinsicht mitzubestimmen:

- bei der Frage, **ob** Bereitschaftsdienste eingeführt werden
- bei der Frage, **wie** Bereitschaftsdienste ausgestaltet wird, also bei der Aufstellung des Dienstplans sowie bei der Vereinbarung einer Vergütung für das Ableisten der Dienste

Gemäß § 87 Abs. 1 Nr. 2 BetrVG hat der Betriebsrat mitzubestimmen bei Beginn und Ende der täglichen Arbeitszeit einschließlich der Pausen. Darüber hinaus steht ihm ein Mitbestimmungsrecht bei der Verteilung der Arbeitszeit auf die einzelnen Wochentage zu. Gemäß § 87 Abs. 1 Nr. 3 BetrVG erstreckt sich das Mitbestimmungsrecht auf die vorübergehende Verkürzung oder Verlängerung der betriebsüblichen Arbeitszeit. Allerdings entfällt das Mitbestimmungsrecht bei Vorliegen einer gesetzlichen bzw. tariflichen Bestimmung nur dann, wenn dem Arbeitgeber kein Entscheidungsspielraum verbleibt. Lässt die Regelung mehrere Entscheidungen des Arbeitgebers zu, so bleibt das Mitbestimmungsrecht des Betriebsrats insoweit bestehen.

Dem Betriebsrat steht damit bei der Einführung und Ausgestaltung der Rufbereitschaft ein **umfassendes Mitbestimmungsrecht** zu. Es besteht unabhängig davon, ob die Arbeitnehmer freiwillig zur Ableistung von Rufbereitschaft bereit sind – und unabhängig von der Zahl der geplanten Einsätze und der Zahl der betroffenen Arbeitnehmer. Der Grund für die Bejahung eines so umfassenden Mitbestimmungsrechts des Betriebsrats ist darin zu sehen, dass die systematisch in die Freizeit fallende Rufbereitschaft die private Lebensführung der betroffenen Arbeitnehmer nachhaltig beeinträchtigt.

Das Mitbestimmungsrecht des Betriebsrats entfällt nicht deswegen, weil einem Regelungsbedürfnis mit kollektivem Bezug durch einzelvertragliche Vereinbarungen mit einem oder mehreren Arbeitnehmern bereits Rechnung getragen worden ist.

Fazit

Ein Mitbestimmungsrecht des Betriebsrats hinsichtlich der Bereitschaftsdienste und der Rufbereitschaft

- besteht bei ihrer Einführung,
- besteht bei der Aufstellung eines Dienstplans,
- entfällt nicht bei der freiwilligen Vereinbarung und
- entfällt nicht bei einzelvertraglichen Vereinbarungen.

Betriebsvereinbarung

Der Betriebsrat kann mit dem Arbeitgeber Betriebsvereinbarungen treffen, in denen er **Rahmenbedingungen für Bereitschaftsdienste** festhält. Folgende Punkte sind in einer solchen Betriebsvereinbarung regelbar:

- Welche Person ist für die Einteilung zuständig?
- Wie soll das Verfahren der Einteilung ausgestaltet werden?
- Wo soll sich der Arbeitnehmer im Fall des Bereitschaftsdiensts aufhalten?
- Wie sollen die Bereitschaftsdienste zeitlich liegen?
- Ab wann bzw. bis wann sollen Bereitschaftsdienste eingerichtet werden?
- Wie schnell muss die Arbeitsaufnahme nach Abruf erfolgen?
- Wird ein Diensthandy oder Pieper zur Verfügung gestellt?
- Wie lange vorher werden Dienstpläne festgelegt?

Fazit
Sind Bereitschaftsdienst und Rufbereitschaft bereits eingeführt, beschränkt sich die Tätigkeit des Betriebsrats auf die Überwachung der gesetzlichen Ruhezeiten, also der Kontrolle der Schicht- und Dienstpläne.

Ihre digitalen Arbeitshilfen

 Sie erhalten direkt einsetzbare Arbeitshilfen zu diesem Stichwort. So können Sie schnell und einfach Ihre benötigte Arbeitshilfe finden und diese gleich am PC bearbeiten.

Arbeitshilfen
- Checkliste: Überschreitung der Arbeitszeit bei Bereitschaftsdiensten
- Zulässige Arbeitszeitmodelle
- Eckpunkte einer Betriebsvereinbarung zu Bereitschaftsdiensten
- Musterschreiben: Zustimmung zur ausgleichsfreien Verlängerung der Arbeitszeit durch Bereitschaftsdienst
- BV zur Regelung von projektbezogener Rufbereitschaft
- Eckpunkte einer BV über Rufbereitschaft
- Siehe auch Arbeitshilfen zum Stichwort „Schicht-/Nachtarbeit"

Elternzeit

Grundlagen

Rechtliche Rahmenbedingungen

Bundeselterngeld- und Elternzeitgesetz

Elternzeit und Elterngeld sind **seit dem 01.01.2007** im Gesetz zum Elterngeld und zur Elternzeit (Bundeselterngeld- und Elternzeitgesetz – **BEEG**) vom 05.12.2006 geregelt. Mit dem „Gesetz zur Vereinfachung des Elterngeldvollzugs" wurden mit Wirkung zum 18.09.2012 Vorgaben des EuGH in das Bundeselterngeld- und Elternzeitgesetz umgesetzt und Verbesserungen beim Elterngeld und bei der Elternzeit zugunsten von Arbeitnehmer eingeführt. Das Bundeselterngeld- und Elternzeitgesetz dient dem Ziel, Mütter und Väter in die Lage zu versetzen, sich ohne Verlust des Arbeitsplatzes der Betreuung und Erziehung ihrer Kinder in den ersten Lebensjahren zu widmen. Es soll für Männer und Frauen gleichermaßen die Vereinbarkeit von Beruf und Privatleben verbessern. Hierzu dient insbesondere eine größtmögliche Flexibilisierung bei der Aufteilung der Elternzeit in verschiedene, zeitlich begrenzte Abschnitte und das Recht der Eltern, zu entscheiden, ob die Elternzeit von einem allein, von beiden zusammen oder abwechselnd getrennt genommen wird.

Wichtig

Von dieser Flexibilität kann durchaus auch der Arbeitgeber profitieren, wenn etwa die Elternzeit ganz oder teilweise in eine beschäftigungsarme Zeit gelegt werden kann. Ebenso ist es sowohl für Arbeitgeber als auch für Arbeitnehmer von Vorteil, wenn sie die ihnen eröffnete Möglichkeit nutzen, während der Elternzeit in Teilzeit zu arbeiten. So kann ein Wechsel zwischen Elternzeit und Teilzeitarbeit die Bindung an das Unternehmen erhalten und Ängste, durch die Elternzeit Know-how zu verlieren und einen Karriereknick zu erleiden, zumindest verringern.

Väterbeteiligung beim Elterngeld steigt

Das Statistische Bundesamt führt seit dem Stichtag 01.01.2007 eine Elterngeldstatistik. Diese zeigt einen ungebrochenen Trend auf, dass immer **mehr Väter Elterngeld in Anspruch nehmen.** Laut Pressemitteilung 411/13 vom 06.12.2013 haben Väter von rund 48.000 der insgesamt 165.000 im zweiten Vierteljahr 2012 geborenen Kinder Elterngeld bezogen. Dies entspricht einer Quote von 29,3 %. Für im zweiten Vierteljahr 2009 geborene Kinder lag die Väterbeteiligung noch bei nur 23,4 %. Allerdings ist die durchschnittliche Bezugsdauer des Elterngeldes von Vätern rückläufig. Für im zweiten Vierteljahr 2009 geborene Kinder entschieden sich 75 % nur für die Mindestbezugsdauer von 2 Monaten (sog. „Partnermonate"). Dieser Anteil ist inzwischen auf 78,3 % angestiegen.

Elternzeit | Grundlagen

Bedeutung der Elternzeit

Erwerbstätige Eltern, die ihr Kind selbst betreuen und erziehen, haben einen Rechtsanspruch auf Elternzeit (§ 15 Abs. 1 BEEG). Während der Elternzeit werden **die Eltern von ihrem Arbeitgeber zum Zweck der Betreuung ihres Kindes für längstens drei Jahre unbezahlt von der Arbeit freigestellt.** Das Arbeitsverhältnis ruht also während der Elternzeit. Als Folge daraus sind während der Elternzeit die Pflichten zur Arbeitsleistung und zur Zahlung der Vergütung als gegenseitige Hauptleistungspflichten aus dem Arbeitsverhältnis **suspendiert.** Dagegen bleiben gesetzliche und vertragliche Nebenleistungspflichten, wie die Treuepflicht des Arbeitnehmers und die Fürsorgepflicht des Arbeitgebers, bestehen. Auch zählt die Zeit der Elternzeit als Zeit der **Betriebszugehörigkeit.**

Auf die Elternzeit besteht ein gesetzlicher Anspruch, d.h., eine **Zustimmung des Arbeitgebers ist nicht erforderlich.** Der Arbeitnehmer muss lediglich innerhalb einer bestimmten Frist beim Arbeitgeber anmelden, dass er Elternzeit nehmen möchte.

Wichtig

Dennoch sollten Eltern zusammen mit dem Arbeitgeber eine einvernehmliche Lösung **über die Elternzeit anstreben. Eine Einigung kann dem Arbeitgeber die organisatorische Planung** zur Besetzung des Arbeitsplatzes während der Elternzeit erleichtern. Den Eltern **nimmt sie die Unsicherheit und das Risiko, etwas falsch gemacht zu haben,** denn ein unberechtigtes Fernbleiben von der Arbeit, weil z.B. die gesetzlichen Voraussetzungen für die Elternzeit nicht beachtet worden sind, kann den Arbeitgeber zur Kündigung des Arbeitsverhältnisses wegen Vertragsverletzung berechtigen.

Rechtliche Ausgestaltung und Grundform des Arbeitsverhältnisses bleiben

Die Elternzeit verändert das Arbeitsverhältnis in seiner rechtlichen Ausgestaltung und Grundform nicht. War ein Elternteil z.B. nur **befristet beschäftigt,** so läuft die Frist während der Elternzeit weiter und bewirkt sowohl das Ende des Arbeitsverhältnisses wie auch das Ende der Elternzeit, wenn der Fristablauf während der Elternzeit eintritt.

Teilzeitbeschäftigung möglich

Während der Elternzeit besteht die Möglichkeit einer Teilzeittätigkeit, eine Erwerbstätigkeit von bis zu 30 Stunden pro Woche ist zulässig (§ 15 Abs. 4 BEEG). Die Aufnahme einer Teilerwerbstätigkeit ist auch bei einem anderen Arbeitgeber möglich, bedarf aber der Zustimmung des Arbeitgebers, bei dem die Elternzeit genommen wurde. Sind beide Eltern zusammen in Teilzeit, so beträgt die Obergrenze der zulässigen Tätigkeit 60 Wochenstunden, wobei jeder Elternteil nicht mehr als 30 Stunden pro Woche arbeiten darf.

§ 15 Abs. 7 BEEG gewährt einen **Rechtsanspruch auf Verringerung der Arbeitszeit während der Elternzeit.** Dieser Anspruch setzt voraus, dass

- der Betrieb mehr als 15 Arbeitnehmer beschäftigt, wobei Teilzeitbeschäftigte voll zählen,
- das Arbeitsverhältnis länger als sechs Monate besteht, wobei maßgeblich auf die Antragstellung abzustellen ist,
- die Arbeitszeit für mindestens zwei Monate auf einen Umfang zwischen 15 und 30 Wochenstunden verringert wird,
- keine dringlichen betrieblichen Gründe entgegenstehen. Solche Gründe sind insbesondere dann anzunehmen, wenn es dem Arbeitgeber nicht möglich ist, für die Zeit, um die sich die Arbeitszeit verringern soll, eine geeignete Ersatzkraft zu finden,
- der Anspruch dem Arbeitgeber sieben Wochen vorher schriftlich mitgeteilt wurde.

Ende der Elternzeit

Wenn die Elternzeit beendet ist, werden die **bisherigen Hauptleistungspflichten** wieder wirksam. Die Arbeit muss in der Arbeitszeit, die vor der Elternzeit galt, fortgesetzt werden, das Arbeitsentgelt muss so gezahlt werden, wie es vor der Elternzeit gezahlt wurde. Zwischenzeitlich eingetretene betriebliche Änderungen der Arbeitsbedingungen gelten auch für die nach der Elternzeit wieder tätig gewordenen Arbeitnehmer. Einvernehmliche Änderungen der früheren Arbeitsbedingungen sind selbstverständlich immer möglich.

Beispiel

Die Mutter war ein Jahr in Elternzeit. Vor Beginn der Elternzeit war sie mit 40 Wochenstunden bei ihrem Arbeitgeber tätig. Nach dem Ende der Elternzeit möchte sie, um mehr Zeit für ihr Kind zu haben, nur noch 30 Stunden tätig sein.

Nach den gesetzlichen Bestimmungen zur Elternzeit lebt das Arbeitsverhältnis mit allen seinen früheren Bedingungen nach dem Ende der Elternzeit wieder auf. Die Mutter ist also verpflichtet, wieder mit 40 Wochenstunden anzufangen. Eine Teilzeittätigkeit ist nur im Einverständnis mit dem Arbeitnehmer möglich. Die Mutter hat lediglich die Möglichkeit, gegen den Willen des Arbeitgebers die Verringerung ihrer Arbeitszeit nach § 8 TzBfG zu verlangen.

Fazit

Elternzeit bedeutet die unbezahlte Freistellung des Arbeitnehmers zum Zwecke der Kinderbetreuung. Da ein **Rechtsanspruch** auf Elternzeit besteht, bedarf es keiner Zustimmung vonseiten des Arbeitgebers. Während der Elternzeit ist es möglich, einer Teilzeitbeschäftigung von bis zu 30 Wochenstunden nachzugehen. Unter bestimmten Voraussetzungen besteht sogar ein Anspruch auf Verringerung der Arbeitszeit für einen Mindestzeitraum von zwei Monaten auf einen Umfang von mindestens 15 und höchstens 30 Wochenstunden.

Verhältnis der Elternzeit zum Elterngeld

Die Elternzeit ist nicht die Bedingung dafür, dass auch Elterngeld bezogen werden kann. Denn Mütter und Väter, die vor der Geburt ihres Kindes nicht in einem Arbeitsverhältnis gestanden haben (Selbstständige, Erwerbslose, Studierende und Auszubildende), haben auch Anspruch auf ein Elterngeld. Arbeitnehmer müssen aber regelmäßig ihren Anspruch auf Elternzeit wahrnehmen und ihre Arbeitszeit reduzieren, um in den Genuss von Elterngeld zu kommen.

Da die Wahrnehmung der Elternzeit bei abhängig beschäftigten Eltern im Zusammenhang mit dem Anspruch auf Elterngeld steht, werden im Folgenden die grundsätzlichen Regelungen zum Elterngeld nach dem Bundeselterngeld- und Elternzeitgesetz dargestellt.

Anspruchsvoraussetzungen (§ 1 BEEG)

Für Kinder, die ab dem 01.01.2007 geboren sind, erhalten Eltern grundsätzlich ein Elterngeld, wenn sie folgende Voraussetzungen erfüllen (§ 1 Abs. 1 BEEG):

- Die Eltern haben einen Wohnsitz oder ihren gewöhnlichen Aufenthalt in Deutschland,
- sie leben mit ihrem Kind in einem Haushalt,
- sie betreuen und erziehen das Kind selbst,
- sie sind nicht oder nicht mehr als 30 Wochenstunden erwerbstätig.

Höhe (§ 2 BEEG)

Das Elterngeld richtet sich nach dem individuellen Erwerbseinkommen des jeweiligen Anspruchstellers. Seine Höhe beträgt regelmäßig (bei einem Nettoeinkommen vor der Geburt von 1.240 Euro und mehr) **65 % des in den letzten zwölf Kalendermonaten vor der Geburt des Kindes durchschnittlich erzielten monatlichen Nettoeinkommens** (§ 2 Abs. 1 BEEG). Es beträgt höchstens 1.800 Euro. Allen anspruchsberechtigten Eltern (auch solche, die vor der Geburt des Kindes nicht in einem Arbeitsverhältnis gestanden haben) wird ein Mindestelterngeld in Höhe von 300 Euro gezahlt.

Praxistipp

Bei einem Nettoeinkommen von 1.220 Euro beläuft sich die Ersatzrate auf 66 %, bei einem Nettoeinkommen zwischen 1.000 und 1.200 Euro auf 67 %. Liegt das Nettoeinkommen eines Elternteils vor der Geburt des Kindes unter 1.000 Euro/Monat, so wird die Ersatzrate von 67 % stufenweise auf bis zu 100 % erhöht. Familien mit sehr hohen Einkommen (Jahreseinkommen von mehr als 500.000 Euro bei Elternpaaren/mehr als 250.000 Euro bei Alleinerziehenden) erhalten kein Elterngeld. Die Einkommensermittlung zur Berechnung des Elterngelds wurde durch das „Gesetz zur Vereinfachung des Elterngeldvollzugs" nunmehr erleichtert. Das maßgebliche Nettoeinkommen vor der Geburt wird jetzt mittels pauschaler Abgabensätze und fiktiver Steuern (= fiktive Nettoberechnung) ermittelt. Die Vereinfachungsregeln gelten für alle Geburten ab dem 01.01.2013.

Bei Mehrlingsgeburten (Zwillingen) und bei **Geschwisterkindern** wird das Elterngeld erhöht.

Bei Mehrlingsgeburten erhöht sich das Elterngeld um jeweils 300 Euro für jedes weitere Kind (Zwilling, Drilling etc.), d.h., zusätzlich zu dem errechneten Elterngeld werden für jeden Mehrling 300 Euro gezahlt.

Familien mit mehr als einem Kind können einen Geschwisterbonus erhalten: Das Elterngeld erhöht sich dann um 10 %, mindestens aber um 75 Euro im Monat.

Eine **Teilzeittätigkeit** von bis zu 30 Wochenstunden steht dem Bezug von Elterngeld nicht entgegen. Allerdings wird das aus dieser Tätigkeit erzielte Einkommen auf das Elterngeld angerechnet: Der Anspruchsberechtigte erhält 67 % der Differenz zwischen dem vor der Geburt durchschnittlich erzielten Nettoeinkommen und dem Durchschnittseinkommen nach der Geburt aus der Teilzeitbeschäftigung.

Bezugsdauer (§ 4 BEEG)

- Das Elterngeld wird längstens für die ersten 14 Lebensmonate des Kindes gezahlt. Grundsätzlich erhält ein Elternteil zwölf Monate lang Elterngeld. Die Bezugsdauer verlängert sich um zwei weitere Monate, soweit auch der andere Elternteil mindestens zwei Monate lang Elterngeld beansprucht (sog. „Partnermonate").
- Alleinerziehende haben einen grundsätzlichen Anspruch auf 14 Monate Elterngeld.
- Das Mutterschaftsgeld nach dem Mutterschaftsgesetz wird auf das Elterngeld angerechnet (§ 5 BEEG), sodass berufstätige Mütter, die Anspruch auf diese Leistung in den ersten zwei Monaten nach Geburt des Kindes haben, Elterngeld regelmäßig nur für einen Zeitraum von zehn Monaten erhalten.

Aufteilung des Elterngelds (§§ 5, 6 BEEG)

Mit Ausnahme der Partnermonate können Eltern frei entscheiden, ob sie Elterngeld nacheinander oder gleichzeitig ausgezahlt bekommen. Bei gleichzeitigem Bezug reduziert sich aber die Bezugsdauer entsprechend.

Beispiele

Erste Möglichkeit: Die Mutter bezieht in den ersten zwölf Lebensmonaten des Kindes Elterngeld. Der Vater beansprucht Elterngeld in den Lebensmonaten 13 und 14 (= zwei Partnermonate).

Zweite Möglichkeit: Vater und Mutter beziehen sieben Monate lang gleichzeitig Elterngeld.

Eltern können auch bestimmen, dass der Bezug des Elterngelds **verlängert** wird. Das Elterngeld wird dann halbiert und 24 Monate lang gezahlt.

Elternzeit | Grundlagen

Antragstellung (§ 7 BEEG)

Das Elterngeld muss **schriftlich** bei der zuständigen Elterngeldstelle beantragt werden. Wollen beide Elternteile Elterngeld beanspruchen, muss jeder einen Antrag stellen. Die Bundesländer haben jeweils eigene Elterngeldstellen bestimmt. Eine aktuelle Aufstellung der zuständigen Elterngeldstellen und Aufsichtsbehörden mit den jeweiligen Kontaktadressen findet man auf der Homepage des Bundesfamilienministeriums unter www.bmfsfj.de.

Beim Zeitpunkt der Antragstellung ist zu beachten, dass Elterngeld rückwirkend nur für die letzten drei Monate vor Beginn des Monats gezahlt wird, in dem der Antrag auf Elterngeld bei der Elterngeldstelle eingegangen ist.

Beispiel
- Geburt des Kindes: 12.03.2013
- Eingang des Antrags auf Elterngeld: 18.09.2013
- Elterngeld wird rückwirkend gezahlt ab 01.06.2013

Wirkung des Elterngelds

Das Elterngeld ist **steuerfrei**. Es unterliegt aber dem Progressionsvorbehalt, d.h., es wird bei der Ermittlung des Steuersatzes mitgerechnet.

Fazit

Für **Geburten ab dem 01.01.2007 wird ein Elterngeld** nach dem Bundeselterngeld- und Elternzeitgesetz gezahlt. Die Höhe des Elterngelds ist abhängig vom individuellen Einkommen, das in den letzten zwölf Kalendermonaten vor der Geburt erzielt wurde. Es beträgt höchstens 1.800 Euro und mindestens 300 Euro und wird regelmäßig für die ersten zwölf Lebensmonate des Kindes gezahlt.

Rechtliche Voraussetzungen

§ 15 Abs. 1 und 1a BEEG: Wer kann Elternzeit in Anspruch nehmen?

Gemäß § 15 Abs. 1 BEEG haben Arbeitnehmer Anspruch auf Elternzeit. Die Elternzeit kann **in jedem Arbeitsverhältnis** genommen werden, also auch bei Teilzeitarbeitsverhältnissen, geringfügigen Beschäftigungsverhältnissen („Minijobs") und befristeten Arbeitsverhältnissen.

Wichtig

Befristete Arbeitsverträge verlängern sich durch die Elternzeit nicht, sondern enden regulär mit Ablauf der Befristung.

Ebenso wie Arbeitnehmer haben die zu ihrer **Berufsbildung Beschäftigten** Anspruch auf Elternzeit (§ 20 Abs. 1 BEEG). Die Elternzeit wird **nicht auf die Berufsbildungszeiten** angerechnet. Soweit bestimmte Berufsbildungszeiten vereinbart worden sind, verlängert sich das der Berufsbildung dienende Vertragsverhältnis um die Elternzeit. Das heißt, die Elternzeit endet nicht mit dem Ablauf der vereinbarten Ausbildungszeit.

Anspruch auf Elternzeit haben auch die in Heimarbeit Beschäftigten und die ihnen Gleichgestellten (§ 20 Abs. 2 BEEG).

Betreuungsfälle

Arbeitnehmer können nach § 15 Abs. 1 BEEG Elternzeit für folgende **Betreuungsfälle** nehmen, wenn das Kind in ihrem Haushalt lebt und von dem Arbeitnehmer vorwiegend selbst betreut und erzogen wird:

- eigenes Kind, für das der Arbeitnehmer personensorgeberechtigt ist (bei fehlender Sorgeberechtigung mit Zustimmung des sorgeberechtigten Elternteils)
- Kind eines Vaters, der noch nicht wirksam als Vater anerkannt worden ist oder über dessen Antrag auf Vaterschaftsfeststellung noch nicht entschieden wurde, mit Zustimmung der sorgeberechtigten Mutter
- Kind des Ehegatten oder des eingetragenen Lebenspartners mit Zustimmung des sorgeberechtigten Elternteils
- in Vollzeitpflege oder Adoptionspflege aufgenommenes Kind
- Enkelkind, Bruder, Schwester, Nichte oder Neffe, wenn ein Härtefall vorliegt (schwere Krankheit oder Tod der Eltern)

Gemäß § 15 Abs. 1a BEEG können Arbeitnehmer Elternzeit beantragen, wenn sie mit ihrem **Enkelkind** in einem Haushalt leben und dieses selbst betreuen und erziehen. Dies gilt allerdings nur unter der Voraussetzung, dass ein Elternteil des Kindes

- entweder **minderjährig** ist (§ 15 Abs. 1a Satz 1 Nr. 1 BEEG) oder

- sich im letzten oder vorletzten Jahr einer Ausbildung befindet, die vor Vollendung des 18. Lebensjahrs begonnen wurde und die Arbeitskraft des Elternteils im Allgemeinen voll in Anspruch nimmt (§ 15 Abs. 1a Satz 1 Nr. 2 BEEG).

Der Anspruch besteht nur für Zeiten, in denen keiner der Elternteile des Kindes selbst Elternzeit beansprucht (§ 15 Abs. 1a Satz 2 BEEG).

§ 15 Abs. 2 BEEG: Wie lange kann Elternzeit genommen werden?

Dauer: längstens drei Jahre

Der Anspruch auf Elternzeit besteht **bis zur Vollendung des dritten Lebensjahrs eines Kindes** (= **Ablauf des Tages vor dem dritten Geburtstag**). Die Elternzeit beträgt also längstens drei Jahre. Auch wenn sich die Elternzeit der Mutter an die gesetzliche **Mutterschutzfrist** anschließt, endet die Elternzeit der Mutter spätestens mit dem dritten Geburtstag des Kindes und führt nicht zu einer Verlängerung der Elternzeit über das dritte Lebensjahr des Kindes hinaus (§ 15 Abs. 2 Satz 2 BEEG).

Beispiel

Der Vater nimmt Elternzeit ab Geburt des Kindes, die Mutter nimmt Elternzeit nach Ablauf der achtwöchigen Mutterschutzfrist. Sie verlangt von ihrem Arbeitgeber eine Übertragung der Elternzeit bis zum Ablauf von zwei Monaten nach dem dritten Geburtstag des Kindes, weil sie noch keine „vollen drei Jahre Elternzeit" gehabt habe.

Der Vater hat Anspruch auf Elternzeit vom Tag der Geburt an bis zum Ablauf des Tages vor dem dritten Geburtstag des Kindes. Dann vollendet sich nämlich das dritte Lebensjahr des Kindes. Der Anspruch der Mutter besteht ebenfalls nur bis zu diesem Zeitpunkt. Sie kann eine Übertragung für weitere acht Wochen nicht verlangen, weil diese Frist auf die Begrenzung der bis zu drei Jahre dauernden Elternzeit pro Kind angerechnet wird.

Späterer Beginn

Die Eltern müssen die Elternzeit nicht mit der Geburt des Kindes beginnen, vielmehr genießen sie hinsichtlich des Beginns ihrer Elternzeit **Wahlfreiheit**. Bis zur Vollendung des dritten Lebensjahrs des Kindes kann die Elternzeit **jederzeit unter Einhaltung der Ankündigungsfrist** genommen werden, also auch erst im zweiten oder dritten Lebensjahr des Kindes.

Geburt eines weiteren Kindes

Wenn die Eltern ein weiteres Kind bekommen, wird hierdurch die laufende Elternzeit nicht unterbrochen oder beendet. **Die bestehende Elternzeit schließt eine weitere Elternzeit aus.** Daher beginnt die zweite Elternzeit frühestens mit dem Ablauf der Elternzeit für das erste Kind, endet aber auch mit Vollendung des dritten Lebensjahrs des zweiten Kindes.

Rechtliche Voraussetzungen | **Elternzeit**

Beispiel
Die Geburt des ersten Kindes war am 18.05.2009, das zweite Kind wurde am 06.02.2011 geboren. Die Elternzeit für das erste Kind endet spätestens am 17.05.2012. Erst danach kann die Elternzeit für das zweite Kind beginnen. Diese dauert dann aber keine vollen drei Jahre, sondern endet spätestens am 05.02.2014.

Übertragbarkeit der Elternzeit

Zwölf Monate der dreijährigen Elternzeit können auch auf die Zeit bis zur Vollendung des achten Lebensjahrs des Kindes übertragen werden. Eine solche Übertragung ist aber nur mit Zustimmung des Arbeitgebers möglich.

Beispiel (Variante 1)
Nach Ablauf der achtwöchigen Mutterschutzfrist hat die Mutter zehn Monate Elternzeit. Anschließend nimmt der Vater eineinhalb Jahre Elternzeit. Acht Wochen vor Ablauf der väterlichen Elternzeit begehrt der Vater die Zustimmung seines Arbeitgebers zur Übertragung von weiteren 14 Monaten Elternzeit auf einen mit dem Arbeitgeber noch zu vereinbarenden späteren Lebensabschnitt des Kindes.

Einen gesetzlichen Anspruch auf Übertragung hat der Vater nur für zwölf Monate. Unabhängig davon muss er sich auf seine eigene Elternzeit auch die von der Mutter verbrauchte Elternzeit, nämlich die achtwöchige Schutzfrist und die zehnmonatige Elternzeit, anrechnen lassen. Er kann daher die beantragten 14 Monate nicht übertragen.

Beispiel (Variante 2)
Der Vater nimmt ein halbes Jahr Elternzeit im unmittelbaren Anschluss an die Geburt des Kindes. Danach nimmt die Mutter eineinhalb Jahre Elternzeit; sie möchte ein weiteres Jahr Elternzeit nehmen, wenn das Kind mit sechs Jahren eingeschult wird.

Eine solche Verteilung der Elternzeit ist zulässig, wenn der Arbeitgeber der Übertragung der Mutter zustimmt.

Praxistipp
Aufgrund des Zustimmungserfordernisses des Arbeitgebers ist die Übertragung eines Teils der Elternzeit auf einen späteren Lebensabschnitt des Kindes für die Eltern **riskant, denn** es besteht eine nicht von der Hand zu weisende **Verlustgefahr.** Aus diesem Grund sollte die Übertragung sowohl von den Eltern als auch von Arbeitgeberseite **sorgfältig geplant** und umgesetzt werden. Insbesondere sollte über eine Übertragung frühzeitig geredet, die unterschiedlichen Bedürfnisse miteinander abgestimmt und erzielte Einigungen **schriftlich** festgehalten werden.

Wichtig

Im Fall eines Arbeitsplatzwechsels ist der neue Arbeitgeber **nicht an die erteilte Zustimmung** zur Übertragung der Elternzeit des alten Arbeitgebers **gebunden**. Damit besteht für Eltern die Gefahr, dass sie nach dem dritten Geburtstag des Kindes die restliche Elternzeit nicht mehr nutzen können und einen Teil der Elternzeit verlieren.

§ 15 Abs. 3 BEEG: Wie können Eltern die Elternzeit untereinander aufteilen?

Elternzeit kann entweder (ganz oder teilweise) **von einem Elternteil allein** oder **von beiden Eltern gemeinsam** in Anspruch genommen werden.

Maximal zwei Zeitabschnitte pro Elternteil

Für jeden Elternteil ist eine Aufteilung der Elternzeit in maximal zwei Zeitabschnitte möglich (§ 16 Abs. 1 BEEG). Wechseln sich die Eltern in der Erziehung des Kindes ab, darf die von beiden genommene Elternzeit daher auf **nicht mehr als vier Zeitabschnitte** verteilt werden. Eine Verteilung auf mehr als zwei Zeitabschnitte pro Elternteil ist nur **mit Zustimmung des Arbeitgebers** möglich.

Praxistipp

Die Zeitabschnitte müssen nicht gleich lang sein oder regelmäßig auf die Gesamtzeit verteilt werden. So kann ein Zeitabschnitt beispielsweise nur einige **wenige Wochen** betragen, wenn z.B. der Vater nur die ersten Wochen nach Ablauf der Mutterschutzfrist zu Hause bleibt.

Beispiel

Die Mutter nimmt die ersten sechs Monate nach der Geburt Elternzeit, der Vater nimmt im Anschluss daran weitere sechs Monate. Im zweiten Lebensjahr des Kindes wird keine Elternzeit beansprucht. Das dritte Jahr soll so aufgeteilt werden, dass erst der Vater und dann die Mutter jeweils sechs Monate Elternzeit nimmt.

Diese Verteilung der Elternzeit ist zulässig. Die Eltern haben den maximalen Wechsel von vier Zeitabschnitten ausgeschöpft.

§ 16 Abs. 3 BEEG: Kann Elternzeit vorzeitig verlängert oder verkürzt werden?

Die vereinbarte Elternzeit ist grundsätzlich bindend und endet gemäß der Erklärung der bzw. des Beschäftigten. Insbesondere endet sie nicht, wenn der Anspruch auf Elterngeld wegfällt. Trotz guter Planung der Elternzeit kann es aber passieren, dass etwas **Unvorhergesehenes** eintritt und die geplante Elternzeit nicht, nicht in vollem Umfang oder nicht wie vorgesehen genommen werden kann. In einem solchen Fall stehen sich vielfach **widerstreitende Interessen des Arbeitgebers und der Eltern** gegenüber. So haben die Eltern aufgrund der neu eingetretenen Umstände ein Interesse an der Verlängerung oder aber vorzeitigen Beendigung der Elternzeit. Der Arbeitgeber, der in der Regel Dispositionen zur Überbrückung der Elternzeit getroffen hat, hat dagegen kein Interesse daran, diese wieder rückgängig zu machen.

Planwidrige Verlängerung

Die planwidrige Verlängerung der Elternzeit ist grundsätzlich nur mit **Zustimmung des Arbeitgebers** möglich und kann mit Ausnahme der Übertragung **nur bis zur Vollendung des dritten Lebensjahrs des Kindes** genommen werden. Der Arbeitgeber ist bei der Frage, ob er Zustimmung erteilt oder sie verweigert, frei und nur dem Willkürverbot unterworfen. Er muss seine Entscheidung auch nicht begründen. Den Eltern ist daher anzuraten, den Arbeitgeber beim Eintritt eines unvorhergesehenen Ereignisses und der Möglichkeit einer Verlängerung der Elternzeit unverzüglich zu informieren und eine Verständigung zu versuchen.

Einseitige Verlängerung durch Verlangen der Eltern

Ausnahmsweise ist eine **einseitige Verlängerung** der Elternzeit durch Verlangen der Eltern zulässig, wenn die Elternzeit aus **wichtigem Grund** nicht wie geplant genommen werden kann. Das ist etwa dann der Fall, wenn Eltern nach ihrem ursprünglichen Plan abwechselnd Elternzeit nehmen wollten und dies dem Arbeitgeber auch rechtzeitig mitgeteilt hatten. Wenn sich die Eltern dann während der Elternzeit trennen und ein Elternteil keine Elternzeit mehr nehmen kann, weil er nicht mehr mit dem Kind in einem Haushalt lebt, ist ein wichtiger Grund für die Verlängerung der Elternzeit des bei dem Kind bleibenden Elternteils gegeben. Das heißt, in diesem Fall bedarf es der Zustimmung des Arbeitgebers für die Verlängerung nicht. Andere Hinderungsgründe müssen von ähnlichem Gewicht sein.

Planwidrige Verkürzung

Auch eine vorzeitige Beendigung der Elternzeit kann grundsätzlich nur mit **Zustimmung des Arbeitgebers** vereinbart werden. Ein Rechtsanspruch auf diese Zustimmung besteht nicht. Von diesem Grundsatz gibt es jedoch in einigen Fällen Ausnahmen.

Tod des Kindes

Wenn das Kind während der Elternzeit stirbt, **endet die Elternzeit spätestens drei Wochen nach dem Tod** des Kindes (§ 16 Abs. 4 BEEG).

Gesetzliche Fälle der besonderen Härte

Auch bei Eintreten eines besonderen Härtefalls kann die Elternzeit vorzeitig beendet werden. Als besondere Härte nennt das Gesetz in § 16 Abs. 3 Satz 2 BEEG ausdrücklich den **Eintritt einer schweren Krankheit, einer Schwerbehinderung oder den Tod eines Elternteils oder eines Kindes der berechtigten Person** sowie die **erheblich gefährdete wirtschaftliche Existenz der Eltern** nach Inanspruchnahme der Elternzeit. Zwar bedarf in diesen Fällen die vorzeitige Beendigung der Elternzeit der Zustimmung des Arbeitgebers. Diese muss er schriftlich innerhalb von vier Wochen nach der Information über den Eintritt des besonderen Härtefalls verweigern.

Die Verweigerung seiner Zustimmung ist aber nur möglich, wenn dafür **dringende betriebliche Gründe** vorliegen.

Hinweis: Das Einstellen einer Ersatzkraft ist kein dringender betrieblicher Grund, da dieser mit einer Mindestfrist von drei Wochen zum vorzeitigen Ende der Elternzeit gekündigt werden kann (§ 21 Abs. 4 BEEG).

Inanspruchnahme von Mutterschutzfristen

Auch die Geburt eines weiteren Kindes kann zum vorzeitigen Abbruch der Elternzeit berechtigen. Mit dem Gesetz zur Vereinfachung des Elterngeldvollzugs ist mit Wirkung zum 18.09.2012 eine maßgebliche Änderung in § 16 Abs. 3 Satz 3 BEEG erfolgt: Bislang war dort geregelt, dass eine Arbeitnehmerin ihre Elternzeit **nicht wegen der Mutterschutzfrist** beenden kann. Damit sollte ein Missbrauch verhindert werden, der dadurch entstünde, dass eine Arbeitnehmerin zu Beginn der Mutterschutzzeit die Elternzeit beendet und diese nach dem Ende der Mutterschutzzeit erneut beansprucht, um in der Zwischenzeit vom Arbeitgeber den Zuschuss zum Mutterschaftsgeld nach § 14 MuSchG beanspruchen zu können.

Dies wird jetzt explizit ermöglicht, denn nach der Neufassung der Vorschrift, mit der zwingende Vorgaben des EuGH (Urteil vom 28.09.2007 – Az: C 116/06 –) im BEEG umgesetzt wurden, kann die Elternzeit zur Inanspruchnahme der Mutterschutzfristen nach § 3 Abs. 2 und § 6 Abs. 1 MuSchG auch **ohne Zustimmung des Arbeitgebers** beendet werden. Die Arbeitnehmerin soll in diesem Fall dem Arbeitgeber die vorzeitige Beendigung rechtzeitig mitteilen.

Beispiel

Die Mutter, die im dritten Jahr ihrer Elternzeit für ihr erstgeborenes Kind ist, steht kurz vor der Geburt ihres zweiten Kindes. Sie teilt dem Arbeitgeber schriftlich mit, dass sie ihre Elternzeit wegen der bevorstehenden Geburt sofort beenden möchte. Der Arbeitgeber kann nach der Neufassung des § 16 Abs. 3 Satz 3 BEEG ihr dies nicht mehr verweigern, sodass die Schwangere sowohl das Mutterschaftsgeld der Krankenkasse als auch den Mutterschaftsgeldzuschuss des Arbeitgebers beanspruchen kann.

§ 16 Abs. 1 BEEG: Was ist bei der Antragstellung zu beachten?

Frist

Der Antrag auf Elternzeit muss spätestens **sieben Wochen vor Beginn** beansprucht werden. Für die Berechnung der Frist kommt es auf den Eingang des Schreibens beim Unternehmen an. Es ist daher empfehlenswert, wenn sich die Eltern vom Arbeitgeber eine **Eingangsbestätigung** geben lassen.

Folgen einer Fristversäumnis

Das Versäumen der Frist führt nicht dazu, dass der Anspruch auf Elternzeit erlischt. Es verschiebt sich nur der Zeitpunkt des Beginns der Elternzeit entsprechend.

Der Arbeitgeber kann durchaus auf die Einhaltung der Frist verzichten, was nicht ausdrücklich zu erfolgen braucht, sondern sich auch aus den Umständen ergeben kann. Gestattet der Arbeitgeber etwa widerspruchslos den früheren Beginn der Elternzeit, trotz Nichteinhaltung der Frist, so hat er insoweit konkludent auf die Einhaltung der Frist verzichtet.

Wird die Elternzeit in mehrere Zeitabschnitte aufgeteilt, so muss die **Ankündigungsfrist nicht vor jedem Zeitabschnitt erneut** beachtet werden. Vielmehr werden die verschiedenen Zeitabschnitte bereits in der ersten Erklärung verbindlich für die ersten beiden Jahre der Elternzeit festgelegt.

Wenn der Arbeitnehmer die Frist zur Anmeldung der Elternzeit versäumt, kann er die Elternzeit nur dann nehmen, wenn er diese aus einem von ihm **nicht zu vertretenden Grund** nicht rechtzeitig verlangen konnte. Dann ist die Erklärung, die Elternzeit nehmen zu wollen, innerhalb einer Woche nach Wegfall des Grundes anzugeben. Ein wichtiger Grund ist insbesondere in den Fällen der **Adoptionspflege** gegeben, da die Eltern hier häufig erst in letzter Minute erfahren, dass und wann ein Kind in ihre Obhut gegeben wird. Die bloße Unkenntnis der Frist stellt allerdings keinen unverschuldeten Hinderungsgrund dar.

Beispiel
Nach der Geburt des Kindes erkrankt die Mutter schwer. Die geplante und rechtzeitig beantragte Elternzeit kann sie nicht antreten. Obwohl ein Wechsel nicht vorgesehen war, will nun der Vater möglichst kurzfristig für zwei Monate Elternzeit bei seinem Arbeitgeber beantragen.

Hier liegt ein dringender Grund für die ausnahmsweise zulässige Abkürzung der Ankündigungsfrist vor, zumindest dann, wenn eine anderweitige Betreuung des Kindes nicht organisiert werden kann oder den Eltern nicht zuzumuten ist.

Schriftform

Der Antrag auf Elternzeit bedarf der **Schriftform.** Die Schriftform verlangt, dass das Schreiben mit der **Unterschrift im Original** versehen wird, eine Zusendung per Fax oder E-Mail reicht nicht. Wenn die Eltern beide in Elternzeit gehen wollen, empfiehlt es sich, dass jeder einen Antrag auf Elternzeit an den Arbeitgeber richtet, auch wenn beide Elternteile bei demselben Arbeitgeber beschäftigt sind. Die Elternzeit wird nämlich für jeden Elternteil getrennt berechnet.

Beispiel
Die Eltern rufen ihren gemeinsamen Arbeitsvorgesetzten, den Abteilungsleiter, an und bitten ihn um Elternzeit für beide Elternteile für ein Jahr. Der Abteilungsleiter erklärt seine Zustimmung. Kurz vor Beginn der Elternzeit teilt die Personalabteilung den Eltern schriftlich mit, dass die Elternzeit nicht gewährt wird.

Hier haben die Eltern das Schriftformerfordernis nicht eingehalten, die telefonische Benachrichtigung genügt nicht. Außerdem reicht es nicht, die Elternzeit gegenüber dem Arbeits- oder

Elternzeit | Rechtliche Voraussetzungen

Dienstvorgesetzten zu erklären. Die Erklärung sollte gegenüber der Personalabteilung oder der Geschäftsführung erfolgen. Die Eltern müssen daher einen schriftlichen Antrag bei der zuständigen Personalabteilung stellen. Der Beginn der Elternzeit verzögert sich entsprechend.

Verbindliche Festlegung für die ersten zwei Jahre

In ihrem Antrag müssen die Eltern erklären, für welche Zeit sie **innerhalb von zwei Jahren** Elternzeit nehmen wollen. Diese zeitliche Begrenzung der Festlegung der Elternzeit auf einen Zeitraum von zunächst zwei Jahren im Antrag berücksichtigt die Möglichkeit, dass ein Teil von zwölf Monaten der Elternzeit auch später genommen werden kann. Wenn die Erklärung dem Arbeitgeber zugegangen ist, sind beide Seiten an die Erklärung gebunden. Eine Änderung ist grundsätzlich nur im gegenseitigen Einverständnis möglich.

> **Beispiel**
> Der Vater beansprucht sieben Wochen vor der Geburt seines Kindes Elternzeit für zwölf Monate, beginnend unmittelbar nach der Geburt. Das Kind wird am 16.05.2011 geboren.

Unter Beachtung der gesetzlichen Erfordernisse ergibt die Auslegung, dass sich der Vater für zwei Jahre, beginnend mit dem 16.05.2011, festgelegt hat, nämlich dahin gehend, bis zum 16.05.2012 Elternzeit zu nehmen und danach bis zum 16.05.2013 wieder wie bisher zu arbeiten. Eine Verlängerung der Elternzeit über den 16.05.2012 hinaus ist nur mit Zustimmung des Arbeitgebers möglich. Der Vater kann allerdings noch spätestens sieben Wochen vor dem 16.05.2013 Elternzeit für das dritte Lebensjahr des Kindes oder eine Übertragung der Elternzeit verlangen. Für die Übertragung ist allerdings die Zustimmung des Arbeitgebers erforderlich.

> **Praxistipp**
> Soll die Elternzeit des Vaters **unmittelbar nach der Geburt** des Kindes beginnen, empfiehlt es sich, keinen Kalendertermin für den Beginn der Elternzeit anzugeben, sondern Elternzeit „**ab Geburt**" des Kindes zu beantragen. Die Elternzeit beginnt dann mit der Geburt des Kindes, auch wenn diese früher stattfindet als ursprünglich errechnet.

§ 15 Abs. 4 bis 7 BEEG: Kann während der Elternzeit in Teilzeit gearbeitet werden?

Der Gesetzgeber hat ausdrücklich klargestellt, dass eine Teilzeittätigkeit während der Elternzeit erlaubt ist. Die durch diese Möglichkeit bestehende flexible Verbindung von Beruf und Familie führt zu einer Erhöhung der beruflichen Motivation junger Eltern. Das hilft auch den Arbeitgebern, denn die Teilzeittätigkeit hält die qualifizierten, leistungsfähigen Nachwuchskräfte im Unternehmen und erhöht die organisatorische Flexibilität für die unternehmerischen Aufgaben und Dienstleistungen.

Priorität der Einigung

Das Gesetz sieht die Priorität in der Einigung zwischen Arbeitgeber und Arbeitnehmer über die Frage der Teilzeitbeschäftigung. Der Teilzeitantrag kann formlos, also auch mündlich, gestellt werden und führt zunächst lediglich dazu, dass sich Arbeitgeber und Arbeitnehmer **innerhalb von vier Wochen** einigen sollen.

Keine Zustimmungsfiktion!

Ein ergebnisloses Verstreichen dieser Frist führt jedoch nicht zu einer gesetzlichen Fiktion der Zustimmung des Arbeitgebers zu der durch den Arbeitnehmer beantragten Verringerung der Arbeitszeit wie im Teilzeit- und Befristungsgesetz. Näheres dazu siehe unter dem Stichwort **„Teilzeitbeschäftigung"**. Das heißt, auch wenn der Arbeitgeber auf die Mitteilung der Teilzeittätigkeit schweigt oder aber die Frist einfach verstreichen lässt, kann der betroffene Arbeitnehmer nicht einfach die Teilzeitarbeit aufnehmen. Vielmehr muss der Arbeitnehmer jetzt die **Verringerung der Arbeitszeit beanspruchen** und diese notfalls gerichtlich geltend machen.

Bis zu 30 Wochenstunden

Eine Erwerbstätigkeit während der Elternzeit ist bis zu einer wöchentlichen Arbeitszeit von 30 Stunden zulässig. Sind beide Eltern zusammen in Teilzeit, so beträgt die **Obergrenze** der zulässigen Tätigkeit 60 Wochenstunden, wobei **jeder Elternteil nicht mehr als 30 Stunden pro Woche** arbeiten darf.

Mindestens 15 Wochenstunden

Das Gesetz sieht für den Anspruch auf Verringerung der Arbeitszeit eine Untergrenze von 15 Stunden pro Woche vor. Diese Untergrenze gilt jedoch für eine einvernehmliche Regelung zwischen Arbeitgeber und Arbeitnehmer nicht, hier kann durchaus eine Teilzeitarbeit von **weniger als 15 Stunden** vereinbart werden.

Praxistipp

Wer pro Woche weniger als 15 Stunden arbeiten möchte, um die Tätigkeit im Rahmen eines sog. Minijobs auf 450-Euro-Basis ausüben zu können, sollte mit dem Arbeitgeber eine **Vereinbarung** treffen, damit gewährleistet ist, dass die Reduzierung der Arbeitszeit nur für die Zeit der Elternzeit gilt und alle anderen Bedingungen des Arbeitsverhältnisses nach dem bisherigen Arbeitsvertrag unter Berücksichtigung der verkürzten Wochenarbeitszeit bestehen bleiben. Eine derartige Vereinbarung ist bei weniger als 15 Stunden pro Woche zwar **nicht gesetzlich vorgeschrieben,** jedoch dürfte eine vertragliche Regelung im Interesse beider Seiten sein.

Teilzeittätigkeit bei einem anderen Arbeitgeber

Die Aufnahme einer Teilzeiterwerbstätigkeit ist auch bei einem anderen Arbeitgeber möglich, bedarf aber der **Zustimmung des Arbeitgebers,** bei dem die Elternzeit genommen wurde. Dieser kann die Zustimmung aber nur innerhalb von **vier Wochen aus dringenden betrieblichen**

Gründen schriftlich versagen. Wird diese Frist versäumt oder die Schriftform nicht eingehalten oder liegen die geltend gemachten dringenden betrieblichen Gründe nicht vor, gilt die Zustimmung als erteilt.

Beispiel

Die Mutter ist als Arzthelferin bei einem Zahnarzt tätig. Seit dem 15.05.2011 ist sie in Elternzeit. Sie hat die Möglichkeit, als Sekretärin auf der Basis einer geringfügigen Beschäftigung in der Anwaltspraxis ihres Ehemanns als Sekretärin anzufangen. Am 20.05.2011 schickt sie ihrem Arbeitgeber ein Fax, in dem sie ihn über ihre Absicht informiert und ihn um Zustimmung bittet. Am 25.06.2011 schreibt der Arbeitgeber zurück, er verweigere die Zustimmung, weil die Mutter in seiner Praxis gebraucht werde.

Die Mutter kann hier ihre Teilzeittätigkeit auch ohne Zustimmung des Zahnarztes wie geplant aufnehmen. Die Zustimmungsverweigerung ihres Arbeitgebers ist sowohl verspätet, nämlich nicht innerhalb von vier Wochen, als auch mit nicht ausreichender Begründung erfolgt. Bereits wegen der Fristüberschreitung gilt die Zustimmung als erteilt.

Dringende betriebliche Gründe

Für das Vorliegen von dringenden betrieblichen Gründen, die den Arbeitgeber zur Ablehnung des Teilzeitverlangens berechtigen, ist es nicht ausreichend, wenn bloße Anhaltspunkte für die Gefährdung von Geschäftsgeheimnissen oder die Möglichkeit von Wettbewerbsnachteilen durch die Teilzeittätigkeit vorliegen. Auch darf die Zustimmung nicht nur aus dem Grund verweigert werden, weil der bisherige Arbeitsplatz beim eigenen Arbeitgeber in Teilzeit besetzbar wäre. Das Gesetz gibt den Eltern eine **Wahlmöglichkeit** zur Teilzeitarbeit, sei es beim eigenen oder bei einem anderen Arbeitgeber.

Ein der Teilzeitarbeit entgegenstehender betrieblicher Grund ist nur dann dringend, wenn die neue Tätigkeit **vertragliche Nebenpflichten** zur Rücksichtnahme auf den bisherigen Arbeitgeber etwa im Wettbewerbsbereich **verletzt** und dadurch **konkrete Schäden** beim bisherigen Arbeitgeber eintreten würden. Im Regelfall ist die Arbeitgeberseite daher zur Zustimmung verpflichtet.

Eine Teilzeittätigkeit, die aus Anlass der Elternzeit neu genommen oder vereinbart worden ist, endet mit Ablauf der Elternzeit. Danach gilt wieder die Arbeitszeit, die vor Beginn der Elternzeit gegolten hat. Auch die Zustimmung des Arbeitgebers zur Teilzeittätigkeit bei einem anderen Arbeitgeber erlischt.

Möchten die Eltern nach Ablauf der Elternzeit weiterhin in Teilzeit bei ihrem Arbeitgeber tätig sein, müssen sie einen Antrag nach § 8 TzBfG stellen.

§ 15 Abs. 7 BEEG: Wann besteht ein Anspruch auf Elternteilzeitarbeit?

Wenn sich Arbeitgeber und Arbeitnehmer hinsichtlich der Teilzeittätigkeit während der Elternzeit nicht einigen können, muss der Arbeitnehmer seinen Anspruch auf Verringerung der Arbeitszeit geltend machen. Die Geltendmachung dieses Anspruchs führt dazu, dass der Arbeitgeber den Arbeitnehmer in Elternzeit, sofern dringende betriebliche Gründe nicht entgegenstehen, auch **gegen seinen Willen** in Teilzeit beschäftigen muss.

Anspruchsvoraussetzungen

Der Anspruch auf Verringerung der Arbeitszeit ist an folgende Voraussetzungen geknüpft:
- Der Arbeitnehmer befindet sich mit Beginn seiner Teilzeittätigkeit rechtswirksam in Elternzeit.
- Eine Einigung mit dem Arbeitgeber über die Teilzeittätigkeit ist innerhalb von vier Wochen nach Antragstellung nicht möglich oder fehlgeschlagen.
- Der Betrieb beschäftigt mehr als 15 Arbeitnehmer.
- Das Arbeitsverhältnis besteht länger als sechs Monate.
- Die Arbeitszeit wird für mindestens zwei Monate auf einen Umfang zwischen 15 und 30 Wochenstunden verringert.
- Es stehen keine dringenden betrieblichen Gründe entgegen.
- Der Anspruch wurde dem Arbeitgeber sieben Wochen vorher schriftlich mitgeteilt.

Zahl der Beschäftigten

Die Zahl der Beschäftigten eines Unternehmens wird **nach Köpfen** errechnet, d.h., es wird nicht zwischen voll- und teilzeitbeschäftigten Arbeitnehmern unterschieden; Auszubildende zählen allerdings nicht mit. Ebenso wenig zählen Fremdfirmenkräfte, die im Unternehmen tätig sind, oder Arbeitnehmer aus Personalleasingfirmen.

Dauer der Betriebszugehörigkeit

Für die Berechnung der Dauer der Betriebszugehörigkeit kommt es auf den **Zeitpunkt der Antragstellung** der Teilzeittätigkeit an. Zu diesem Zeitpunkt muss der Arbeitnehmer sechs Monate zum Betrieb gehört haben, wobei Mutterschutzfristen selbstverständlich als Zeiten der Betriebszugehörigkeit zählen. Wenn ein Arbeitnehmer zuvor in einem anderen Betrieb des Unternehmens gearbeitet hat, ist auch die dort verbrachte Arbeitszeit zu berücksichtigen.

Keine dringenden betrieblichen Gründe

Der Arbeitnehmer muss darlegen, dass seinem Teilzeitbegehren keine dringenden betrieblichen Gründe entgegenstehen. Da dem Arbeitnehmer in der Regel die notwendigen Informationen für diese Darlegung fehlen, ist diese **in abgestufter Form** zu erbringen. Das bedeutet:
- Der Arbeitnehmer muss zunächst nur seinen Anspruch darlegen.
- Dann muss der Arbeitgeber im Einzelnen vorbringen, warum aus seiner Sicht dringende betriebliche Gründe entgegenstehen.
- Schließlich muss der Arbeitnehmer die vom Arbeitgeber vorgetragenen dringenden betrieblichen Gründe entkräften.

Für die Ablehnung des Teilzeitverlangens des Arbeitnehmers reichen betriebliche Gründe alleine nicht aus, es muss sich vielmehr um **dringende** betriebliche Gründe handeln.

Dringende betriebliche Gründe liegen **nicht** vor, wenn die Verringerung der Arbeitszeit lediglich die **Organisation, den Arbeitsablauf oder die Sicherheit** im Betrieb beeinträchtigt oder aber unverhältnismäßig hohe Kosten verursacht. Der Arbeitgeber kann grundsätzlich auch nicht einwenden, im Unternehmen sei jede Form der Teilzeittätigkeit betriebswirtschaftlich nicht durchführbar oder unzumutbar. Hierdurch würde der Anspruch des Arbeitnehmers auf Teilzeittätigkeit nämlich praktisch ins Leere laufen, ohne dass konkrete betriebliche Umstände dem Teilzeitwunsch dringlich entgegenstünden. Ebenso wenig kann der Einwand erhoben werden, für die ausgefallene Arbeit stünde keine Ersatzkraft zur Verfügung. Da der Arbeitnehmer während der Elternzeit für maximal drei Jahre vollständig der Arbeit fernbleiben kann, ist das Unternehmen gegen einen solchen Ausfall grundsätzlich nicht geschützt.

Kriterien für dringende betriebliche Gründe

Für das Vorliegen eines dringenden betrieblichen Grundes ist vielmehr entscheidend,

- ob das Arbeitsvolumen auf dem konkreten Arbeitsplatz auch zeitanteilig sinnvoll erbracht werden kann,
- ob der weggefallene Teil des Arbeitsvolumens innerbetrieblich umverteilt werden kann
- und ob für solche Teilleistungen Nachfragen auf dem Arbeitsmarkt bestehen.

Je dringender aus Sicht des Arbeitgebers ein unmittelbarer Ersatz für den ausgefallenen Teil und je schwieriger eine Ersatzbeschaffung dafür ist, umso eher sprechen dringende betriebliche Gründe gegen die Verkürzung der Arbeitszeit. Je unverzichtbarer die Tätigkeit des Arbeitnehmers und je ungewöhnlicher der Wunsch nach einer bestimmten Verteilung der reduzierten Arbeitszeit im Hinblick auf die sonstigen Arbeitszeiten des Unternehmens ist, umso eher wird der Arbeitgeber mit seinen Einwänden gegen die Teilzeittätigkeit Erfolg haben.

Beispiel

Die Mutter ist in einem Beratungsunternehmen angestellt und hat für zwei Jahre die Leitung einer zehnköpfigen Projektgruppe zur Beratung und Einführung moderner Kommunikationsmethoden bei einem externen Unternehmen übernommen. Nach Ablauf der Mutterschutzfrist geht sie in Elternzeit und bittet nach einem ausführlichen Gespräch in der Personalabteilung um Reduzierung ihrer Arbeitszeit auf 25 Wochenstunden. Das Unternehmen lehnt dies ab, weil es insbesondere der Auffassung ist, dass die Leitung einer solchen Projektgruppe nicht mit 25 Wochenstunden erfolgen kann.

Da der Antrag auf Teilzeitarbeit nur **mündlich** erfolgt ist, hat die Mutter das förmliche Verfahren nach § 15 Abs. 6 und 7 BEEG noch nicht eingeleitet; vielmehr hat sie zunächst nur den **Einigungsversuch nach § 15 Abs. 5 BEEG** eingeleitet. Diese Vorgehensweise ist möglich und zulässig, dennoch bietet es sich an, den Einigungsversuch nach § 15 Abs. 5 BEEG direkt mit einem schriftlichen Antrag zu verbinden. Ansonsten läuft man, wie hier, Gefahr, dass man erneut einen nunmehr förmlichen Antrag stellen muss. Erst mit diesem Antrag beginnt die siebenwöchige Frist des § 15 Abs. 7 BEEG zu laufen und der Beginn der Teilzeittätigkeit wird entsprechend nach hinten verschoben.

Der Durchsetzung des Rechtsanspruchs auf Teilzeitarbeit könnten hier allerdings dringende betriebliche Gründe entgegenstehen. Zwar kommt es auf die näheren Umstände des Einzelfalls an, dennoch sind hier dringende betriebliche Gründe nicht von der Hand zu weisen. Die Arbeit ist zeitlich befristet. Das Arbeitsvolumen der Leitung vor Ort ist bedingt durch die Größe des Projektteams und die Vor-Ort-Betreuung des beratenden Unternehmens wohl nicht auf 25 Wochenstunden reduzierbar und die Leitung nicht teilbar. In der Regel wird sich aus dem Beratervertrag ergeben, dass die Teamleiterin bei einer externen Beratung stets vor Ort sein muss.

Siehe auch Rechtsprechung „Versetzung ins Ausland während der Elternzeit".

Antragsinhalt

Der Antrag auf Verringerung der Arbeitszeit muss dem Arbeitgeber **sieben Wochen** vor dem geplanten Beginn der Teilzeittätigkeit **schriftlich** mitgeteilt werden. Wenn die Eltern diese Frist versäumen, verschiebt sich der Beginn der Teilzeittätigkeit entsprechend nach hinten. Der Antrag muss folgenden Inhalt haben:

- die geplante Dauer der Teilzeittätigkeit, mindestens aber zwei Monate
- den Umfang der geplanten Arbeitszeitreduzierung
- die Angabe der gewünschten Verteilung der Arbeitszeit

Der Antrag auf Reduzierung der Arbeitszeit betrifft nur die Verringerung der Arbeitszeit der **bisherigen Tätigkeit.** Wenn der bisherige Arbeitsplatz des Arbeitnehmers etwa nicht teilzeitfähig ist, kann er nicht beanspruchen, einen sonst im Unternehmen vorhandenen Teilzeitplatz zugewiesen zu bekommen.

Frist/Form

Falls der Arbeitgeber die beanspruchte Verringerung der Arbeitszeit ablehnen will, so muss dies innerhalb von **vier Wochen** erfolgen. Die Frist beginnt mit der Anspruchsmitteilung durch den Arbeitnehmer. Die Ablehnung bedarf der **schriftlichen Begründung.** Die Begründung kann in knapper Form gehalten sein, sie muss jedoch erkennen lassen, welche betrieblichen Gründe entgegenstehen und warum sie dringend sind. Des Weiteren muss aus ihr hervorgehen, ob sie dem Änderungsverlangen insgesamt oder nur dem Umfang, der Dauer oder der Verteilung der Arbeitszeit entgegensteht.

Keine Zustimmungsfiktion

Wenn die Ablehnung des Arbeitgebers nicht fristgemäß oder ohne Begründung erfolgt, führt das nicht dazu, dass der Arbeitnehmer seine Teilzeittätigkeit wie geplant aufnehmen kann. Eine solche Zustimmungsfiktion besteht nur, wenn eine Teilzeitarbeit bei einem anderen Arbeitgeber während der Elternzeit beantragt wurde und der Arbeitgeber entsprechende Fehler gemacht hat. Der Arbeitnehmer hat in diesen Fällen ebenso wie in dem Fall, dass der Arbeitgeber das Teilzeitverlangen ablehnt, nur die Möglichkeit, Klage auf Erteilung der Zustimmung zu erheben.

Arbeitgeber legt die Lage der Arbeitszeit fest

Hinsichtlich der gewünschten Verteilung der Arbeitszeit ist darauf hinzuweisen, dass der Arbeitnehmer diese lediglich angeben **soll**. Eine dahin gehende Verpflichtung besteht jedoch nicht. Dennoch ist es mehr als sinnvoll, die gewünschte Verteilung der Arbeitszeit anzugeben, denn die gewünschte Lage der Arbeitszeit ist vielfach der Grund für die Annahme oder Ablehnung des Teilzeitverlangens. Allerdings hat der Arbeitgeber **keinen Anspruch auf Beachtung** seiner Vorgaben. Der Arbeitgeber kann die Lage der Arbeitszeit vielmehr nach billigem Ermessen festlegen. Hierbei hat er den Wunsch des Arbeitnehmers zu berücksichtigen und zu beachten, dass die Verringerung der Arbeitszeit aus familiären Gründen erfolgt.

Mitbestimmungsrecht des Betriebsrats

Der Betriebsrat hat in Fragen der Lage und der Verteilung der betrieblichen Arbeitszeit ein Mitbestimmungsrecht gemäß § 87 Abs. 1 Nr. 2 BetrVG. Dieses Mitbestimmungsrecht bezieht sich jedoch **nicht auf die Festlegung der jeweiligen Dauer** der Arbeitszeit. Das heißt, der Betriebsrat hat dann mitzubestimmen, wenn es etwa um die Frage geht, ob die wöchentliche Arbeitszeit an zwei vollen Tagen der Woche oder an vier Vormittagen ausgeführt wird. Dagegen besteht kein Mitbestimmungsrecht, wenn es darum geht, ob die Teilzeittätigkeit mit 20 oder 30 Wochenstunden ausgeführt werden soll.

Darüber hinaus setzt eine Beteiligung des Betriebsrats voraus, dass der mitzubestimmende Sachverhalt einen **kollektiven Bezug** hat und sich nicht in der Regelung eines Einzelfalls erschöpft. Der Wunsch eines oder mehrerer Arbeitnehmer nach Teilzeit in der Elternzeit wird jedoch in der Regel die kollektiven Interessen der Belegschaft berühren, weil hierdurch eine Umverteilung der Arbeit erforderlich wird.

§ 18 BEEG: Besteht Kündigungsschutz während der Elternzeit?

Sonderkündigungsschutz

Gemäß § 18 BEEG darf der Arbeitgeber das Arbeitsverhältnis während der Elternzeit grundsätzlich nicht kündigen. Gemäß § 20 BEEG umfasst der Kündigungsschutz nicht nur Arbeitnehmer, sondern auch Auszubildende und in Heimarbeit Beschäftigte.

Durch den Kündigungsschutz wird das **Arbeitsverhältnis** geschützt, **nicht dagegen der konkrete Arbeitsplatz.** So kann dem Arbeitnehmer in Elternzeit nach Beendigung der Elternzeit durchaus ein anderer Arbeitsplatz zugewiesen werden, sofern dieser in seiner Wertigkeit dem früheren Arbeitsplatz entspricht. Die Zuweisung eines Arbeitsplatzes, der mit einer Schlechterstellung, etwa bezüglich des Arbeitsinhalts oder der Vergütung, verbunden wäre, ist aber nicht zulässig.

Während der Zeit des Kündigungsverbots ist **jede Art von Kündigung unzulässig,** d.h. sowohl eine ordentliche als auch eine außerordentliche Kündigung ebenso wie die Änderungskündigung. Wenn sich die Eltern bei der Elternzeit abwechseln, so gilt der Kündigungsschutz für denjenigen Elternteil, der sich gerade in der Elternzeit befindet. Nehmen beide Elternteile für eine bestimmte Zeit zusammen Elternzeit, so gilt in dieser Zeit auch für beide der Kündigungsschutz. Der Kündigungsschutz endet mit der Elternzeit. Hierbei ist unerheblich, ob die Elternzeit regulär oder vorzeitig endet.

Beginn des Kündigungsschutzes: frühestens acht Wochen vor Antritt

Der Sonderkündigungsschutz beginnt mit der Anmeldung der Elternzeit; damit soll sichergestellt werden, dass die Elternzeit ohne Angst vor dem Verlust des Arbeitsplatzes in Anspruch genommen werden kann. Das Kündigungsverbot greift jedoch frühestens acht Wochen vor Antritt der Elternzeit. Das heißt, der Arbeitnehmer kann **nicht durch eine frühe Anmeldung der Elternzeit den früheren Beginn des Kündigungsschutzes erreichen.**

Wenn der Arbeitgeber früher als acht Wochen vor Beginn der Elternzeit von der Inanspruchnahme unterrichtet wird, verstößt eine ausgesprochene Kündigung zwar nicht gegen § 18 BEEG. Wenn die Kündigung jedoch in engem zeitlichen Zusammenhang mit der Geltendmachung der Elternzeit ausgesprochen wird, kommt eine Nichtigkeit der Kündigung nach § 612a BGB in Betracht. Der **enge zeitliche Zusammenhang** zwischen dem Ausspruch der Kündigung und der Geltendmachung der Elternzeit begründet hierbei die tatsächliche Vermutung, dass die Kündigung wegen der Elternzeit ausgesprochen wurde. Diese Vermutung muss der Arbeitgeber widerlegen.

Bei einer **Aufteilung der Elternzeit auf mehrere Zeitabschnitte** oder einer Übertragung von zwölf Monaten auf die Zeit bis zur Vollendung des achten Lebensjahrs gilt der Schutz vor Beginn der Elternzeit nicht, d.h., hier beginnt der Kündigungsschutz mit der tatsächlichen Inanspruchnahme der Elternzeit.

Das Kündigungsverbot gilt während der gesamten Elternzeit und erfasst auch Arbeitsverhältnisse, die erst nach der Geburt des Kindes begründet worden sind. Allerdings fallen Arbeitsverhältnisse, die während der Elternzeit mit Zustimmung des eigenen Arbeitgebers **bei einem anderen Arbeitgeber** begonnen werden, nicht unter den Kündigungsschutz.

Kündigungsschutz gilt auch bei Teilzeittätigkeit

Der Sonderkündigungsschutz gilt auch, wenn der Arbeitnehmer während der Elternzeit in Teilzeit arbeitet. Übersteigt der Umfang der Arbeitszeit jedoch 30 Wochenstunden, so greift der Kündigungsschutz nicht mehr ein. Das Kündigungsverbot gilt ebenfalls, wenn der Arbeitnehmer in Teilzeit arbeitet, die Elternzeit nicht in Anspruch genommen hat, aber ein Anspruch auf Elterngeld besteht. Das gilt aber nur für den Bezugszeitraum nach § 4 BEEG, d.h. vom Tag der Geburt an bis zur Vollendung des zwölften bzw. 14. Lebensmonats des Kindes.

Kündigung unter besonderen Voraussetzungen zulässig

Gemäß § 18 BEEG ist eine Kündigung innerhalb der Elternzeit ausnahmsweise zulässig, wenn vor dem Ausspruch der Kündigung die **Zustimmung der für den Arbeitsschutz zuständigen obersten Arbeitsbehörde** vorliegt. Im Allgemeinen sind die nach § 9 Abs. 3 MuSchG maßgeblichen Behörden zuständig, d.h. die Gewerbeaufsichtsämter bzw. die Ämter für Arbeitsschutz, in Baden-Württemberg und Hessen der Regierungspräsident.

Praxistipp
Die Adresse der zuständigen Aufsichtsbehörde kann beim Bundesministerium für Familie, Senioren, Frauen und Jugend unter www.bmfsfj.de erfragt werden.

Fälle der Zustimmung

Die Zustimmung erfolgt nur ausnahmsweise in besonderen Fällen:

- Stilllegung von Betrieben
- Stilllegung von Betriebsabteilungen
- schwere Pflichtverstöße des Arbeitnehmers
- Existenzgefährdung des Arbeitgebers

Stellungnahme Betriebsrat

Bevor die Behörde eine Entscheidung trifft, werden der betroffene Arbeitnehmer und der Betriebsrat zur Stellungnahme aufgefordert. Diese Gelegenheit sollte auf jeden Fall genutzt und der Behörde eine Stellungnahme in der gesetzten Frist zugeleitet werden.

Die Entscheidung über die Kündigung wird **schriftlich** getroffen und begründet. Die Behörde stellt die getroffene Entscheidung nicht nur dem Arbeitgeber, sondern auch dem Arbeitnehmer zu. Der **Betriebsrat erhält eine Abschrift.** Erklärt die Behörde die Kündigung ausnahmsweise für zulässig, kann sie verlangen, dass der Arbeitgeber die Kündigung erst zum Ende der Elternzeit ausspricht.

Sonderkündigungsrecht des Arbeitnehmers

Kündigt der Arbeitnehmer selbst, so greift der Sonderkündigungsschutz des § 18 BEEG nicht, denn diese Regelung verbietet nur die arbeitgeberseitige Kündigung. Gemäß § 19 BEEG kann der Arbeitnehmer das Arbeitsverhältnis unter Einhaltung einer **Kündigungsfrist von drei Monaten** zum Ende der Elternzeit kündigen. Dieses besondere Kündigungsrecht besteht nur zum Ende der Elternzeit. Sofern der Arbeitnehmer zu einem anderen Zeitpunkt kündigen will, muss er sich an seine vertraglich vereinbarten oder an die gesetzlichen Kündigungsfristen halten.

§ 17 BEEG: Wie wirkt sich die Elternzeit auf den Erholungsurlaub aus?

§ 17 BEEG regelt, was mit dem Urlaubsanspruch des Arbeitnehmers in Elternzeit geschieht.

Kürzung des Erholungsurlaubs

Der Arbeitgeber kann den Erholungsurlaub des Arbeitnehmers gemäß § 17 Abs. 1 BEEG für die Dauer der Elternzeit kürzen. Die Kürzung erfolgt **um ein Zwölftel pro voller Monat Elternzeit,** sofern tarifvertraglich nichts anderes bestimmt ist.

Berechnung

Um die Kürzung richtig berechnen zu können, muss zunächst ermittelt werden, wie viel Jahresurlaub dem Arbeitnehmer zusteht. Dann muss festgestellt werden, wie viele **volle Monate** Elternzeit in dem jeweiligen Jahr liegen. Für die Kürzung ist nämlich **nur auf die vollen Kalendermonate** abzustellen. Würde beispielsweise Elternzeit vom 03.04.2011 bis zum 29.05.2011 genommen, so käme eine Kürzung des Erholungsurlaubs nicht in Betracht. Erstreckt sich die Elternzeit auf mehrere Kalenderjahre, so muss die Kürzung des Erholungsurlaubs **für jedes Kalenderjahr getrennt** berechnet werden.

Beispiel
- Geburt des Kindes: 06.06.2011
- Ablauf der Mutterschutzfrist: 01.08.2011
- Beginn der Elternzeit: 02.08.2011
- Ende der Elternzeit z.B.: 05.06.2013
- Urlaubsanspruch 2011: 30 Tage
- volle Monate Elternzeit 2011: vier Monate (September bis Dezember)
- Urlaubsanspruch pro Monat: (30 Tage: zwölf Monate) zweieinhalb Tage
- Kürzung für vier Monate: (4 x 2,5 Tage) zehn Tage
- verbleibender Urlaub für 2011: 20 Tage

Erholungsurlaub kann nach der Elternzeit genommen werden

Hat der Arbeitnehmer den ihm zustehenden Urlaub vor Beginn nicht oder nicht vollständig erhalten, so hat der Arbeitgeber ihm den gekürzten Resturlaub nach der Elternzeit zu gewähren (§ 17 Abs. 2 BEEG). Dieser relativ lange **Übertragungszeitraum, der etwa zwei Jahre** betragen kann, soll die tatsächliche Nutzung von früherem Resturlaub ermöglichen und gewährleisten. Wird der Urlaub bis zum nächsten Jahr nach Ende der Elternzeit nicht genommen, erlischt er ersatzlos. Das BAG hat inzwischen klargestellt, dass der Urlaub auch dann nicht verfällt, wenn sich eine zweite Elternzeit direkt an die erste Elternzeit anschließt. In diesem Fall ist der zu übertragende Urlaub **nach Beendigung der zweiten Elternzeit** im laufenden oder nächsten Urlaubsjahr nachzugewähren.

Siehe dazu Rechtsprechung: „Resturlaubsanspruch verfällt nicht bei zweiter Elternzeit".

Wie wirkt sich die Elternzeit auf eine spätere Arbeitslosigkeit aus?

Häufige Beendigung des Arbeitsverhältnisses nach Elternzeit

Nicht selten kommt es vor, dass das Arbeitsverhältnis nach der Elternzeit beendet wird. Das kann beispielsweise dann der Fall sein, wenn sich die **Betriebsstruktur geändert** hat und die damalige oder eine vergleichbare Arbeitsstelle nicht mehr verfügbar ist. Häufig kommt es aber auch vor, dass der Arbeitnehmer nach der Elternzeit in Teilzeit arbeiten möchte, dies aber aufgrund der Struktur seiner Arbeitsstelle nicht möglich ist und sich eine vergleichbare Tätigkeit nicht finden lässt. Kommt es dann zu einer betriebsbedingten Kündigung, hat der Arbeitnehmer **Anspruch auf Arbeitslosengeld.**

Fiktive Berechnung des Arbeitslosengelds

Bislang gehen die Agenturen für Arbeit bei der Berechnung des Arbeitslosengelds in solchen Fällen von einem **geringeren, fiktiven Gehalt** aus, wenn Arbeitslose innerhalb der letzten zwei Jahre vor der Arbeitslosigkeit nicht mehr als fünf Monate gearbeitet haben. Gegen diese Praxis wurde von den Betroffenen in mehreren Fällen Klage vor den dafür zuständigen Sozialgerichten erhoben.

BSG bestätigt Berechnungspraxis

Ein erster Fall wurde vom BSG im Jahr 2008 entschieden (Urteil vom 29.05.2008 – B 11a AL 23/07 R –). Das Gericht wies die Klage einer Mutter ab, die höhere monatliche Arbeitslosengeldleistungen verlangt hatte, und bestätigte damit die derzeitige Berechnungspraxis der Arbeitsagenturen. Als Begründung führten die obersten Sozialrichter an, das Gesetz lasse keinen Spielraum für Ausnahmen von der Berechnungsvorschrift. Es bestünden gegen diese Regelung auch keine verfassungsrechtlichen Bedenken.

In zwei weiteren Verfahren entschied das BSG ebenfalls zulasten der Klägerin (Urteile vom 29.05.2008 – B 11a/7a AL 64/06 – und vom 25.08.2011 – B 11 AL 19/10 R –) und hat damit wiederholt die Berechnungspraxis bestätigt. Die Bemessung des Arbeitslosengeldes erfolgt nach der heutigen Rechtsprechung also nicht nach dem individuellen Gehalt, sondern nach einer pauschalen Berechnung. Das BSG sieht darin **keine verfassungsrechtliche Benachteiligung von Müttern** und keinen Verstoß gegen Europarecht.

Wie wirkt sich die Elternzeit in der Sozialversicherung aus?

Krankenversicherung

Gemäß § 192 Abs. 1 Nr. 2 SGB V bleibt die Pflichtmitgliedschaft in der **gesetzlichen Krankenversicherung** während der Elternzeit bestehen, **ohne dass aus dem Elterngeld Beiträge zu leisten sind.** Pflichtmitglieder werden also während der Elternzeit beitragsfrei weiterversichert. Sind die Eltern während der Elternzeit teilzeitbeschäftigt, so besteht jedoch eine Beitragspflicht aus dem Arbeitsentgelt aufgrund der Teilzeitarbeit.

Freiwillig versicherte Mitglieder, die nicht erwerbstätig sind, haben die bisher erhobenen Beiträge auch während des Bezugs von Elterngeld in gleicher Höhe weiterzuzahlen. Die freiwillige Mitgliedschaft wird für die Dauer einer während der Elternzeit ausgeübten versicherungspflichtigen Teilzeittätigkeit verdrängt. In diesen Fällen tritt die gesetzliche Pflichtmitgliedschaft in der gesetzlichen Krankenkasse ein. **Privat Versicherte müssen weiterhin selbst ihre Beiträge zahlen.**

Arbeitslosenversicherung

Für die Dauer des Elterngeldbezugs besteht **keine Versicherungspflicht in der Arbeitslosenversicherung.** Personen, deren Versicherungsverhältnis endet, sind dazu verpflichtet, sich unverzüglich nach Kenntnis des Beendigungszeitpunkts persönlich bei der Arbeitsagentur Arbeit suchend zu melden.

Auch Personen, die nicht in einem Arbeitsverhältnis stehen, müssen sich unverzüglich bei der zuständigen Agentur für Arbeit melden, wenn sie vom Ende der Versicherungspflicht erfahren. Hierzu gehören auch Erziehende von Kindern bis zum dritten Lebensjahr, wenn sie unmittelbar vor der Elternzeit gegen Arbeitslosigkeit versichert waren oder Lohnersatzleistungen bezogen haben. Bei verspäteter Meldung müssen auch diese Nichtarbeitnehmer eine Kürzung des Leistungsanspruchs hinnehmen.

Rentenversicherung

In der gesetzlichen Rentenversicherung können der Mutter oder dem Vater Zeiten der Kindererziehung als rentenbegründende und rentensteigernde Versicherungszeiten angerechnet werden. Zeiten der Erziehung eines Kindes in dessen ersten drei Lebensjahren stellen Pflichtversicherungszeiten dar (§ 56 Abs. 1 Satz 1 SGB VI). Die Zeit wird demjenigen zugeordnet, der das Kind erzogen hat. Ein Wechsel der Zuordnungen unter den Eltern ist möglich. Soll dem **Vater die Erziehungszeit zugerechnet** werden, so müssen die Eltern dies rechtzeitig mit Wirkung für künftige Kalendermonate gegenüber dem zuständigen Rentenversicherungsträger erklären. Die Zuordnung kann rückwirkend nur für höchstens zwei Kalendermonate vor Abgabe der Erklärung erfolgen. Wird **keine entsprechende Erklärung abgegeben,** wird **die Erziehungszeit automatisch der Mutter zugerechnet.**

Sicht des Arbeitgebers

Mitarbeiter in Elternzeit – Vorteile für den Arbeitgeber?

Wenn eine Mitarbeiterin/ein Mitarbeiter in Elternzeit geht, stellen sich für den Arbeitgeber vielfältige Fragen, wie er die Ausfallzeit personell überbrücken kann.

Einstellung einer Ersatzkraft

In der Regel wird er eine Ersatzkraft einstellen. Das Gesetz sieht einen **besonderen Befristungsgrund** für Arbeitsverhältnisse in den Fällen vor, in denen ein Arbeitnehmer zur Vertretung einer anderen Arbeitnehmerin für die Dauer der Elternzeit eingestellt wird (§ 21 BEEG).

Teilzeitbeschäftigung in Elternzeit

Mit der im Gesetz vorgesehenen Möglichkeit, während der Elternzeit eine Teilzeitbeschäftigung **bis zu 30 Wochenstunden** (§ 15 Abs. 4 BEEG) auszuüben, lassen sich flexible Lösungen der Arbeitsplatzgestaltung finden, ohne dass der Mitarbeiter/die Mitarbeiterin für längere Zeit komplett aus dem Beruf ausscheiden muss. Für den Betrieb ist es wertvoll, wenn eingearbeitete und erfahrene Arbeitskräfte erhalten bleiben und gut funktionierende Betriebsabläufe fortbestehen können.

Verbindliche Festlegung für zwei Jahre

Die vom Gesetz vorgesehene verbindliche Festlegung des Mitarbeiters, für welche Zeiträume er innerhalb der ersten zwei Jahre der (insgesamt maximal drei Jahre umfassenden) Elternzeit in Anspruch nehmen will (§ 16 Abs. 1 BEEG), gibt dem Arbeitgeber ein gewisses Maß an **Planungssicherheit** für seine Personalorganisation.

„Soft-Skills" für Väter

Der durch das Gesetz bewusst geschaffene Anreiz, dass auch Väter die Möglichkeit nutzen, Elternzeit in Anspruch zu nehmen, kann für den Arbeitgeber insofern von Vorteil sein, als dass Arbeitnehmer im Familienalltag Fähigkeiten (Geduld, Konzentrationsfähigkeit, Prioritäten setzen, etc.) erwerben, die sie auch im Berufsleben gut nutzen können. Solche so genannten „Soft-Skills" verbessern die Kommunikationsfähigkeit des Mitarbeiters und tragen zu einem guten Miteinander zwischen Mitarbeitern und Vorgesetzten bei. Damit kommen diese Fähigkeiten letztendlich auch dem Betrieb zugute.

Zufriedenheit schafft Motivation

Wenn Arbeitnehmer ihre Aufgaben als Eltern mit den betrieblichen Anforderungen gut in Einklang bringen können, dann schafft dies Ausgeglichenheit und Zufriedenheit. Sie werden sich dann besser mit dem Unternehmen identifizieren und konzentrierte und leistungsfähige Mitarbeiter sein.

Fazit

Arbeitnehmer, die Elternzeit verlangen, sollten ihrem Arbeitgeber konkrete Lösungsvorschläge anbieten, wie die Ausfallzeit überbrückt werden kann. Dies schafft ein Klima gegenseitigen Vertrauens und baut Ängste und Widerstände des Arbeitgebers ab. Die veränderte Situation erfordert Toleranz auf beiden Seiten, auch die gegenseitigen Interessen zu erkennen. Als Betriebsrat sollten Sie bemüht sein, die Betroffenen dahingehend zu unterstützen, dass sie eine einvernehmliche Lösung erarbeiten, die betriebliche als auch familiäre Interessen verbindet.

Auswirkungen auf die Arbeitnehmer

Chancen und Risiken der Elternzeit

Zeit für Kinderbetreuung

Erwerbstätigen Müttern und Vätern bietet die Elternzeit einen **befristeten Zeitraum,** in dem sie sich in das **Familienleben** nach der Geburt eines Kindes hineinfinden können. Der gesetzliche Freistellungsanspruch verschafft ihnen die Möglichkeit, sich in den ersten Lebensjahren des Kindes unabhängig von einer Erwerbstätigkeit allein, gemeinsam oder abwechselnd mit einem Partner um die Betreuung und Erziehung des Kindes zu kümmern.

Arbeitsverhältnis bleibt bestehen

Das Arbeitsverhältnis ruht während der Elternzeit, **an seinem Bestand ändert sich aber nichts.** Das bedeutet, dass zwar Vergütungsanspruch und Pflicht zur Arbeitsleistung entfallen, die vertragliche Bindung zum Arbeitgeber aber bleibt. Das Gesetz geht von der Prämisse aus, dass nach der Unterbrechungszeit die Beschäftigung fortgeführt wird. Es besteht zwar kein Anspruch darauf, nach der Elternzeit an den alten Arbeitsplatz zurückzukehren. Aber eine Umsetzung, die mit einer Schlechterstellung (z.B. geringeres Entgelt) verbunden wäre, ist nicht zulässig. Vielmehr muss der zugewiesene Arbeitsplatz gleichwertig sein. Diese Gewähr für die Rückkehr an den Arbeitsplatz und die ununterbrochene Bindung an den Betrieb kann die Angst des Beschäftigten vor seinem Wiedereinstieg ins Arbeitsleben nach der Elternzeit und einem beruflichen Abstieg nehmen.

Elterngeld deckt finanzielle Einbußen nur im ersten Lebensjahr des Kindes ab

Da die Freistellung unbezahlt erfolgt, muss sich der Arbeitnehmer **mit den finanziellen Einbußen während der Elternzeit auseinandersetzen.** Hierbei ist zu bedenken, dass das Elterngeld, auf das für Geburten ab 01.01.2007 ein Rechtsanspruch besteht, zwar prozentual zum Einkommensverlust gezahlt wird. Für Besserverdienende können sich daher Beträge bis zur Obergrenze von 1.800 Euro/Monat ergeben. Doch die Bezugsdauer ist auf zwölf (u.U. 14) Monate beschränkt. Daher stellt sich vor allem im zweiten und dritten Lebensjahr des Kindes die Frage, wie die Familie finanziell abgesichert ist, wenn ein Elternteil (oder sogar beide) die vollen drei Jahre Elternzeit ausschöpfen will.

Möglichkeit der Teilzeitbeschäftigung nutzen

Eltern können sich nach dem Willen des Gesetzgebers auch für eine **Teilzeitbeschäftigung von bis zu 30 Wochenstunden entscheiden und während der Elternzeit so am Erwerbsleben weiterhin teilnehmen.** Gerade für die existenzielle Absicherung der Familie kann diese Möglichkeit interessant sein, aber auch, um die Bindung des Beschäftigten an den Betrieb und an das Erwerbsleben beizubehalten. Berufliche (und damit verbunden auch soziale) Kontakte können auf diese Art und Weise fortgeführt werden und der Arbeitnehmer läuft keine Gefahr, einmal erworbenes wertvolles Know-how zu verlieren. In finanzieller Hinsicht ist zu beachten, dass das aus der Teilzeittätigkeit erzielte Einkommen auf das im ersten Lebensjahr des Kindes ausgezahlte Elterngeld angerechnet wird.

Wiedereinstieg in den Beruf planen

Der Arbeitnehmer wird sich schon während der Freistellungsphase viele Fragen stellen, die mit der **Rückkehr an den Arbeitsplatz** verbunden sind. Beispielsweise:

- Kann dieselbe Tätigkeit wie früher ausgeführt werden?
- Soll mit verringerter Stundenzahl gearbeitet werden? Wie soll die verringerte Wochenarbeitszeit verteilt werden?
- Wie werden Reisetätigkeiten, betriebliche Ganztagsschulungen, Vertretungszeiten mit der Kinderbetreuung „unter einen Hut" gebracht?
- Muss ein Teil des Erholungsurlaubs eingespart werden für Ferienzeiten in der Krippe/im Kindergarten?
- Gibt es die Möglichkeit, teilweise statt im Betrieb von zu Hause aus zu arbeiten (Möglichkeit der Telearbeit etc.)?

Als Betriebsrat sollten Sie darauf drängen, dass viele dieser Punkte mit dem Arbeitgeber einvernehmlich gelöst werden. So stellen Sie die Weichen für einen zufriedenen und motivierten Mitarbeiter und damit auch für gute Arbeitsleistungen, die dann wiederum Akzeptanz beim Arbeitgeber finden.

Fazit

Die Elternzeit schafft Zeit für Eltern mit ihren Kindern. Zu bedenken ist, dass das Elterngeld nur einen finanziellen Ausgleich in den ersten zwölf bzw. 14 Lebensmonaten des Kindes schafft. Es bleibt der individuellen Entscheidung der Eltern überlassen, ob sie die drei Jahre Elternzeit voll ausschöpfen wollen oder ob sie (im Rahmen einer Teilzeittätigkeit) früher an den Arbeitsplatz zurückkehren. Als Betriebsrat können Sie den Prozess des Widereinstiegs in den Beruf begleiten und auf einvernehmliche Lösungen mit dem Arbeitgeber bei der Ausgestaltung des Arbeitsverhältnisses hinwirken. Wichtig ist, einen Rahmen zu finden, der auf die individuelle Situation des Beschäftigten passt.

Vorgehensweise des Betriebsrats

Anhörungsrecht vor einer Kündigung

Die Beteiligungsrechte des Betriebsrats werden im Rahmen der Elternzeit dann berührt, **wenn es um die Frage der Kündigung geht**. So ist der Betriebsrat gemäß § 102 Betriebsverfassungsgesetz vor jeder ordentlichen Kündigung anzuhören. In besonderen Fällen bedarf es sogar der Zustimmung des Betriebsrats. Wenn der Arbeitgeber die Kündigung aussprechen will, obwohl der Arbeitnehmer sich in Elternzeit befindet, so muss der Betriebsrat innerhalb einer Woche schriftlich darauf hinweisen, dass die Kündigung gemäß § 18 Bundeselterngeld- und Elternzeitgesetz unwirksam ist. Er kann den Arbeitgeber auch darauf hinweisen, dass eine Kündigung in einem solchen Fall der vorherigen Zustimmung der für den Arbeitsschutz zuständigen obersten Arbeitsbehörde bedarf.

Mitbestimmungsrecht bei der Bestimmung der Lage der Arbeitszeit

Ein Mitbestimmungsrecht des Betriebsrats gemäß § 87 Abs. 1 Nr. 2 Betriebsverfassungsgesetz besteht dann, wenn es um die **Lage der Arbeitszeit der Arbeitnehmer** geht, die in der Elternzeit eine Teilzeittätigkeit bis zu 30 Wochenstunden ausüben möchten. Der Betriebsrat kann also mitbestimmen, wenn es darum geht, ob der Arbeitnehmer vormittags oder nachmittags, an drei oder vier Tagen die Woche arbeitet. Geht es dagegen um die Frage, wie lange der Arbeitnehmer pro Tag oder pro Woche arbeiten soll, so ist der Betriebsrat nicht zur Mitbestimmung berechtigt.

Unterstützung bei allen Fragen der Arbeitnehmer zur Elternzeit

Ein Mitbestimmungsrecht zu den Fragen der Elternzeit selbst steht dem Betriebsrat allerdings nicht zu. Dennoch kann und soll er die Arbeitnehmer auch bei Fragen zur Elternzeit unterstützen. **Der Kenntnisstand über die Möglichkeiten der Elternzeit und den Rechtsanspruch auf Teilzeitarbeit ist bei vielen Eltern unbefriedigend.** Um Informationen zur Elternzeit bemühen sich Eltern häufig erst zu einem relativ späten Zeitpunkt der Schwangerschaft oder sogar erst nach der Geburt, wenn der Entscheidungsprozess bereits abgeschlossen ist. Das Ermitteln von finanziellen Auswirkungen einer veränderten Arbeitsteilung sehen viele Eltern als zu aufwendig und kompliziert an, um sich damit auseinander zu setzen.

Betriebsrat als Ansprechpartner

Hier ist der Betriebsrat gefragt, **er sollte sich hier als Ansprechpartner der Arbeitnehmer für alle Fragen der Elternzeit sehen**. Es ist von enormer Bedeutung, dass die Arbeitnehmer über die Möglichkeiten, welche die Elternzeit bietet, aufgeklärt werden. Den wenigsten Arbeitnehmern ist z.B. bewusst, dass die Elternzeit nur innerhalb bestimmter Fristen beantragt werden kann. Mit gezielten Informationsangeboten zur Elternzeit, sei es durch Rundschreiben oder durch frühzeitige Einzelgespräche mit betroffenen Arbeitnehmern, sollten Eltern bessere Gelegenheiten erhalten, sich rechtzeitig über die Möglichkeiten der Elternzeitgestaltung zu informieren.

Weiterentwicklung der Möglichkeit der Teilzeitarbeit in den Unternehmen

Darüber hinaus ist es besonders wichtig, dass die Möglichkeit der **Teilzeitarbeit in den Unternehmen** weiterentwickelt wird, um den Bedürfnissen der Beschäftigten gerecht zu werden. Auch hier ist die Mitarbeit des Betriebsrats gefragt. Ein Großteil der Mitarbeiter wünscht sich z.B., während der Elternzeit mit dem Unternehmen in engem Kontakt zu bleiben.

Ein solcher Kontakt könnte durch **gezielte Angebote** zur Weiterbildung oder Vertretungstätigkeit umgesetzt werden, was aber in der Praxis zwar von einem Großteil der Arbeitnehmer gewünscht wird, aber noch lange nicht in ausreichendem Maße von den Unternehmen angeboten wird. Der Betriebsrat könnte hier als Sprachrohr der betroffenen Mitarbeiter fungieren und gegenüber dem Arbeitgeber konkrete Vorschläge machen, wie ein in Elternzeit befindlicher Arbeitnehmer besser in den Betrieb eingebunden werden kann.

Fazit

Als Betriebsrat haben Sie, auch wenn ein Mitbestimmungsrecht im Bereich Elternzeit nicht besteht, durchaus die Möglichkeit, die betroffenen Kollegen zu unterstützen. Der Schwerpunkt liegt hier in einer beratenden und aufklärenden Funktion, was zum Erhalt der Schutzrechte der erwerbstätigen Eltern von enormer Bedeutung ist.

Elternzeit | Ihre digitalen Arbeitshilfen

Ihre digitalen Arbeitshilfen

 Sie erhalten direkt einsetzbare Arbeitshilfen zu diesem Stichwort. So können Sie schnell und einfach Ihre benötigte Arbeitshilfe finden und diese gleich am PC bearbeiten.

Arbeitshilfen
- Antrag auf Elternzeit
- Zehn Fragen und Antworten zur Elternzeit

Gleitzeit

Grundlagen

Gleitzeitarbeit im Überblick

Gleitzeit stellt eine frühe Ausformung der Flexibilisierung der Arbeitszeit dar. Ziel war und ist es, die **Arbeitszeit variabel und bedarfsorientiert** zu gestalten. Diese Form hat sich in den letzten zwei Jahrzehnten durchsetzen können. Dafür mussten die traditionell festen Arbeitszeitsysteme und -strukturen zugunsten einer flexiblen Anwendung und Verteilung der Arbeitszeit verändert werden. Zwischenzeitlich haben sich in der Praxis, je nach dem Grad der Arbeitszeitsouvernität, sehr viele verschiedene Gleitzeitmodelle entwickelt.

Bereits mehr als **zwei Drittel aller Unternehmen** setzen dieses Modell ein. Betriebe mit Gleitzeit finden sich in allen Branchen. Es gibt aber auch Ausnahmen, z.B. Unternehmen mit Schichtdienst oder Rufbereitschaft. Hier müssen die Arbeitszeiten der Einzelnen direkt anschließen, um den Betriebsablauf nicht zu stören oder zu unterbrechen.

Wichtig

Nicht für alle Mitarbeiter ist Gleitzeit möglich. Jugendliche können die Vorteile der Gleitzeit nur eingeschränkt nutzen, da für sie eine Höchstarbeitszeit von täglich acht Stunden und eine besondere Pausenregelung gelten.

Auch das Bundesarbeitsgericht stellte in einer Entscheidung fest: „Die Regelung über die gleitende Arbeitszeit verfolgt ..., soweit sie nicht die Kernarbeitszeit betrifft, den Zweck, innerhalb der festgelegten Gleitzeit dem Angestellten zu ermöglichen, die zeitliche Lage der Arbeitsleistung in freier Selbstbestimmung nach seinen Bedürfnissen und Wünschen festzulegen."

Hauptelement der Gleitzeit

Gleitzeitregelungen zeichnen sich dadurch aus, dass die Arbeitnehmer innerhalb eines Zeitrahmens die Freiheit haben, selbst bestimmen zu können, zu welchen Zeiten und wie viel sie arbeiten. Dabei sind folgende Elemente von Bedeutung:

- Die **Kernarbeitszeit** umfasst den Zeitraum, in dem alle Arbeitnehmer grundsätzlich am Arbeitsplatz sein müssen, es besteht Anwesenheitspflicht. Damit soll sichergestellt werden, dass zu den üblichen Betriebszeiten möglichst alle infrage kommenden Arbeitnehmer auch anwesend sind. Die Kernzeit bestimmt also den spätestmöglichen Arbeitsbeginn und das frühestmögliche Arbeitsende.
- Die **Rahmenarbeitszeit oder Gleitzeit** umfasst den Zeitraum vor oder nach der Kernarbeitszeit, innerhalb dessen der Arbeitnehmer selbst bestimmen kann, ob und wann er arbeitet. Bestimmt wird der frühestmögliche Arbeitsbeginn und das spätestmögliche Arbeitsende.

Gleitzeit | Grundlagen

- Die **Sollarbeitszeit** umfasst die Arbeitszeit, die möglichst täglich gearbeitet werden soll. Der Arbeitnehmer muss sich aber im Durchschnitt an die arbeits- oder tarifvertraglich vereinbarte Wochenarbeitszeit halten.Das Gleitzeitmodell erfordert die Einrichtung eines **Gleitzeitkontos**, auf dem alle individuellen Arbeitszeiten festgehalten werden. Nähere Einzelheiten siehe Stichworte „**Arbeitszeiterfassung**" und „**Arbeitszeitkonten**".

Gleitzeitmodelle

Bei der Gleitzeitarbeit kann der Arbeitnehmer innerhalb eines vorgegebenen Rahmens Lage und Dauer seiner Arbeitszeit selbst gestalten. Das Maß seiner Arbeitszeitsouveränität hängt dabei entscheidend vom praktizierten Gleitzeitmodell ab.

Einfache oder klassische Gleitzeit mit fester Kernarbeitszeit

Das ursprüngliche Modell der Gleitzeitregelungen ist in der einfachen Gleitzeitarbeit, auch Gleitzeit mit fester Kernarbeitszeit genannt, zu sehen. Dieses Modell geht von einer relativ simplen Strukturierung der Arbeitszeit aus, deren Flexibilisierung sich in variablen Anfangs- und Endzeitpunkten der Arbeitszeit erschöpft. Bei diesem Modell legt der Arbeitgeber folgende Positionen fest:

- **Rahmen** der täglichen Arbeitszeit (frühestmöglicher Beginn, spätestmögliches Ende)
- **Kernarbeitszeit** mit Anwesenheits- und Arbeitspflicht

Für den Arbeitnehmer ist also nur die Zeit zwischen den Rahmenvorgaben, dem Anfang (Eingleitspanne) bzw. dem Ende (Ausgleitspanne) der Kernarbeitszeit variabel.

Beispiel

Arbeitsbeginn ab 6:00 Uhr möglich, Beginn der Kernzeit 9:00 Uhr, Ende der Kernzeit: 15:00 Uhr, Arbeitsende spätestens um 19:00 Uhr.

Für den Arbeitnehmer ist der Zeitraum 6:00 bis 9:00 Uhr und der Zeitraum 15:00 bis 19:00 Uhr variabel.

Gleitzeit	Kernarbeitszeit	Gleitzeit
6.00 Uhr bis 9.00 Uhr	9.00 Uhr bis 15.00 Uhr	15.00 Uhr bis 19.00 Uhr
variabel	fix	variabel

Qualifizierte Gleitzeit ohne feste Kernarbeitszeit

Die qualifizierte Gleitzeit, auch Gleitzeit **ohne feste Kernarbeitszeit** genannt, stellt eine Fortentwicklung der starren, einfachen Gleitzeitarbeit dar, bei der die Variabilität der Arbeitszeit weiter gesteigert wird.

Der elementare Unterschied zwischen den beiden Gleitzeitvarianten liegt darin, dass die qualifizierte Gleitzeit die Breite der Kernarbeitszeit auf ein Minimum reduziert bzw. vollkommen auf die Festlegung einer Kernarbeitszeit verzichtet. **Vorgeschrieben ist lediglich die vereinbarte durchschnittliche Arbeitszeit in der Woche, im Monat oder im Jahr.** Alle darüber hinausgehenden Entscheidungen hinsichtlich der Arbeitszeitplanung, wie z.B. die Lage und Dauer der Arbeitszeit an den einzelnen Tagen, sind dem Arbeitnehmer selbst überlassen und eigenverantwortlich von ihm zu regeln. Dabei kann es durchaus dazu kommen, dass der Arbeitnehmer an einzelnen Tagen beispielsweise nur halbtags oder sogar gar nicht arbeitet. Bewährt hat sich die Koppelung von Zeitkonten mit der sogenannten Ampellösung: grüne Phase, d.h. keine Reglementierung, wenn der Kontostand innerhalb eines vorgegebenen Rahmens liegt (z.B. +/- 80 Stunden). In der gelben Phase werden Maßnahmen vereinbart, die einen weiteren Zeitaufbau oder Zeitabbau verhindern. In der roten Phase ist weder ein Zeitaufbau noch ein Zeitabbau gestattet, d.h. der Saldo zwingend auszugleichen.

Charakteristisch für die qualifizierte Gleitzeitarbeit ist somit, dass der Arbeitnehmer nicht nur zu einem **selbst gewählten Zeitpunkt** seine Arbeit aufnehmen und beenden kann, sondern dass er darüber hinaus auch die **Länge seines Arbeitstags selbst bestimmen** kann. Damit hat er die Möglichkeit, mithilfe von Gleitzeitkonten Arbeitszeit anzusparen oder nachzuholen. Er kann, je nach arbeitsvertraglicher Vereinbarung, sowohl Zeitguthaben als auch Zeitschulden „aufbauen".

Diese Form der Gleitzeit nähert sich stark der Vertrauensarbeitszeit, bei der die Arbeitserbringung auch weitgehend selbst bestimmt wird, aber keine Arbeitszeiterfassung erfolgt. Nähere Einzelheiten siehe Stichwort **„Vertrauensarbeitszeit"**.

Funktionsgleitzeit im Team

Wie bei der qualifizierten Gleitzeit enthält die Funktionsgleitzeit **keine Kernarbeitszeit**. Es werden betrieblich vereinbarte Zeiten festgelegt, in denen **Abteilungen/ Bereiche des Unternehmens funktionsfähig sein müssen**, d.h. Ansprechzeiten für Kunden oder die Produktion.

Die Arbeitnehmer legen in Absprache mit der Abteilung Lage, Verteilung und Dauer der Arbeitszeit entsprechend den betrieblichen Bedürfnissen individuell fest.

Hier sind noch erweiterte Funktionsgleitzeitmodelle möglich, mit Gleitzeitrahmen und Ein- und Ausgleitspannen.

Gleitzeit | Grundlagen

Erweiterte Funktionsgleitzeit:

Gleitzeitrahmen	Funktionszeit	Gleitzeitrahmen
6.00 Uhr bis 8.00 Uhr	8.00 Uhr bis 17.00 Uhr	17.00 Uhr bis 19.00 Uhr
variabel	fix als Teamzeit	variabel

Fazit

Als Gleitzeit werden Arbeitszeitmodelle zur Flexibilisierung und Individualisierung der Arbeitszeit bezeichnet. Die Arbeitszeit wird nicht auf bestimmte Anfangs- und Endtermine festgelegt. Die Arbeitnehmer können innerhalb eines bestimmten Rahmens/Zeitraums den Beginn und das Ende der täglichen Arbeit selbst bestimmen.

Rechtliche Voraussetzungen

Gleitzeit und Leistungsbestimmungsrecht

Bei traditionellen Arbeitszeitmodellen mit starren Arbeitszeiten obliegt die Bestimmung der konkreten Arbeitszeit allein dem Arbeitgeber (**Direktionsrecht**). Anders sieht dies bei **Gleitzeitmodellen** aus, hier bestimmt der Arbeitnehmer insbesondere deren **Beginn und Ende**. Aus diesem Grund stellt sich die Frage, wie sich Gleitzeitmodelle auf das **Leistungsbestimmungsrecht** des Arbeitgebers auswirken.

Qualifizierte Gleitzeit

Fehlt eine festgesetzte Kernarbeitszeit, so wird grundsätzlich dem Arbeitnehmer die Entscheidung überlassen, wann und wie lange er arbeitet. Insoweit besteht also eine weitgehende **Übertragung des Leistungsbestimmungsrechts** hinsichtlich der Arbeitszeitverteilung auf den Arbeitnehmer. Dieses Leistungsbestimmungsrecht des Arbeitnehmers darf jedoch nicht so verstanden werden, dass er bei seiner Zeiteinteilung völlig frei wäre. Der Arbeitnehmer darf nicht willkürlich handeln, er muss vielmehr, entsprechend dem Sinn und Zweck der Gleitzeitarbeit, auch die Interessen des Betriebs berücksichtigen. Gleitzeit wird nicht zuletzt auch deshalb praktiziert, um eine erhöhte, bedarfsorientierte Verteilung der Arbeitszeit zu erreichen. Daher hat der Arbeitnehmer, ebenso wie der Arbeitgeber, seine Arbeitszeit nach **billigem Ermessen** zu gestalten und insbesondere die betrieblichen Belange zu berücksichtigen. Nach der Rechtsprechung gehen die betrieblichen Belange im Zweifel sogar den privaten Belangen vor. Insoweit sind **Absprachen zwischen Arbeitgeber und Arbeitnehmer oder die Bildung von Arbeits- oder Projektgruppen erforderlich**, wodurch vor allem die Einhaltung der Mindestbesetzungsstärke der Abteilung sichergestellt werden kann.

Einfache Gleitzeit

Der Arbeitnehmer nimmt bei der einfachen Gleitzeit durch sein „Gleiten" innerhalb der Gleitzeitspanne **keine Leistungsbestimmung** vor. Vielmehr erfolgt der bei der Leistungsbestimmung nach § 315 BGB angestrebte Interessenausgleich bereits bei der Festlegung des Zeitrahmens der Gleitzeitarbeit, der Gleitspanne und der Kernarbeitszeit. Der Arbeitgeber bringt sein betriebliches Interesse gerade durch die Festlegung der Kernarbeitszeit zum Ausdruck. Das Direktionsrecht wird nicht auf den Arbeitnehmer übertragen.

Fazit

Bei der Gleitzeitarbeit ohne Kernarbeitszeit kommt es zu einer Übertragung des Leistungsbestimmungsrechts betreffend die Arbeitszeitregelung auf den Arbeitnehmer. Dabei hat der Arbeitnehmer seine Arbeitszeit nach billigem Ermessen zu gestalten, insbesondere hat er Rücksicht auf die betrieblichen Belange zu nehmen.

Bei der einfachen Gleitzeitarbeit mit Kernarbeitszeit findet keine Übertragung des die Arbeitszeitgestaltung betreffenden Leistungsbestimmungsrechts auf den Arbeitnehmer statt, da die Arbeitsaufnahme innerhalb der relativ engen Arbeitszeitvorgaben lediglich die Erfüllung seiner arbeitsvertraglichen Pflicht darstellt. Das Direktionsrecht des Arbeitgebers bleibt unangetastet.

Einhaltung der zulässigen Arbeitszeit

Durch die Gleitzeitarbeit mit Kernbereich ändert sich letztlich nichts an der vertraglich festgelegten täglichen Arbeitszeitdauer. Variabel ist lediglich die Lage der täglichen Arbeitszeit, d.h. deren Anfang und Ende, nicht dagegen deren Länge, sodass es im Grunde lediglich zu einer **„Verschiebung"** der fixen Arbeitszeit kommt.

Bei Flexibilisierung der täglichen Dauer der Arbeitszeit ist der Arbeitnehmer bei der Ausübung seiner Arbeitszeitsouveränität stets der Gefahr der Überschreitung der gesetzlich vorgeschriebenen Höchstarbeitszeit ausgesetzt. In einem solchen Fall reicht es als Arbeitgeber nicht, eine entsprechende Betriebsvereinbarung zu treffen, in welcher die Bedingungen der Arbeit in Gleitzeit geregelt werden. Vielmehr muss der Arbeitgeber auch darauf achten, dass diese Vereinbarung von den Arbeitnehmern eingehalten wird.

Praxistipp

Der Arbeitgeber sollte deshalb den Arbeitnehmer durch geeignete Schulungsveranstaltungen über die rechtlichen Rahmenbedingungen, insbesondere die Arbeitszeitgestaltung unter Berücksichtigung der Höchstarbeitszeiten, unterrichten. Hierauf hinzuwirken, ist ggf. auch Sache des Betriebsrats.

Wichtig

Auch bei der Gleitzeitarbeit ist die geltende Arbeitsfreiheit an Sonn- und Feiertagen gemäß § 9 Arbeitszeitgesetz zu beachten.

Keine Spätdienstzulage

Bei einer sehr großen Gleitspanne kann der Arbeitnehmer seine Arbeitszeit so legen, dass er noch bis in die späten Abendstunden arbeitet. Er hat aber keinen Anspruch auf tarifliche Spätdienstzulagen.

Wichtig

Geht ein Arbeitnehmer während seiner Arbeitszeit/Gleitzeit zum Arzt, so kann er für diesen Besuch grundsätzlich keine Zeitgutschrift verlangen, es sei denn, es ist ausdrücklich etwas anderes vereinbart worden. Nur wenn der Arztbesuch unaufschiebbar ist oder der Arzt seinen Patienten zu einem bestimmten Termin innerhalb der Kernzeit bestellt, darf der Arbeitgeber nicht auf die Gleitzeit-Möglichkeit verweisen, sondern muss bezahlt freistellen, und zwar ohne die Verpflichtung, die ausgefallene Arbeitszeit nachzuarbeiten.

Fazit

Bei der Einrichtung und Fortführung der Arbeitszeitkonten sind insbesondere die Regelungen des Arbeitszeitgesetzes zur täglichen Arbeitszeit zu beachten.

Pausenregelung

Bei der Gleitzeitarbeit kann es insoweit zu Schwierigkeiten kommen, als nach § 4 Satz 1 ArbZG die Ruhepausen im Voraus festzulegen sind. Dem kann allerdings durch die folgenden Bestimmungen abgeholfen werden:

- **feste Pausenzeiten** innerhalb der Kernzeit
- **Pausenfenster**, innerhalb eines bestimmten Rahmens können die Pausen vom Arbeitnehmer selbst festgelegt werden.
- Anbindung der Pause an die Arbeitsaufnahme

Urlaub

Der gesetzliche Urlaubsanspruch von mindestens 24 Werktagen nach §§ 3 Abs. 1 und 13 Abs. 1 Bundesurlaubsgesetz (BUrlG) besteht selbstverständlich auch in flexiblen Arbeitszeitmodellen. Es können sich dann Probleme ergeben, wenn aus dem Verlangen des Arbeitnehmers nicht klar hervorgeht, ob er lediglich bereits vorgearbeitete Arbeitszeit durch Freizeitentnahme ausgleicht oder ob es sich um Urlaub handelt.

Insbesondere im Hinblick auf § 9 BUrlG (Erkrankung im Urlaub) ist es von Bedeutung, dass sich der Urlaubszeitraum genau feststellen lässt. Nach dieser Regelung werden, sofern der Arbeitnehmer in seinem Urlaub erkrankt, die **nachgewiesenen Tage der Arbeitsunfähigkeit nicht auf den Jahresurlaub angerechnet.** Für anderweitige Freistellungen, wie etwa im Falle des Ausgleichs des Zeitkontos, besteht dieser Anspruch dagegen nicht. Daher muss der Arbeitnehmer ausdrücklich klarstellen, für welche Tage er Urlaub nimmt und an welchen Tagen er zum Ausgleich seines Zeitkontos freinimmt.

Praxistipp

Auf dieses Erfordernis sollte der Betriebsrat die Arbeitnehmer hinweisen. Um Missverständnissen vorzubeugen, empfiehlt es sich, zwei verschiedene Antragsformulare für die Beantragung der Freistellungsphase oder des Urlaubs zu verwenden. Hier hat der Betriebsrat die Möglichkeit, dem Arbeitgeber einen entsprechenden Vorschlag zu unterbreiten.

Streikteilnahme und Gleitzeit

Die aktive Teilnahme an einem Streik führt auch außerhalb der Kernarbeitszeit zu einer Lohnkürzung. Die Belastung des Gleitzeitkontos anstatt der Entgeltkürzung für die Zeit eines Streiks ist nur dann zulässig, wenn eine wirksame Betriebsvereinbarung dies anordnet. Teilweise wird auch die Auffassung vertreten, dass der Arbeitnehmer insoweit ein Wahlrecht habe.

Krankheit des Arbeitnehmers

Der Anspruch auf Entgeltfortzahlung nach § 3 Abs. 1 Satz 1 des Entgeltfortzahlungsgesetzes (EntgFG) gemäß § 12 EntgFG ist **unabdingbar**. Er gilt auch bei flexiblen Arbeitszeitsystemen uneingeschränkt.

Sozialversicherungsrechtliche Bedeutung von Gleitzeitmodellen

Beiträge

Die Beiträge zur Sozialversicherung richten sich bei Gleitzeitmodellen nicht nach der ständig schwankenden Arbeitszeit, sondern nach dem tatsächlichen Arbeitsentgelt. Das ergibt sich aus § 23b Abs. 1 des Sozialgesetzbuchs (SGB) IV, wonach sich „bei Vereinbarungen nach § 7 Abs. 1a SGB IV die Sozialversicherungsbeiträge unabhängig von der Arbeitszeit nach dem jeweiligen Arbeitsentgelt bemessen".

Vorzeitige Beendigung des Arbeitsverhältnisses

In sozialversicherungsrechtlicher Hinsicht ist aber auch die vorzeitige Beendigung des Arbeitsverhältnisses von Bedeutung. Gerade bei einem unvermuteten Ende, wie z.B. im Fall einer fristlosen Kündigung oder des Todes des Arbeitnehmers, ist das **Arbeitszeitkonto** nämlich i.d.R. nicht ausgeglichen, sondern weist einen **positiven oder negativen Saldo** auf.

Bei einer unvermuteten Beendigung des Arbeitsverhältnisses hat ein negativer Saldo des Arbeitszeitkontos keine Auswirkungen zulasten des Sozialversicherungsschutzes des Arbeitnehmers. Dagegen ist ein positiver Saldo beitragspflichtig, sofern es zu einer Auszahlung des Guthabens kommt.

Fazit

Eine Begrenzung erfährt die Gleitzeit durch arbeitsschutzrechtliche Regelungen, wie z.B. im Arbeitszeitgesetz. Es gelten die allgemeinen Regelungen über zulässige Höchstarbeitszeit und Pausenregelungen.

Sicht des Arbeitgebers

Vorteile für Arbeitgeber

Die flexible Gestaltung von Arbeitszeiten ist für Unternehmen ein Instrument, um viele **ökonomische Vorteile** zu nutzen. Sie werden wettbewerbsfähiger, effizienter, gleichzeitig wird die Zufriedenheit der Mitarbeiter erhöht. Für den Arbeitgeber stehen die betriebswirtschaftlichen Gründe im Vordergrund. Hauptargumente sind hier:

- die effektive Anpassung der Arbeitszeit an Auslastungsschwankungen
- effektivere Personalplanung
- höhere Produktivität
- Verlängerungen der Betriebszeiten sind möglich, ebenso längere Kundenöffnungs- und Servicezeiten
- bessere Termintreue bei Auftragsarbeiten
- Mehrarbeitszuschläge werden in Spitzen-Belastungszeiten vermieden
- Kantinen und Pausenräume können kleiner werden, da die Nutzung entzerrt wird

Daneben gibt es aber auch sogenannte weiche Vorteile, die hauptsächlich im Personalbereich zu finden sind:

- Bei Gleitzeit gibt es im Unternehmen weniger Fehlzeiten und ein besseres Betriebsklima.
- Die Arbeitszufriedenheit wird erhöht und gleichzeitig eine höhere Bindung der Beschäftigten an das Unternehmen sichergestellt.
- Es werden weniger Überstunden aufgebaut.

Beispiele für geringere Fehlzeiten:

- Dienstbefreiungen für Besorgungen und Arztbesuche werden in erheblichem Umfang verringert, da es die Arbeitnehmer nun selbst in der Hand haben, ihre persönlichen Termine außerhalb der Kernzeiten zu legen.
- Staus oder Probleme auf dem Arbeitsweg werden reduziert, da ein späterer Arbeitsbeginn innerhalb des Gleitzeitrahmens keine Auswirkung auf die Arbeitsdauer hat.

Nachteile für Arbeitgeber

Diesen Vorteilen gegenüber können die **finanziellen Mehrkosten**, z.B. für Zeiterfassungsgeräte oder sonstige Kontrollmaßnahmen oder für höhere Abrechnungs- und Verwaltungskosten, vernachlässigt werden, da sie vergleichsweise gering sind.

Der Verwaltungsaufwand bei der Personalplanung und für die Koordination des Betriebsablaufs ist etwas größer, aber im Hinblick auf die Vorteile auch vernachlässigbar.

Ging man früher noch davon aus, dass Gleitzeitmodelle in Produktionsbereichen, in denen die Arbeit von anderen Personen oder von Maschinen abhängt oder vorgegeben wird, nicht geeignet ist, so findet man Gleitzeitmodelle heute in fast allen Branchen, wie z.B. im Dienstleistungssektor und auch im Produktionsbereich, wobei häufig eine Verbindung mit Gruppenarbeit erfolgt.

Direktionsrecht kontra Arbeitszeitsouveränität

Bei der Gleitzeit, jedenfalls bei der qualifizierten Gleitzeit, wird das einseitige Direktionsrecht des Arbeitgebers ersetzt durch das Leistungsbestimmungsrecht des Arbeitnehmers in Bezug auf die Arbeitszeit. Diese Rechte dürfen jedoch weder auf der einen noch auf der anderen Seite willkürlich genutzt werden. Vielmehr müssen die Entscheidungen nach billigem Ermessen getroffen werden. Die gegenseitigen Interessen sind zu beachten (**Bedarfsorientierung**).

Unter Berücksichtigung der zu diesem Problem ergangenen Rechtsprechung des Bundesarbeitsgerichts ist das Leistungsbestimmungsrecht unter Berücksichtigung der betrieblichen Belange auszuüben, wobei die betrieblichen Belange sogar Vorrang gegenüber den privaten Belangen des Mitarbeiters haben.

Kontrollpflicht des Arbeitgebers für die Einhaltung der festgelegten Gleitzeit

Der Arbeitgeber ist verpflichtet, die **Einhaltung der festgelegten Gleitzeiten zu kontrollieren** und durchzusetzen. Er muss durch geeignete technische und organisatorische Maßnahmen sicherstellen, dass die Vorgaben eingehalten werden, und entsprechende Anweisungen an die betroffenen Arbeitnehmer geben. Gegebenenfalls muss er Verstöße individualrechtlich sanktionieren.

Fazit

Gleitzeitarbeit hat auch für den Betrieb ganz erhebliche Vorteile. Individuelle Modelle schaffen intelligente Systeme, die den Anforderungen des Betriebs häufig sehr viel besser gerecht werden als die starren Arbeitszeiten.

Auswirkungen auf die Arbeitnehmer

Ein Mehr an Souveränität für die Arbeitnehmer

Arbeitnehmern wird durch Gleitzeitregelungen die Möglichkeit eröffnet, ihre **Arbeitszeit in gewissem Umfang auf ihre persönlichen Bedürfnisse zuzuschneiden**, indem sie an gewissen Tagen etwa früher oder später anfangen zu arbeiten. Außerdem werden die Arbeitnehmer, je nach praktiziertem Modell, in die Lage versetzt, Zeitreserven ansparen zu können, um diese bei Bedarf einzulösen. Den Arbeitnehmern wird damit im Ergebnis die Möglichkeit gewährt, ihre eigenen Arbeitszeitwünsche schnell und unkompliziert zu verwirklichen. Die Arbeitszeitsouveränität wird erhöht.

Dies ist ein ganz wichtiger Punkt für das Selbstwertgefühl, die **Zufriedenheit und die Motivation** der Arbeitnehmer.

Das Selbstbestimmungsrecht fördert zugleich auch das Verantwortungsgefühl für den Betrieb und damit die Leistungsbereitschaft des Mitarbeiters.

Gleitzeit erleichtert dem Arbeitnehmer aber auch die **Integration** von Beruf und Familie, weil den besonderen Anforderungen, welche die Familie stellt, durch eine Flexibilisierung der Arbeitszeit besser entsprochen werden kann. Familie und Beruf können besser und flexibler unter einen Hut gebracht werden.

Insgesamt wird die Work-Life-Balance der Arbeitnehmer verbessert, z.B. auch durch Kleinigkeiten wie eine zeitsparende, bequemere, zeitversetzte An- und Abfahrt zum Betrieb, die so möglich sind.

Wenn überhaupt **Nachteile** eintreten, so könnten diese darin gesehen werden, dass die tatsächliche Anwesenheit strenger kontrolliert wird, um die Arbeitszeitkonten führen zu können. Hierzu ist es unerlässlich, dass Zeiterfassungsgeräte installiert und ausgewertet werden.

Es muss darauf geachtet werden, dass nicht nur Gutstunden aufgebaut werden, sondern das Gleitzeitkonto auch wieder abgebaut wird. Beim Abbau muss deutlich zwischen Urlaub und Freizeitentnahme aus dem Gleitzeitkonto unterschieden werden, denn eine Erkrankung im Gleitzeitabbau bleibt unberücksichtigt.

Wichtig

Ein negativer Saldo des Arbeitszeitkontos hat bei einer fristlosen Kündigung oder beim Tod des Arbeitnehmers keine Auswirkung auf die Sozialversicherung. Der Sozialversicherungsbetrag richtet sich nach der Höhe des Arbeitsentgelts. Ein positiver Saldo ist ausgezahlt und ist sozialversicherungspflichtig.

Fazit

Gleitzeitarbeit bietet dem Arbeitnehmer ein hohes Maß an Selbstbestimmung und ist somit ein wichtiger Faktor für die Zufriedenheit und die Motivation am Arbeitsplatz.

Vorgehensweise des Betriebsrats

Mitbestimmung bei der Einführung der Gleitzeit

Dem Betriebsrat steht bei der Einführung, Änderung und der Ausgestaltung der Gleitzeit ein Mitbestimmungsrecht zu. Die Einführung der einfachen wie auch der qualifizierten Gleitzeit kann, da es sich um eine Regelung der Arbeitszeit handelt, nur unter Berücksichtigung der Mitbestimmungsrechte des Betriebsrats aus § 87 Abs. 1 Nr. 2 Betriebsverfassungsgesetz (BetrVG) erfolgen. Durch die Einführung eines Gleitzeitsystems wird insbesondere die **zeitliche Lage der Arbeitszeit** sowie u.U. auch deren **tägliche Dauer** berührt. Geht es auch um die **Einführung von technischen Geräten** zur Erfassung der Arbeitszeit, ist das Mitbestimmungsrecht des Personalrats nach § 87 Abs. 1 Nr. 6 BetrVG betroffen. Nähere Einzelheiten siehe Stichwort „**Arbeitszeiterfassung**".

Wichtig

Bei der Einführung der Gleitzeit kann der Betriebsrat selbst die Initiative ergreifen und sie dem Arbeitgeber vorschlagen. Wenn keine Einigung erzielt wird, kann die Einigungsstelle angerufen werden und entscheiden.

Das Mitbestimmungsrecht gilt natürlich auch für den Fall der Abschaffung der Gleitzeit.

Die Regelungen zur Gleitzeit sollten immer in einer Betriebsvereinbarung festgelegt werden, dabei ist neben der Ausgestaltung der Gleitzeit und den technischen Mitteln auch die Unterscheidung von Gleitzeit und Mehrarbeit zu regeln. Nähere Einzelheiten siehe „Checkliste: Betriebsvereinbarung zur Gleitzeit".

Überwachung der Gleitzeitkonten

Es von großer Bedeutung, die täglichen Arbeitszeitschwankungen zu registrieren, um die Einhaltung der vorgegebenen Arbeitshöchstzeit zu gewährleisten. Dies wird durch das **Gleitzeitkonto** ermöglicht, auf dem die zeitlichen Schwankungen der Gleitzeit erfasst werden. Dabei dient das Gleitzeitkonto sowohl den Arbeitnehmern als auch dem Arbeitgeber dazu, die geleisteten oder noch nicht geleisteten Zeiten nachzuweisen und damit eine beidseitige Kontrollmöglichkeit zu bieten.

Das Recht des Betriebsrats auf Überlassung der Gleitzeitkontoauszüge ist dabei aus § 80 Abs. 2**Satz 2 BetrVG** abzuleiten, wonach der Betriebsrat im Rahmen der Wahrnehmung seiner allgemeinen Aufgaben vom Arbeitgeber verlangen kann, dass ihm die dafür erforderlichen Unterlagen zur Verfügung gestellt werden. Wird die Erfassung von Zeitelementen auf dem Gleitzeitkonto zu Kontrollzwecken in einer Betriebsvereinbarung geregelt, so wird die Überwachung von Gleitzeitkonten auch zur Aufgabe des Betriebsrats, da dieser gemäß § 80 Abs. 1 Nr. 1 BetrVG u.a. darüber zu wachen hat, dass die in Betriebsvereinbarungen vereinbarten Regelungen durchgeführt werden.

Die Gleitzeitkonten sollten regelmäßig zumindest stichprobenhaft geprüft werden, um „heimliche" Überstunden oder Arbeitsüberlastungen aufzudecken.

Wichtig

Bei der Prüfung der Gleitzeitkonten ist auch auf die besonderen Personengruppen (z.B. Jugendliche, Schwangere) zu achten, da die Gleitzeit hier nur beschränkt möglich ist und besondere Schutzvorschriften beachtet werden müssen.

Schulungs- und Bildungsveranstaltungen außerhalb der Kernzeit

Informations- und Bildungsveranstaltungen außerhalb der Kernarbeitszeit sind nicht erlaubt.

Wichtig

Die **Streikteilnahme während der Gleitzeit** kann den Arbeitgeber zu einer Gehaltskürzung berechtigen, wenn der Arbeitnehmer nicht ausstempelt. Eine Ausnutzung der Gleitzeitregelungen ist möglich, kann aber zu Streitigkeiten führen, auch wenn die vereinbarte Arbeitszeit eingehalten wird (BGH 26.07.2005 – 1 AZR 133/04 –).

Fazit

Bezogen auf die Gleitzeit hat der Betriebsrat ein Mitbestimmungsrecht bei der Einführung, der Ausgestaltung, aber auch bei der Abschaffung einer Gleitzeitregelung.

Die Regelungen werden am besten in Form einer Betriebsvereinbarung getroffen.

Der Betriebsrat hat einen Anspruch auf Überwachung der Gleitzeitkonten. Gemäß § 80 Abs. 2 Satz 2 BetrVG kann er im Rahmen der Wahrnehmung seiner allgemeinen Aufgaben vom Arbeitgeber verlangen, dass ihm die dafür erforderlichen Unterlagen zur Verfügung gestellt werden, dies gilt auch für die Überprüfung einer Betriebsvereinbarung zur Gleitzeit.

Gleitzeit | Ihre digitalen Arbeitshilfen

Ihre digitalen Arbeitshilfen

 Sie erhalten direkt einsetzbare Arbeitshilfen zu diesem Stichwort. So können Sie schnell und einfach Ihre benötigte Arbeitshilfe finden und diese gleich am PC bearbeiten.

Arbeitshilfen
- Checkliste: Betriebsvereinbarung zur Gleitzeit
- Betriebsvereinbarung zur Gleitzeit
- Zehn Fragen und Antworten zur Gleitzeit

Kurzarbeit

Grundlagen

Die vorübergehende Verkürzung der betriebsüblichen Regelarbeitszeit wird als Kurzarbeit bezeichnet. Dabei ist es unerheblich, ob nur einige Stunden, ganze Tage oder ganze Wochen ausfallen. Kurzarbeit ist bis hin zur vorübergehenden vollständigen Arbeitseinstellung möglich. Man spricht dann von **Kurzarbeit Null.** Kurzarbeit muss sich nicht auf den gesamten Betrieb erstrecken, sondern kann auch nur abgrenzbare Betriebsteile betreffen.

Sie soll Unternehmen in schwieriger Wirtschaftslage helfen, **Kündigungen zu vermeiden** und die **Personalkosten zu senken**. Die Unternehmen werden vorübergehend entlastet. Der bei den Arbeitnehmern entstehende Verdienstausfall wird zum Teil vom Staat ausgeglichen. Der eigentliche Arbeitsplatz und eine Grundversorgung bleiben für den Arbeitnehmer weiter bestehen. Der Arbeitgeber kann seine qualifizierten und eingearbeiteten Mitarbeiter weiterbeschäftigen und sich wichtiges Firmen-Know-how erhalten.

Zahlreiche Studien, z.B. vom Institut für Arbeitsmarkt- und Berufsforschung (IAB), belegen, dass die Kurzarbeit im Krisenjahr 2009 sehr viele Arbeitsplätze gesichert hat.

Kurzarbeit kann nicht vom Arbeitgeber einseitig angeordnet werden, sondern bedarf einer entsprechenden Rechtsgrundlage. Wird Kurzarbeit rechtswidrig angeordnet, war der Arbeitgeber nicht zur Arbeitszeitverkürzung berechtigt. Die Folge davon ist, dass der Arbeitnehmer einen Verzugslohnanspruch in unverminderter Höhe behält, obwohl er verkürzt gearbeitet hat. Es sind Sonderformen der Kurzarbeit wie Transferkurzarbeit (§ 216b SGB III), Saisonkurzarbeit (§ 175 SGB III), Heimarbeiterkurzarbeit (§ 176 SGB III) und andere zu unterscheiden und von der Kurzarbeit abzugrenzen, die von der Bundesagentur nach § 19 KSchG für den besonderen Fall anstehender Massenentlassungen genehmigt werden kann.

Ist Kurzarbeit angeordnet, führt dies, unter den Voraussetzungen des § 169 SGB III, zur Zahlung von Kurzarbeitergeld an den Arbeitnehmer.

Wichtig

Das Wesensmerkmal der Kurzarbeit ist also ihre vorübergehende Natur. Die Kurzarbeit soll helfen, einen vorübergehenden Engpass zu überwinden. Es muss immer „Licht am Ende des Tunnels" zu sehen sein.

Kurzarbeit bei Massenentlassungen

Im Vorfeld betriebsbedingter **Kündigungen von erheblichem Ausmaß**, sog. Massenentlassungen, ist der Arbeitgeber verpflichtet, die Anzahl der zu entlassenden Arbeitnehmer der Agentur für Arbeit anzuzeigen (§ 17 KSchG).

Die Anzeige gegenüber der Agentur hat unter Beifügung der Stellungnahme des Betriebsrats zu den Entlassungen zu erfolgen. Der Betriebsrat kann gegenüber der Agentur eine weitere selbstständige Stellungnahme abgeben (§ 17 Abs. 3 KSchG).

Die Bundesagentur für Arbeit kann dann für die Zwischenzeit bis zum Wirksamwerden der Massenentlassungen die Einführung von Kurzarbeit zulassen, wenn der Arbeitgeber nicht in der Lage ist, die Arbeitnehmer bis dahin vollzubeschäftigen. Der Arbeitgeber ist für diesen Fall zur **Gehaltskürzung** berechtigt (§ 19 Abs. 1 und 2 KSchG).

Wichtig

Diese Form von Kurzarbeit ist nur im unmittelbaren Vorfeld betriebsbedingter Kündigungen zulässig.

Transferkurzarbeit

Bei einer Betriebsänderung i.S.d. § 111 BetrVG kann Kurzarbeitergeld gezahlt werden, wenn der Arbeitsausfall dauerhaft ist. Dies regelt § 216b SGB III. Hier arbeitet der Arbeitnehmer überhaupt nicht mehr in seinem Betrieb, daher kann auch von **Kurzarbeit Null** gesprochen werden. Die betroffenen Arbeitnehmer werden, zur Vermeidung von Entlassungen und zur Verbesserung der Vermittlungsausichten für eine neue Stelle, für maximal zwölf Monate in sog. **Transfergesellschaften** zusammengefasst. Es handelt sich hier um betriebsorganisatorisch eigenständige Einheiten. Solche Maßnahmen werden wegen eines Interessenausgleichs zwischen Arbeitgeber und Betriebsrat durchgeführt, oft wird gleichzeitig in einem Sozialplan eine Erhöhung des Transferkurzarbeitergelds vereinbart.

Wichtig

Transferkurzarbeit wird gewährt bei dauerhaftem unvermeidbarem Arbeitsausfall.

Saisonkurzarbeit für Schlechtwetterzeit

Saisonkurzarbeit (§§ 175 bis 175b SGB III) wurde für gewerbliche Mitarbeiter in Betrieben des Garten- und Landschaftsbaus, des Baugewerbes, des Dachdecker- und Gerüstbauerhandwerks eingeführt, wenn in der Schlechtwetterzeit (1. Dezember bis 31. März) nicht gearbeitet werden kann.

Folgen für das Arbeitsverhältnis

Kurzarbeit führt zu einer teilweisen Aufhebung der Leistungspflichten aus dem Arbeitsverhältnis. Der Arbeitnehmer wird zum Teil von der Verpflichtung zur Arbeitsleistung befreit, und zwar in dem Umfang, wie die Kurzarbeit angeordnet ist. Gleichzeitig verliert er aber den entsprechenden Vergütungsanspruch und das Entgelt wird gekürzt. Sämtliche **Nebenpflichten** aus dem Arbeitsverhältnis bestehen weiter:

- **Lohnfortzahlung im Krankheitsfall:** Die Höhe der Lohnfortzahlung bemisst sich nach der gekürzten Arbeitszeit.
- **Urlaub:** Auch in der Kurzarbeitszeit entstehen Urlaubsansprüche.
- **Kündigungen:** Der Arbeitgeber kann auch während der Kurzarbeit Kündigungen aussprechen, und zwar grundsätzlich aus personen-, verhaltens- oder betriebsbedingten Gründen. Bei betriebsbedingter Kündigung müssen allerdings noch weitere, über die Gründe der Kurzarbeit hinausgehende Umstände hinzukommen, die ein dringendes betriebliches Erfordernis begründen. Die Kündigungsfristen sind einzuhalten.

Kurzarbeitergeld

Um die wirtschaftlichen Nachteile der Kurzarbeit zu mildern, entsteht für die Arbeitnehmer ein Anspruch auf Kurzarbeitergeld gemäß § 169 SGB III. Dieses wird von der Agentur für Arbeit gezahlt und ist eine **Entgeltersatzleistung**. Es wird auf Anzeige gezahlt, wenn ein erheblicher Arbeitsausfall vorliegt und die betrieblichen und persönlichen Voraussetzungen vorliegen.

Das Kurzarbeitergeld beträgt 60 % (allgemeiner Leistungssatz) der Nettoentgeltdifferenz des Monats, in dem die Arbeit ausgefallen ist, also kurzgearbeitet wurde (Anspruchszeitraum). Einen erhöhten Leistungssatz von 67 % erhalten Arbeitnehmer unabhängig von ihrem Familienstand, auf deren Lohnsteuerkarte ein Kinderfreibetrag von mindestens 0,5 eingetragen ist (§ 105 und § 106 SGB III).

Erheblicher Arbeitsausfall

Der Arbeitsausfall ist erheblich, wenn er **auf wirtschaftlichen Gründen** (Auftragsrückgang, Rohstoffmangel u.a.) oder einem unabwendbaren Ereignis (z.B. Überschwemmung) beruht und er vorübergehend und nicht vermeidbar ist.

Nicht vermeidbarer Arbeitsausfall

Nicht vermeidbar ist ein Arbeitsausfall immer dann, wenn der Arbeitgeber und unter Umständen auch die Betriebsräte vergeblich alles versucht haben, den Arbeitsausfall abzuwenden oder einzuschränken. Als vermeidbar gilt ein Arbeitsausfall,

- der überwiegend branchenüblich, betriebsüblich oder saisonbedingt ist und nur auf betriebsorganisatorischen Gründen beruht,
- der durch bezahlten Erholungsurlaub ganz oder teilweise verhindert werden kann,
- der durch die Nutzung von zulässigen Arbeitszeitschwankungen im Betrieb ganz oder teilweise vermieden werden kann.

Wichtig

Soweit in einem Betrieb Arbeitszeitkonten geführt werden, sind die darin eingestellten Arbeitszeitguthaben vor oder während der Kurzarbeit zur Vermeidung von Arbeitsausfällen einzubringen. Die komplette Auflösung eines Zeitguthabens kann vom Arbeitnehmer nur unter bestimmten Voraussetzungen verlangt werden.

Kurzarbeit | Grundlagen

Aktuelle Maßnahmen und Änderungen

Seit der Finanz- und Wirtschaftskrise gab es einige Sonderregelungen für das Kurzarbeitergeld, vorübergehend wurde die Bezugsfrist auf 18 und sogar 24 Monate verlängert. Zusätzlich übernahm die BA den Arbeitgeberanteil an den Sozialleistungen.

Die Ausweitung der Möglichkeiten zur Kurzarbeit (konjunkturelle Kurzarbeit) und die Schaffung verbesserter Rahmenbedingungen waren wirksame Maßnahmen, den Arbeitsmarkt zu stabilisieren und konjunkturell bedingte Nachfrage- und Umsatzeinbrüche ohne Entlassungen zu überbrücken.

Kurzarbeitergeld soll sich – der Bundesregierung zufolge – auch 2014 positiv auf den Arbeitsmarkt auswirken – durch Vermeidung von Arbeitslosigkeit. Deswegen wurde eine Verordnung erlassen, nach der die Bezugsdauer für neu entstandene Ansprüche auf konjunkturelles Kurzarbeitergeld 12 Monate betragen kann. Dies war auch 2013 schon so.

Aktuelle Informationen können auf den Internetseiten des Bundesarbeitsministeriums (www.bmas.de) oder den Seiten der Agentur für Arbeit (www.arbeitsagentur.de) nachgelesen werden.

Rechtliche Voraussetzungen

Beim Arbeitsvertrag schuldet der Arbeitnehmer die Erbringung der Arbeitsleistung, der Arbeitgeber den dafür vereinbarten Lohn (siehe § 611 BGB). Der Arbeitsvertrag schreibt diese wechselseitigen Rechte und Pflichten fest. Verträge sind einzuhalten und können nicht einseitig abgeändert werden.

Will der Arbeitgeber Kurzarbeit einführen, d.h. den Arbeitsumfang herabsetzen und die Vergütung kürzen, braucht er hierfür eine **rechtliche Ermächtigungsgrundlage.** Bei der allgemeinen Kurzarbeit kommen folgende Ermächtigungsgrundlagen in Betracht:

- Tarifvertrag
- Betriebsvereinbarung
- Arbeitsvertrag
- Änderungskündigung

Eine gesetzliche Regelung für die Einführung von Kurzarbeit gibt es nicht.

Tarifvertragliche Kurzarbeit

Die verschiedenen Tarifverträge enthalten auch sehr unterschiedliche Klauseln zur Einführung der Kurzarbeit. Es gibt verschiedene Typen von Kurzarbeitsklauseln.

- Der **Tarifvertrag** regelt selbst die Einführung von Kurzarbeit.
- Der Tarifvertrag behält Kurzarbeit der Einführung **durch die Tarifvertragsparteien** vor.
- Die **Betriebsparteien** werden ermächtigt, Kurzarbeit einzuführen.
- Es **fehlt jegliche Regelung**.

 Wichtig
Bei Einführung der Kurzarbeit durch Tarifvertrag ist die Tarifbindung von entscheidender Bedeutung.

Nur soweit der Tarifvertrag für den betroffenen Betrieb Wirksamkeit entfaltet, kann über eine Tarifklausel als **Ermächtigungsgrundlage** rechtmäßig Kurzarbeit angeordnet werden. Auf die Prüfung der Anwendbarkeit des einschlägigen Tarifvertrags ist daher äußerste Sorgfalt zu verwenden.

Kurzarbeitergeld

Das Kurzarbeitergeld beträgt 60 % (allgemeiner Leistungssatz) der Nettoentgeltdifferenz des Monats, in dem die Arbeit ausgefallen ist, also kurzgearbeitet wurde (Anspruchszeitraum). Einen erhöhten Leistungssatz von 67 % erhalten Arbeitnehmer unabhängig von ihrem Familienstand, auf deren Lohnsteuerkarte ein Kinderfreibetrag von mindestens 0,5 eingetragen ist (§ 105 und § 106 SGB III).

Kurzarbeit durch Betriebsvereinbarung

Die vorübergehende Verkürzung der Arbeitszeit unterliegt der zwingenden Mitbestimmung des Betriebsrats. Das Mitbestimmungsrecht kann durch Abschluss einer Betriebsvereinbarung ausgeübt werden. Eine Betriebsvereinbarung wirkt unmittelbar und zwingend auf den Inhalt des Arbeitsvertrags ein (siehe § 77 Abs. 4 Satz 1 BetrVG), es sind keine weiteren Vereinbarungen mit den einzelnen Arbeitnehmern mehr notwendig.

Auf diesem Weg können die Betriebsparteien selbst – auch ohne ausdrückliche tarifliche Ermächtigung – auf betrieblicher Ebene die Einführung von Kurzarbeit beschließen. Nicht ausreichend wäre allerdings eine formlose Regelungsabrede zwischen Arbeitgeber und Betriebsrat, der keine unmittelbare Wirkung zukommt. Der Umfang und die nähere Ausgestaltung der Kurzarbeit obliegen damit der Vereinbarung von Arbeitgeber und Betriebsrat. Eine **Ankündigungsfrist** für den einzelnen Arbeitnehmer wird auch hier einzuhalten sein.

Wichtig

Enthält der für den Betrieb geltende Tarifvertrag eine Kurzarbeitsklausel, muss sich die Betriebsvereinbarung nach dem Inhalt der Tarifklausel richten. Der Tarifvertrag geht der Betriebsvereinbarung vor.

Beispiel

Eine tarifliche Kurzarbeitsklausel verweist die Einführung der Kurzarbeit an die Betriebsparteien, gleichzeitig legt sie eine Ankündigungsfrist von einem Monat fest. Die Parteien schließen eine Betriebsvereinbarung ab, die den Umfang der Kurzarbeit regelt und die Ankündigungsfrist auf zwei Wochen verkürzt.

Lösung: Die verkürzte Ankündigungsfrist in der Betriebsvereinbarung ist unwirksam. Sie verstößt gegen höherrangiges Tarifrecht. Der Arbeitgeber muss die Einmonatsfrist einhalten.

Eine Betriebsvereinbarung muss dem Bestimmtheitsgebot entsprechen. Die notwendigen **Inhalte einer Betriebsvereinbarung** zur Kurzarbeit sind daher:

- Beginn und Dauer der Kurzarbeit
- Ankündigungsfrist
- Lage und Verteilung der Arbeitszeit
- Auswahl der betroffenen Arbeitnehmer oder Abteilungen
- Zeiträume, in denen die Arbeit ganz ausfallen soll

Der **persönliche Geltungsbereich** der Betriebsvereinbarung umfasst auch Personen mit Sonderkündigungsschutz. Für Betriebsratsmitglieder, Schwerbehinderte und Frauen im Mutterschutz gelten deshalb ebenfalls die Kurzarbeitsregelungen.

Rechtliche Voraussetzungen | **Kurzarbeit**

Fazit

Die Betriebsparteien können Kurzarbeit auf betrieblicher Ebene selbst vereinbaren, soweit der Inhalt einer tariflichen Kurzarbeitsklausel nicht entgegensteht.

Allein mit dem Abschluss der Betriebsvereinbarung gilt für die Arbeitnehmer für die festgelegte Zeit die gekürzte Arbeitszeit. Der einzelne Arbeitnehmer kann sich nicht mehr auf seine vertraglichen Ansprüche berufen.

Kurzarbeit durch Arbeitsvertrag

Fehlen tarifvertragliche oder betriebliche Regelungen, kann Kurzarbeit auch durch **Einzelarbeitsvertrag** wirksam vereinbart werden. Dies setzt eine Einigung zwischen Arbeitgeber und Arbeitnehmer voraus, denn Kurzarbeit kann nicht einseitig per **Direktionsrecht** eingeführt werden.

In der Vertragsabsprache müssen **Umfang der Stundenreduzierung, Dauer und Beginn der Kurzarbeit sowie ihre weitere Durchführung genau geregelt sein.** Die Regelung muss hinreichend bestimmt sein, um den Eingriff in die Vergütungsregelung zu rechtfertigen.

Die Änderung des Arbeitsvertrags kann formfrei und damit auch mündlich erfolgen, soweit im Vertrag oder Tarif keine Schriftformerfordernisse vorgegeben sind. Eine entsprechende Regelung kann aus konkretem Anlass getroffen werden oder bereits vorher bei Abschluss des Vertrags.

Das widerspruchslose, **stillschweigende Hinnehmen** der arbeitgeberseitig angeordneten Kurzarbeit kann für einen konkludenten (= durch schlüssiges Verhalten zustande kommenden), einvernehmlichen Vertragsabschluss genügen, jedenfalls wenn der Arbeitnehmer die Zahlung von Kurzarbeitergeld widerspruchslos entgegengenommen hat.

Änderungskündigung

Fehlt es an einer besonderen Rechtsgrundlage, so kann der Arbeitgeber die vergütungsfreie Kurzarbeit mit Zustimmung der Arbeitnehmer einführen. Wird diese nicht erteilt, bleibt nur die Möglichkeit der Änderungskündigung.

Nach § 2 KSchG kann der Arbeitgeber das Arbeitsverhältnis kündigen und dem Arbeitnehmer gleichzeitig die Fortsetzung zu geänderten Arbeitsbedingungen (stundenreduziert) anbieten.

Wichtig

Die Änderungskündigung ist eine echte Kündigung im Sinne des Kündigungsschutzgesetzes. Es müssen dringende betriebliche Gründe zum Ausspruch der Kündigung gegeben sein.

Da es sich um eine echte Kündigung handelt, kann der Arbeitnehmer Kündigungsschutzklage erheben. Die Durchsetzbarkeit der Kündigung vor den Arbeitsgerichten ist für den Arbeitgeber problembehaftet.

Betriebsratsmitglieder, Schwerbehinderte und Frauen im Mutterschutz genießen **Sonderkündigungsschutz.** Ihnen gegenüber kann grundsätzlich keine Kündigung ausgesprochen werden. Dies führt zur Zweiteilung der Belegschaft.

Der Betriebsrat ist vor Ausspruch der Änderungskündigung nach § 102 BetrVG zu beteiligen. Daneben besteht das Mitbestimmungsrecht nach § 87 Abs. 1 Nr. 3 BetrVG wegen der Verkürzung der regelmäßigen Arbeitszeit.

Fazit
Mit der Änderungskündigung kann der Arbeitgeber die Kurzarbeit nicht für alle Mitarbeiter zum gleichen Zeitpunkt einführen.

Kurzarbeit bei Massenentlassungen (§§ 17, 19 KSchG)

Bei einer geplanten Massenentlassung i.S.v. § 17 KSchG kann die Bundesagentur für Arbeit dem Antrag des Arbeitgebers auf Kurzarbeit für die Zeit bis zum Wirksamwerden der Entlassung stattgeben, wenn der Arbeitgeber nachweist, dass er die Arbeitnehmer nicht bis zum Ablauf der Sperrfrist beschäftigen kann und dem auch keine speziellen tarifvertraglichen Regelungen entgegenstehen (§ 19 KSchG).

Ab einer bestimmten Größenordnung von Entlassungen ist der Arbeitgeber nach § 17 Abs. 1 KSchG verpflichtet, dies vorher der Agentur für Arbeit anzuzeigen. Zweck ist, dass die Agentur ausreichend Zeit erhält, um sich auf diese Situation einzustellen. Man spricht von anzeigepflichtigen Massenentlassungen. Die Anzeigepflicht beginnt ab einer bestimmten Größenstaffelung der zu entlassenden Arbeitnehmer.

Bei anzeigepflichtigen Massenentlassungen hat der Betriebsrat **zusätzliche Beteiligungsrechte** neben dem Betriebsverfassungsgesetz. Nach § 17 Abs. 2 KSchG ist der Betriebsrat schriftlich zu unterrichten über

- die Gründe für die geplanten Entlassungen,
- die Zahl und Berufsgruppen der betroffenen Arbeitnehmer,
- die Zahl und Berufsgruppen der in der Regel beschäftigten Arbeitnehmer,
- den Zeitraum für die vorgesehenen Entlassungen,
- die Auswahlkriterien für die betroffenen Arbeitnehmer,
- die Kriterien für der Höhe der geplanten Abfindungen.

Der Betriebsrat ist also bereits vor einer Beteiligung zur einzelnen Kündigung gemäß § 102 BetrVG nach § 17 Abs. 2 KSchG über die oben genannten Punkte zu unterrichten. Dies stellt ein **selbstständiges Beteiligungsrecht** dar.

Der Betriebsrat kann nach § 17 Abs. 3 Satz 7 KSchG **Stellungnahmen** unmittelbar gegenüber der Agentur abgeben. Dies erfolgt jedoch im unmittelbaren Kontakt des Betriebsrats mit der Arbeitsagentur. Dabei ist der Betriebsrat nicht auf eine einmalige Mitteilung beschränkt.

Entlassungssperre (§ 18 KSchG)

Anzeigepflichtige Entlassungen nach § 17 KSchG unterliegen einer gesetzlichen Entlassungssperre (§ 18 KSchG). Entlassungen, die nach § 17 KSchG anzeigepflichtig sind (= Umfang), werden vor Ablauf eines Monats nach Eingang der Anzeige nur mit **Zustimmung** der Agentur wirksam. Ohne die ausdrückliche Genehmigung darf die Entlassung nicht vollzogen werden.

Die Entlassungssperre nach § 18 KSchG führt dazu, dass ausgesprochene Kündigungen zunächst nicht wirksam werden können. Sinn des § 18 KSchG ist es, eine gewisse zeitliche Verzögerung herbeizuführen, welche der Agentur Gelegenheit gibt, auf die Anzeige zu reagieren. Die Unwirksamkeit der Kündigung bezweckt also nicht den Schutz des einzelnen Arbeitnehmers. Die Kündigung ist lediglich öffentlich-rechtlich, aus Gründen der Arbeitsvermittlung unwirksam. Privatrechtlich, also im Verhältnis Arbeitgeber zu Arbeitnehmer, ist die Kündigung auch weiterhin wirksam. Der Arbeitnehmer kann sich aber auf die Unwirksamkeit wegen Verstoßes gegen die Entlassungssperre **berufen**.

Praxistipp
Der Arbeitnehmer hat ein „Wahlrecht", ob er sich auf die Unwirksamkeit nach § 18 KSchG berufen will oder nicht. Sofern er sich nicht auf die Entlassungssperre beruft, bleibt die Kündigung privatrechtlich wirksam.

Zulässigkeit der Kurzarbeit (§ 19 KSchG)

Soweit der Arbeitgeber nicht in der Lage ist, die Arbeitnehmer bis zum Ablauf der Sperrfrist zu beschäftigen, kann die Bundesagentur für Arbeit für die Zwischenzeit bewilligen, dass der Arbeitgeber Kurzarbeit einführt (siehe § 19 Abs. 1 KSchG).

Die Dauer der Kurzarbeit erstreckt sich nur auf den **Zeitraum der Sperrfrist** selbst. Nur für diese Frist von einem Monat bzw. bei Verlängerung nach § 18 Abs. 2 KSchG von zwei Monaten ist die „Anordnung von Kurzarbeit durch den Arbeitgeber zulässig".

Die Kurzarbeit wird also nicht durch behördliche Entscheidungen der Bundesagentur unmittelbar eingeführt, der Arbeitgeber erhält vielmehr die **Zulassung** zur Einführung von Kurzarbeit (siehe § 19 Abs. 1 KSchG).

Einführung der Kurzarbeit durch den Arbeitgeber

Sofern der Arbeitgeber von seiner nach § 19 KSchG eingeräumten Befugnis Gebrauch macht, erklärt er gegenüber den Arbeitnehmern die „Ankündigung der Kurzarbeit". Die Wirkung der Ankündigung ist eine **einseitige** Änderung des bestehenden Arbeitsvertrags. Das Arbeitsverhältnis wird in ein Kurzarbeitsverhältnis „umgewandelt".

Das Gesetz enthält keine vorgegebenen **Fristen** für die Ankündigungserklärung, insbesondere brauchen die vertraglichen oder tariflichen Kündigungsfristen nicht eingehalten zu werden.

Die Umwandlung in ein Kurzarbeitsverhältnis vollzieht sich **ohne Zustimmung des Betriebsrats oder der betroffenen Arbeitnehmer**. Der Arbeitgeber ist berechtigt, während der Dauer der Kurzarbeit das Entgelt entsprechend der reduzierten Dauer zu kürzen. Kurzarbeit bis hin zur „Kurzarbeit Null" mit entsprechender Gehaltsminimierung ist somit möglich.

Der Zeitpunkt für die Anordnung von Kurzarbeit ist jedoch eingeschränkt. Nach § 19 Abs. 2 letzter Halbsatz KSchG greift die Kürzung des Arbeitsverhältnisses erst von dem Zeitpunkt, in dem der Arbeitsvertrag nach den gesetzlichen oder vereinbarten Bestimmungen enden würde.

Dies führt dazu, dass die Kurzarbeit erst nach Ablauf der

- gesetzlichen,
- tariflichen oder
- einzelvertraglichen

Kündigungsfristen wirksam wird.

Dies gewährt dem einzelnen Arbeitnehmer einen hinreichenden Schutz vor der hinzunehmenden Gehaltsreduzierung. Es relativiert auch die Tatsache, dass die Ankündigung **ohne Frist** erklärt werden kann, da die **Wirkungen** der Kurzarbeit erst eintreten zu einem Zeitpunkt, an dem das Arbeitsverhältnis nach allgemeinen Bedingungen ohnehin beendet wäre.

Aktuelle Maßnahmen und Änderungen

Seit der sogenannten Finanz- und Wirtschaftskrise gab es einige Sonderregelungen für das Kurzarbeitergeld. Die Ausweitung der Möglichkeiten zur Kurzarbeit (konjunkturelle Kurzarbeit) und die Schaffung verbesserter Rahmenbedingungen waren wirksame Maßnahmen, den Arbeitsmarkt zu stabilisieren und konjunkturell bedingte Nachfrage- und Umsatzeinbrüche ohne Entlassungen zu überbrücken.

Aktuelle Informationen können auf den Internetseiten des Bundesarbeitsministeriums (www.bmas.de) oder den Seiten der Agentur für Arbeit (www.arbeitsagentur.de) nachgelesen werden.

Auch 2014 soll sich das Kurzarbeitergeld positiv auf den Arbeitsmarkt auswirken. Es soll Arbeitslosigkeit vermeiden. Eine Verordnung wurde erlassen, nach der die Bezugsdauer für neu entstandene Ansprüche auf konjunkturelles Kurzarbeitergeld 12 Monate betragen kann.

Sicht des Arbeitgebers

Vorteile für Arbeitgeber

Kurzarbeit ist für den Arbeitgeber von großem Interesse bei konjunkturellem, d.h. **vorübergehendem Absatzrückgang.** Der Arbeitgeber kann dann, zeitlich begrenzt, die Beschäftigung seiner Mitarbeiter an den tatsächlichen Bedarf anpassen und die betriebliche Arbeitszeit in dem gesamten Betrieb oder in organisatorisch abgrenzbaren Teilen reduzieren oder gar auf Null stellen (Kurzarbeit Null).

Der Arbeitgeber erhält bei dieser Maßnahme **Unterstützung durch die Bundesagentur für Arbeit,** da diese, durch Zahlung von Kurzarbeitergeld an die Beschäftigten, den Arbeitgeber wirtschaftlich entlastet.

Der Arbeitgeber wird durch die Möglichkeit der Kurzarbeit in die Lage versetzt, trotz vorübergehender Nichtbeschäftigung der Arbeitnehmer sein erfahrenes und qualifiziertes **Personal zu halten.** Ihm bliebe sonst nur die Möglichkeit der Kündigung, was ihn im Regelfall auch mit Kündigungsschutzklagen (mit ungewissem Ausgang und ggf. teueren Abfindungen) belasten würde.

Er müsste dann, bei Wiedererstarken der Konjunktur, kostenträchtige Anwerbeprogramme und Neueinstellungen von Mitarbeitern machen. Er kann überdies nicht sicher sein, gleich qualifiziertes Personal zu finden.

Fazit
- Mit Kurzarbeit können kurzfristig Auftragseinbrüche flexibel abgefangen und Kosten sofort reduziert werden.
- Bei Verbesserung der Auftragslage kann der Arbeitgeber sofort die Arbeitszeit erhöhen oder zur normalen Arbeitszeit zurückkehren. Generell ist so die flexible und schnelle Reaktion auf Produktionsschwankungen möglich.
- Mitarbeiter bleiben im Unternehmen beschäftigt, dadurch bleiben eingespielte Belegschaften und die Mitarbeiterstruktur im Betrieb erhalten.
- Die Kompetenzen und das Know-how der Arbeitnehmer gehen dem Betrieb nicht verloren. Qualifiziertes und eingespieltes Personal steht bei Besserung der Auftragslage sofort wieder zur Verfügung. Es entfallen kosten- und zeitintensive Personalsuche und Einarbeitungszeiten.
- Während der Kurzarbeit können Qualifizierungsmaßnahmen durchgeführt werden, für die in Boomzeiten kein Raum ist. Der Betrieb kann sich so Wettbewerbsvorteile schaffen und die Innovationskraft stärken, sodass er gestärkt aus der Krise hervorgeht.
- Kurzarbeit ist für das Unternehmen finanziell attraktiv, weil die Hälfte der Sozialabgaben von der Agentur für Arbeit übernommen wird.
- Kurzarbeit statt Entlassungen vermeidet Kosten der Lohnfortzahlung, die bei Entlassungen bis zum Ende der Kündigungsfrist anfallen würden, unabhängig, ob Vollzeit beschäftigt wird oder nicht. Hohe Aufwendungen für Einstellungsverfahren und die Einarbeitung neuer Arbeitskräfte entfallen. Schließlich entfallen die Kosten für arbeitsrechtliche Streitigkeiten, insbesondere auch für Abfindungen.
- Kündigungsverzicht und alternative Wege erhöhen bei den Mitarbeitern die Verbundenheit zum Unternehmen und gleichzeitig ihre Motivation und Einsatzbereitschaft.

Auswirkungen auf die Arbeitnehmer

Vorteile für Arbeitnehmer

Kurzarbeit kann auch für die Arbeitnehmer **vorteilhaft** sein. Ist der Arbeitgeber aus wirtschaftlichen Gründen nicht mehr in der Lage, vorübergehende Auftragslöcher und konjunkturelle Auftragsrückgänge aufzufangen, bliebe ihm, ohne das Mittel der Kurzarbeit, nur die Möglichkeit von Entlassungen. Natürlich gibt es dann, im Rahmen des Kündigungsschutzverfahrens, für den Arbeitnehmer diverse Schutz- und Abwehrmöglichkeiten.

Eine Kündigung hat naturgemäß **einschneidende Konsequenzen,** vor allem für ältere Arbeitnehmer. Wurde eine wirksame Kündigung ausgesprochen, gibt es keinen Rechtsanspruch darauf, dass der Betrieb dann bei Neuanstellungen die ehemaligen Mitarbeiter bevorzugt berücksichtigen müsste. Bei allgemein schlechter Konjunkturlage dürfte es auch schwierig sein, in anderen Betrieben eine neue Stelle zu bekommen. Aus diesen Gründen, bei sonst drohender Arbeitslosigkeit, ist Kurzarbeit die eindeutig bessere Alternative auch für den Arbeitnehmer.

Der Arbeitnehmer erhält ein Kurzarbeitergeld, das zwar etwas geringer ist als das normale Gehalt. Häufig lassen sich aber im Rahmen von Vereinbarungen mit dem Betrieb vom Betriebsrat noch erhebliche Zuzahlungen des Betriebs aushandeln, sodass die tatsächlichen Differenzen gering bleiben.

Für den Arbeitnehmer ist auch von Vorteil, dass während des Bezugs von Kurzarbeitergeld das **versicherungsrechtliche Beschäftigungsverhältnis** fortbesteht, und zwar auch dann, wenn durch die Kurzarbeit Arbeitszeit oder Arbeitsentgelt vorübergehend unter die Geringfügigkeitsgrenze absinken sollte. Der Arbeitgeber muss also den Beitrag weiterhin zahlen. In der gesetzlichen Kranken-, Renten- und sozialen Pflegeversicherung sind das tatsächlich gezahlte Arbeitsentgelt und das Kurzarbeitergeld beitragspflichtig.

Um die Zustimmung der Arbeitnehmer bzw. des Betriebsrats zur auch für den Arbeitgeber günstigen Kurzarbeit zu erhalten, ist der Arbeitgeber erfahrungsgemäß entgegenkommend und kompromissbereit, sodass die Arbeitnehmerseite regelmäßig erhebliche Zugeständnisse wird durchsetzen können.

Pflichten des Arbeitnehmers

Im Gegensatz zum Arbeitgeber beschränken sich die Pflichten des Arbeitnehmers bei Kurzarbeit weitgehend auf **Auskunfts- und Meldepflichten.** Grundsätzlich bleiben auch trotz Kurzarbeit und einer Reduzierung der Arbeitszeit alle Rechte und Pflichten aus dem Arbeitsverhältnis erhalten. Arbeitnehmer müssen aber einer Auskunftspflicht nachkommen. Sie müssen alle Veränderungen der persönlichen Situation, die Auswirkungen auf das Kurzarbeitergeld haben, ohne Aufforderung dem Arbeitgeber oder der Agentur für Arbeit anzeigen. Dazu zählt auch die Aufnahme einer Nebentätigkeit, diese muss schriftlich angezeigt werden.

Der Arbeitnehmer muss für die Beantragung von Kurzarbeitergeld nichts unternehmen. Das Einkommen wird wie vorher vom Arbeitgeber bezahlt. Wenn der Arbeitnehmer von der Agentur für Arbeit aufgefordert wird, muss er sich dort melden. Falls eine Vermittlung in eine vorübergehende Beschäftigung erfolgt, sollte diese angetreten werden, da sonst das Kurzarbeitergeld gesperrt werden kann.

Praxistipp

Die Zeit der Kurzarbeit für die Fortbildung verwenden! Dazu hat das Bundesministerium für Arbeit eine Initiative gegründet und zahlreiche Informationen auf den Internetseiten www.einsatz-fuer-arbeit.de zusammengestellt.

Fazit

Auch für den Arbeitnehmer kann Kurzarbeit eine vernünftige und vorteilhafte Alternative sein!

Vorgehensweise des Betriebsrats

Soll in einem Betrieb Kurzarbeit eingeführt werden, muss der Betriebsrat bei der Ausgestaltung beteiligt werden, da hier ein Mitbestimmungsrecht nach § 87 Abs. 1 Nr. 3 vorliegt. Bei der Einführung ist er daher zwingend zu beteiligen. Er kann aber auch selbstständig die Einführung der Kurzarbeit betreiben. Es steht dem Betriebsrat ein Initiativrecht zur Einführung zu. Mitbestimmungsrecht nach § 87 Abs. 1 Nr. 3 BetrVG.

Fünf Fragen der Mitbestimmung

Der Betriebsrat hat über die vorübergehende Verlängerung und Verkürzung der Arbeitszeit mitzubestimmen. Damit entscheidet der Betriebsrat über

- das Ob der Einführung von Kurzarbeit,
- den Zeitpunkt der Einführung,
- die Dauer der Kurzarbeit,
- den Umfang der Kurzarbeit,
- die Auswahl der Arbeitnehmer.

Kurzarbeit nur mit Zustimmung des Betriebsrats möglich

Der Arbeitgeber ist auf die Zustimmung des Betriebsrats angewiesen, andernfalls muss er vor die **Einigungsstelle** gehen. Der Betriebsrat befindet sich also in einer guten Verhandlungsposition. Der Arbeitgeber wird regelmäßig Zugeständnisse machen, um eine Einigung zur Kurzarbeit zu erreichen. Bis zur Einigung zwischen Betriebsrat und Arbeitgeber behält der Arbeitnehmer seinen vollen Vergütungsanspruch. Das Verfahren ist das Gleiche wie in allen mitbestimmungspflichtigen Angelegenheiten. Bis zur endgültigen Einigung hat der Betriebsrat einen Unterlassungsanspruch gegen den Arbeitgeber.

Je nach grundsätzlicher Haltung des Betriebsrats zur Kurzarbeit kann er die **fünf Fragen der Mitbestimmung** in wechselseitige Abhängigkeit bringen.

Beispiel

Der Betriebsrat stimmt zwar der Kurzarbeit zu, jedoch erst zum 01.03.2008 (Zeitpunkt), lediglich für die Abteilung A. (Arbeitnehmerauswahl) und nur für die Dauer von zwei Monaten.

Der Betriebsrat stimmt der Einführung zum 01.03.2008 zu mit der Maßgabe, dass anstelle von „Kurzarbeit Null" „Kurzarbeit 0,5" eingeführt wird.

Die fünf Einzelaspekte der Kurzarbeit sind im Rahmen der Verhandlungen – je nach gewünschtem Ergebnis – beliebig miteinander kombinierbar. Es gilt die tatsächlichen **Verhandlungsspielräume** „auszuloten". Das Mitbestimmungsrecht besteht im Übrigen auch dann, wenn der Arbeitgeber frühzeitig die Kurzarbeit wieder beenden möchte.

Fazit
Es besteht ein großer Handlungsspielraum, den es für den Betriebsrat zu nutzen gilt. Liegt aber ein Tarifvertrag vor, in dem die Änderungskündigung sowie der Umfang der Kurzarbeit geregelt wird, sind dem Betriebsrat Schranken gesetzt; über die tarifvertraglich geregelten Punkte zur Kurzarbeit können sich der Betriebsrat und der Arbeitgeber nicht hinwegsetzen.

Wichtig
Kurzarbeit gilt auch für den einzelnen Betriebsrat. Der Betriebsrat als Organ bleibt mit allen Rechten und Pflichten im Amt.

Auch Betriebsversammlungen sind möglich und müssen während der regulären Arbeitszeit vergütet werden.

Initiativrecht nach § 87 Abs. 1 Nr. 3 BetrVG

Aktive Mitwirkung möglich

Von weitreichender Bedeutung ist die Entscheidung des Bundesarbeitsgerichts, dass der Betriebsrat bei der Einführung von Kurzarbeit **aktiv** mitwirken kann. Er ist nicht in der passiven Rolle und muss abwarten, ob der Arbeitgeber zu dieser – möglicherweise zweckdienlichen – Maßnahme greift. Sofern der Betriebsrat zu der Überzeugung gelangt, die Anordnung von Kurzarbeit sei sinnvoll, kann er ihre Einführung betreiben.

§ 87 Abs. 1 Nr. 3 BetrVG gewährt ein **zwingendes Mitbestimmungsrecht.** Kommt eine Einigung zwischen Arbeitgeber und Betriebsrat nicht zustande, so entscheidet die **Einigungsstelle.** Der Spruch der Einigungsstelle ersetzt die Einigung zwischen Arbeitgeber und Betriebsrat (siehe § 87 Abs. 2 BetrVG).

Welcher Betriebsrat ist zuständig?

Zuständig ist grundsätzlich der örtliche Einzelbetriebsrat. Der Gesamtbetriebsrat ist nur in Fällen des § 50 BetrVG zuständig, wenn also mehrere Betriebe oder das gesamte Unternehmen betroffen sind.

Stellungnahme des Betriebsrats bei Anzeige der Kurzarbeit

Die Anzeige der Kurzarbeit bei der Agentur für Arbeit kann durch den Betriebsrat erfolgen. Sie muss nicht automatisch vom Arbeitgeber eingereicht werden. In jedem Fall muss die Anzeige aber eine Stellungnahme des Betriebsrats enthalten. Ohne Stellungnahme ist die Anzeige nicht ordnungsgemäß. Sinn der Stellungnahme ist es, die Ordnungsmäßigkeit der Kurzarbeit zu signalisieren.

Wichtig

Ohne abgeschlossene Betriebsvereinbarung sollte keine Stellungnahme abgegeben werden. Die Stellungnahme gilt allein noch nicht als Betriebsvereinbarung.

Kurzarbeit als Mittel der Beschäftigungssicherung

Richtig verstandene und eingesetzte Kurzarbeit soll betriebsbedingte Kündigungen vermeiden. Passt man die Stundenzahl vorübergehend der tatsächlichen Auftragslage an, entlastet das die Firma. Zieht die Konjunktur wieder an, ist „die Talsohle überwunden". Der Betrieb kommt ohne Arbeitsplatzabbau aus der Krise.

Praxistipp

Da der Einigungsstellenvorsitzende mit seiner Stimme im Zweifel den Ausschlag in der Einigungsstelle gibt, ist auf seine Auswahl besondere Sorgfalt zu verwenden. Soweit ein Arbeitsrichter den Vorsitz übernehmen soll, kann der Betriebsrat bei der Gewerkschaft Erkundigungen über seine „Ausrichtung" einholen. Gegebenenfalls wäre ein anderer Richter als Vorsitzender vorzuschlagen.

Fazit

Durch das Initiativrecht kann der Betriebsrat selbst die Einführung von Kurzarbeit durchsetzen.

Verhandlungen zur Höhe des Kurzarbeitergelds

Die Höhe des Kurzarbeitergelds ist gesetzlich in §§ 178, 179 SGB III festgelegt. Sie beträgt 67 bzw. 60 % der **Nettoentgeltdifferenz,** das ist der gerundete Unterschiedsbetrag zwischen dem Bruttoarbeitsentgelt, das der Arbeitnehmer ohne Arbeitsausfall regulär erhalten hätte (Soll) und dem Bruttoarbeitsentgelt, das er tatsächlich erhalten hat (Ist).

Beträge, die der Arbeitnehmer unter Anrechnung des Kurzarbeitergelds zusätzlich erhält, führen nicht zu einer Minderung.

Verhandlungen über das Mitbestimmungsrecht hinaus

Gelegentlich wird von Betriebsräten versucht, vom Arbeitgeber eine Zuzahlung zur Nettoentgeltdifferenz für die Arbeitnehmer zu erwirken. Hierzu ist zu sagen, dass das Mitbestimmungsrecht nur die Verkürzung der Arbeitszeit, nicht jedoch **Vergütungsfragen** umfasst. Folge ist, dass der Betriebsrat „keinen Verhandlungsanspruch zur Vergütung" hat.

Praxistipp

Nun bedeutet der Umstand, dass der Betriebsrat keinen Anspruch auf Verhandlung hat, nicht, dass er deswegen vollständig auf jede Verhandlung verzichtet. Er muss sich bei diesen Verhandlungen jedoch stets im Klaren darüber sein, dass er keine gesicherte Position besitzt. Er ist insoweit **auf geschicktes Verhandeln** angewiesen.

Einsatz für den einzelnen Mitarbeiter

Grundsätzlich ist Kurzarbeit für alle Arbeitnehmer möglich, also auch für Schwerbehinderte, Frauen im Mutterschutz und Auszubildende (soweit der Ausbildunszweck nicht gefährdet ist). Es sollten aber besondere Regelungen für gekündigte oder ausscheidende Kollegen getroffen werden sowie für Mitarbeiter in Alterszeit. Für Mitarbeiter, die in Elternzeit gehen oder Elterngeld erhalten, wirkt sich das Kurzarbeitgeld negativ aus, da die Zahlungen sich nach dem ausgezahlten Einkommen berechnen, also das Kurzarbeitergeld Grundlage für das Elterngeld wird.

Innerhalb der Belegschaft sollten auch **keine Benachteiligungen** entstehen, um das Betriebsklima nicht negativ zu beeinflussen.

Kurzarbeit bei Massenentlassungen nach §§ 17, 19 KSchG

Arbeitsagentur entscheidet

Bei Massenentlassungen nach § 17 KSchG tritt gemäß § 18 KSchG eine **einmonatige Entlassungssperre** ein. Kündigungen, die der Arbeitgeber bereits ausgesprochen hat, können nicht wirksam werden. Mit Zustimmung der Arbeitsagentur kann die Sperrfrist wegfallen. Andererseits kann die Arbeitsagentur im Einzelfall die Sperrfrist auch auf zwei Monate verlängern. Dem Arbeitgeber wird daran gelegen sein, möglichst schnell die Zustimmung der Arbeitsagentur zu erlangen.

Das Verfahren bei Massenentlassungen sieht vor, dass der Betriebsrat folgenden Einfluss hat:

- Vorlage der Stellungnahme des Betriebsrats bei Anzeige nach § 17 KSchG bei der Arbeitsagentur
- Überreichen einer weiteren Stellungnahme des Betriebsrats an die Arbeitsagentur.

Möglichkeiten des Betriebsrats

Der Betriebsrat kann damit die Entscheidung der Agentur über den Wegfall der Sperrfrist maßgeblich beeinflussen. Diese Verhandlungsposition kann der Betriebsrat nutzen. Er kann in zwei Richtungen verhandeln:

- Aufstockung des Kurzarbeitergelds während der Sperrfrist
- Aufstockung eines gegebenenfalls zu erstellenden Sozialplans

Im Zusammenhang mit Massenentlassungen dürfte es regelmäßig zu **Betriebsänderungen** i.S.v. § 111 BetrVG kommen. Soweit es sich um sozialplanpflichtige Betriebsänderungen nach §§ 112, 112a BetrVG handelt, sind wirtschaftliche Entschädigungen an die Arbeitnehmer zu leisten. Die Position des Betriebsrats im Zusammenhang mit der Sperrfrist nach § 18 KSchG kann positiv für den finanziellen Umfang des aufzustellenden **Sozialplans** verwandt werden.

Fazit
Bei Massenentlassungen sollte der Betriebsrat den ausreichenden finanziellen Umfang eines Sozialplans im Auge haben!

Kurzarbeit | Vorgehensweise des Betriebsrats

Transferkurzarbeit nach §§ 216a, 216b SGB III

Betriebsrat sollte hinweisen

Bei diesen Normen soll der Betriebsrat zunächst den Arbeitgeber auf die Möglichkeit der Transferkurzarbeit zur Förderung der Eingliederung in den Arbeitsmarkt bei Vermeidung von Arbeitslosigkeit gemäß §§ 216a, 216b SGB III hinweisen.

Nach § 216a Abs. 4 SGB III berät die Arbeitsagentur die Betriebsparteien über die Einführung von Transfermaßnahmen, insbesondere bei Sozialplänen nach § 112 BetrVG. Bei Sozialplänen ist nach dem neu eingeführten § 112 Abs. 5 Nr. 2a BetrVG vorrangig von Transfermaßnahmen Gebrauch zu machen. Dies ist eine gesetzliche Pflicht bei der Aufstellung von Sozialplänen.

Ziel: Entlassungen vermeiden

Die Durchführung von Transfermaßnahmen dient der Übernahme des Arbeitnehmers durch einen anderen Arbeitgeber. Typisch ist eine Zwischenbeschäftigung der Arbeitnehmer in sog. **betriebsorganisatorisch eigenständigen Einheiten** (§ 216b Abs. 6 SGB III). Damit sollen Entlassungen vermieden werden.

Fazit
Die neuen Regeln lauten: „Überführen statt entlassen"

Ihre digitalen Arbeitshilfen

 Sie erhalten direkt einsetzbare Arbeitshilfen zu diesem Stichwort. So können Sie schnell und einfach Ihre benötigte Arbeitshilfe finden und diese gleich am PC bearbeiten.

Arbeitshilfen
- Checkliste: Voraussetzungen und Rechtsfolgen von Kurzarbeit
- Musterschreiben: Einführung von Kurzarbeit, Informationsanspruch
- Musterschreiben: Einführung von Kurzarbeit, Stellungnahme des BR
- Checklisten bei der Einführung von Kurzarbeit
- Betriebsvereinbarung zur Kurzarbeit

Mehrarbeit/Überstunden

Grundlagen

Das Thema Überstunden oder Mehrarbeit ist vor dem Hintergrund hoher Arbeitslosigkeit oft Diskussionsthema. Oft wird der Abbau der Überstunden gefordert, um so neue Arbeitsplätze zu schaffen. In vielen Fällen fangen Überstunden aber Auftragsspitzen ab und ersetzen keine Stellen. Einige Arbeitnehmer sehen in Überstunden auch eine gute Möglichkeit, das Einkommen mit den Zuschlägen zu erhöhen.

Differenzierte Begriffe

Es gibt keine gesetzliche Definition der Begriffe Mehrarbeit und Überstunden, deswegen werden die Begriffe unterschiedlich beurteilt.

Es gibt die gängige Unterscheidung, nach der **Mehrarbeit** die Arbeit ist, die über den allgemeinen gesetzlichen Arbeitszeitbegriff (regelmäßig acht Stunden am Tag) hinausgeht. Als **Überstunden** werden die auf Anordnung oder mit Billigung des Arbeitgebers über die regelmäßige Arbeitszeit hinaus geleisteten Arbeitsstunden angesehen.

In den Arbeitsgesetzen werden beide Begriffe hingegen mehr oder minder gleichbedeutend verwendet. Da auch in vielen Tarifverträgen beide Begriffe für ein- und dieselbe Regelung benutzt werden und eine Unterscheidung keine nennenswerten Vorteile bringt, werden im Folgenden beide Begriffe synonym verwendet.

Wichtig

Relevant ist diese Unterscheidung nur bei Teilzeitarbeit, wenn also vertraglich eine geringere Stundenzahl als die betriebsübliche Arbeitszeit geschuldet wird.

Überstunden sind auch bei Teilzeitbeschäftigten nur die Stunden, die über die betriebsübliche Arbeitszeit hinausgehen. Die Überschreitung der vereinbarten Arbeitszeit wird als Mehrarbeit bezeichnet. Dies hat z.B. Auswirkungen auf die Zahlung von Überstundenzuschlägen.

Vorübergehende Flexibilisierung der Dauer der Arbeitszeit

Bei der Mehrarbeit handelt es sich um den typischen Fall einer vorübergehenden Flexibilisierung der Dauer der Arbeitszeit. Ziel dieser Flexibilisierung ist es, die Betriebszeit zu verlängern, um sie an die **Schwankungen der Auftrags- und Geschäftslage des Unternehmens** anzupassen und so auf **kurzfristig auftretende saisonale Änderungen** gezielt reagieren zu können. Die Abgeltung der Überstunden kann dabei grundsätzlich sowohl in finanzieller Form als auch im Wege der Gewährung von Freizeit erfolgen. Für die Arbeitnehmer bedeutet Mehrarbeit damit die Möglichkeit, ihr Gehalt aufzubessern oder zusätzliche Freizeit zu erlangen.

In Betrieben mit flexibler Arbeitszeit bzw. Gleitzeitregelung werden Überstunden durch die Bildung von Gleitzeitkonten abgefangen.

Grenze: Arbeitsschutzgesetze

Grundsätzlich ergibt sich aus dem Inhalt des jeweiligen Arbeitsvertrags, ob und in welchem Umfang ein Arbeitnehmer zur Ableistung von Mehrarbeit vertraglich verpflichtet ist.

Vor allem in den Arbeitsschutzgesetzen finden sich die gesetzlichen Schranken, inwieweit Mehrarbeit zugelassen ist. Die wichtigsten Arbeitsschutzbestimmungen sind im **Arbeitszeitgesetz** und im **Jugendarbeitsschutzgesetz** enthalten.

Die Einhaltung des Arbeitszeitrechts wird durch eine Bußgeldandrohung gegenüber dem Arbeitgeber gesichert.

Entwicklung

Während sich die tarifliche bzw. betriebsübliche Arbeitszeit in Betrieben in Deutschland in den letzten Jahren kaum geändert hat und Schwankungen mehr oder minder kalenderbedingt sind, hat die Mehrarbeit in den letzten Jahren, was den Anteil der Beschäftigten angeht, die sie praktizieren, stetig zugenommen.

Die Tendenz ist aktuell allerdings rückläufig. Vor dem Hintergrund der Weltwirtschaftskrise haben viele Unternehmen Mehrarbeitszeitkonten abgebaut, um Kurzarbeit beantragen zu können.

Durch den gleichzeitigen Abbau der Anzahl von Leiharbeitnehmern werden jetzt nach der Krise wieder verstärkt Überstunden geleistet.

Unbezahlte Überstunden

Dennoch sind Überstunden insbesondere in Kleinbetrieben und im Bereich des Einzelhandels immer noch verbreitet. Und nach einer Schätzung der Gewerkschaft ver.di wird im Handel etwa jede dritte Überstunde weder finanziell noch durch Freizeit ausgeglichen. Vielfach wird nur bis zum Ladenschluss bezahlt und die Arbeiten, die hinterher anfallen, wie die Abrechnung der Kasse oder ggf. das Aufräumen oder Säubern der Geschäftsräume, erledigen die Mitarbeiter dann in ihrer Freizeit. In einigen Discountketten werden Kassiererinnen sogar dazu verpflichtet, so lange an der Kasse zu bleiben, bis das Umsatzsoll erfüllt ist.

Der Grund für die Ableistung unbezahlter Mehrarbeit ist darin zu sehen, dass die Arbeitnehmer höhere Produktivität signalisieren und dadurch ihr Entlassungsrisiko reduzieren möchten. Vielfach betrachten Arbeitnehmer Überstunden als eine Investition mit in der Zukunft liegenden Vorteilen und **erhöhen daher ihr Arbeitsangebot freiwillig.** Unter diese möglichen zukünftigen Gewinne fällt neben einer erhofften schnelleren und höheren Gehaltssteigerung oder einer Beförderung auch ein geringeres Entlassungsrisiko. Letztlich ist es für die Arbeitnehmer gerade in heutiger Zeit die Angst um ihren Arbeitsplatz, die sie zur Ableistung von unbezahlten Überstunden antreibt.

Rechtliche Voraussetzungen

Arbeitsschutzrechtliche Vorschriften

Mehrarbeit darf nicht über die Grenzen der üblichen arbeitszeitrechtlichen Vorschriften zur höchstzulässigen Arbeitszeit hinausgehen.

Arbeitszeitgesetz

Im Bereich der Mehrarbeit verdienen die Schutzbestimmungen des Arbeitszeitgesetze (ArbZG) besondere Beachtung, da hier die **Gefahr einer Überschreitung der gesetzlichen Vorgaben** besonders groß ist.

Gemäß **§ 3 Satz 1 ArbZG** darf die werktägliche Arbeitszeit acht Stunden nicht überschreiten. Sie kann jedoch nach § 3 Satz 2 ArbZG auf bis zu zehn Stunden verlängert werden, wenn die verlängerte Arbeitszeit innerhalb von sechs Kalendermonaten oder innerhalb von 24 Wochen auf einen Achtstundendurchschnitt ausgeglichen wird. Hierbei ist es dem Arbeitgeber durchaus erlaubt, einen kürzeren Ausgleichszeitraum festzulegen.

Beispiel

Wenngleich in vielen Betrieben eine Fünftagewoche gilt, stellt der Samstag einen regulären Werktag dar. Deshalb sind bei effizienter Handhabung des Arbeitgebers pro Kalenderwoche 48 Arbeitsstunden ohne Zeitausgleich nach dem Arbeitszeitgesetz möglich.

So kann in einem Betrieb ohne Notwendigkeit eines Zeitausgleichs von Montag bis Donnerstag je zehn Stunden gearbeitet werden, wenn am Freitag eine Arbeitszeit von acht Stunden eingehalten und am Wochenende nicht gearbeitet wird. Der Ausgleich für die Mehrarbeit unter der Woche erfolgt am arbeitsfreien Samstag.

Die Verlängerung des Ausgleichszeitraums ist dagegen gemäß § 7 Abs. 1 Nr. 1b ArbZG nur durch einen Tarifvertrag oder eine auf Basis eines Tarifvertrags erlassene Betriebs- oder Dienstvereinbarung möglich.

Außerdem kann die werktägliche Arbeitszeit gemäß § 7 Abs. 1 Nr. 1a ArbZG auch abweichend von § 3 ArbZG durch einen Tarifvertrag oder eine auf Basis eines Tarifvertrags erlassene Betriebs- oder Dienstvereinbarung auf **über zehn Stunden** verlängert werden, wenn in die Arbeitszeit regelmäßig und in erheblichem Umfang Arbeitsbereitschaft oder **Bereitschaftsdienst** fällt. In diesen Fällen ist nach § 7 Abs. 2a ArbZG auch eine Verlängerung auf über acht Stunden ohne Ausgleich möglich, wenn durch besondere Regelungen sichergestellt wird, dass die Gesundheit der Arbeitnehmer nicht gefährdet wird und der Arbeitnehmer schriftlich eingewilligt hat. Nähere Einzelheiten siehe Stichwort „**Bereitschaftsdienst/Rufbereitschaft**".

Jugendliche

Gemäß § 18 Abs. 2 ArbZG sind Jugendliche vom Geltungsbereich des Arbeitszeitgesetzes **ausgenommen**, für sie gilt stattdessen das Jugendarbeitsschutzgesetz (JArbSchG). Nach § 8 JArbSchG ist für Jugendliche die **Leistung von Mehrarbeit grundsätzlich unzulässig.**

Jugendliche können gemäß § 21 JArbSchG nur in Notfällen zur Mehrarbeit herangezogen werden und nur soweit erwachsene Beschäftigte nicht zur Verfügung stehen. Wird ein Jugendlicher über die Arbeitszeit des § 8 JArbSchG hinaus zur Mehrarbeit herangezogen, so ist diese durch entsprechende Verkürzung der Arbeitszeit innerhalb der nächsten drei Wochen auszugleichen (§ 21 Abs. 2 JArbSchG).

Mütter

Werdende oder stillende Mütter dürfen nach § 8 Mutterschutzgesetz (MuSchG) **nicht mit Mehrarbeit belastet werden.** Mehrarbeit nach dem Mutterschutzgesetz ist aber eigenständig definiert und hängt vom Lebensalter der Mutter ab. Mehrarbeit ist für Frauen unter 18 Jahren jede Arbeit, die über acht Stunden täglich oder 80 Stunden in der Doppelwoche hinausgeht. Volljährige Mütter dürfen nicht über achteinhalb Stunden täglich oder 90 Stunden in der Doppelwoche arbeiten (§ 8 Abs. 2 Satz 1 MuSchG).

Schwerbehinderte Menschen

Schwerbehinderte Menschen oder ihnen Gleichgestellte können nach § 124 Sozialgesetzbuch IX (SGB IX) die Freistellung von Mehrarbeit verlangen. Unter Mehrarbeit im sozialrechtlichen Sinn ist jede über acht Stunden werktäglich hinausgehende Arbeitszeit zu verstehen.

Keine Mehrarbeit ohne Vertrag

Grundsätzlich ist der Arbeitnehmer ohne ausdrückliche vertragliche Regelung nicht dazu verpflichtet, Mehrarbeit zu leisten. **Allein aus dem Weisungsrecht des Arbeitgebers lässt sich keine Befugnis zur Anordnung von Überstunden ableiten.** Vielmehr bedarf es einer konkreten kollektiv- oder individualvertraglichen Regelung.

Wichtig

Es ist allerdings zulässig, eine Klausel in den Arbeitsvertrag einzubauen, wonach sich die Weisungsbefugnis des Arbeitgebers auch auf die mündliche Anordnung von Überstunden erstrecken soll.

Mehrarbeit/Überstunden | Rechtliche Voraussetzungen

Praxistipp

In Arbeitsverträgen sollte der Punkt Mehrarbeit geregelt sein. Hier zwei Formulierungsbeispiele:

1. „Mehrarbeit und Überstunden können bei Bedarf angeordnet werden."
2. „Die regelmäßige Arbeitszeit beträgt 39 Stunden. Der Arbeitnehmer erklärt sich bereit, bis zu ... Stunden pro Woche mehr zu arbeiten, wenn betriebliche Notwendigkeiten es erfordern."

Notfälle

Eine Verpflichtung zur Leistung von Mehrarbeit ohne eine dementsprechende Vereinbarung kommt nur in Betracht, wenn ein Notfall vorliegt und es der Grundsatz von Treu und Glauben gebietet. Solche Notfälle liegen aber nur dann vor, wenn die Überstunden im Interesse des Betriebs dringend erforderlich sind. Das ist dann der Fall, wenn es sich um ein ungewöhnliches, nicht vorhersehbares Ereignis handelt. **Kapazitätsengpässe oder vermehrter Arbeitsanfall reichen als Begründung nicht aus** und gehen als Organisationsverschulden zulasten des Arbeitgebers.

Beispiel

Ein Firmengelände wird vom Hochwasser bedroht. Die Arbeitnehmer müssen auch ohne ausdrückliche vertragliche Verpflichtung bei der Hochwasserbekämpfung, also der Gefahrenabwehr, auch außerhalb der normalen Arbeitszeit mithelfen.

Aufbewahrungs- und Aufzeichnungspflichten

Gemäß § 16 Abs. 2 ArbZG ist der Arbeitgeber verpflichtet, die **über die werktägliche Arbeitszeit von acht Stunden hinausgehende Arbeitszeit** der Arbeitnehmer aufzuzeichnen. Die Form, in der die Aufzeichnung zu erfolgen hat, schreibt das Gesetz nicht vor; so kann dies z.B. durch die Nutzung von Stempeluhrkarten, Lohnlisten oder Arbeitszeitkarten erfolgen. Aber auch Stundenzettel und Fahrtenschreiber können genügen, sofern die Erfassung der gesamten Arbeitszeit möglich ist. Die Aufzeichnungen sind über einen Zeitraum von zwei Jahren aufzubewahren.

Praxistipp

In der Praxis wird häufig fälschlicherweise angenommen, die Pflicht des § 16 Abs. 2 ArbZG beziehe sich auf die Erfassung der gesamten Arbeitszeit. Das ist aber nicht der Fall. Die Aufzeichnungs- und Aufbewahrungspflicht des § 16 Abs. 2 ArbZG bezieht sich lediglich auf die über acht Stunden hinausgehende werktägliche Arbeitszeit sowie die Arbeitszeit an Sonn- und Feiertagen.

Die Aufzeichnungen müssen unbedingt zwei Jahre aufbewahrt werden, sonst können Bußgelder verhängt werden.

Abgeltung von Mehrarbeit

Es besteht **keine ausdrückliche gesetzliche Regelung über die Höhe der Überstundenvergütung.** Daher sind die arbeitsvertraglichen oder tarifvertraglichen Regelungen maßgeblich. Ohne vertragliche oder tarifvertragliche Grundlage besteht für geleistete Überstunden kein Anspruch auf einen Zuschlag zum vereinbarten Arbeitslohn. In der Praxis sind Klauseln, wonach Mehrarbeit bereits mit dem vereinbarten Gehalt abgegolten wird, sehr verbreitet. Vielfach bestehen konkrete Regelungen über die Vergütung von Mehrarbeit auch in Tarifverträgen oder in Betriebsvereinbarungen.

Wenn die Überstundenvergütung im Arbeitsvertrag nicht konkret geregelt ist, müssen die Arbeitgeber die Stunden auch nachträglich bezahlen (BAG, Urteil vom 22.02.2012 – 5 AZR 765/19 –).Das gilt zumindest dann, wenn der Arbeitnehmer die Überstunden glaubhaft machen kann und eine bestimmte Einkommensgrenze nicht übersteigt. Diese Grenze orientiert sich an der **Beitragsbemessungsgrenze** in der gesetzlichen Rentenversicherung.

Wichtig

Eine Vergütung kann nur verlangt werden, wenn der Arbeitgeber die Überstunden angeordnet oder zumindest geduldet hat.

Grundvergütung

Auch wenn keine vertragliche Regelung besteht, erhält der Arbeitnehmer für seine Mehrarbeit seine Grundvergütung, sei es in Form des **üblichen Stundenverdiensts** oder des **Anteils des Monatslohns.** Diese gilt gemäß § 612 Abs. 1 BGB als stillschweigend vereinbart, da der Arbeitnehmer eine quantitative Mehrleistung erbringt. Gemäß § 612 Abs. 1 BGB gilt eine Vergütung nur dann als stillschweigend vereinbart, wenn die Umstände der geleisteten Arbeit im Einzelfall für eine Erwartung zusätzlicher Vergütung sprechen.

Wichtig

Keine Mehrarbeitsvergütung gibt es hingegen in folgenden Fällen:

Bei leitenden Angestellten ist Mehrarbeit grundsätzlich mit der vereinbarten Vergütung pauschal abgegolten.

Wenn ein Arbeitnehmer seine Mehrarbeit durch Freizeit selbst ausgleicht, erhält er selbstverständlich keine zusätzliche Vergütung für die Mehrarbeit.

Mehrarbeitszuschlag

Vielfach erhalten Arbeitnehmer für ihre Mehrarbeit nicht nur eine Grundvergütung, sondern darüber hinaus einen Mehrarbeitszuschlag. Zur Zahlung des Zuschlags ist der Arbeitgeber aber nur dann verpflichtet, wenn dies **kollektiv- oder einzelvertraglich** geregelt ist.

Regelungen über Mehrarbeitsvergütung

Arbeitsverträge enthalten häufig Regelungen über die Gewährung von Mehrarbeitsvergütung. Eine zwingende Regelung, Mehrarbeitsstunden mit einem bestimmten Zuschlag zu honorieren, besteht jedoch nicht. In arbeitsvertraglichen Regelungen werden die **Höhe des Zuschlags** und die **Berechnungsart** grundsätzlich der **Parteivereinbarung** überlassen. Es existiert eine Vielfalt von Überstundenentgeltklauseln, wobei im Wesentlichen unterschieden wird zwischen

- Überstunden gegen Zusatzentgelt und
- pauschalierten Überstundenabgeltungen.

Neben arbeitsvertraglichen Vereinbarungen finden sich konkrete Regelungen über die Vergütung von Überstunden häufig in **Tarifverträgen** oder in **Betriebsvereinbarungen,** wobei der Verweis auf betriebliche Regelungen durchaus üblich ist. Eine Betriebsvereinbarung kann grundsätzlich eine ausreichende Grundlage für die Anordnung von Überstunden sein. Allerdings ist zu beachten, dass in der Betriebsvereinbarung eine detaillierte Regelung zu Umfang und Verteilung der Überstunden vorgesehen sein muss.

Ausgleich durch Freizeitgewährung

Neben einer finanziellen Vergütung gibt es auch die Möglichkeit, Mehrarbeit durch Freizeitgewährung auszugleichen. Die Abgeltung anfallender Überstunden durch Freizeitgewährung erfordert grundsätzlich eine diesbezügliche **Vereinbarung,** d.h., der **Arbeitgeber kann einseitig keinen Freizeitausgleich festlegen.**

Vielfach finden sich entsprechende Regelungen in Arbeits- oder Tarifverträgen. Besteht eine Vereinbarung, nach der Mehrarbeit durch Freizeitgewährung auszugleichen ist, so entsteht nur ausnahmsweise ein Vergütungsanspruch. Das ist z.B. dann der Fall, wenn der Freizeitausgleich wegen Beendigung des Arbeitsverhältnisses nicht mehr möglich ist. Besteht in diesem Fall keine ausdrückliche Regelung der Überstundenvergütung, so gilt die Grundvergütung gemäß § 612 BGB als stillschweigend vereinbart.

Es kann auch ein Ausgleichszeitraum für die Freizeitgewährung festgelegt werden.

Wichtig

Überstunden können grundsätzlich nur bis zum Ende des nächsten Kalendermonats in Freizeit abgegolten werden. Hier kann der Arbeitgeber mit Einverständnis des Angestellten auch nach Ablauf des Ausgleichszeitraums mit befreiender Wirkung bezahlte Freizeit gewähren. Sind im Arbeits- oder Tarifvertrag keine Regelungen zu einem Freizeitausgleich vorhanden, ist der Arbeitgeber nicht befugt, einen bereits entstandenen Anspruch auf Mehrarbeitsvergütung einseitig durch Freizeit abzugelten.

Pauschale Abgeltung von Überstunden

Grundsätzlich ist die Vereinbarung einer Pauschalabgeltung von Mehrarbeit zulässig, wenn die Pauschale zu der tatsächlich anfallenden Arbeit in angemessenem Verhältnis steht.

Eine Pauschalabgeltung ist dann gegeben, wenn die geleistete Mehrarbeit nicht anhand der tatsächlich geleisteten Stunden festgemacht wird, sondern von **vornherein ein fester Betrag vereinbart wird, durch den alle oder eine bestimmte Anzahl von Überstunden abgedeckt** sind.

Pauschalierte Abgeltungsklauseln können die Arbeitnehmer unangemessen benachteiligen, wenn sie nicht transparent und eindeutig formuliert sind. Aus der Formulierung muss klar hervorgehen, welches Gehalt welche Überstunden abdecken soll.

Wichtig

Eine arbeitsvertragliche Pauschalierungsvereinbarung erfasst nur gesetzlich zulässige Überstunden, d.h., die **gesetzliche Höchstarbeitszeit von 48 Stunden übersteigende Überstunden** ist von dieser Klausel nicht abgedeckt.

Im Übrigen besteht bei der Vereinbarung einer Pauschalabgeltung von Überstunden weitgehende Gestaltungsfreiheit. Zur Wirksamkeit der Vereinbarung wird eine **quotenmäßige Aufteilung zwischen Gehalt und Überarbeitszuschlag nicht verlangt**. Es genügt, wenn ein Arbeitgeber bei der Einstellung eines Arbeitnehmers diesen ausdrücklich darauf hinweist, dass etwaige Mehrarbeit nicht besonders bezahlt wird, sondern durch das zugesagte Entgelt mit abgegolten ist. Vereinbarungen zur pauschalen Abgeltung von Überstunden können jedoch der Kontrolle der **allgemeinen Geschäftsbedingungen** unterliegen. Danach können Pauschalabgeltungsklauseln insbesondere unter den folgenden Gesichtspunkten beanstandet werden:

- Eine Pauschalabgeltung darf nicht in einem deutlichen Missverhältnis zu den angeordneten Überstunden stehen. Einer derartigen Verschiebung des Verhältnisses von Leistung und Gegenleistung steht es gleich, dass von vornherein eine Vergütung für geleistete Mehr- bzw. Überarbeit bei gleichzeitiger Verpflichtung zur Überarbeit ausgeschlossen wird.
- Eine Pauschalierung kann wegen Verstoßes gegen das Transparenzgebot unwirksam sein, wenn der Abrede kein Regelsatz zu leistender Überstunden zugrunde gelegt wird.
- Dagegen schaden angemessene Über- und Unterschreitungen der Wirksamkeit einer Pauschalabrede nicht.

Nähere Einzelheiten den Arbeitshilfen.

Ersetzungsbefugnis

Unter einer Ersetzungsbefugnis versteht man die Möglichkeit des Arbeitgebers, statt der finanziellen Vergütung der Mehrarbeit einen Freizeitausgleich oder umgekehrt statt Freizeit einen finanziellen Ausgleich anzuordnen. Da eine **Ersetzungsbefugnis im Arbeitsrecht gesetzlich nicht vorgesehen** ist, muss für deren Zulässigkeit zumindest eine einzel- oder tarifvertragliche Vereinbarung vorliegen. Existiert eine solche Vereinbarung nicht, so ist der Arbeitgeber nicht dazu berechtigt, einen bereits entstandenen Anspruch auf Überstundenvergütung durch die Gewährung von Arbeitsbefreiung zu erfüllen. Durch die Freistellung von der Arbeitsleistung erbringt der Arbeitgeber dann nämlich gerade nicht die geschuldete Leistung; diese ist erst dann erbracht, wenn die vereinbarte finanzielle Abgeltung erfolgt.

So ist der Arbeitgeber mangels Erfüllung weiterhin zur Vergütung der geleisteten Überstunden verpflichtet. Insbesondere ist in dem bloßen widerspruchslosen Fernbleiben des Arbeitnehmers – auf eine entsprechende Aufforderung des Arbeitgebers hin – keine Zustimmung zu einem Überstundenausgleich in Freizeit zu sehen. Ein bloßes Schweigen im Rechtsverkehr stellt nämlich grundsätzlich keine Willenserklärung dar.

Entgeltfortzahlung im Krankheitsfall

Gemäß § 4 Abs. 1a Entgeltfortzahlungsgesetz (EntgFG) spielt die Überstundenvergütung bei der Berechnung der Krankenvergütung grundsätzlich keine Rolle. Allerdings ist **Überstunde nicht gleich Überstunde.** Es ist vielmehr zwischen regelmäßig und unregelmäßig anfallenden Überstunden zu unterscheiden. Unter **unregelmäßigen** Überstunden versteht man Mehrarbeit, die sporadisch, je nach Arbeitsvolumen – also gelegentlich – nötig wird. **Regelmäßige** Überstunden sind dagegen dann gegeben, wenn der Arbeitnehmer z.B. vertraglich nur 39 Stunden pro Woche zu leisten hat, faktisch jedoch regelmäßig 45 Stunden in der Woche arbeitet.

Regelmäßig auftretende Überstunden müssen zur **regelmäßigen Arbeitszeit** des Arbeitnehmers i.S.d. § 4 Abs. 1a EntgFG gezählt werden.

Urlaubsentgelt

§ 11 Abs. 1 Satz 1 BUrlG

Nach § 11 Abs. 1 Satz 1 Bundesurlaubsgesetz (BUrlG) bemisst sich das Urlaubsentgelt nach dem **durchschnittlichen Arbeitseinkommen,** das der Arbeitnehmer während der letzten **13 Wochen** vor Urlaubsbeginn erhalten hat. Hierbei bleibt allerdings der zusätzliche für Mehrarbeit gezahlte Arbeitsverdienst unberücksichtigt. Sinn und Zweck der Vorschrift liegt darin, den Arbeitgeber von den zusätzlichen Kosten, die durch die Berücksichtigung der Mehrarbeit entstanden sind, zu entlasten.

§ 1 BUrlG

Etwas anderes gilt jedoch dann, wenn der Arbeitgeber den Arbeitnehmer ohne dessen urlaubsbedingtes Fehlen zu Überstunden herangezogen hätte. Wäre der Arbeitnehmer in dem Zeitraum, in dem er urlaubsbedingt abwesend war, zur Ableistung von Überstunden herangezogen worden, so ist die hierauf entfallende Grundvergütung nach der Rechtsprechung des Bundesarbeitsgerichts dem nach § 1 BUrlG zu zahlenden Entgelt zuzuordnen. Die Regelung des § 1 BUrlG beinhaltet nicht nur den Grundsatz des bezahlten Erholungsurlaubs, sondern erhält dem Arbeitnehmer auch den **Vergütungsanspruch trotz Nichtleistung der Arbeit während des Urlaubs.** Daraus wiederum ist eine Pflicht zur Abgeltung aller urlaubsbedingt ausgefallenen Arbeitsstunden zu folgern, die auch die Mehrarbeit miteinschließt.

Zeitfaktor und Geldfaktor

Auf den ersten Blick scheinen sich die beiden Vorschriften im Bundesurlaubsgesetz auszuschließen, da die eine, § 1 BUrlG, Mehrarbeit berücksichtigt, die andere, § 11 BUrlG, die Mehrarbeit gerade unberücksichtigt wissen will.

Tatsächlich bilden die beiden Vorschriften die zwei Seiten einer Medaille. § 1 BUrlG erfasst nur den sog. **Zeitfaktor,** indem eben auch die Zeit der Mehrarbeit, so sie zu leisten gewesen wäre, zur Berechnung des Urlaubsentgelts herangezogen werden muss. § 11 BUrlG erfasst hingegen nur den reinen **Geldfaktor.** Damit soll verhindert werden, dass sich Mehrarbeitszuschläge, die ausnahmsweise in den vergangenen 13 Wochen gezahlt worden sind, auf die Höhe des Urlaubsentgelts niederschlagen.

Sicht des Arbeitgebers

Ohne eine einzelvertragliche oder tarifvertragliche Regelung bzw. eine entsprechende Betriebsvereinbarung kann ein Arbeitgeber keine Überstunden anordnen. Nur in Notfällen besteht eine Verpflichtung des Arbeitnehmers.

Vorteile von Mehrarbeit

Zur Deckung eines zeitweisen Arbeitskräftemehrbedarfs stellt Mehrarbeit für Arbeitgeber ein **einfach zu handhabendes und kostengünstiges Instrumentarium** der Personalbeschaffung dar. Der Arbeitskräftemehrbedarf kann mit der **vorhandenen Belegschaft** abgedeckt werden. Der **Verwaltungsaufwand** bei Mehrarbeit ist relativ gering. Es genügt, wenn der Arbeitgeber die Mehrarbeit seiner Arbeitnehmer, die am Tag über acht Stunden hinausgeht, in einem Arbeitszeitnachweis festhält (§ 16 Abs. 2 Satz 1 ArbZG). Diese Nachweise sind dann mindestens zwei Jahre aufzubewahren (§ 16 Abs. 2 Satz 2 ArbZG).

Wann Mehrarbeit wenig sinnvoll ist

Ständige Mehrarbeit, insbesondere wenn sie auf Anordnung und nicht auf Freiwilligkeit beruht, führt auf Dauer zur **Demotivation der Belegschaft.**

Daher sollte ein verständiger Arbeitgeber Mehrarbeit nicht über längere Zeit anordnen, sondern nur bei wenig planbaren oder kurzfristigen Arbeitsspitzen, etwa bei Projekten, die kurz vor dem Abschluss stehen, aber noch erheblichen Zeiteinsatz fordern.

Bei einem längerfristig erhöhten Arbeitskräftebedarf bieten sich besser folgende Wege an, einen **größeren Arbeitskräftebedarf zu decken**:

- **Einstellung** von neuen Mitarbeitern
- Kooperation mit **Zeitarbeitsunternehmen**
- Umwandlung von Teilzeitstellen in **Vollzeitstellen**
- **Rationalisierung von Arbeitsabläufen** und Nutzung der frei werdenden Kapazitäten

Kooperation mit dem Betriebsrat

Betriebsräte haben bei der vorübergehenden Verlängerung der Arbeitszeit, also bei der Anordnung von Überstunden, ein **zwingendes Mitbestimmungsrecht** (§ 87 Abs. 1 Nr. 3 BetrVG). Dieses Mitbestimmungsrecht besteht nach der ständigen Rechtsprechung der Arbeitsgerichte selbst dann, wenn die Ableistung der Überstunden eilbedürftig ist.

Nur in echten Notfällen, etwa wenn es im Betrieb brennt und Waren vor den Flammen gerettet werden müssen, bedarf es keiner vorherigen Zustimmung, sondern es genügt die nachträgliche Genehmigung.

Hier ist also für Arbeitgeber eine **Kooperation mit dem Betriebsrat** wichtig, dessen Ziel es ist, die Mehrarbeit auf ein unvermeidbares Maß zu reduzieren. Dieses Anliegen steht nur auf den ersten Blick im Widerspruch zu den Arbeitszeitwünschen des Arbeitgebers, der im Moment einen dringenden Bedarf an zusätzlichen Arbeitskräften hat.

Ist das Mehrarbeitserfordernis eine Einzelerscheinung, wird sich ein kooperierender Betriebsrat dem Wunsch des Arbeitgebers nicht verschließen. Ist die Mehrarbeit hingegen ein betrieblicher Dauerzustand, sollte ein Arbeitgeber die Verweigerung als **Schutz der Gesundheit der Beschäftigten** verstehen.

Wichtig

Der Arbeitgeber muss bei der Anordnung von Überstunden neben den betrieblichen Erfordernissen auch die Interessen der betroffenen Arbeitnehmer angemessen berücksichtigen.

Beispiel: Es wurden notwendige Überstunden angeordnet. Ein Arbeiter bittet darum, an diesem Tag nicht mehr arbeiten zu müssen, da er seine Mutter pflegen muss, ein anderer Arbeiter würde diese Stunden freiwillig übernehmen. Hier muss der Arbeitgeber die Interessen seiner Mitarbeiter berücksichtigen.

Stimmt der Betriebsrat dem Antrag auf die vom Arbeitgeber gewünschten Überstunden nicht zu, muss der Arbeitgeber, will er die Überstunden auf jeden Fall durchsetzen, das **Einigungsstellenverfahren durchführen**. Der Spruch der Einigungsstelle ist sowohl für Arbeitgeber wie Betriebsrat bindend (§ 87 Abs. 2 BetrVG).

Zur Vermeidung von unnötigen Diskussionen über die Zulässigkeit von Mehrarbeit in Einzelfällen, die insbesondere bei Eilfällen auftreten, empfiehlt es sich für Arbeitgeber, mit ihrem Betriebsrat ein generelles Überstundenreglement zu vereinbaren und dies in einer **Betriebsvereinbarung** niederzulegen. Nähere Einzelheiten in der Arbeitshilfe „Betriebsvereinbarung zu Überstunden".

Praxisipp

Soweit keine anderen kollektiven Regelungen bestehen, empfiehlt es sich, eine Verpflichtung zur Leistung von Überstunden einzelvertraglich zu vereinbaren. Sonst kann Mehrarbeit nur in außergewöhnlichen Fällen/Notfällen eingefordert werden.

Um zu vermeiden, dass Arbeitnehmer selbstständig und unnötig Überstunden leisten, sollte klar definiert werden, dass es einer Anordnung durch den Arbeitgeber für Mehrarbeit bedarf.

Fazit

Als Vorgesetzter machen Sie sich strafbar, wenn Überstunden angeordnet werden, die die gesetzlichen Arbeitszeiten überschreiten, und Sie von diesen Arbeitszeitverstößen informiert sind.

Auswirkungen auf die Arbeitnehmer

Ein Arbeitnehmer ist nicht verpflichtet, Überstunden zu leisten, außer dies wurde vorher mit dem Arbeitgeber einzelvertraglich oder kollektivrechtlich (Tarifvertrag/Betriebsvereinbarung) vereinbart.

Werden Überstunden geleistet, hat der Arbeitnehmer einen Anspruch auf eine Vergütung dieser Stunden.

Verweigerung von Überstunden

Will ein Arbeitnehmer keine Mehrarbeit leisten, muss er vorher prüfen, ob er nicht eventuell zur Mehrarbeit verpflichtet ist, wenn er keine kündigungsrelevante Arbeitsverweigerung begehen will.

Folgende Fragen sollten vor einem Nein geklärt sein:

1. Liegt ein Notfall oder Eilfall vor?
2. Ist die Anordnung der Überstunden nach dem Gesetz erlaubt (vgl. Arbeitszeitgesetz), d.h., werden z.B. Ruhezeiten, Lenkzeiten oder Höchstarbeitszeiten eingehalten?
3. Gehört der Arbeitnehmer keiner der Arbeitnehmergruppen an, für die Überstunden generell ausgeschlossen sind bzw. die Überstunden verweigern können (Jugendliche/Schwangere/schwerbehinderte Arbeitnehmer)?
4. Hat sich der Arbeitgeber die Ableistung von Überstunden vertraglich vorbehalten?
5. Hat der Betriebsrat der Anordnung der Überstunden zugestimmt?
6. Entsprechen die konkrete Anordnung und der Umfang der Überstunden im Rahmen einer Ermessensabwägung im Einzelfall billigem Ermessen?

Beispiel

Ein Familienvater darf kurzfristig angeordnete Überstunden verweigern, wenn er sein Kind vom Kindergarten abholen muss.

Sollte ein Arbeitnehmer unsicher sein, ob er der Anordnung der Überstunden widersprechen kann, sollte er dieser im Zweifel lieber nachkommen. Er kann die Überstunden auch unter dem Vorbehalt der gerichtlichen Überprüfung ableisten. Ob es sich für den Arbeitnehmer lohnt, ein im Übrigen intaktes Arbeitsverhältnis damit zu belasten, muss jeder Arbeitnehmer für sich entscheiden.

Wichtig

Nur wenn Überstunden vertraglich ausdrücklich ausgeschlossen sind, dürfen diese verweigert werden. Bei beharrlicher Ablehnung von Überstunden kann mit Kündigungsandrohung abgemahnt werden, so urteilte das Arbeitsgericht Frankfurt am Main (– Ca 9795/04 –).

Durchsetzung von Mehrarbeitsvergütung

Hat der Arbeitnehmer Mehrarbeit geleistet und der Arbeitgeber verweigert ihm die Vergütung, indem er **die Ableistung der Mehrarbeit bestreitet,** so stellt sich die Frage, wie der Arbeitnehmer seinen möglicherweise bestehenden Anspruch auf Vergütung der Mehrarbeit – ggf. gerichtlich – durchsetzen kann. Zur Begründung eines Anspruchs auf Überstundenvergütung muss der Arbeitnehmer darlegen,

- an welchen Tagen er Mehrarbeit geleistet hat,
- zu welcher Tageszeit diese angefallen ist,
- von welcher Normalarbeitszeit er ausgeht,
- welche Arbeitszeit er tatsächlich gearbeitet hat,
- wann und wie lange er an diesen Tagen Pause gemacht hat oder warum er keine Pause machen konnte,
- welche geschuldete Tätigkeit er ausgeführt hat.

Je nach der Einlassung des Arbeitgebers besteht eine abgestufte Darlegungs- und Beweislast.

Praxistipp

Den Stundenzettel für die Mehrarbeit gleich vom Vorgesetzten gegenzeichnen lassen und für zwei Jahre aufbewahren!

Nachweis der Anordnung der Mehrarbeit

Der Anspruch auf Mehrarbeitsvergütung setzt des Weiteren voraus, dass die vom Arbeitnehmer verrichtete Mehrarbeit tatsächlich vom Arbeitgeber angeordnet war. Auch hierfür trägt der Arbeitnehmer die Darlegungs- und Beweislast. Es reicht allerdings aus, dass die Überstunden durch die Erledigung einer dem Arbeitnehmer obliegenden Arbeit **notwendigerweise entstanden** sind. Auch ist eine Überstundenanordnung immer dann anzunehmen, wenn der Arbeitgeber dem Arbeitnehmer eine Arbeit überträgt, bei der klar ist, dass sie nicht innerhalb der regelmäßigen vertraglichen Arbeitszeit zu bewältigen ist.

Wichtig

Bei Überstunden ohne Abstimmung mit dem Vorgesetzten besteht die Gefahr, dass diese Stunden nicht vergütet werden müssen.

Nachweis der fehlenden Ausgleichsmöglichkeit

Falls es dem Arbeitnehmer gelingt, sowohl den genauen Zeitpunkt der verrichteten Überstunden als auch die Anordnung durch den Arbeitgeber nachzuweisen, kann der Anspruch auf Überstundenabgeltung dennoch unter Umständen daran scheitern, dass der Arbeitnehmer es unterlassen hat, auf Grundlage seiner **Arbeitszeitsouveränität** einen zeitlichen Ausgleich herbeizuführen. Dies hat das Bundesarbeitsgericht in einem Fall angenommen, in dem der Arbeitnehmer aufgrund seiner Leitungsposition keine festen Arbeitszeiten einhalten musste. Seine Überstunden sollte er durch entsprechende Gestaltung seines Arbeitsablaufs abbauen.

Beachtung von Ausschlussfristen

Sowohl in Tarifverträgen als auch in Arbeitsverträgen sind häufig **Ausschlussfristen** vorgesehen, nach denen Ansprüche aus dem Arbeitsverhältnis, wie etwa auch der Anspruch auf Mehrarbeitszuschlag, verfallen, sofern sie nicht innerhalb einer bestimmten Frist schriftlich geltend gemacht werden.

Klare Regelungen im Arbeitsvertrag!

Für Arbeitnehmer ist es wichtig vertraglich zu definieren, ob und wie viele Überstunden durch die vereinbarte Vergütung im Arbeitsvertrag **abgegolten** sind, bzw. wie die **Überstunden vergütet** werden; deswegen ist hier großen Wert auf klare und verständliche Regelungen im Arbeitsvertrag zu legen.

Vorgehensweise des Betriebsrats

Mitbestimmungsrecht gemäß § 87 Abs. 1 Nr. 3 BetrVG

Bei der Anordnung von Überstunden besteht ein Mitbestimmungsrecht des Betriebsrats (§ 87 Abs. 1 Nr. 3 BetrVG).

Der Betriebsrat muss der Anordnung von Überstunden vorher zustimmen; dies gilt auch im Eilfall. **Zweck** dieses Mitbestimmungsrechts ist es, die **Interessen der Arbeitnehmer** bei der Anordnung zusätzlicher Arbeitsleistungen zu wahren. Dazu gehört neben der Frage, ob die Arbeitszeit **überhaupt** verlängert werden soll, vor allem auch eine **gerechte Verteilung** der mit der Leistung von Überstunden verbundenen Belastungen und Vorteile. Das Mitbestimmungsrecht des Betriebsrats bezieht sich dementsprechend auf die Frage, **ob und in welchem Ausmaß** Überstunden geleistet werden sollen und **welche Arbeitnehmer** diese leisten sollen. Das heißt, immer wenn eine vorübergehende Verlängerung der betriebsüblichen Arbeitszeiten geplant ist, muss der Betriebsrat beteiligt werden.

Wenn dieses Mitbestimmungsrecht durch den Arbeitgeber übergangen wird, ist die Maßnahme, z.B. die Anordnung von Überstunden, unwirksam. Das hat zur Folge, dass sich der **Arbeitnehmer den mitbestimmungswidrig angeordneten Überstunden widersetzen** kann – ohne irgendwelche Konsequenzen wegen Arbeitsverweigerung befürchten zu müssen. Der Betriebsrat kann dem von der Maßnahme betroffenen Arbeitnehmer raten, sich gegen die Maßnahme zu wehren und die angeordneten Überstunden nicht zu leisten – und ihn darauf hinweisen, dass seine Weigerung keine arbeitsrechtlichen Konsequenzen haben kann.

Wichtig

Einzelne vertragliche Vereinbarungen, mit denen die Arbeitszeit dauerhaft verlängert wird, unterliegen allerdings nicht dem Mitbestimmungstatbestand. Der Betriebsrat hat nämlich nur dann ein Mitbestimmungsrecht, wenn ein **kollektiver Bezug** vorliegt. Dieser kollektive Bezug setzt voraus, dass die Arbeitszeit aus **betrieblichen Gründen** für eine **Mehrzahl von Arbeitnehmern** verlängert werden soll und Regelungsfragen auftreten, welche die kollektiven Interessen auch der übrigen Arbeitnehmer betreffen. Die Anzahl der betroffenen Arbeitnehmer hat insoweit nur eine **Indizwirkung** für das Bestehen eines kollektiven Tatbestands. Letztlich können aber auch die Überstunden eines einzelnen Arbeitnehmers die Mitbestimmung auslösen.

Fazit

Das Mitbestimmungsrecht des Betriebsrats kann nicht dadurch umgangen werden, dass der Arbeitgeber zulässt, dass Arbeitnehmer **freiwillig Überstunden** leisten.

Der Betriebsrat muss auch zustimmen, wenn der Arbeitgeber Überstunden wissentlich entgegennimmt, aber nicht ausdrücklich anordnet.

Informationsrechte nach dem Betriebsverfassungsgesetz (§ 80 BetrVG)

Dem Betriebsrat stehen Rechte zu, die es ihm ermöglichen, das Problem von Mehrarbeit schon in einem frühen Stadium zu bekämpfen.

So hat der Betriebsrat ein **allgemeines Informationsrecht,** mit dessen Hilfe er alle Informationen einholen kann, die er für seine Arbeit als Betriebsrat benötigt.

Strukturiertes Vorgehen zum Abbau von Mehrarbeit

Unabhängig von der Ursache für die Mehrarbeit darf diese nicht zum dauerhaften Zustand werden, sondern sollte abgebaut werden. Der Betriebsrat sollte im Rahmen seiner allgemeinen Überwachungspflichten die **Ursache für die ständige Mehrarbeit herausfinden** und nach Möglichkeit zusammen mit dem Arbeitgeber und den betroffenen Arbeitnehmern nach einer Lösung zum Abbau der Mehrarbeit suchen.

Lösungen finden

Bei der Suche nach Lösungen kann z.B. folgendermaßen vorgegangen werden.

Schritt 1: Bestandsaufnahme
- Ermittlung der Ursachen für die Mehrarbeit
- Ermittlung des aktuellen Umfangs der Mehrarbeit nach Abteilungen, Funktionen, Gruppen usw. getrennt
- Ermittlung, ob Ausgleich der Überstunden (in Geld/als Freizeit/gar nicht) erfolgt
- Ermittlung der Entwicklung der vergangenen zwei Jahre
- Erhebung der dadurch verursachten zusätzlichen Kosten und des daraus resultierenden Einkommensanteils
- Definition von Schwerpunkten für die eigene Tätigkeit

Schritt 2: Entwicklung realistischer Alternativen
- Workshops mit Betroffenen, um Möglichkeiten abzuschätzen
- Unterstützung durch Gewerkschaft/Berater
- Einrichtung eines gemeinsamen Ausschusses zur Überwachung der Mehrarbeit
- schriftliche Fixierung von Konzepten und Eckpunkten
- spezielle Schulungsmaßnahmen für Betriebsratsmitglieder

Schritt 3: Verständigung
- Besprechung mit Arbeitgeber
- Betriebs-/Abteilungsversammlungen
- gemeinsame Weiterentwicklung der Konzepte mit allen Beteiligten (Workshops, Abteilungsbesprechungen usw.)

- bei Konflikt mit Arbeitgeber: Mehrarbeit gerichtlich blockieren
- Überprüfung der Durchsetzbarkeit des eigenen Konzepts in der Einigungsstelle, zusammen mit Gewerkschaft/Berater

Ausnahmesituation: Notfälle

Auch im Rahmen von Mehrarbeit gilt der Grundsatz, dass besondere Situationen besondere Maßnahmen erfordern. In echten Notfällen ist das Mitbestimmungsrecht des Betriebsrats daher ausgeschlossen. Ein **echter Notfall** ist beispielsweise in folgenden Fällen gegeben:

- Brand
- Überschwemmungen
- Unwetterkatastrophen

In diesen unvorhersehbaren und schwerwiegenden Situationen ist der Betriebsrat oft entweder nicht erreichbar oder nicht zur rechtzeitigen Beschlussfassung in der Lage. Der Arbeitgeber muss in diesen Fällen jedoch sofort und ohne Zögern agieren können, um nicht mehr wiedergutzumachende Schäden von dem Betrieb und den Arbeitnehmern abzuwenden. Er kann daher **ohne die Zustimmung des Betriebsrats** Mehrarbeit anordnen.

Für solche Notsituationen bietet es sich an, ein **festes Vorgehen** zwischen Betriebsrat und Arbeitgeber zu **vereinbaren**, es sollte eine Betriebsvereinbarung für Überstunden abgeschlossen werden.

Praxistipp

Bestehen aber lediglich **betriebliche Notwendigkeiten,** welche die Leistung von plötzlich und unerwartet notwendigen Überstunden erforderlich machen, so liegt **kein Notfall** vor und der Betriebsrat muss vor der Ableistung von Mehrarbeit angehört werden.

Rahmenregelungen

In der Praxis werden zwischen Betriebsrat und Arbeitgeber vielfach für bestimmte Arten von Mehrarbeit Rahmenregelungen vereinbart. Das führt dazu, dass in den von der Rahmenregelung erfassten Bereichen **kein jeweils separat durchzuführendes Mitbestimmungsverfahren mehr erforderlich** ist.

Dann bedarf Mehrarbeit aufgrund von Abschlussarbeiten oder kurzfristigen Außendiensteinsätzen nicht mehr der Mitbestimmung des Betriebsrats. Solche allgemeinen Vereinbarungen zwischen Arbeitgeber und Betriebsrat sind immer dann möglich, wenn es sich um voraussehbare und immer wiederkehrende Tatbestände handelt.

Des Weiteren gibt es Rahmenregelungen, die eine bestimmte Anzahl von Überstunden festsetzen. Die konkrete Anordnung von Überstunden hat sich dann an den Maßstäben dieser Regelungen zu orientieren.

Einigungsstellenverfahren bei Streit

Scheitern die Verhandlungen über die vom Arbeitgeber geplanten Überstunden, muss die **Einigungsstelle** angerufen werden (§ 87 Abs. 2 Satz 1 BetrVG). Dort kann die Zustimmung des Betriebsrats ersetzt werden.

Fazit

§ 87 BetrVG sieht nicht vor, dass die Zustimmung zu den Überstunden als erteilt gilt, wenn der Betriebsrat innerhalb einer bestimmten Frist nicht reagiert. Er sieht auch keine notwendige Begründung für die Verweigerung der Zustimmung vor.

Ihre digitalen Arbeitshilfen

Sie erhalten direkt einsetzbare Arbeitshilfen zu diesem Stichwort. So können Sie schnell und einfach Ihre benötigte Arbeitshilfe finden und diese gleich am PC bearbeiten.

Arbeitshilfen
- Checkliste Mehrarbeit
- Mehrarbeitsvergütung im Arbeitsvertrag
- Antrag auf einstweilige Verfügung
- Formular zu § 16 Abs. 2 Arbeitszeitgesetz
- Betriebsvereinbarung zu Überstunden
- Zehn Fragen und Antworten zu Mehrarbeit/Überstunden

Nebenbeschäftigung

Grundlagen

Begriff und Arten der Nebenbeschäftigung

Von einer „**Nebenbeschäftigung**" spricht man, wenn der Arbeitnehmer seine Arbeitskraft neben einem sozialversicherungspflichtigen Hauptbeschäftigungsverhältnis bei einem **anderen Arbeitgeber** einsetzt, um zusätzlich Entgelt aus dieser (Neben-)Beschäftigung zu erzielen. Übt ein Arbeitnehmer dagegen bei **demselben Arbeitgeber** mehrere Beschäftigungen aus, werden diese grundsätzlich als ein einheitliches sozialversicherungspflichtiges Beschäftigungsverhältnis angesehen (so zuletzt BSG, Urteil vom 27.06.2012 – B 12 KR 28/10 R-). Dies gilt nicht, wenn die weitere Beschäftigung in einem rechtlich selbstständigen Betrieb des Arbeitgebers (z.B. Eigenbetrieb als GmbH) ausgeübt wird. Dann handelt es sich um zwei Beschäftigungen bei verschiedenen Arbeitgebern. Werden eine abhängige Beschäftigung und eine **selbständige Tätigkeit** bei demselben Arbeitgeber unabhängig voneinander ausgeübt, liege eine so genannte „Mischtätigkeit" vor, bei der abhängige Beschäftigung und selbstständige Tätigkeit rechtlich getrennt zu beurteilen sind.

Mehrfachbeschäftigung („Doppelarbeitsverhältnisse") kann in verschiedenen Kombinationen vorkommen:

- Zusammentreffen einer Vollzeitbeschäftigung mit einer Teilzeitbeschäftigung
- gleichzeitige Ausübung von zwei verschiedenen Teilzeitarbeitsverhältnissen
- Zusammentreffen von einer Vollzeit- oder Teilzeitbeschäftigung mit einer sozialversicherungsfreien geringfügigen Beschäftigung („Minijob")

Die begriffliche Aufteilung in Haupt- und Nebenbeschäftigung kann in der Praxis unzutreffend sein, wenn der Arbeitnehmer **zwei Teilzeitbeschäftigungen** bei verschiedenen Arbeitgebern nachgeht und der jeweilige wöchentliche Beschäftigungsumfang gleich hoch ist (z.B. jeweils 20 Wochenstunden). Allgemein ist aber aus der Sicht der Interessenlage des Arbeitgebers jede weitere Beschäftigung seines Arbeitnehmers bei einem anderen Arbeitgeber als Nebenbeschäftigung zu bezeichnen.

Das Ausüben von **zwei Vollzeitbeschäftigungen** nebeneinander schließt sich dagegen regelmäßig schon deshalb aus, weil der Arbeitszeitumfang in diesem Fall den gesetzlichen Vorgaben des Arbeitszeitgesetzes (siehe Höchstarbeitszeiten gemäß §§ 3, 11 Abs. 2 ArbZG = 48 Stunden/Woche) entgegenstehen würde.

Eine nebenberufliche Betätigung kann auch freiberuflich, z.B. im Rahmen eines Werk- oder Dienstvertrags, oder in Form der selbstständigen Tätigkeit erfolgen.

Grundlagen | **Nebenbeschäftigung**

Praxistipp
Die Ausübung eine Ehrenamts (ohne Entgelterzielung) wird nicht als Nebenbeschäftigung angesehen.

Wichtig
Im Beamtenrecht hat sich der Begriff der Nebentätigkeit herausgebildet. Für Beschäftigte im öffentlichen Dienst (Arbeiter, Angestellte und Beamte) richtet sich das Nebentätigkeitsrecht nach speziellen Vorschriften, die in diesem Kapitel nicht behandelt werden!

Der Trend zum „Zweitjob"

Immer mehr Beschäftigte haben mehrere Jobs

Die Zahl derjenigen Arbeitnehmer in Deutschland, die mehr als eine Beschäftigung nebeneinander ausüben, steigt kontinuierlich an. Laut Statistiken der Bundesagentur für Arbeit gab es Ende 2012 insgesamt 2,658 Millionen Menschen mit einem "Zweitjob". Zum Vergleich: Mitte 2011 waren es 2,493 Millionen, Mitte 2003 nur 1,158 Millionen. Das entspricht einem Anstieg des Anteils der Zweitjobber von 4,3 Prozent im Jahr 2003 auf 9,1 Prozent im Jahr 2012.

Dienstleistungsbereich liegt vorne

Die meisten Zweitjobber arbeiten im Einzelhandel, im Gastgewerbe und im sonstigen Dienstleistungsbereich. Die Mehrheit von ihnen sind Frauen.

Politische Forderungen

Arbeitnehmervertreter erklären die stete Zunahme von Nebenbeschäftigungen damit, dass für immer mehr Beschäftigte das Einkommen aus einem Job zum Leben nicht mehr ausreiche. Sie sehen diese Entwicklung als Alarmzeichen, dass es um die Qualität und Bezahlung von Arbeit immer schlechter bestellt sei. In diesem Zusammenhang stehen die politischen Forderungen nach der Einführung von **Mindestlöhnen**, der Eindämmung des **Missbrauchs von Leiharbeit** und der Bekämpfung von Lohndumping und Altersarmut.

Fazit
Übt ein Arbeitnehmer neben einer bereits bestehenden Hauptbeschäftigung zusätzlich eine weitere (entgeltliche) Beschäftigung bei einem anderen Arbeitgeber aus, so bezeichnet man diese zweite (und jede weitere) Beschäftigung als Nebenbeschäftigung.

In Deutschland ist die Anzahl der Arbeitnehmer in Nebenbeschäftigungsverhältnissen kontinuierlich gestiegen.

Rechtliche Voraussetzungen

Vertragliche Rahmenbedingungen

Abschlussfreiheit gilt auch für Nebenbeschäftigung

Spezielle gesetzliche Regelungen für den Vertragsabschluss zur Aufnahme einer Nebenbeschäftigung gibt es nicht. Konkret bedeutet das, dass der Nebenbeschäftigungsvertrag wie jeder Arbeitsvertrag nach dem **Grundsatz der Vertragsfreiheit** (Abschlussfreiheit) mündlich oder schriftlich abgeschlossen werden kann.

Kein generelles Verbot der Nebenbeschäftigung möglich

Die Aufnahme und die Ausübung einer Nebenbeschäftigung sind durch Grundrecht auf freie Entfaltung der Persönlichkeit (Artikel 2 Abs. 1 Grundgesetz) und das **Grundrecht der freien Berufswahl und Berufsausübung** (Artikel 12 Grundgesetz) geschützt. Nebenbeschäftigungen sind daher grundsätzlich zulässig und dürfen vom Arbeitgeber nicht verboten werden. Denn der Arbeitnehmer verspricht dem Arbeitgeber nicht, ihm seine gesamte Arbeitskraft zur Verfügung zu stellen. Er darf seine Arbeitskraft auch außerhalb der Arbeitszeit im Hauptarbeitsverhältnis frei verwenden und benötigt hierfür grundsätzlich keine Genehmigung des Arbeitgebers.

Wichtig

Das Recht des Arbeitnehmers, eine Nebenbeschäftigung aufzunehmen, kann durch Arbeitsvertrag, Tarifvertrag oder Betriebsvereinbarung nicht grundsätzlich und generell verboten werden.

Verbot mit Erlaubnisvorbehalt

Die Aufnahme einer Nebenbeschäftigung kann aber arbeitsvertraglich beschränkt werden, indem der Arbeitgeber den Arbeitnehmer dazu verpflichtet, ihn vor Aufnahme einer weiteren Beschäftigung darüber in Kenntnis zu setzen mit dem Ziel, ihm dadurch eine rechtzeitige Prüfung zu ermöglichen, ob durch die Nebenbeschäftigung seine **berechtigten Interessen** berührt werden. Man spricht in einem solchen Fall von einem Verbot mit Erlaubnisvorbehalt (Genehmigungsvorbehalt), das auch unter dem Gesichtspunkt des Artikel 12 GG als zulässig erachtet wird.

Im Gegensatz zu einem Nebenbeschäftigungsverbot bedeutet dieser **Genehmigungsvorbehalt,** dass der Arbeitnehmer vor Aufnahme einer weiteren Beschäftigung diese seinem (Haupt-)Arbeitgeber anzeigen muss. Unterlässt er das, so verletzt er damit seine arbeitsvertragliche Pflicht, was eine Abmahnung oder sogar eine Kündigung rechtfertigen kann.

Wichtig

Verstößt der Arbeitnehmer gegen seine arbeitsvertragliche Verpflichtung zur Einholung der Genehmigung des Arbeitgebers, so ist eine Abmahnung nach der Rechtsprechung des Bundesarbeitsgerichts auch dann berechtigt, wenn er Anspruch auf dessen Erteilung für die konkrete Nebenbeschäftigung hat.

Ein Verbot mit Erlaubnisvorbehalt könnte im Arbeitsvertrag folgendermaßen formuliert sein:

„Der Arbeitnehmer darf Nebenbeschäftigungen, die seine Arbeitsleistung beeinträchtigen könnten oder sonst die Interessen des Arbeitgebers berühren, nur nach vorheriger schriftlicher Einwilligung des Arbeitgebers aufnehmen."

Auch Tarifverträge können Einschränkungen für die Aufnahme von Nebenbeschäftigungen enthalten, wenn die tarifliche Regelung dazu dient, die **Beeinträchtigung dienstlicher Interessen** zu verhindern.

Widerrufsvorbehalt

Der Arbeitgeber kann sich auch im Hinblick auf mögliche zukünftige Änderungen der tatsächlichen Umstände, beispielsweise für zunächst nicht absehbare Probleme im Verhältnis der Neben- zur Hauptbeschäftigung, den Widerruf einer erteilten Nebenbeschäftigungsgenehmigung vorbehalten durch einen sog. **Widerrufsvorbehalt**. Er kann auch mit dem Arbeitnehmer im Arbeitsvertrag vereinbaren, dass dieser verpflichtet ist, ihm über eine zukünftige Änderung von Art und Umfang der genehmigten Nebenbeschäftigung **Auskunft zu erteilen**.

Wichtig

Hat der Arbeitgeber eine Nebenbeschäftigung genehmigt, so kann er sie nach § 315 Abs. 3 BGB im Rahmen billigen Ermessens widerrufen, wenn sich nachträglich herausstellt, dass seine berechtigten Interessen durch diese Nebentätigkeit verletzt werden. Dies kann sich z.B. dadurch ergeben, wenn sich zeigt, dass die Leistungsfähigkeit des Arbeitnehmers durch die mit der Nebenbeschäftigung verbundenen Belastungen offenbar erheblich beeinträchtigt wird.

Berechtigte Interessen des Arbeitgebers zur Versagung der Genehmigung

Der Arbeitnehmer hat gegenüber seinem Arbeitgeber Anspruch auf Zustimmung zur Aufnahme der Nebenbeschäftigung, soweit die Aufnahme der Nebenbeschäftigung **betriebliche Interessen nicht beeinträchtigt**.

Berechtigte Interessen des Arbeitgebers zur Versagung der Nebenbeschäftigungsgenehmigung liegen stets vor, wenn die Beschäftigung **gegen ein gesetzliches Verbot** verstößt.

Nähere Einzelheiten siehe Abschnitt „Gesetzliche Nebenbeschäftigungsverbote".

Sonstige Fälle berechtigter Interessen sind nach den Umständen des Einzelfalls zu beurteilen. Die Rechtsprechung setzt dafür voraus, dass die Arbeitsleistung des Arbeitnehmers durch die Nebenbeschäftigung beeinträchtigt werden kann.

Mitteilungspflichten des Arbeitnehmers bei Aufnahme einer Nebenbeschäftigung

Aus der allgemeinen arbeitsvertraglichen Treuepflicht des § 242 Bürgerliches Gesetzbuch (BGB) folgt, dass der Arbeitnehmer Anzeige- und Auskunftspflichten gegenüber seinem Arbeitgeber hat. Dazu gehört auch, dass der Arbeitgeber nach Nebenbeschäftigungen fragen darf (Art der Tätigkeit, Umfang und zeitliche Lage). Eine entsprechende **Anzeigepflicht** des Arbeitnehmers gegenüber dem Arbeitgeber vor Aufnahme einer Nebenbeschäftigung kann daher wirksam im Arbeitsvertrag festgeschrieben werden.

Verletzt der Arbeitnehmer seine Pflicht zur Anzeige der Nebenbeschäftigung oder gibt er falsche Auskunft, so kann dies eine Abmahnung bzw. sogar eine **Kündigung** als Folge haben oder Schadensersatzansprüche seines Arbeitgebers auslösen.

Beachte die Arbeitshilfe „Musterformular zur Anzeige einer Nebenbeschäftigung".

Eine grundsätzliche Pflicht, jede Nebentätigkeit anzuzeigen, besteht ohne eine entsprechende Vereinbarung für den Arbeitnehmer nicht. Nur in solchen Fällen, in denen die Interessen des Arbeitgebers durch die zweite Beschäftigung konkret beeinträchtigt werden, muss der Arbeitnehmer den Arbeitgeber **von sich aus und unaufgefordert** über die Aufnahme dieser zusätzlichen Beschäftigung informieren.

Siehe dazu auch Rechtsprechung „Nebenbeschäftigung – Offenbarungspflichten des Arbeitnehmers".

Praxistipp
Da geringfügige Beschäftigungen zusammenzurechnen sind (§ 8 Abs. 2 SGB IV), hat der Arbeitnehmer bei mehreren geringfügigen Beschäftigungen gemäß § 280 Abs. 1 SGB IV jedem Arbeitgeber das Vorhandensein der jeweils anderen Beschäftigung anzuzeigen.

Gesetzliche Nebenbeschäftigungsverbote

§ 60 Handelsgesetzbuch

Ein gesetzliches Nebenbeschäftigungsverbot ergibt sich aus dem Wettbewerbsverbot des § 60 Handelsgesetzbuch (HGB). Dort heißt es in Absatz 1:

> „Der Handlungsgehilfe darf ohne Einwilligung des Prinzipals weder ein Handelsgewerbe betreiben noch in dem Handelszweig des Prinzipals für eigene oder fremde Rechnung Geschäfte machen."

Die Rechtsprechung leitet aus dieser Vorschrift ein **allgemeines Wettbewerbsverbot für Arbeitnehmer** her. Danach darf kein Arbeitnehmer die wirtschaftliche Situation seines Arbeitgebers beeinträchtigen, indem er selbst in Wettbewerb zu dem Arbeitgeber tritt oder einen Wettbewerber seines Arbeitgebers unterstützt. Eine solche rechtswidrige Unterstützung ist dann gegeben, wenn der Arbeitnehmer eine Nebenbeschäftigung bei einem Wettbewerber (Konkurrent) des Arbeitgebers aufnimmt.

Beispiel
Ein angestellter Tischler erfüllt in seiner Freizeit Aufträge in eigener privater Werkstatt für ein Konkurrenzunternehmen.

Praxistipp
Dabei kommt es nicht darauf an, ob der Arbeitnehmer in ein (zweites) abhängiges Beschäftigungsverhältnis zu dem Wettbewerber tritt oder dort als freier Mitarbeiter oder als Selbstständiger tätig wird.

Entscheidend für ein Wettbewerbsverbot ist, dass die Stellung des Arbeitgebers am Markt durch die Tätigkeit des Arbeitnehmers **nachteilig berührt** wird. Eine verbotswidrige Wettbewerbstätigkeit liegt danach vor, wenn sie durch ihren Umfang und ihre Intensität grundsätzlich geeignet ist, das Interesse des Arbeitgebers, unbeeinflusst von Konkurrenztätigkeit des Arbeitnehmers in seinem Marktbereich auftreten zu können, spürbar zu beeinträchtigen.

Siehe dazu auch die Rechtsprechung „Tarifvertragliches Verbot einer Nebenbeschäftigung aus Wettbewerbsgründen".und „Keine außerordentliche Kündigung bei geringfügiger Nebentätigkeit für Konkurrenz des Arbeitgebers".

Verstößt der Arbeitnehmer im Zusammenhang mit einer Nebenbeschäftigung gegen das Wettbewerbsverbot, hat der Arbeitgeber einen **Unterlassungsanspruch.**

Der Verstoß kann den Arbeitgeber auch zur **außerordentlichen Kündigung** berechtigen. Er kann **Schadensersatz** verlangen und zur Vorbereitung der Schadensersatzforderung Auskunft von seinem Arbeitnehmer über die wettbewerbswidrigen Geschäfte verlangen.

Beschränkungen durch das Arbeitszeitgesetz (ArbZG)

Ein gesetzliches Nebenbeschäftigungsverbot ergibt sich auch aus arbeitszeitrechtlichen Vorgaben: Die Nebenbeschäftigung (und jede weitere) ist unzulässig, wenn sie zusammen mit der Hauptbeschäftigung die **Höchstgrenze der täglichen Arbeitszeit** (acht bzw. zehn Stunden, vgl. §§ 3 Abs. 1, 6 Abs. 2 ArbZG) überschreitet. Dabei sind auch die **Sonn- und Feiertage** einzubeziehen (§ 11 Abs. 2 ArbZG). Die Arbeitszeiten bei **mehreren Arbeitgebern** werden dabei zusammengerechnet (§ 2 Abs. 1 ArbZG).

Beispiel
Eine Köchin arbeitet nach achtstündigem Arbeitstag für weitere sechs Stunden in einer Gaststätte als Kellnerin.

Nebenbeschäftigung | Rechtliche Voraussetzungen

Praxistipp
Daraus ergibt sich, dass die Ruhezeit zwischen der Beendigung einer abendlichen Nebenbeschäftigung und dem Beginn der täglichen Hauptbeschäftigung elf Stunden betragen muss (§ 5 Abs. 1 ArbZG).

Das Arbeitszeitgesetz erfasst **nicht die Zeiten,** in denen ein Arbeitnehmer neben seinem Hauptarbeitsverhältnis als Selbstständiger oder freier Mitarbeiter tätig ist.

Wird die Grenze, die sich aus dem Arbeitszeitgesetz ergibt, erheblich und nicht nur gelegentlich überschritten, so führt dies wegen Verstoßes gegen ein Gesetz gemäß § 134 BGB zur **Nichtigkeit** des zweiten Arbeitsverhältnisses.

Verbot der Überforderung

Darüber hinaus ist jede Nebenbeschäftigung unzulässig, wegen der der Arbeitnehmer sich so **verausgabt,** dass er den Anforderungen seiner Hauptbeschäftigung nicht mehr gerecht wird.

Beispiel
Ein Bauarbeiter arbeitet nach achtstündigem Arbeitstag zusätzlich als Nachtwächter und erscheint regelmäßig morgens vollkommen übermüdet zur Arbeit.

§ 8 Bundesurlaubsgesetz (BUrlG)

In § 8 Bundesurlaubsgesetz (BUrlG) heißt es:

„Während des Urlaubs darf der Arbeitnehmer keine dem Urlaubszweck widersprechende Erwerbstätigkeit leisten."

Daraus ergibt sich, dass jede Nebenbeschäftigung unzulässig ist, die während des Erholungsurlaubs ausgeübt wird und dem **Urlaubszweck** – der Erholung von den Belastungen der Hauptbeschäftigung mit dem Ziel, die Kräfte für die künftige Arbeit wieder aufzubauen, – widerspricht.

Beispiel
Eine Arbeitnehmerin übernimmt eine bezahlte Tätigkeit während ihres Erholungsurlaubs.

Siehe dazu auch Rechtsprechung „Nebenbeschäftigung als Verstoß gegen Urlaubszweck gemäß § 8 Bundesurlaubsgesetz?"

Verbot der Schwarzarbeit

Verboten ist eine Nebentätigkeit, die gegen das **Gesetz zur Bekämpfung der Schwarzarbeit** verstößt, wenn sie also als Schwarzarbeit vereinbart und ausgeübt wird.

Beispiel

Ein Bauarbeiter leistet nach Feierabend gegen Entgelt Arbeit „am Bau", ohne dass er pflichtversichert oder beim Finanzamt gemeldet ist.

Nebenbeschäftigung bei Arbeitsunfähigkeit

Erkrankt ein Arbeitnehmer und wird dadurch arbeitsunfähig, ohne dass ihn ein Verschulden trifft, so hat er gemäß § 3 Abs.1 Entgeltfortzahlungsgesetz (EFZG) Anspruch auf **Entgeltfortzahlung im Krankheitsfall** durch den Arbeitgeber bis zur Dauer von sechs Wochen. Mit dem Anspruch auf Entgeltfortzahlung korrespondiert deshalb die Pflicht des Arbeitnehmers, sich „genesungsfördernd" zu verhalten. Das heißt, der kranke Arbeitnehmer hat alles das zu unterlassen, was seine Genesung behindert oder behindern könnte. Ist der Mitarbeiter infolge der Erkrankung arbeitsunfähig und übt er während dieser Zeit eine Nebentätigkeit aus, so **kann** dies genesungswidrig und damit unzulässig sein. Außerdem kann sich aus der fortgesetzten Nebenbeschäftigung auch der Verdacht ergeben, dass die beim Hauptarbeitgeber angezeigte Arbeitsunfähigkeit nur vorgetäuscht war und er in Wahrheit arbeitsfähig ist. Im äußersten Fall kann ein solches Verhalten daher eine außerordentliche Kündigung rechtfertigen.

Beispiel

Ein krank gemeldeter Büroangestellter leidet an einem grippalen Infekt. Ihm wurde seitens des Hausarztes Bettruhe verordnet. Entgegen dieser ärztlichen Anweisung nutzt er die Vormittage zu einer bezahlten Nebentätigkeit fährt mit eigenem Fahrzeug Taxi.

Fazit

- Nebenbeschäftigungen sind grundsätzlich zulässig und dürfen vom Arbeitgeber nicht generell verboten werden.
- Im Arbeitsvertrag kann die Aufnahme einer weiteren Beschäftigung unter Erlaubnisvorbehalt bzw. Widerrufsvorbehalt gestellt werden.
- Der Arbeitgeber kann die Genehmigung der Nebenbeschäftigung nur dann untersagen, wenn durch deren Ausübung entweder gegen ein gesetzliches Verbot (z.B. Wettbewerbsverbot, Überschreiten der arbeitszeitrechtlichen Grenzen des Arbeitszeitgesetzes) verstoßen wird oder mit der weiteren Beschäftigung des Arbeitnehmers seine betrieblichen Interessen beeinträchtigt werden.
- Übt ein Arbeitnehmer eine unzulässige Nebenbeschäftigung aus oder geht er einer Nebenbeschäftigung nach, ohne die dafür erforderliche Genehmigung seines Hauptarbeitgebers eingeholt zu haben, so liegt darin eine schuldhafte Verletzung seiner arbeitsvertraglichen Pflichten, die zur verhaltensbedingten Kündigung (u.U. nach erfolgloser Abmahnung) berechtigen kann.

Sicht des Arbeitgebers

Arbeitsvertragsklauseln zum Schutz der betrieblichen Belange

Das Hauptinteresse des Arbeitgebers wird darauf gerichtet sein, dass durch die Nebenbeschäftigung seines Arbeitnehmers nicht dessen Einsatz der Arbeitskraft im eigenen Unternehmen beeinträchtigt wird. Zwar kann der Arbeitgeber kein generelles Nebenbeschäftigungsverbot aussprechen. Er kann aber durch entsprechende Regelungsvorbehalte im Arbeitsvertrag mit dem Arbeitnehmer mögliche Gefährdungen zum Nachteil für den Betrieb ausschließen. Im Folgenden werden die verschiedenen Möglichkeiten vorgestellt:

Erlaubnisvorbehalt

Mit einem sog. **Erlaubnisvorbehalt** kann der Arbeitgeber sich die Kenntnisnahme über die Aufnahme einer Nebenbeschäftigung durch seinen Arbeitnehmer sichern und damit die Prüfungsmöglichkeit für sich eröffnen, ob dadurch betriebliche Belange berührt werden.

Widerrufsvorbehalt

Es empfiehlt sich für den Arbeitgeber auch, einen sog, **Widerrufsvorbehalt** im Arbeitsvertrag zu vereinbaren. Denn dadurch sichert er sich die Möglichkeit, eine einmal erteilte Zustimmung zur Ausübung der Nebenbeschäftigung wieder rückgängig zu machen, sofern sich entscheidende Umstände ändern und/oder Probleme auftauchen, die so nicht vorhersehbar waren.

Der Widerrufsvorbehalt kann mit einer **Pflicht zur Auskunftserteilung** des Arbeitnehmers über eine eintretende Änderung von Art und/oder Umfang der Nebenbeschäftigung verbunden werden.

Nutzungsentgelt

Will der Arbeitnehmer bei einer (genehmigten) Nebenbeschäftigung bestimmte Einrichtungen, die im Eigentum des Arbeitgebers stehen (Arbeitszimmer, Arbeitsmittel, Dienstfahrzeug etc.), für die Ausübung dieser anderen Beschäftigung benutzen, so bedarf dies der **ausdrücklichen Zustimmung des Arbeitgebers.**

Für den Fall einer solchen Inanspruchnahme können die **Nutzungsbedingungen** zwischen Arbeitgeber und Arbeitnehmer vorab (schriftlich) vereinbart werden und insbesondere ein etwaiges **Nutzungsentgelt** bzw. ein Anspruch auf Betriebskostenerstattung geregelt werden.

Verschwiegenheitsklausel

Insbesondere wenn die Gefahr besteht, dass der Arbeitnehmer mit der Ausübung der Nebenbeschäftigung in Konkurrenz zum Arbeitgeber tritt, kann sich dieser dagegen absichern, dass **Betriebs- und Geschäftsgeheimnisse** nicht nach außen getragen bzw. an betriebsfremde Dritte weitergegeben werden. Es empfiehlt sich für den Arbeitgeber, für diesen Fall einen Passus in den Arbeitsvertrag aufzunehmen, der den Arbeitnehmer dazu verpflichtet, über alle vertraulichen Angelegenheiten und Vorgänge, die ihm im Rahmen seiner Tätigkeit zur Kenntnis gelangen, Verschwiegenheit zu wahren.

Diese Pflicht sollte nicht nur für die Zeit des tatsächlichen Bestehens des Arbeitsverhältnisses gelten, sondern auch **für die Zeit nach dem Ausscheiden des Arbeitnehmers** aus dem Betrieb.

Der Arbeitgeber kann auch verlangen, dass alle betrieblichen Unterlagen bei Beendigung des Arbeitsverhältnisses vom Arbeitnehmer an ihn zurückzugeben sind.

Fazit

Eine Vereinbarung, nach der der Arbeitnehmer verpflichtet ist, dem Arbeitgeber jede Nebenbeschäftigung anzuzeigen, bevor sie aufgenommen wird, erkennt die Rechtsprechung des Bundesarbeitsgerichts als wirksam an.

Vorbehaltsklauseln im Arbeitsvertrag sind aus Sicht des Arbeitgebers zu empfehlen, um den Schutz der eigenen betrieblichen Belange bei Ausübung einer weiteren Beschäftigung durch seinen Arbeitnehmer zu sichern und ihm die Prüfung zu ermöglichen, ob Beeinträchtigungen durch die angezeigte Beschäftigung zu erwarten sind.

Ein bloßer Verstoß gegen eine Anzeigepflicht wird aber bei einem offensichtlichen Anspruch des Arbeitnehmers auf Zustimmung zur Ausübung der Nebenbeschäftigung allenfalls eine Abmahnung, im Regelfall nicht aber eine Kündigung rechtfertigen können!

Auswirkungen auf die Arbeitnehmer

Vielfältige Motive für die Ausübung einer Nebenbeschäftigung

Der durch statistische Erhebungen belegte „Trend zum Zweitjob" in den letzten Jahren zeigt, dass Nebenbeschäftigungen in der heutigen Arbeitswelt eine immer größere Rolle spielen. Die Einführung von flexiblen Arbeitszeitmodellen, wie z.B. die gesetzliche Förderung von Teilzeitbeschäftigung, trägt dazu bei, dass Mehrfachbeschäftigung von Arbeitnehmern möglich wird. Auch Kurzarbeit kann zur Ausübung einer Nebenbeschäftigung genutzt werden. Im Folgenden werden wesentliche Motive für eine Zweitbeschäftigung aus Arbeitnehmersicht dargestellt.

Zusätzliche Einnahmequelle

Die Gründe, warum Arbeitnehmer neben ihrer Hauptbeschäftigung noch einer zweiten – oder gar dritten und vierten – Tätigkeit nachgehen, sind vielfältig. Im Vordergrund steht natürlich der rein finanzielle Aspekt: In vielen Fällen wird es darum gehen, aus der zusätzlichen Beschäftigung eine weitere Einnahmequelle zu haben, um den Lebensunterhalt (einer Familie) decken zu können. Gerade Teilzeitbeschäftigte müssen oft einer zweiten Beschäftigung nachgehen, damit das Gesamteinkommen zum Leben reicht. Der Zusatzverdienst wird beispielsweise gebraucht, um sich besondere Wünsche zu erfüllen (Urlaubsreise, Autokauf etc.) oder die Ausbildung der Kinder zu finanzieren.

„Testphase" für Existenzgründer

Wer bisher abhängig beschäftigt ist und sich selbstständig machen will, der braucht für diesen beruflichen Wechsel oft eine Anlaufphase, in der er auf „zwei Füßen" sicher steht. Arbeitnehmer haben mit der Aufnahme der selbstständigen Tätigkeit in Form einer Nebentätigkeit die Möglichkeit, ihre Existenzgründung zu testen und aufzubauen, ohne zugleich das gesicherte Einkommen aus der abhängigen Hauptbeschäftigung im Arbeitnehmerstatus zu verlieren. Sie gewinnen wertvolle Zeit für den Ausbau ihres Unternehmens und sammeln wichtige Erfahrungen für den endgültigen Schritt in die Selbstständigkeit.

Beachten müssen Arbeitnehmer dabei aber, dass sie mit ihrer selbstständigen/freiberuflichen Tätigkeit dem Arbeitgeber keine Konkurrenz machen dürfen!

Angst vor Verlust des Arbeitsplatzes

Wer um den eigenen Arbeitsplatz fürchten muss, der versucht eventuell, sich mit einer Nebenbeschäftigung rechtzeitig ein „zweites Standbein" zu schaffen. Möglicherweise ergibt sich dann mit der Zeit die Chance, diese Nebenbeschäftigung zur Hauptbeschäftigung auszuweiten, wenn der andere Arbeitsplatz tatsächlich wegfällt. Gerade in Zeiten der Kurzarbeit kann die Ausübung einer Nebenbeschäftigung vor diesem Hintergrund eine sinnvolle Perspektive bieten, um eine mögliche Arbeitslosigkeit „abzufedern".

Interessen verwirklichen und Freizeit sinnvoll nutzen

Nicht zuletzt kann der Wunsch nach mehr Selbstverwirklichung, das Einbringen von Interessen und das Nutzen von Potenzialen (Hobbys, Talenten) für eine Nebenbeschäftigung sprechen. In der heutigen „Freizeitgesellschaft" wird die Frage verstärkt auftreten, wie Zeit sinnvoll genutzt bzw. vorhandene freie Zeit gefüllt werden kann. Bei dieser Wahl kann der Wunsch nach Veränderung oder Abwechslung eine Rolle spielen: Wer beispielsweise im Hauptberuf eine sitzende Tätigkeit ausübt, sucht sich vielleicht als Gegenpol eine weitere Tätigkeit, bei der er in Bewegung und mehr aktiv sein kann. Wer einen Job als Sachbearbeiter oder Software-Entwickler hat, möchte vielleicht zum Ausgleich und zur eigenen Zufriedenheit mehr „mit Menschen arbeiten" und seine soziale Kompetenzen einbringen können.

Fazit

Die Motive eines Arbeitnehmers für die Aufnahme einer Nebenbeschäftigung sind so vielfältig wie die Menschen selbst und ihre unterschiedlichen Lebenssituationen, in denen sie sich befinden.

Neben finanziellen Aspekten und existenziellen Notlagen können der Wunsch nach Selbstverwirklichung, Angst vor Arbeitslosigkeit oder ein geplanter beruflicher Neuanfang den Hintergrund dafür bilden.

Vorgehensweise des Betriebsrats

Kein Mitbestimmungsrecht bei der Genehmigung einer Nebenbeschäftigung!

Bei der Erteilung oder Verweigerung der Genehmigung des Arbeitgebers für die Ausübung einer Nebenbeschäftigung seines Arbeitnehmers hat der Betriebsrat **kein Mitbestimmungsrecht**. Nach § 99 Abs. 1 BetrVG besteht ein Anspruch auf Mitteilung aller Daten und Unterlagen nur bei der Einstellung eines Mitarbeiters, bei Versetzungen und Ein- bzw. Umgruppierungen. § 102 Abs. 1 BetrVG normiert auch einen Anspruch des Betriebsrats auf Anhörung bei Kündigung eines Arbeitnehmers. Der Gesetzgeber hat jedoch für im Lauf des Arbeitsverhältnisses erteilte Nebenbeschäftigungsgenehmigungen durch den Arbeitgeber keinen diesen Vorschriften entsprechenden Mitbestimmungstatbestand des Betriebsrats im Gesetz vorgesehen.

Auskunftsansprüche gegenüber dem Arbeitgeber?

In der Rechtsprechung **noch nicht geklärt** und daher umstritten ist, ob der Betriebsrat vom Arbeitgeber Auskunft darüber verlangen kann, in welchen Fällen er eine Nebenbeschäftigungsgenehmigung erteilt hat.

Für einen Auskunftsanspruch könnte sprechen, dass der Betriebsrat gemeinsam mit dem Arbeitgeber darüber zu wachen hat, dass die Mitarbeiter im Rahmen der geltenden Tarifverträge und Gesetze beschäftigt werden. Gemäß § 75 Abs. 1 BetrVG haben Arbeitgeber und Betriebsrat darüber zu wachen, dass alle im Betrieb tätigen Personen nach den **Grundsätzen von Recht und Billigkeit** behandelt werden und insbesondere **Benachteiligungen unterbleiben** (siehe auch Diskriminierungsverbot in § 1 AGG). Diese Fürsorge- und Überwachungspflicht des Betriebsrats für Gesundheit und Wohlergehen der Mitarbeiter sowie die Einhaltung der Gesetze sprechen für eine Pflicht des Arbeitgebers zur Mitteilung an den Betriebsrat. Denn nur die Kenntnis dieser Umstände ermöglicht es dem Betriebsrat, seiner gesetzlichen Überwachungsaufgabe zusammen mit dem Arbeitgeber ordnungsgemäß nachzukommen.

Wichtig

Datenschutzrechtliche Gründe stehen einer solchen Mitteilung nicht entgegen, denn die Mitteilung vom Arbeitgeber an den Betriebsrat erfolgt innerhalb des Betriebs. Sie stellt deshalb keine Weitergabe von Daten an unbefugte Dritte dar.

Fazit

Im Zweifel ist dem Arbeitgeber zu empfehlen, dem Betriebsrat eine entsprechende Kenntnis über die erteilten Nebenbeschäftigungsgenehmigungen einzuräumen. Der Arbeitgeber verletzt damit keine Rechtsvorschriften. Ihm entstehen dadurch auch keine Nachteile.

Ihre digitalen Arbeitshilfen

 Sie erhalten eine direkt einsetzbare Arbeitshilfe zu diesem Stichwort. Diese können Sie schnell und einfach gleich am PC bearbeiten.

Arbeitshilfen
- Musterformular für die Anzeige einer Nebenbeschäftigung

Pflegezeit/Familienpflegezeit

Grundlagen

Die Pflegesituation in Deutschland

Immer mehr Menschen in Deutschland werden pflegebedürftig. Dies liegt vor allem daran, dass die Bevölkerung immer älter wird und damit auch die Wahrscheinlichkeit der Pflegebedürftigkeit steigt. Das Statistische Bundesamt ermittelte für Dezember 2011 eine Zahl von insgesamt 2,5 Millionen Pflegebedürftigen. **Für das Jahr 2020 werden sogar drei Millionen prognostiziert.**

Zurzeit werden mehr als zwei Drittel (70 %) der Pflegebedürftigen nicht in einem Heim, sondern zuhause versorgt. 1,18 Millionen dieser Pflegebedürftigen wurden in der Regel allein von ihren Angehörigen gepflegt.

Vorrang der häuslichen Pflege

Ein zentrales Anliegen der Pflegeversicherung ist – gemäß dem Grundsatz „ambulant vor stationär" – die Stärkung der häuslichen Pflege.

In § 3 Sozialgesetzbuch XI (SGB XI) – soziale Pflegeversicherung – heißt es dazu:

> „Die Pflegeversicherung soll mit ihren Leistungen vorrangig die häusliche Pflege und die Pflegebereitschaft der Angehörigen und Nachbarn unterstützen, damit die Pflegebedürftigen möglichst lange in ihrer häuslichen Umgebung bleiben können. Leistungen der teilstationären Pflege und der Kurzzeitpflege gehen den Leistungen der vollstationären Pflege vor."

Maßnahmen der Gesetzgebung

Diese Fakten zeigen die Notwendigkeit, Lösungen zu finden für private Pflegepersonen, die einer Erwerbstätigkeit nachgehen und Arbeit und Pflege vereinbaren müssen. Bereits im Jahr 2008 hat der Gesetzgeber darauf mit dem Erlass des **Pflegezeitgesetzes** reagiert. Mit Wirkung zum 01.01.2012 sind mit dem **Familienpflegezeitgesetz** ergänzende Regelungen in Kraft getreten, mit denen die häusliche Pflege von Angehörigen für Berufstätige erleichtert werden soll.

Das Pflegezeitgesetz

Zum 01.07.2008 ist im Rahmen der gesetzgeberischen Reform der Pflegeversicherung das **Gesetz über die Pflegezeit (Pflegezeitgesetz – PflegeZG)** in Kraft getreten. Mit diesem Gesetz wurden erstmals (unbezahlte) Freistellungsansprüche von Arbeitnehmern gegenüber ihrem Arbeitgeber für die häusliche Pflege naher Angehöriger normiert.

Grundlagen | **Pflegezeit/Familienpflegezeit**

Die Kerninhalte des Pflegezeitgesetzes sind:
- Anspruch des Arbeitnehmers auf eine kurzzeitige Freistellung von bis zu zehn Arbeitstagen bei einer akut aufgetretenen Pflegesituation = **kurzzeitige Arbeitsverhinderung** (§ 2 PflegeZG)
- Anspruch des Arbeitnehmers auf eine bis maximal sechs Monate dauernde vollständige oder teilweise Freistellung von der Arbeit für die Pflege eines nahen Angehörigen = **Pflegezeit** (§ 3 und 4 PflegeZG)
- **Sonderkündigungsschutz** für pflegende Angehörige (§ 5 PflegeZG)

Wichtig
Die Vorschriften des Pflegezeitgesetzes sind einseitig zwingend, d.h., von den dort getroffenen Regelungen darf nicht **zuungunsten** des Beschäftigten abgewichen werden (§ 8 PflegeZG). Die Unabdingbarkeit gilt für negative Abweichungen durch Tarifvertrag, Betriebsvereinbarung oder Einzelvertrag.

Praxistipp
Das Pflegezeitgesetz ist an vielen Stellen unpräzise formuliert und bietet daher einen großen Spielraum für richterliche Gesetzesauslegung. Es ist daher zu erwarten, dass sich die Arbeitsgerichte in Zukunft verstärkt mit den Regelungen befassen werden. Inzwischen gibt es die erste **höchstrichterliche Entscheidung des BAG** (Urteil vom 15.11.2011 – 9 AZR 348/10 –) zur Auslegung des § 3 Abs. 1 PflegeZG (Pflegezeit).
Siehe Rechtsprechung: „Keine mehrmalige Inanspruchnahme der Pflegezeit für einen pflegebedürftigen nahen Angehörigen"

Rechtsanspruch auf Arbeitsfreistellung

Das Pflegezeitgesetz knüpft in seiner Zielsetzung an das Bundeselterngeld- und Elternzeitgesetz (BEEG) an. Mit den Regelungen in §§ 15 bis 21 BEEG zur Elternzeit wird ein **Rechtsanspruch** von Arbeitnehmern auf unbezahlte Freistellung von der Arbeitspflicht für die **Erziehung und Betreuung ihrer Kinder** gewährt, ohne dass das bestehende Arbeitsverhältnis beendet wird. Näheres siehe auch Stichwort **„Elternzeit"**.
Mit dem Pflegezeitgesetz werden auch Zeiten der Pflege von Familienangehörigen als Grund für den zeitweiligen Ausfall der Arbeitsleistung von Beschäftigten anerkannt!

Sonderkündigungsschutz und Rückkehrgarantie

Der Anspruch auf Pflegezeit ist gekoppelt mit einem Sonderkündigungsschutz für den Arbeitnehmer, der einen nahen Angehörigen im Rahmen der Pflegezeit pflegen will. Ihm wird die Möglichkeit gewährt, nach Inanspruchnahme der Pflegezeit zu denselben Arbeitsbedingungen an seinen „alten" Arbeitsplatz zurückzukehren. Diese Rückkehrgarantie bewahrt Beschäftigte in der Situation, in der sie die Pflege ihres nahen Angehörigen übernehmen, vor einem unfreiwilligen Berufsausstieg.

Arbeitgeber werden vor Überforderung geschützt

Um die betrieblichen Interessen der Arbeitgeber zu wahren und diese vor Überforderung zu schützen, sieht das Pflegezeitgesetz bestimmte **Ankündigungsfristen** für den Beschäftigten vor. Durch diese Information wird der Arbeitgeber in die Lage versetzt, die notwendigen organisatorischen Vorkehrungen zu treffen. Kann der Ausfall des Beschäftigten durch die beabsichtigte Pflegezeit nicht durch Arbeitsumverteilung aufgefangen werden, hat der Arbeitgeber die Möglichkeit, eine **Ersatzkraft** für die Dauer der Pflegezeit einzustellen.

Bei der teilweisen Freistellung hat der Arbeitgeber das Recht, die gewünschte Dauer oder Verteilung der verbleibenden Arbeitszeit wegen **dringender betrieblicher Gründe** abzulehnen. Eine vorzeitige Beendigung der Pflegezeit ist nur mit Zustimmung des Arbeitgebers möglich.

Wichtig

Der Anspruch auf Pflegezeit besteht nur gegenüber Arbeitgebern mit mehr als 15 Beschäftigten!

Das Familienpflegezeitgesetz

Basierend auf einem Gesetzentwurf des Bundesfamilienministeriums ist mit Wirkung zum 01.01.2012 das Gesetz über die Familienpflegezeit (Familienpflegezeitgesetz – FPfZG) in Kraft getreten.

Mit der Familienpflegezeit wird ein besonderes **Teilzeitmodell** eingeführt. Danach können Arbeitnehmer ihre Arbeitszeit über einen Zeitraum von maximal zwei Jahren reduzieren, ohne dass sich ihr Arbeitsentgelt für diesen Zeitraum entsprechend verringert (sog. Familienpflegezeit). Die verringerte Arbeitszeit muss wöchentlich mindestens 15 Stunden betragen, bei Arbeitszeitmodellen mit unregelmäßigen wöchentlichen Arbeitszeiten 15 Wochenstunden im Jahresdurchschnitt. Zum Ausgleich müssen die Arbeitnehmer nach Beendigung der Familienpflegezeitphase wieder voll arbeiten, bekommen aber für die Dauer des Zeitraums, für den die Familienpflegezeit in Anspruch genommen wurde, nur ein Teilzeitgehalt gezahlt.

Beispiel

Die Arbeitnehmerin A. ist mit der regelmäßigen wöchentlichen Arbeitszeit von 39 Stunden bei Arbeitgeber B. beschäftigt.

Während der Familienpflegezeit ist sie nur mit 50 % ihrer Arbeitszeit (19,5 Wochenstunden) tätig, erhält aber 75 % ihres Vollzeitgehalts.

Nach Beendigung der Familienpflegezeit arbeitet sie wieder in Vollzeit mit 39 Wochenarbeitsstunden.

Sie erhält aber so lange nur 75 % ihres Vollzeitgehalts, bis die Differenz wieder ausgeglichen ist.

Gehaltsaufstockung durch Arbeitgeber

Der Arbeitgeber kann beim Bundesamt für Familie und zivilgesellschaftliche Aufgaben ein **staatliches zinsloses Darlehen** für die Aufstockung des Gehalts beantragen, damit er finanziell nicht belastet wird. Das Darlehen wird ihm in monatlichen Raten gewährt. Wenn der Beschäftigte nach Beendigung der Teilzeitphase seine Arbeit im bisherigen Zeitumfang wieder aufnimmt, erhält er das abgesenkte Gehalt so lange weiter, bis der Gehaltsvorschuss des Arbeitgebers wieder ausgeglichen ist (siehe obiges Beispiel). Dieser zahlt das vom Staat in Anspruch genommene Darlehen zurück, wenn der Arbeitnehmer wieder voll arbeitet, aber nur das reduzierte Gehalt bezieht. Für die Rückzahlung des Darlehens wurde eine Härtefallklausel mit Stundungsmöglichkeiten für den Arbeitgeber in das Gesetz aufgenommen. Das mögliche Ausfallrisiko für den Arbeitgeber im Fall des Todes des Arbeitnehmers oder der vorzeitigen Beendigung des Arbeitsverhältnisses muss durch eine **Familienpflegezeitversicherung** abgedeckt sein.

Kein Rechtsanspruch auf Arbeitszeitreduzierung

Das Gesetz sieht **keinen Rechtsanspruch** auf die Arbeitszeitreduzierung vor, wie er z.B. im Teilzeit- und Befristungsgesetz (TzBfG) oder im Bundeselterngeld- und Elternzeitgesetz verankert ist (zu § 8 TzBfG siehe Stichwort „**Teilzeitbeschäftigung**"; zu § 15 Abs. 7 BEEG siehe Stichwort „**Elternzeit**"). Die Familienpflegeteilzeit kann daher nur **durch Vereinbarung mit dem jeweiligen Arbeitgeber** ausgeübt werden und steht in dessen Ermessen.

Fazit

Immer mehr Menschen in Deutschland werden pflegebedürftig.
Der Gesetzgeber hat auf diese Situation mit dem Erlass von zwei Gesetzen reagiert:

- Bereits seit **01.07.2008** gibt es das **Pflegezeitgesetz,** mit dem Arbeitnehmer Freistellungsansprüche zur Pflege ihrer Angehörigen gegenüber dem Arbeitgeber geltend machen können.
- Mit Wirkung zum **01.01.2012** wurden diese Regelungen durch das **Familienpflegezeitgesetz** ergänzt und ausgeweitet.

Rechtliche Voraussetzungen

Begriffsbestimmungen

Anspruchsberechtigter Personenkreis (Beschäftigtenbegriff)

Anspruchsberechtigte Beschäftigte im Sinne des Pflegezeitgesetzes/Familienpflegezeitgesetzes sind (§ 7 Abs. 1 PflegeZG, § 2 Abs. 2 FPfZG):

- Arbeitnehmerinnen und Arbeitnehmer
- die zu ihrer Berufsausbildung Beschäftigten
- Personen, die wegen ihrer wirtschaftlichen Unselbständigkeit als arbeitnehmerähnliche Personen anzusehen sind (Heimarbeiter, Gleichgestellte)

Praxistipp
Für Beamte, die sich für die Pflege eines nahen Angehörigen freistellen lassen wollen, gelten die arbeitsrechtlichen Bestimmungen des Pflegezeitgesetzes nicht. Deren etwaige Ansprüche auf Befreiung von der Dienstleistung richten sich nach den entsprechenden beamtenrechtlichen Vorschriften.

Nahe Angehörige

Als nahe Angehörige gelten (§ 7 Abs. 3 PflegeZG, § 2 FPfZG):

- Großeltern, Eltern, Schwiegereltern
- Ehegatten, Lebenspartner, Partner einer eheähnlichen Gemeinschaft, Geschwister
- Kinder, Adoptiv- oder Pflegekinder, die Kinder, Adoptiv- oder Pflegekinder des Ehegatten oder Lebenspartners, Schwiegerkinder und Enkelkinder

Vorliegen einer Pflegebedürftigkeit

Als pflegebedürftig gelten Personen, die die Voraussetzungen nach den §§ 14 und 15 SGB XI erfüllen (§ 7 Abs. 4 Satz 1 PflegeZG, § 2 FPfZG). Das trifft für Personen zu, die wegen einer körperlichen, geistigen oder seelischen Krankheit oder Behinderung für die gewöhnlichen und regelmäßig wiederkehrenden Verrichtungen im Ablauf des täglichen Lebens auf Dauer, voraussichtlich für mindestens sechs Monate, in erheblichem oder höherem Maß der Hilfe bedürfen.

Wichtig

Die Pflegebedürftigkeit gliedert sich in drei Pflegestufen: Pflegestufe 1 (= erheblich pflegebedürftig), Pflegestufe 2 (= schwer pflegebedürftig), Pflegestufe 3 (= schwerstpflegebedürftig), vgl. § 15 Abs. 1 SGB XI.

Für die Freistellungsansprüche nach dem Pflegezeitgesetz bzw. die Arbeitszeitreduzierung nach dem Familienpflegezeitgesetz genügt das Erreichen der Pflegestufe 1.

> **Praxistipp**
> Für die Inanspruchnahme der kurzzeitigen Arbeitsverhinderung gemäß § 2 PflegeZG reicht es aus, dass die Pflegebedürftigkeit des nahen Angehörigen voraussichtlich zu erwarten ist.

Die Freistellungsansprüche nach dem Pflegezeitgesetz

Die Freistellungsansprüche nach dem Pflegezeitgesetz beruhen auf zwei Säulen:

- Bei unerwartetem Eintritt einer Pflegesituation können Beschäftigte für kurze Zeit der Arbeit fernbleiben, um die sofortige Pflege für den nahen Angehörigen sicherzustellen (= kurzzeitige Arbeitsverhinderung).
- Zum Zweck der längerfristigen häuslichen Pflege des Angehörigen wird für Berufstätige die Möglichkeit einer vollständigen oder teilweisen Freistellung von der Arbeit bis zur Höchstdauer von sechs Monaten geschaffen (Pflegezeit).

Die kurzzeitige Arbeitsverhinderung (§ 2 PflegeZG)

Gemäß § 2 Abs. 1 PflegeZG haben Beschäftigte das Recht, bis zu zehn Arbeitstage der Arbeit fernzubleiben, wenn dies erforderlich ist, um für einen pflegebedürftigen nahen Angehörigen in einer akut aufgetretenen Pflegesituation eine bedarfsgerechte Pflege zu organisieren oder eine pflegerische Versorgung in dieser Zeit sicherzustellen.

Beschäftigte sind verpflichtet, dem Arbeitgeber ihre Verhinderung an der Arbeitsleistung und deren voraussichtliche Dauer **unverzüglich mitzuteilen**.

Unverzüglich bedeutet im Rechtssinn „ohne schuldhaftes Zögern", d.h., die Mitteilung muss zu dem Zeitpunkt erfolgen, zu dem der/die Beschäftigte in der Lage ist, die Pflegesituation zu erkennen und deren Dauer einzuschätzen.

Auf Verlangen ist dem Arbeitgeber eine **ärztliche Bescheinigung** über die Pflegebedürftigkeit des nahen Angehörigen und die Erforderlichkeit der Maßnahme (Organisation der Pflege oder Selbstübernahme der Pflege) vorzulegen (§ 2 Abs. 2 PflegeZG).

Der **Arbeitgeber muss der Arbeitsbefreiung nicht zustimmen,** da das Recht des Arbeitnehmers zur Freistellung gesetzlich bestimmt ist. Der Arbeitnehmer muss lediglich seiner Mitteilungspflicht nachkommen.

Dieser Freistellungsanspruch des Arbeitnehmers besteht **unabhängig von einer bestimmten Betriebsgröße** (anders bei der Pflegezeit, vgl. § 3 PflegeZG!).

Das Pflegezeitgesetz selbst gewährt **keine Entgeltfortzahlungsansprüche** während der Freistellung.

Der Arbeitgeber ist zur Fortzahlung der Vergütung während der kurzzeitigen Arbeitsverhinderung daher nur verpflichtet, soweit sich eine solche Verpflichtung aus anderen gesetzlichen Vorschriften (z.B. § 616 BGB oder § 19 Abs. 1 BBiG) oder aufgrund einer Vereinbarung (individualvertragliche Absprache, Betriebsvereinbarung, Tarifvertrag) ergibt.

Pflegezeit/Familienpflegezeit | Rechtliche Voraussetzungen

> **Beispiel**
> - 16.08.2010: Schlaganfall der Mutter der Beschäftigten
> - Die berufstätige Tochter muss nach der Entlassung ihrer Mutter aus dem Krankenhaus am 24.08.2010 die häusliche Pflege übernehmen bzw. die Aufnahme in ein Pflegeheim organisieren.
> - Für maximal zehn Arbeitstage hat die Beschäftigte Anspruch auf (unbezahlte) Freistellung von der Arbeit:
>   Bei einer Fünftagewoche von Montag bis Freitag = 24.08. bis 06.09.2010

Die Pflegezeit (§§ 3, 4 PflegeZG)

Der Anspruch auf eine längerfristige (teilweise oder vollständige) Freistellung von der Arbeitsleistung i.S.d. § 3 PflegeZG (= Pflegezeit) setzt voraus, dass der Arbeitgeber **regelmäßig mehr als 15 Arbeitnehmer** in seinem Betrieb beschäftigt (§ 3 Abs. 1 PflegeZG). Anders als bei der kurzzeitigen Arbeitsverhinderung i.S.d. § 2 PflegeZG hat der Gesetzgeber den Anspruch hier also von einer bestimmten Betriebsgröße abhängig gemacht (sog. „Kleinbetriebsklausel").

Der Grund für die Freistellung muss in der Pflegebedürftigkeit eines nahen Angehörigen (§ 7 PflegeZG) liegen. Die Pflegebedürftigkeit muss der Arbeitnehmer durch **Vorlage einer Bescheinigung der Pflegekasse** oder des Medizinischen Dienstes der Krankenversicherung gegenüber dem Arbeitgeber nachweisen. In der privaten Pflegeversicherung Versicherte haben einen entsprechenden Nachweis zu erbringen (§ 3 Abs. 2 PflegeZG).

Auch bei Inanspruchnahme der Pflegezeit muss der Arbeitgeber (wie im Fall der kurzzeitigen Arbeitsverhinderung) der Arbeitsbefreiung nicht zustimmen, da ein **Rechtsanspruch** des Arbeitnehmers auf die (unbezahlte) Freistellung nach dem Pflegezeitgesetz besteht.

> **Praxistipp**
> Anders als bei der kurzzeitigen Arbeitsverhinderung (§ 2 PflegeZG) ist aber auch **ohne Verlangen** des Arbeitgebers ein Nachweis über die Pflegebedürftigkeit vorzulegen.

Spätestens zehn Arbeitstage vor dem gewünschten Beginn der Pflegezeit hat der Arbeitnehmer dies dem Arbeitgeber **schriftlich mitzuteilen.** Er muss gleichzeitig erklären, für welchen Zeitraum und in welchem Umfang er die Freistellung von der Arbeitsleistung in Anspruch nimmt. Bei nur teilweiser Freistellung soll auch die gewünschte Verteilung der Arbeitszeit erklärt werden (§ 3 Abs. 3 PflegeZG).

> **Beispiel**
> - gewünschter Beginn der Pflegezeit: 01.09.2010
> - schriftliche Mitteilung (bei Fünftagewoche von Montag bis Freitag) spätestens am 18.08.2010

Teilweise Freistellung

Wird nur eine teilweise Freistellung gewünscht, verlangt das Gesetz eine **schriftliche** Vereinbarung über die Verringerung und Verteilung der Arbeitszeit zwischen Arbeitgeber und Arbeitnehmer. Der Arbeitgeber soll hierbei den Wünschen des Beschäftigten entsprechen, es sei denn, er kann entgegenstehende **dringende betriebliche Gründe** geltend machen.

Wichtig

Mit dieser Regelung soll den betrieblichen Belangen Rechnung getragen und der Arbeitgeber vor Überforderung geschützt werden. Es muss sich aber um Gründe von **gewissem Gewicht** handeln, denen Vorrang vor der häuslichen Pflege einzuräumen ist.

Sechs Monate Pflegezeit

Für jeden pflegebedürftigen nahen Angehörigen kann längstens sechs Monate Pflegezeit genommen werden (§ 4 Abs. 1 Satz 1 PflegeZG). Es muss sich bei diesem Zeitraum nicht um volle Kalendermonate handeln, d.h., die Pflegezeit muss nicht zwingend am Ersten eines Monats beginnen (z.B. 1. Juli bis 31. Dezember oder 17. Juli bis 16. Dezember)

Verlängerung der Pflegezeit

Eine für einen kürzeren Zeitraum genommene Pflegezeit kann **mit Zustimmung des Arbeitgebers** bis zur Höchstdauer von sechs Monaten **verlängert** werden (§ 4 Abs. 1 Satz 2 PflegeZG).

Der Beschäftigte kann eine Verlängerung verlangen, soweit ein vorgesehener Wechsel in der Person des Pflegenden aus einem wichtigem Grund nicht erfolgen kann.

Vorzeitige Beendigung der Pflegezeit

Ist der nahe Angehörige nicht mehr pflegebedürftig oder die häusliche Pflege unmöglich oder unzumutbar, endet die Pflegezeit vier Wochen nach Eintritt der veränderten Umstände (§ 4 Abs. 2 Satz 1 PflegeZG).

- **Unmöglich** wird die häusliche Pflege z.B. beim Tod des nahen Angehörigen oder bei Notwendigkeit der Aufnahme in eine stationäre Pflegeeinrichtung.
- **Unzumutbar** wird die häusliche Pflege z.B. dann, wenn der Beschäftigte aufgrund unvorhersehbarer persönlicher Umstände die Pflegezeit nicht mehr finanzieren kann und auf seine regelmäßige Arbeitsvergütung angewiesen ist.

Unterrichtung des Arbeitgebers

Der Arbeitgeber ist von den veränderten Umständen unverzüglich zu unterrichten (§ 4 Abs. 2 Satz 2 PflegeZG).

Pflegezeit/Familienpflegezeit | Rechtliche Voraussetzungen

Beispiel
- Pflegezeit ursprünglich geplant: 01.09.2010 bis 28.02.2011
- Tod des nahen Angehörigen, der gepflegt wird: 15.12.2010
- Ende der Pflegezeit (Vierwochenfrist vom 16.12.2010 bis 12.01.2011): 12.01.2011

Im Übrigen kann die Pflegezeit nur **mit Zustimmung** des Arbeitgebers vorzeitig beendet werden (§ 4 Abs. 2 Satz 3 PflegeZG).

Im obigen Beispiel kann die Pflegezeit also bereits vor dem 12.01.2011 unter der Voraussetzung beendet werden, dass der von dem Todesfall zu unterrichtende Arbeitgeber der vorzeitigen Beendigung zustimmt.

Sonderkündigungsschutz (§ 5 PflegeZG)

Gemäß § 5 Abs. 1 PflegeZG darf der Arbeitgeber das Beschäftigungsverhältnis von der Ankündigung bis zur Beendigung der kurzzeitigen Arbeitsverhinderung (§ 2 PflegeZG) oder Pflegezeit (§ 3 PflegeZG) nicht kündigen. In besonderen Fällen kann die Kündigung ausnahmsweise von der zuständigen obersten Landesbehörde für zulässig erklärt werden (§ 5 Abs. 2 PflegeZG).

Wichtig

Das Kündigungsverbot für den Arbeitgeber gilt **absolut,** d.h., es gilt für alle Arten der Kündigung, also nicht nur für die ordentliche (fristgemäße) Kündigung, sondern auch für die fristlose (außerordentliche) Kündigung. Nur in besonderen Fällen kann die zuständige Landesbehörde die Kündigung ausnahmsweise für zulässig erklären.

Ein Ausnahmefall, in dem eine Kündigung ausnahmsweise für zulässig erklärt werden kann, liegt z.B. dann vor, wenn eine Betriebsschließung bevorsteht oder besonders schwerwiegende Verstöße gegen die arbeitsvertraglichen Pflichten des Arbeitnehmers vorliegen.

Praxistipp

Anders als im Bundeselterngeld- und Elternzeitgesetz (siehe § 18 BEEG) besteht das Kündigungsverbot nach dem Pflegezeitgesetz von der **Ankündigung** der kurzzeitigen Arbeitsverhinderung/Pflegezeit an bis zu deren Beendigung, ohne auf eine bestimmte Ankündigungszeit beschränkt zu sein (im Gegensatz dazu § 18 BEEG = acht Wochen vor Beginn der Elternzeit).

Nach dem Wortlaut des § 5 PflegeZG würde also auch eine beispielsweise sechs Monate im Voraus angekündigte Pflegezeit dazu führen, dass ab diesem Zeitpunkt der Kündigungsschutz sofort eintritt. Ob dies vom Gesetzgeber so gewollt war, ist zweifelhaft. Hier dürfte mit einer durch die Rechtsprechung einschränkenden Gesetzesauslegung zu rechnen sein. Bislang gibt es dazu aber noch keine Entscheidung.

Befristete Einstellung einer Ersatzkraft

In § 6 Abs. 1 PflegeZG ist bestimmt, dass die Vertretung für die Dauer der Pflege (kurzzeitige Arbeitsverhinderung oder Pflegezeit) einen **sachlichen Grund für die Befristung eines Arbeitsverhältnisses** darstellt. Dem Arbeitgeber steht gegenüber der befristet eingestellten Ersatzkraft ein Sonderkündigungsrecht zu, wenn die Pflegezeit des Beschäftigten vorzeitig endet. Mit dieser Regelung soll der Arbeitgeber davor geschützt werden, dass er in den Ausnahmefällen, in denen der freigestellte Beschäftigte früher als geplant an seinen Arbeitsplatz zurückkehren kann, diesen und die für ihn eingestellte Ersatzkraft gleichzeitig beschäftigen und entlohnen muss.

Die Familienpflegezeit nach dem Familienpflegezeitgesetz

Das Familienpflegezeitgesetz sieht **seit 01.01.2012** – ergänzend zu den Vorschriften des Pflegezeitgesetzes – die Möglichkeit der Wahrnehmung einer sog. **Familienpflegezeit** vor. Danach können Beschäftigte, die einen pflegebedürftigen nahen Angehörigen in häuslicher Umgebung pflegen, ihre Arbeitszeit für einen Zeitraum von maximal 24 Monaten bei gleichzeitiger Aufstockung des Arbeitsentgelts durch den Arbeitgeber auf wöchentlich mindestens 15 Stunden reduzieren.

Das Modell der Familienpflegezeit

Die Familienpflegezeit i.S.d. § 2 Abs. 1 FPfZG sieht folgende Maßnahmen vor:

- Die Arbeitszeitreduzierung kann **für maximal 24 Monate** erfolgen.
- Die verbleibende Arbeitszeit muss **mindestens 15 Wochenstunden** umfassen.
- In der Pflegephase erhält der Arbeitnehmer eine **Gehaltsaufstockung** um die Hälfte des reduzierten Arbeitsentgelts durch den Arbeitgeber (z.B. Arbeitszeitreduzierung von 100 % auf 50 % ergibt ein abgesenktes Gehalt von 75 %).
- Der Arbeitgeber kann ein **zinsloses Bundesdarlehen** zur Finanzierung des Gehaltsvorschusses vom Bundesamt für Familie und zivilgesellschaftliche Aufgaben in Anspruch nehmen (zur Rückzahlung des Darlehens siehe § 6 FPfZG).
- Bei Rückkehr zur „alten" Arbeitszeit wird an den Arbeitnehmer so lange das reduzierte Gehalt weitergezahlt, bis der **Gehaltsvorschuss wieder ausgeglichen** ist (sog. „Nachpflegephase").
- Während der Familienpflegezeit besteht ein **Sonderkündigungsschutz** für den Arbeitnehmer (das gilt sowohl für die Pflege- als auch für die Nachpflegephase, § 9 Abs. 3 FPfZG).
- Der Arbeitnehmer muss für die Nutzung der Familienpflegezeit eine **private Familienversicherung** abschließen, um das Risiko von Berufsunfähigkeit bzw. Tod abzudecken (sog. Familienpflegezeitversicherung, § 4 FPfZG).

Im Gegensatz zu den Freistellungstatbeständen nach dem Pflegezeitgesetz besteht für die Inanspruchnahme der Familienpflegezeit nach dem Familienpflegezeitgesetz **kein Rechtsanspruch!** Es bedarf vielmehr einer **schriftlichen** Vereinbarung zwischen Arbeitgeber und Arbeitnehmer. Diese muss Angaben enthalten über Beginn/Dauer der Familienpflegezeit, Umfang der Arbeitszeitreduzierung, Rückkehr zur bisherigen Arbeitszeit und Höhe der Gehaltsaufstockung (zu den zwingenden Inhalten der Vereinbarung siehe § 3 Abs. 1 FPfZG).

Bei **befristeten Beschäftigungsverhältnissen** oder **Ausbildungsverhältnissen** kann die Familienpflegezeit höchstens für die verbleibende Laufzeit des Beschäftigungs- bzw. Ausbildungsverhältnisses vereinbart werden, damit der vom Arbeitgeber gewährte Gehaltsvorschuss noch ausgeglichen werden kann.

Sicht des Arbeitgebers

Wenn eine Mitarbeiterin/ein Mitarbeiter eine länger dauernde (Familien-)Pflegezeit in Anspruch nimmt, stellt sich für den Arbeitgeber die Frage, wie er diesen Personalausfall überbrücken kann.

Einstellung einer Ersatzkraft als Befristungsgrund

In der Regel wird der Arbeitgeber eine Ersatzkraft einstellen. Die Gesetze sehen einen **besonderen Befristungsgrund** für Arbeitsverhältnisse in den Fällen vor, in denen ein Arbeitnehmer zur Vertretung eines anderen Arbeitnehmers für die Dauer der (Familien-)Pflegezeit bzw. der kurzzeitigen Arbeitsverhinderung eingestellt wird (§ 6 PflegeZG, § 9 Abs. 5 FPfZG). Um die betrieblichen Belange zu schützen und den Arbeitgeber vor Überforderung zu schützen, kann dieser der befristet eingestellten Ersatzkraft mit einer zweiwöchigen Kündigungsfrist kündigen, wenn der Beschäftigte früher als geplant an seinen Arbeitsplatz zurückkehrt.

Pflegezeit: Ankündigungspflichten des Arbeitnehmers

Mit der im Gesetz vorgeschriebenen schriftlichen **Ankündigung von zehn Arbeitstagen vor Beginn der Pflegezeit** durch den Beschäftigten soll dem Arbeitgeber ein zeitlicher Spielraum gegeben werden, um die notwendigen organisatorischen Vorkehrungen zur Überbrückung des Personalausfalls zu treffen. Der Arbeitnehmer muss sich spätestens zu diesem Zeitpunkt festlegen, für welche Dauer er in Pflegezeit gehen will und ob er eine vollständige oder nur teilweise Freistellung in Anspruch nimmt. Bei der teilweisen Freistellung muss er die gewünschte Dauer und Verteilung seiner verbleibenden Arbeitszeit angeben. Diesen Wunsch kann der Arbeitgeber aus dringenden betrieblichen Gründen ablehnen.

Teilweise Freistellung

Die gesetzlich vorgesehene Möglichkeit einer teilweisen Freistellung statt dem vollständigen Ruhen der Arbeitsleistung gibt dem Beschäftigten und seinem Arbeitgeber Raum für **flexible Modelle der Arbeitsplatzgestaltung,** ohne dass der Mitarbeiter/die Mitarbeiterin für längere Zeit komplett ausscheiden muss. Für den Betrieb kann es wertvoll sein, wenn eingearbeitete und erfahrene Arbeitskräfte erhalten bleiben und gut funktionierende Betriebsabläufe fortbestehen können. Es lohnt sich daher für beide Seiten (mit beratender Unterstützung durch den Betriebsrat!), hier nach einvernehmlichen Lösungen zu suchen, die der individuellen Situation Rechnung tragen.

Vorzeitige Beendigung der Pflegezeit

Der Beschäftigte darf grundsätzlich die Pflegezeit nicht einseitig vorzeitig beenden. Dies ist **nur im Einvernehmen mit dem Arbeitgeber** jederzeit möglich. In den Fällen, in denen der nahe Angehörige nicht mehr pflegebedürftig oder die häusliche Pflege des nahen Angehörigen unmöglich oder unzumutbar ist, endet die Pflegezeit **vier Wochen nach Eintritt der veränderten Umstände.** Dies gilt auch in den Fällen, in denen der nahe Angehörige vorzeitig verstirbt. Der Arbeitgeber ist über die veränderten Umstände zu unterrichten.

Familienpflegezeit: Warum sollte der Arbeitgeber zustimmen?

Das Familienpflegezeitgesetz sieht keinen Rechtsanspruch auf Wahrnehmung der Familienpflegezeit vor, es bedarf hierzu der **Zustimmung des Arbeitgebers.** Auch dieser kann aber von diesem Modell durchaus profitieren:

- Das Risiko von Fehlzeiten und arbeitnehmerseitigen Kündigungen reduziert sich erheblich, wenn betroffenen Beschäftigten zeitliche Spielräume für Pflegeaufgaben eingeräumt werden.
- Die entlasteten Mitarbeiter sind zufrieden und besser motiviert.
- Durch Mitarbeiterbindung bleibt betriebliches Erfahrungswissen erhalten.
- Dadurch steigt wiederum die Produktivität des Unternehmens.

Hoher Bürokratieaufwand

Kritisch zu sehen ist am Modell der Familienpflegezeit der **Bürokratieaufwand,** der insbesondere kleinere Unternehmen davor abschrecken könnte, eine derartige Vereinbarung mit dem Arbeitnehmer einzugehen. Zwar entstehen dem Arbeitgeber grundsätzlich keine finanziellen Nachteile, da er die Lohnvorauszahlung an den Arbeitnehmer über ein zinsloses Bundesdarlehen refinanzieren kann. Der damit einhergehende bürokratische Aufwand der Darlehensaufnahme wird ihm aber per Gesetz aufgebürdet und ist nicht zu unterschätzen.

Auswirkungen auf die Arbeitnehmer

Bessere Bedingungen für pflegende Berufstätige

Viele pflegebedürftige, ältere oder kranke Menschen wünschen sich, nicht anonym in einer Pflegeeinrichtung, sondern zu Hause in der vertrauten Umgebung und durch ihre nahen Angehörigen betreut und versorgt zu werden. Das Pflegezeitgesetz und das Familienpflegezeitgesetz tragen diesem Wunsch Rechnung und unterstützen die Rahmenbedingungen, unter denen **Berufstätigkeit und familiäre Pflege** miteinander verbunden werden können.

Der gesetzliche **Sonderkündigungsschutz** und die **Rückkehrgarantie** zu denselben Arbeitsbedingungen sollen die ambulante Pflege durch Angehörige stärken und individuellen Pflegesituationen gerecht werden.

Das Arbeitsverhältnis ruht während der Pflegezeit bzw. wird während der Familienpflegezeit in vermindertem Umfang fortgesetzt. Das heißt, Beschäftigte können parallel zur Pflege ihrer Angehörigen **weiterhin berufstätig sein.**

Möglichkeit der teilweisen Freistellung

Beschäftigte brauchen sich für die Pflege ihrer Angehörigen nicht vollständig von der Arbeitsleistung freistellen zu lassen, sondern können nach dem Willen des Gesetzgebers auch eine teilweise Freistellung in Anspruch nehmen. Gerade für die existenzielle Absicherung kann diese Alternative in Form der Arbeitszeitreduzierung entscheidend sein. Außerdem wird es nicht in jedem Fall notwendig sein, vollkommen aus dem Erwerbsleben auszuscheiden, sondern es kann bereits ausreichen, dass nur der Umfang der Erwerbstätigkeit dem individuellen Pflegebedarf anzupassen ist. Zu beachten ist im Fall der Familienpflegeteilzeit, dass es hierzu einer **schriftlichen Vereinbarung** mit dem Arbeitgeber bedarf. Das heißt, das Gesetz gewährt keinen Rechtsanspruch, sondern der Arbeitgeber hat auf den Wunsch des Arbeitnehmers hin nach billigem Ermessen zu entscheiden.

Familienpflegezeit – Pro und Kontra für Beschäftigte

Vereinbarkeit von Beruf und Pflege wird verbessert

Für die Einführung einer Familienpflegezeit spricht der Wunsch vieler pflegender Erwerbstätiger, Beruf und häusliche Pflege besser miteinander kombinieren zu können. Das Bundesfamilienministerium hatte Zahlen vorgelegt, nach denen 76 % der Berufstätigen ihre Angehörigen so weit wie möglich selbst betreuen wollen. Nach den Ergebnissen einer im Auftrag des Ministeriums durchgeführten Studie bemängelten aber 80 % der Beschäftigten, dass dies bisher nicht in zufriedenstellendem Maße möglich sei.

Gesetz gewährt keinen Rechtsanspruch

Kritisch an dem Modell ist zu sehen, dass die **Zustimmung des Arbeitgebers erforderlich** ist und es somit vom Willen des jeweiligen Unternehmens abhängig ist, ob der Betroffene die Familienpflegezeit wahrnehmen kann oder nicht. Das Teilzeitmodell entspricht dem des Altersteilzeitgesetzes (AltTZG), bei dem Arbeitgeber und Arbeitnehmer einen (freiwilligen) Vertrag abschließen und das Gesetz nur die Rahmenbedingungen dazu stellt. Der Arbeitnehmer ist daher vom Arbeitgeber abhängig und nicht frei in seiner Entscheidung, ob er die Familienteilzeit in Anspruch nimmt.

Finanzielle Absicherung fehlt

Darüber hinaus sieht das Familienpflegezeitgesetz keine finanzielle Leistung für pflegende Arbeitnehmer in der Form einer **bezahlten** Pflegezeit vor, die dem Elterngeld (für die berufliche Auszeit in den ersten 14 Lebensmonaten eines Kindes) vergleichbar ist. Für Geringverdiener, die nicht anderweitig finanziell abgesichert sind (z.B. über den Ehegatten), wird die Gehaltsaufstockung (die später durch Mehrarbeit wieder auszugleichen ist!) während der Pflegephase nicht ausreichen, um den Lebensunterhalt zu sichern.

Vorgehensweise des Betriebsrats

Anhörungsrecht vor einer Kündigung

Die Beteiligungsrechte des Betriebsrats werden im Rahmen der (Familien-)Pflegezeit berührt, wenn es um die Frage der Kündigung geht. Denn der Betriebsrat ist gemäß § 102 BetrVG vor jeder ordentlichen Kündigung **anzuhören**. In besonderen Fällen bedarf die Kündigung sogar der **Zustimmung** des Betriebsrats. Wenn der Arbeitgeber die Kündigung aussprechen will, obwohl der Arbeitnehmer sich in (Familien-)Pflegezeit befindet, so muss der Betriebsrat innerhalb einer Woche schriftlich darauf hinweisen, dass die Kündigung gemäß § 5 PflegeZG, § 9 Abs. 3 FPfZG (Sonderkündigungsschutz) unwirksam ist. Er kann den Arbeitgeber auch darauf hinweisen, dass eine Kündigung in einem solchen Fall der vorherigen Zustimmung der für den Arbeitsschutz zuständigen obersten Landesbehörde bedarf.

Mitbestimmungsrecht bei der Bestimmung der Lage der Arbeitszeit

Ein Mitbestimmungsrecht des Betriebsrats gemäß § 87 Abs. 1 Nr. 2 BetrVG besteht dann, wenn es um die Lage der Arbeitszeit derjenigen Arbeitnehmer geht, die in der (Familien-)Pflegezeit ihre Arbeitszeit reduzieren, also sich nicht komplett freistellen lassen, sondern z.B. statt einer bisherigen Vollzeitbeschäftigung nur noch eine Teilzeittätigkeit ausüben möchten.

Der Betriebsrat kann dann mitbestimmen, wenn es darum geht, ob der Arbeitnehmer vormittags oder nachmittags, an drei oder vier Tagen in der Woche arbeitet. Geht es dagegen um die Frage, wie lange der Arbeitnehmer pro Tag oder pro Woche arbeiten soll, so ist der Betriebsrat nicht zur Mitbestimmung berechtigt.

Beratungsbedarf zur Familienpflegezeit

Ein Mitbestimmungsrecht zur (Familien-)Pflegezeit selbst steht dem Betriebsrat zwar nicht zu. Er kann und soll aber den betroffenen Arbeitnehmer/die betroffene Arbeitnehmerin bei der Inanspruchnahme der relativ neuen und daher noch wenig bekannten Freistellungstatbestände nach dem Pflegezeitgesetz bzw. bei der Wahrnehmung der **seit 01.01.2012 zusätzlich geltenden Familienpflegezeit** unterstützen und beraten.

Es ist von enormer Bedeutung, dass die Arbeitnehmer über die gesetzlichen Möglichkeiten der Freistellung zur Pflege naher Angehöriger aufgeklärt werden. Informationsbedarf besteht auch zur Einhaltung bestimmter **Ankündigungs- und Vorlagepflichten** gegenüber dem Arbeitgeber. Der Betriebsrat kann hierbei mit gezielten Informationsangeboten, sei es durch Rundschreiben oder durch individuelle Einzelgespräche mit betroffenen Arbeitnehmern, zur Aufklärung beitragen.

Fazit

Als Betriebsrat haben Sie, auch wenn ein Mitbestimmungsrecht im Bereich (Familien-)Pflegezeit nicht besteht, durchaus die Möglichkeit, betroffene Kollegen zu unterstützen. Der Schwerpunkt liegt hier in einer beratenden und aufklärenden Funktion, wie die gesetzlichen Tatbestände in Anspruch genommen werden können.

Pflegezeit/Familienpflegezeit | Ihre digitalen Arbeitshilfen

Ihre digitalen Arbeitshilfen

Sie erhalten eine direkt einsetzbare Arbeitshilfe zu diesem Stichwort. Diese können Sie schnell und einfach gleich am PC bearbeiten.

Arbeitshilfen
- Checkliste zur Pflegezeit

Sabbatical

Grundlagen

Das Sabbatical ist ein Arbeitszeitmodell, das Arbeitnehmern die Möglichkeit gibt, für eine längere Zeit aus dem Job auszusteigen und nach einer bestimmen Zeit – meist drei bis zwölf Monate – an den alten Arbeitsplatz wieder zurückzukehren. Es handelt sich um eine Art Sonderurlaub, der in der Regel für außerberufliche Zwecke genutzt wird. Der Arbeitnehmer soll in dieser Zeit neue Erfahrungen sammeln können.

Ursprünge des Sabbaticals

Der Begriff „Sabbatical" ist vom hebräischen Wort „schabbat" und von einem biblischen Brauch abgeleitet, der im Zweiten Buch Moses beschrieben wird: „Sechs Jahre sollst du dein Land besäen und seine Früchte einsammeln. Aber im siebenten Jahr sollst du es ruhen lassen."

Neuzeitlich haben Professoren in den USA als Erste ein Sabbatical/Sabbatjahr eingeführt. Es handelt sich um Auszeiten von einem halben Jahr, in denen die Professoren dem Lehrbetrieb den Rücken kehren können, um sich völlig ihrer Forschungsarbeit zu widmen. Auch an deutschen Hochschulen ist ein Forschungssemester üblich.

Sabbatical in der Wirtschaft

Das Sabbatical, das auch manchmal Langzeiturlaub genannt wird, ermöglicht es dem Arbeitnehmer, **für eine längere Zeit unter Beibehaltung seiner Bezüge aus dem Arbeitsleben auszuscheiden,** um danach an seinen Arbeitsplatz zurückzukehren oder aber, um anschließend altersbedingt aus dem Berufsleben auszuscheiden. Ein Mitarbeiter kann sich durch Lohnverzicht oder den Aufbau von Plusstunden, z.B. durch Überstunden, einen Freizeitanspruch aufbauen. Dieser kann dann an einem Stück genommen werden. Das Einkommen bleibt in dieser Zeit konstant. Es kann sich aber auch um einen unbezahlten Sonderurlaub handeln.

Daneben gibt es auch **„Belohnungsmodelle":** Von einigen angelsächsischen Unternehmen kennt man, dass eine lange Betriebstreue mit einem Sabbatical (teilweise sogar bis zu drei Monaten) honoriert wird.

Praxistipp
Sabbatical im öffentlichen Dienst
Für Mitarbeiter im öffentlichen Dienst gibt es auch die Möglichkeit, ein Sabbatical zu nehmen. Beamte haben z.B. die Möglichkeit, für die Dauer von zwei bis sechs Jahren für einen Teil des normalen Gehalts zu arbeiten. Dafür kann man sich dann für ein Jahr komplett freistellen lassen und bekommt den gleichen Teil der Dienstbezüge wie vorher.

Folgende Varianten zum Aufbau eines Sabbaticals werden hauptsächlich praktiziert:

Überstundenabbau

Die Arbeitnehmer sparen auf einem Arbeitszeitkonto Urlaubstage und/oder Überstunden an. Die Entlohnung ist somit aufgrund des de facto stattfindenden Freizeitausgleichs durch Überstundenabbau automatisch gesichert.

Nähere Einzelheiten lesen Sie bitte im Stichwort **„Arbeitszeitkonten"** nach.

Zeitlich begrenzter Lohnverzicht

Eine andere, mitunter schneller zum Ziel führende Möglichkeit, liegt in einem zeitlich begrenzten Lohnverzicht: Der Arbeitnehmer verzichtet auf einen Teil des Gehalts, der ihm später im Sabbatical ausgezahlt wird. Dieses Modell wird auch als eine Sonderform der Teilzeitarbeit gesehen.

Beispiel 1

Der Mitarbeiter verzichtet auf ein Zwölftel eines Jahresgehalts. Nach vier Jahren kann er ein viermonatiges Sabbatical antreten. Er könnte auch ein Jahr lang auf ein Drittel (entspricht in der Summe ebenfalls vier Zwölftel) seines Jahresgehalts verzichten und hätte bei einem viermonatigen Sabbatical auch die gleiche Summe zur Verfügung.

Beispiel 2

Der Arbeitnehmer arbeitet 40 Wochenstunden, vergütet werden aber nur 25 Stunden. 15 Stunden werden nicht vergütet, sondern dienen als sog. Ansparzeit. Nach einer bestimmten Zeit kann der Arbeitnehmer die Ansparzeit in Form eines Sabbaticals verbrauchen.

Fazit

Das Sabbatical ermöglicht es dem Arbeitnehmer, für eine längere Zeit unter Beibehaltung seiner Bezüge aus dem Arbeitsleben auszuscheiden. Zu diesem Zweck leistet der Arbeitnehmer über einen längeren Zeitraum hinweg verstärkt „Mehrarbeit", deren Wert auf Arbeitszeitkonten gutgeschrieben wird, oder er arbeitet bei vermindertem Gehalt in Vollzeit. In der Freistellungsphase erfolgt dann die Entlohnung des Arbeitnehmers durch die sukzessive Auszahlung des Guthabens.

Ein Sabbatical ist eine einvernehmliche vertragliche Arbeitsbefreiung, in der die Pflicht zur Arbeitsleistung für einen bestimmten Zeitraum ruht.

Rechtliche Voraussetzungen

Einen Anspruch auf ein Sabbatical hat in Deutschland niemand, aber dank des Teilzeit- und Befristungsgesetzes können Firmen und Angestellte gemeinsam über flexible Arbeitszeiten entscheiden. Viele große Unternehmen haben interne Regelungen geschaffen. Aber ausschlaggebend sind immer die Eigeninitiative und das Verhandlungsgeschick des Arbeitnehmers, da vieles in Form eines Vertrags zwischen Arbeitnehmer und Arbeitgeber geregelt wird.

Praxistipp
Ein Sabbatical zur Pflege von Verwandten oder zur Kindererziehung kann einen Sonderfall darstellen und unter die gesetzlichen Ansprüche auf Elternzeit oder Pflegezeit fallen. Nähere Einzelheiten lesen Sie bitte unter den entsprechenden Stichworten nach.

Vorschriften des Arbeitszeitgesetzes

Bei einer Sabbatical-Vereinbarung ist das Ziel, ein großes Zeitguthaben aufzubauen. Auch bei der Gestaltung und beim Praktizieren eines Sabbatical-Programms sind bestehende rechtliche Vorgaben, insbesondere solche des Arbeitszeitgesetzes, einzuhalten. Mit Blick auf die Ansparung eines erheblichen Zeitvolumens wird vor allem auf die Einhaltung der höchstzulässigen Arbeitszeit zu achten sein. Wichtig ist hier vor allem der zulässige Ausgleichszeitraum für eine verlängerte tägliche Höchstarbeitszeit.

Nähere Einzelheiten dazu lesen Sie im Stichwort **„Arbeitszeitbegriff".**

In Deutschland gibt es keinen Rechtsanspruch auf ein Sabbatical. Einige Unternehmen haben dafür jedoch bereits Betriebsvereinbarungen getroffen. Meist liegt aber eine einzelvertragliche Vereinbarung zwischen Arbeitnehmer und Arbeitgeber über das Sabbatical vor.

Individualvertragliche Regelung

Da sich Sabbatical-Regelungen auf einen langen Zeitraum beziehen, ist es von enormer Wichtigkeit, dass zwischen den Vertragsparteien eine **vertragliche Regelung** getroffen wird, in der die wesentlichen Vereinbarungen konkret festgehalten werden. Eine solche vertragliche Vereinbarung sollte als **zeitlich befristete Änderung des Arbeitsvertrags** gestaltet werden. Diese muss die wesentlichen Eckpunkte der Sabbatical-Vereinbarung enthalten:

- Regelung der Länge und Lage des vereinbarten Freistellungszeitraums
- Regelung über die Finanzierung der Freistellung, sei es durch eine Ansparung von Freizeit auf einem Langzeitkonto oder durch vermindertes Arbeitsentgelt vor der Freizeit
- Regelung, nach der die Bezüge weiter geleistet werden, falls es zu einer frühzeitigen Beendigung des Sabbaticals kommt
- Regelung über die Verlängerung des Sabbaticals bei Erkrankung des Arbeitnehmers

Betriebsvereinbarung

In einigen Unternehmen wurden Betriebsvereinbarungen über die Möglichkeit von Sabbaticals geschlossen. Sie enthalten Vorgaben für die Ansparung und Abwicklung sowie die Beendigung des Sabbaticals.

Praxistipp

Sabbatical-Vereinbarungen sollten immer auch individualvertraglich geregelt werden, da sowohl Betriebsvereinbarungen als auch Tarifverträge wegen der Möglichkeit ablösender Regelungen nicht die geeignete Vertragsform darstellen, um eine fortdauernde Vertrauensgrundlage zwischen Arbeitnehmer und Arbeitgeber schaffen und erhalten zu können.

Stellung des Arbeitnehmers in der Freistellungsphase

In sozialversicherungsrechtlicher Hinsicht bringt die Stellung der Arbeitnehmer in der Freistellungsphase keine Probleme mit sich. Mit der Einführung des § 7 Abs. 1a SGB IV ist die Frage nach der sozialversicherungsrechtlichen Behandlung arbeitsfreier Zeiten bei flexiblen Arbeitszeitmodellen beantwortet worden. Danach liegt auch dann ein sozialversicherungsrechtliches Beschäftigungsverhältnis vor, wenn der Arbeitnehmer für eine Vorleistung im Gegenzug für einen gewissen Zeitraum von seiner Arbeitspflicht freigestellt wird. Voraussetzung ist lediglich, dass er währenddessen **weiterhin kontinuierlich sein Arbeitsentgelt erhält** und darüber hinaus die übrigen Voraussetzungen des § 7 Abs. 1a SGB IV erfüllt. Insbesondere muss

- das Sabbatical auf einer schriftlichen Vereinbarung beruhen und
- das monatliche Arbeitsentgelt in der Freistellungsphase in etwa dem durchschnittlichen Arbeitsentgelt der letzten zwölf Kalendermonate entsprechen und dabei mehr als 450 Euro im Monat betragen.

Praxistipp

Mit einem Minijobber kann aus sozialversicherungsrechtlicher Sicht kein Sabbatical vereinbart werden.

Wichtig

Bei einem Sabbatical in Form eines unbezahlten Urlaubs verliert der Arbeitnehmer nach spätestens vier Wochen den Sozialversicherungsschutz aus dem Arbeitsverhältnis und muss sich freiwillig versichern.

Betriebsangehörigkeit

Bei Sabbatical-Regelungen können aber Probleme bei der Frage auftauchen, ob ein Arbeitnehmer auch während der Freistellungsphase als Betriebsangehöriger anzusehen ist. Bedeutung besitzt diese Frage vor allem für Bestimmungen, deren Eingreifen eine bestimmte Anzahl von betriebszugehörigen Arbeitnehmern voraussetzt. Unter der Betriebszugehörigkeit eines Arbeitnehmers versteht man im Allgemeinen seine **Zugehörigkeit zur Betriebsbelegschaft**, wobei zum einen ein Arbeitsverhältnis zum Betriebsinhaber und zum Zweiten sein Einsatz innerhalb der betrieblichen Organisation zur Erfüllung des Betriebszwecks gefordert wird. Dabei soll eine rein rechtliche Zugehörigkeit nicht ausreichen, vielmehr muss eine tatsächliche Anbindung des Arbeitnehmers an den Betrieb bestehen.

Für die Frage nach der Betriebszugehörigkeit ist **zu unterscheiden, ob die Freistellung des Arbeitnehmers nur vorübergehend erfolgt oder ob sie als gleitender Übergang in den Ruhestand konzipiert ist.** Im ersten Fall ist dies für die betriebliche Eingliederung, die für die Betriebszugehörigkeit erforderlich ist, gegeben. Der Arbeitnehmer verliert seinen **Status als Betriebszugehöriger während der Freizeitphase** nicht, solange und soweit keine entgegenstehende gesetzliche Regelung existiert. Daran ändert auch die fehlende tatsächliche Eingliederung in die betriebliche Organisation nichts, da diese schließlich auch in Fällen von Krankheit oder Urlaub vorliegt.

Anders hingegen verhält es sich, wenn die Freistellung für den gleitenden Übergang in den Ruhestand verwendet wird. Dann besteht eine **mit der Altersteilzeit vergleichbare Sachlage,** wo aber die Betriebszugehörigkeit des Altersteilzeitarbeitnehmers innerhalb der Freistellungsphase gerade zu verneinen ist, weil es im Gegensatz zur Sabbatical-Freistellungsphase nicht mehr zu einer späteren Rückkehr des Arbeitnehmers in den Betrieb kommen wird. **Folglich ist auch die Betriebszugehörigkeit des Arbeitnehmers innerhalb einer Sabbatical-Freistellungsphase zu verneinen, wenn die Freistellung für den gleitenden Übergang in den Ruhestand verwendet wird** und somit eine Rückkehr in den Betrieb ausgeschlossen ist.

Fazit

In der Freistellungsphase liegt ein sozialversicherungsrechtliches Beschäftigungsverhältnis vor. Hinsichtlich der Betriebszugehörigkeit während der Freistellungsphase muss unterschieden werden, ob es sich nur um eine vorübergehende Freistellung handelt oder ob diese als Übergang in den Ruhestand angelegt ist. Im zweiten Fall ist die Betriebszugehörigkeit zu verneinen.

Erkrankung während des Sabbaticals

Die Vereinbarung eines Sabbaticals ändert nichts an den Regelungen zur Entgeltfortzahlung im Krankheitsfall. Während einer Erkrankung bis zu sechs Wochen besteht ein Anspruch auf Entgeltfortzahlung. Das Zeitguthaben des Arbeitnehmers wird bei einer Erkrankung nicht angegriffen. Bei einer Erkrankung während der Ansparphase zählt diese Zeit weiterhin als Ansparphase. Bei Langzeiterkrankungen kann aber der Fall auftreten, dass zum geplanten Beginn der Freistellung noch kein ausreichendes Guthaben aufgebaut ist. In diesem Fall muss entweder die Freistellungsphase verkürzt oder der Beginn verschoben werden, bis der Arbeitnehmer ein ausreichendes Guthaben aufgebaut hat.

Praxistipp

Für den Fall einer Erkrankung in der Ansparphase kann eine vertragliche Regelung zwischen Arbeitnehmer und Arbeitgeber getroffen werden, wie mit der Krankheit verfahren wird. Eine solche Regelung kann beispielsweise so aussehen, dass in dem Umfang, in dem nach Ablauf der Entgeltfortzahlungsfristen ein Wertguthaben in der Arbeitsphase nicht aufgebaut werden kann, sich die Freistellungsphase entsprechend verkürzt.

Bei der Erkrankung des Arbeitnehmers während seiner Freistellungsphase ist zu berücksichtigen, dass er seine Freistellungsphase bereits durch erhebliche Vorleistungen erwirtschaftet hat. In Anbetracht dieser Tatsache erscheint **es unbillig, allein dem Arbeitnehmer das Risiko einer Erkrankung in der Freistellungsphase aufzubürden.**

Aus diesem Grunde sollte die Krankheit des Arbeitnehmers während der Freistellung genauso behandelt werden wie während eines Urlaubs. Gemäß § 9 BUrlG werden nämlich die Tage, die der Arbeitnehmer während seines Urlaubs arbeitsunfähig krank war, auf seinen Jahresurlaub nicht angerechnet. Dementsprechend sollte auch bei Sabbatical-Vereinbarungen dem innerhalb der Freistellungsphase erkrankten Arbeitnehmer die entsprechende Freistellung nachgewährt werden.

Vielfach werden allerdings in Unternehmen Regelungen getroffen, nach denen sich die Freistellung bei einer Erkrankung während der Freistellungsphase nicht verlängert. Dies geht mit der Rechtsprechung konform, welche die Nutzungsmöglichkeit arbeitsfreier Zeiten in der Risikosphäre der Arbeitnehmer angesiedelt sieht. Regelungen für die Erkrankung während der Freistellungsphase können z.B. folgendermaßen aussehen:

- Die Parteien sind sich darüber einig, dass es im Falle der krankheitsbedingten Arbeitsunfähigkeit des Arbeitnehmers während der Freistellungsphase des Sabbatical-Programms, welche durch ein ärztliches Zeugnis nachgewiesen werden muss, zu einer vollen Nachgewährung der Freistellungszeit (alternativ: Nachgewährung der Freistellungszeit ab dem … Krankheitstag) kommt. Den Zeitpunkt der Nachgewährung haben die Vertragsparteien unter Berücksichtigung der betrieblichen Belange wie auch des persönlichen Zwecks der Freistellung miteinander zu vereinbaren.
- Die Parteien sind sich darüber einig, dass es im Falle einer krankheitsbedingten Arbeitsunfähigkeit des Arbeitnehmers während der Freistellungsphase des Sabbatical-Programms zu keiner Nachgewährung der Freistellungszeit kommt.

Wichtig

Da die Rechtslage in diesem Punkt noch nicht abschließend geklärt ist, sollte die Frage einer Erkrankung während der Freistellungsphase in der Sabbatical-Vereinbarung in jedem Fall geklärt werden. Dieser Punkt sollte auch in der Sabbatical-Vereinbarung geregelt werden.

Sofern der Betriebsrat in diesem Zusammenhang beratend tätig ist, sollte er ausdrücklich darauf hinwirken.

Befristung der Arbeitszeitreduzierung

Beim Sabbatical wird ein großes Volumen an Zeiteinheiten auf dem Arbeitszeitkonto angespart. Um dies zu erreichen, muss zwischen dem Einkommen und der tatsächlich geleisteten Arbeitszeit differenziert werden, wobei sich die **Entgeltzahlung häufig nach einer Teilzeitbeschäftigung** bemisst. Daher müssen Arbeitnehmer und Arbeitgeber eine Vereinbarung treffen, in der die wöchentliche Arbeitszeit auf das Niveau eines Teilzeitbeschäftigten abgesenkt wird, sodass sich dem Arbeitnehmer die Möglichkeit eröffnet, regelmäßig in größerem Umfang **Mehrarbeit** leisten zu können. Diese wird dann nicht vergütet, sondern auf dem **Arbeitszeitkonto angespart.**

Hierbei ist jedoch zu beachten, dass die vertragliche Absenkung der Arbeitszeit auf den Status eines Teilzeitbeschäftigten grundsätzlich **verbindlich** ist. Das bedeutet, dass der Arbeitnehmer keine Möglichkeit hat, zu erzwingen, die zusätzlichen Stunden auch tatsächlich arbeiten zu können. Auch steht ihm kein Anspruch zu, automatisch wieder das Volumen seiner ursprünglichen Arbeitszeit zurückzuerlangen.

Beispiel

A. ist mit einer Wochenarbeitszeit von 35 Stunden vollzeitbeschäftigt. Im Rahmen eines Sabbatical-Programms wird sein wöchentliches Arbeitszeitdeputat vertraglich auf 20 Stunden vermindert. Zwar soll seine tatsächliche Wochenarbeitszeit weiterhin 35 Stunden betragen, um ausreichend Zeitelemente für die Freistellungsphase zu erwerben, doch hat A. zu diesem Zeitpunkt den Status eines Teilzeitarbeitnehmers, sodass er grundsätzlich keinen Anspruch auf die Erbringung der Mehrleistung von 15 Stunden pro Woche hat.

Aus diesem Grund ist es wichtig, dass die Arbeitsvertragsparteien **die Vereinbarung der Verringerung der Arbeitszeit befristen.** Denn nur durch diese Befristung kann der Arbeitnehmer beanspruchen, nach dem Sabbatical wieder in sein ursprüngliches Arbeitszeitvolumen zurückzukehren.

Des Weiteren ist es empfehlenswert, die Ansparmöglichkeit innerhalb des fixierten Zeitraums ausdrücklich als Bedingung für die Reduzierung der Arbeitszeit in der Sabbatical-Vereinbarung festzuhalten. Dadurch wird u.a. sichergestellt, dass der Arbeitnehmer im Falle andauernder wirtschaftlicher Schwierigkeiten des Unternehmens **nicht an die verringerte Arbeitszeit gebunden bleibt,** ohne zugleich die Möglichkeit der Mehrarbeit zu haben. Wenn die Ansparoption entfallen sollte, könnte der Arbeitnehmer ohne Probleme wieder sein ursprüngliches Arbeitszeitvolumen leisten.

Fazit

Wird bei einer Sabbatical-Vereinbarung die Arbeitszeit vertraglich abgesenkt, um Mehrarbeit in einem großen Umfang zu ermöglichen, ist es zu empfehlen, die Verringerung der Arbeitszeit zu befristen und die Ansparmöglichkeit als Bedingung für die Reduzierung festzuschreiben.

Ansparen des Urlaubsanspruchs

Um ein Zeitguthaben aufzubauen, kann der Arbeitnehmer auch seine Urlaubsansprüche ansparen. Hier ergeben sich Probleme, da die Übertragbarkeit des Urlaubsanspruchs gesetzlich nur in engen Grenzen möglich ist. Gemäß § 7 Abs. 3 Satz 1 BUrlG muss der gesetzliche Mindesturlaub nach § 3 Abs. 1 BUrlG grundsätzlich **im laufenden Kalenderjahr** gewährt und genommen werden. Eine Übertragung des Anspruchs auf das Folgejahr ist gemäß § 7 Abs. 3 Satz 2 BUrlG ausnahmsweise aus dringenden betrieblichen oder in der Person des Arbeitnehmers liegenden Gründen möglich. Dann ist der Urlaub **jedoch innerhalb der ersten drei Monate des Folgejahrs** zu nehmen, andernfalls **verfällt** er. Es besteht also die Gefahr, dass die eingestellten Urlaubsansprüche zum Zeitpunkt der Entnahme der Zeitelemente bereits verfallen sein könnten. Um dies zu vermeiden und die Transparenz des Arbeitszeitkontos zu gewährleisten, ist davon abzuraten, den gesetzlichen Urlaub auf dem Konto zu registrieren.

Etwas anderes gilt jedoch, wenn der gesetzliche **Urlaubsanspruch kurz vor der Freistellungsphase** auf dem Arbeitszeitkonto registriert wird, da dann auch die Entnahme der Zeitelemente unmittelbar bevorsteht und ein Verfall dieses Anspruchs nicht droht.

Praxistipp
Unproblematisch ist es, den über den gesetzlichen Mindesturlaub hinaus gewährten vertraglichen Urlaub zur Auffüllung des Arbeitszeitkontos zu verwenden, da §§ 3 und 7 BUrlG nur den gesetzlichen Mindesturlaub betreffen.

Fazit
Das Ansparen von Urlaubsansprüchen auf dem Zeitkonto ist nur dann empfehlenswert, wenn diese über den gesetzlichen Mindesturlaub hinausgehen oder sich der Zeitpunkt der Freistellung unmittelbar an den Zeitpunkt der Registrierung des gesetzlichen Urlaubsanspruchs auf dem Arbeitszeitkonto anschließt. Nur in diesen Fällen ist kein Verfall zu befürchten.

Nähere Einzelheiten siehe Stichwort „Urlaub".

Verfehlung des Freistellungszwecks

Zu Problemen beim Sabbatical kommt es dann, wenn der vom Arbeitnehmer angestrebte Freistellungszweck verfehlt wird. Das heißt, die Arbeitsvertragsparteien haben bereits den Zeitraum für das Sabbatical festgelegt, doch der Zweck des Sabbaticals kann zu diesem Zeitpunkt faktisch nicht erfüllt werden, sei es, dass in dem Reiseziel des Arbeitnehmers ein Bürgerkrieg ausgebrochen ist, oder sei es, dass die von ihm geplante Bildungsmaßnahme nicht stattfindet.

Vor diesem Hintergrund stellt sich für den betroffenen Arbeitnehmer die Frage, inwieweit er Anspruch auf Wegfall oder Verschiebung des Sabbaticals hat.

Ein derartiger Anspruch kann nur zum Tragen kommen, wenn der Freistellungszweck zwischen Arbeitnehmer und Arbeitgeber zur Geschäftsgrundlage gemacht worden ist. Fällt der Freistellungszweck dann weg, so sind die Grundsätze über die Störung der Geschäftsgrundlage gemäß § 313 BGB anzuwenden. Eine Störung der Geschäftsgrundlage liegt vor, wenn sich die Umstände, die zur Grundlage des Vertrags geworden sind, nach Vertragsschluss schwerwiegend geändert haben und die Parteien den Vertrag nicht oder nicht so geschlossen hätten, wenn sie dies vorausgesehen hätten. In diesem Fall kann gemäß § 313 Abs. 1 BGB die **Anpassung des Vertrags** verlangt werden, soweit einer Partei das Festhalten am Vertrag nicht zugemutet werden kann.

Dies hat zur Folge, dass die Vereinbarung hinsichtlich der Freistellung des Arbeitnehmers für den besagten Zeitraum **hinfällig** wird. Das kann Konsequenzen für den Arbeitgeber haben, da z.B. Vorbereitungen wegen des geplanten längerfristigen Fehlens des Arbeitnehmers bereits getroffen wurden, indem er sich etwa um eine Ersatzkraft bemüht und diese ggf. auch schon eingestellt hat. Durch eine Vertragsanpassung besteht dann das Problem, dass der Arbeitgeber **zwei Arbeitnehmer** für ein und denselben Arbeitsplatz hat.

Praxistipp
Um solche Situationen zu vermeiden, möchte der Arbeitgeber den Zweck der Freistellung nicht nur nicht zum Vertragsinhalt machen, sondern vielmehr vertraglich ausdrücklich festlegen, dass die Arbeitsbefreiung grundsätzlich nicht von der Realisierung des Verwendungszwecks abhängen soll.

Beispiel
Sofern der Betriebsrat in diesem Zusammenhang beratend tätig ist, sollte er den betroffenen Arbeitnehmer auf die Konsequenzen hinweisen und auf eine Kompromissformel hinwirken.

Insolvenzsicherung

Werden Mehrarbeitsstunden über Jahre hinweg gutgeschrieben, um sie für ein Sabbatical zu nutzen, stellt dies einen **erheblichen wirtschaftlichen Wert** dar. Hier muss beachtet werden, dass das Arbeitszeitkonto des Arbeitnehmers bei Vorliegen der Voraussetzungen des § 7d SGB IV für den Fall einer Insolvenz des Unternehmens gesichert werden muss.

Nach § 7e Abs. 1 SGB IV müssen Langzeitarbeitszeitkonten gegen Insolvenz gesichert werden, soweit

- kein Anspruch auf Insolvenzgeld besteht,
- das Wertguthaben des Beschäftigten einschließlich des Arbeitgeberanteils am Gesamtversicherungsbeitrag das Dreifache der monatlichen Bezugsgröße gemäß § 18 SGB IV übersteigt und
- das Arbeitszeitkonto nicht innerhalb von 27 Kalendermonaten nach der ersten Gutschrift ausgeglichen wird.

Praxistipp
Um im Falle einer Insolvenz des Unternehmens den Arbeitnehmer vor Verlust des Wertguthabens, das dem Aufbau des Sabbaticals dient, zu schützen, sollte über dessen Absicherung nachgedacht werden.

Sicht des Arbeitgebers

Welche Vorteile bietet die Gewährung von Sabbaticals?

Die heutige Arbeitswelt ist von ständiger Hektik und hoher Arbeitsbelastung geprägt. Eine dadurch verursachte langjährige berufliche Anspannung kann bei Arbeitnehmern unter Umständen zu dem bekannten **Burn-out-Syndrom** führen. Die Folgen sind bekannt und können seitens des betroffenen Arbeitnehmers zu einem dauerhaften Nicht-mehr-Bewältigen der Aufgaben führen.

Motivation und Mitarbeiterbindung

Um einem Burn-out vorzubeugen und letztlich den Verlust eines guten Mitarbeiters zu verhindern, bietet eine (bezahlte) Auszeit Arbeitnehmern eine gangbare Möglichkeit, die **Batterien wieder aufzuladen und wieder gestärkt an den Arbeitsplatz zurückzukehren.** Dadurch, dass der Arbeitnehmer ausgeruht an seinen Arbeitsplatz zurückkehrt, kann der Arbeitgeber die Leistungsfähigkeit und die gesteigerte Motivation gezielt im Unternehmen einsetzen. Sabbaticals schaffen eine Work-Life-Balance, die Stress abbaut; so können Krankheitsausfälle und die daraus entstehenden Kosten vermieden werden.

Viele Mitarbeiter suchen sich ein Unternehmen auch nach sog. weichen Faktoren, wie z.B. Familienfreundlichkeit, Aufstiegschancen, Mitarbeiterförderung, Flexibilität in der Arbeitszeit, aus, nicht immer gibt Geld den Ausschlag für ein Unternehmen. Die Möglichkeit eines Sabbaticals ist für viele Arbeitnehmer sehr reizvoll, auch wenn dann nicht alle eines antreten.

Die Loyalität der Mitarbeiter zum Unternehmen wird gestärkt und gefestigt. Gute Mitarbeiter können so leichter gehalten werden und bleiben länger im Unternehmen.

Kosten

Durch das Instrument des **Langzeitarbeitskontos** ist ein Sabbatical für Arbeitgeber nahezu kostenneutral. Die für die Freistellungsphase notwendige Finanzierung wird von den Arbeitnehmern über den Gehaltsverzicht und die Ansparung auf dem Langzeitarbeitskonto selbst bewerkstelligt. Lediglich für den Insolvenzschutz der Arbeitszeitguthaben muss der Arbeitgeber Sorge tragen.

In schwierigen Auftragslagen kann die Gewährung eines Sabbaticals als Motivation auch eine fehlende Gehaltserhöhung oder Beförderung ausgleichen.

Krankheitskosten und Wiedereingliederungsmaßnahmen können reduziert und vermieden werden.

Wichtig

Aus der Vereinbarung zwischen Arbeitgeber und Arbeitnehmer muss klar hervorgehen, dass es sich um ein Lebensarbeitszeitkonto handelt. Hier reichen auch reine bilanzielle Rückstellungen nicht aus. Der Arbeitgeber muss das Zeitwertkonto inklusive aller Sozialabgaben insolvenzsicher anlegen.

Praxistipp

Finanzbehörden kontrollieren die Zeitwertkonten genauer, da diese erst einmal unversteuert bleiben und quasi erst im Sabbatical mit der Auszahlung nachversteuert werden. Damit der Sabbatical-Geber keine steuerlichen Nachteile hat, sollte für das Zeitwertkonto eine Verzinsung schriftlich festgelegt werden.

Einsatz in unternehmerischen Krisenzeiten

Es ist zwar nicht das vorrangige Ziel von Sabbatical-Vereinbarungen, die Flexibilisierung der Arbeitszeit zur Reaktion auf auftretende konjunkturelle Schwankungen zu nutzen. Dennoch zeichnet sich der Trend ab, dass Sabbaticals auch zur **Überbrückung von auftragsschwachen Phasen** genutzt werden. Ähnlich dem Gedanken eines Arbeitszeitkontos, bei dem in Hochphasen angesammelte Zeitguthaben in weniger arbeitsintensiven Zeiten abgefeiert werden, können auch zeitlich begrenzte Auszeiten von Arbeitnehmern, die ein Sabbatical nehmen, dazu genutzt werden, Überkapazitäten abzubauen und konjunkturelle oder saisonale Schwankungen zu überbrücken.

Planung des Sabbaticals

Viele Arbeitgeber schrecken insbesondere vor dem **organisatorischen Aufwand** zurück, der mit dem Praktizieren dieses Modells verbunden ist. Zudem befürchten sie, innerhalb der Freistellungsphase keinen äquivalenten Ersatz für den freigestellten Arbeitnehmer zu finden. Gedanken muss sich der Arbeitgeber über die Durchführung des Sabbaticals machen.

Die Freistellung und fehlende Arbeitskraft des Mitarbeiters muss für mehrere Monate überbrückt werden. Möglich sind betriebliche Umorganisationen oder die Einstellung eines befristeten Mitarbeiters.

Mit dem bestehenden Mitarbeiter muss ein umfassender Vertrag über das Sabbatical geschlossen werden.

Fazit

Arbeitgeber sehen die Auszeit meist positiv, da ein Mitarbeiter nach einem Sabbatical ausgeruht, motiviert, manchmal auch mit mehr Wissen in das Unternehmen zurückkommt. Ein Sabbatical hat viele Vorteile:

- Image als Arbeitgeber steigt, Vorteil im Wettbewerb um neue Mitarbeiter
- Förderung der Mitarbeiterbindung
- flexibler Einsatz der Mitarbeiter, Auftragsschwankungen können ausgeglichen werden, damit Sicherung der bestehenden Arbeitsplätze
- Einsparung von Personalkosten ohne Entlassungen
- neuer Schwung im Unternehmen durch Rückkehrer, neue Ideen und Lösungen durch Abstand vom Alltag sehr wahrscheinlich
- oft höhere Qualifizierung der Mitarbeiter

Auswirkungen auf die Arbeitnehmer

Welche Vorteile bietet das Sabbatical?

Neben dem psychischen Erholungseffekt bietet ein Sabbatical Arbeitnehmern vielfältige Möglichkeiten, ihre Work-Life-Balance wieder ins Gleichgewicht zu bringen. Den Arbeitnehmern steht es nämlich frei, wie sie die Auszeit vom Berufsleben nutzen: Vielfach werden die Freistellungsphasen für längere Reisen oder zur Umsetzung anderer individueller Interessen verwendet. Neben der Verfolgung persönlicher Interessen wird das Sabbatical von Arbeitnehmern auch für die außerbetriebliche Weiterbildung genutzt. Einige Arbeitnehmer fürchten, dass es während ihrer Abwesenheit zu wesentlichen Änderungen in ihrem Betrieb kommt, **die ihre Wiedereingliederung in ihre ursprüngliche Abteilung erschweren,** und dass sich ihre Abwesenheit möglicherweise negativ auf ihre Beförderungschancen auswirkt. Ein Sabbatical schadet der Karriere nicht, wenn Zeitpunkt und Motiv der Auszeit gut begründet werden.

Praxistipp
Kontakt zur Firma und Kollegen halten! So bleibt man im Gespräch und kann rasch auf größere Veränderungen im Unternehmen reagieren.

Vorbereitung auf das Sabbatical

Der Mitarbeiter, der ein Sabbatical nehmen will, sollte seinem Arbeitgeber vermitteln, dass das Unternehmen von seiner Auszeit profitiert. Er sollte auch konkrete Vorschläge für den Ablauf der Auszeit machen und wie seine Aufgaben in dieser Zeit durch Kollegen oder Umorganisation erledigt werden können. Dies zeigt die Ernsthaftigkeit seines Schritts und die Rücksichtnahme auf die Unternehmensinteressen.

Praxistipp
Es ist sinnvoll, bereits eineinhalb Jahre vor der geplanten Auszeit mit der Organisation zu beginnen, um dem Arbeitgeber die Organisation zu erleichtern.

Vor Antritt eines Sabbaticals muss mit dem Arbeitgeber eine Vereinbarung ausgehandelt werden, wie die Ansparphase und die Freistellungsphase geregelt werden. Diese Vereinbarung sollte schriftlich erfolgen. Die wichtigsten Inhalte:

- wann die Auszeit beginnt
- wie lange sie dauert
- wie die Ansparung erfolgt (Zeit oder Lohn)
- Vergütung während der Freistellung
- Regelungen zu Versicherungen, betrieblicher Altersvorsorge
- wann der Wiedereinstieg erfolgt und in welcher Position zu welchen Vertragsbedingungen

Praxistipp

Bei sonstigen Lohnleistungen oder Sachbezügen, z.B. Nutzung eines Dienstfahrzeugs, müssen diese ebenfalls in der Vereinbarung geregelt werden. Eine Möglichkeit ist, diese Sachbezüge nur in der Arbeitsphase, aber nicht in der Freistellungsphase zu gewähren.

Praxistipp

Oft wird keine Arbeitsplatzgarantie für die Rückkehr gegeben. Im Rahmen des Direktionsrechts kann der Rückkehrer unter Umständen auf eine andere, vergleichbare Position versetzt werden. Hier sollten in der Vereinbarung Eckpunkte für eine Position festgelegt werden, damit nach der Rückkehr eine vergleichbare Stelle zur Verfügung steht.

Fazit

Der Arbeitnehmer hat Gelegenheit, eigene Ziele zu verwirklichen, und Zeit, privat wie beruflich neue Ziele anzuvisieren. Der Arbeitgeber profitiert von der (wieder)erstarkten Leistungsfähigkeit und Motivation, von neuen Ideen und von dem bewusst oder unbewusst gewachsenen Wissens- und Erfahrungshorizont des ausgeruhten und ausgeglichenen Arbeitnehmers.

Vorgehensweise des Betriebsrats

Sabbaticals sind für die Betriebsratsarbeit unter dem Gesichtspunkt der Arbeitszeitflexibilisierung von Bedeutung. Im Rahmen gesetzlicher und tariflicher Vorgaben hat der Betriebsrat etliche Mitbestimmungsrechte.

Die Einführung von Arbeitszeitkonten oder die Möglichkeit des Ansparens längerer Freistellungszeiten bedarf der Mitbestimmung des Betriebsrats. Über die Dauer der im Rahmen eines Sabbaticals vereinbarten festgelegten wöchentlichen Arbeitszeit hat der Betriebsrat nicht mitzubestimmen.

Mitbestimmungsrechte

Neben dem bei flexiblen Arbeitszeitmodellen regelmäßig einschlägigen Mitbestimmungstatbestand des § 87 Abs. 1 Nr. 2 BetrVG hinsichtlich der **Lage und Verteilung der Arbeitszeit** ist bei Sabbatical-Vereinbarungen auch nach § 87 Abs. 1 Nr. 3 BetrVG die **vorübergehende Verlängerung oder Verkürzung der betriebsüblichen Arbeitszeit** einschlägig.

Betriebsvereinbarung

Da es einen gesetzlichen Anspruch auf ein Sabbatical nicht gibt, kann der Betriebsrat dies für die Mitarbeiter durch eine Betriebsvereinbarung regeln. Eine solche Vereinbarung kann z.B. im Rahmen der Bildung von Langzeitarbeitskonten geschaffen werden.

Eine solche Vereinbarung sollte Modelle für die Ansparphase und die Freistellungsphase enthalten, ebenso Regelungen über Sachbezüge, betriebliche Altersversorgung und Insolvenzschutz. Auch die Dauer und die Häufigkeit der Inanspruchnahme eines Sabbaticals können festgelegt werden.

Praxistipp

Wenn es keine Betriebsvereinbarung gibt, sollte aber allen betroffenen Mitarbeitern eine Prüfung der einzelvertraglichen Vereinbarungen angeboten werden.

Fazit

Neben dem Mitbestimmungstatbestand des § 87 Abs. 1 Nr. 2 BetrVG ist bei der Vereinbarung von Sabbaticals, die u.a. durch Absenkung der wöchentlichen Arbeitszeit in Verbindung mit Mehrarbeit durchgeführt werden sollen, auch das Mitbestimmungsrecht aus § 87 Abs. 1 Nr. 3 BetrVG zu beachten.

Im Rahmen der Bildung von Langzeitarbeitskonten können Sabbaticals auch durch Betriebsvereinbarung geregelt werden.

Ihre digitalen Arbeitshilfen

 Sie erhalten direkt einsetzbare Arbeitshilfen zu diesem Stichwort. Diese können Sie schnell und einfach gleich am PC bearbeiten.

Arbeitshilfen
- Checkliste für Arbeitnehmer zur Vorbereitung eines Sabbatical
- Checkliste für den Betriebsrat zur Erstellung einer Betriebsvereinbarung zum Thema Sabbatical

Schicht-/Nachtarbeit

Grundlagen

Was ist Schichtarbeit?

Unter Schichtarbeit oder Schichtdienst wird die Aufteilung der betrieblichen Arbeitszeit in mehrere Abschnitte mit versetzten Anfangszeiten bzw. unterschiedlicher Lage sowie unter Umständen unterschiedlicher Dauer verstanden. Es ist jede Form der Arbeitszeitgestaltung, bei der Arbeitnehmer nach einem **bestimmten Zeitplan** eingesetzt werden, sodass sie ihre Arbeit innerhalb eines Zeitraums zu unterschiedlichen Zeiten erledigen. Es müssen hierbei mindestens zwei Arbeitnehmer eine übereinstimmende Arbeitsaufgabe erfüllen, indem sie sich nach feststehenden Plänen ablösen. Dabei braucht der betroffene Arbeitsplatz nicht identisch zu sein, es müssen nur die jeweils betroffenen **Arbeitnehmer austauschbar** sein. Auch Teilzeitarbeitnehmer können Schichtarbeit leisten. Abhängig von der Tageszeit wird von Tages-, Nacht-, Früh- oder Spätschicht gesprochen.

Schichtarbeitsmodelle

Die praktizierten Schichtarbeitsmodelle unterscheiden sich hinsichtlich der **Schichtzyklen**, der **Schichtdauer**, der **Besetzungsstärken** oder der **Schichtwechsel**. Bei der Schichtarbeit bestehen zahlreiche Variationsmöglichkeiten. Die verschiedenen Schichtarbeitsformen werden einmal über die Anzahl der zu arbeiteten Schichten bestimmt. Zweischichtsysteme umfassen eine Früh- und eine Spätschicht. Im Dreischichtsystem kommt noch die Nachtschicht hinzu. Zum anderen erfolgt die Begriffsbestimmung über die zu arbeitende Zeit. Bei kontinuierlicher oder permanenter Schichtarbeit wird der Betrieb über die ganze Woche, inklusive Wochenende, aufrechterhalten. Teilkontinuierlich oder diskontinuierlich ist sie, wenn die Arbeitszeit meist nur am Montag bis Freitag liegt.

Bei all diesen Systemen kann zwischen Wechselschichtsystemen, bei denen täglich gewechselt wird, und rollierenden Schichtsystemen, bei denen wöchentlich oder in längeren Abständen gewechselt wird, unterschieden werden. Je nach Betrieb können unterschiedliche Systeme gewählt werden, auch überlappende Zeiten zur Übergabe können eingeplant werden.

Wechselschicht basiert auf der Schichtarbeit, dabei ändert sich die Arbeitszeit in einem regelmäßigen Rhythmus, um alle Mitarbeiter gleichmäßig zu belasten.

Beispiele für mögliche Schichtsysteme

1. permanente Schichtsysteme (geteilte Schichten zu konstanten Tageszeiten)
   - ❏ Dauerfrühschicht
   - ❏ Dauerspätschicht
   - ❏ Dauernachtschicht

2. Wechselschichtsysteme/rollierende Systeme
   - ❏ Systeme ohne Nachtarbeit
   - ❏ diskontinuierliche Systeme (ohne Wochenenden, ohne Feiertage)
   - ❏ kontinuierliche Systeme (mit Wochenenden, mit Feiertagen)
3. Systeme mit Nachtarbeit
   - ❏ Zweischichtsysteme (à zwölf Stunden)
   - ❏ Dreischichtsysteme (à acht Stunden)
   - ❏ Dauernachtschicht

Wo kommt Schichtarbeit vor?

Schichtarbeit kommt in allen Unternehmen und Organisationen vor, wo jeden Tag und jede Stunde gearbeitet werden muss oder wo die Betriebszeit die tägliche oder wöchentliche Arbeitszeit erheblich überschreitet. Sie ergibt sich aus der Notwendigkeit, umfangreiche Servicezeiten zu bieten (z.B. Krankenhaus, Hotel, Verkauf, öffentliche Verkehrsmittel, Gastronomie) oder aus den hohen Kosten für die Stilllegung von Anlagen (z.B. Fließbänder, Hochöfen) oder generell aus der Notwendigkeit, hohe Investitionen durch entsprechende Betriebszeiten zu amortisieren.

Branchen mit Schichtarbeit **rund um die Uhr** und an **sieben Tage** die Woche
- Gesundheitswesen
- Polizei, Zoll, Rettung und Feuerwehr
- alle Kraftwerke und Energieversorger
- alle Erdölraffinerien
- Bergwerke
- Chemiebetriebe
- mittlere und große Metallbetriebe inklusive Automobilbau und Zulieferer
- Autobahntank- und Rastanlagen
- Medienbranche (Zeitung, Hörfunk, Fernsehen)

Branchen mit Schichtarbeit **teilweise** oder ganz rund um die Uhr
- öffentlicher Verkehr
- Industrien mit hohem Investitionsvolumen in Fertigungsanlagen (um die Geräte besser auszulasten)
- größere Hotels

Branchen mit **vorwiegend Abend- oder Nachtarbeit**
- Sicherheitsdienste
- Gastgewerbe und Nachtunterhaltung

Branchen mit vorwiegend **sehr frühen Diensten** und Abenddiensten
- Reinigung
- Flughäfen

Fazit

Schichtarbeit bedeutet, dass Arbeitnehmer eine übereinstimmende Arbeitsaufgabe erfüllen, indem sie sich nach feststehenden Plänen ablösen. Es gibt verschiedene Schichtarbeitsmodelle, die etwa hinsichtlich der Schichtzyklen, der Schichtdauer, der Besetzungsstärken oder der Schichtwechsel variieren. Schichtarbeiten kommen nicht nur im Produktionsbereich vor, sie spielen insbesondere im Kranken- und Pflegebereich, aber auch im Dienstleistungsbereich eine Rolle.

Was ist Nachtarbeit?

Nachtarbeit ist jede Arbeit, die **mehr als zwei Stunden der Nachtzeit (23.00 bis 6.00 Uhr)** umfasst (§ 2 Abs. 2, 3 ArbZG). Polizisten, Bäcker und Krankenschwestern gehören zu den rund 17 Millionen Erwerbstätigen in Deutschland, die ständig, regelmäßig oder gelegentlich in der Nacht, im Schichtdienst oder am Wochenende arbeiten. Ohne Nachtarbeit würden einige Prozesse unseres Alltags gar nicht funktionieren. So könnten etwa Patienten in Krankenhäusern, die Tag und Nacht auf ärztliche Betreuung angewiesen sind, nicht versorgt werden. Aber auch viele Produktionsanlagen der Industrie müssen heute rund um die Uhr betrieben werden. Und auch einige Dienstleistungsunternehmen haben bis tief in die Nacht oder durchgehend geöffnet. Man denke dabei z.B. an Tankstellen, Fast-Food-Restaurants oder den Nahverkehr.

Nicht alle Personen, die nachts arbeiten, müssen dies ständig bzw. an jedem Arbeitstag tun. 12 % der Nachtarbeiter arbeiten jede Nacht, 45 % regelmäßig und 43 % gelegentlich. Das bedeutet, dass ca. 700.000 Personen Nacht für Nacht erwerbstätig sind und erst zum Schlafen kommen, wenn andere zur Arbeit aufbrechen oder ihren Freizeitaktivitäten nachgehen.

Auswirkungen

Gesundheitliche Auswirkungen

Schichtarbeit und Nachtarbeit widerstreben dem natürlichen Lebensrhythmus des Menschen und können dadurch zur großen Belastung für Organismus und Psyche werden. **Entgegen seiner inneren Uhr,** die den Wach-Schlaf-Rhythmus sowie weitere Körperfunktionen wie Temperatur, Herzfrequenz oder den Stoffwechsel steuert, ist vor allem der Nachtarbeiter zu einer Zeit aktiv, wenn der Organismus eigentlich auf Ruhe schaltet. Am Tage wird der Körper zum Schlaf gezwungen, wenn er, von Natur aus, aktiv sein will. Diese Abkopplung vom natürlichen Biorhythmus hat weitreichende gesundheitliche Folgen. **Schichtarbeit bedeutet für den Körper mehr Arbeit.** Denn gerade zu später Stunde, wenn die Körpertemperatur herabgesetzt ist und sich die Stoffwechselvorgänge verlangsamen, kostet es den Organismus zusätzliche Anstrengung, um leistungsfähig zu sein. Diese Mehrarbeit wieder auszugleichen, bedarf längerer Regeneration.

Soziale Auswirkungen

Neben den gesundheitlichen Auswirkungen gibt es zahlreiche **soziale Beeinträchtigungen**. Schichtarbeiter müssen aufgrund der versetzten Arbeitszeiten und Freizeiten erhebliche Beeinträchtigungen in ihrem sozialen Umfeld, in Partnerschaft und Familie hinnehmen. Oft sind Nachtarbeiter zeitweise (wenn nicht sogar ganz) von diesen Aktivitäten ausgeschlossen, was häufig in die **soziale Isolation** führt.

Fazit
- Schicht- und Nachtarbeit ist erforderlich, damit die alltäglichen Prozesse funktionieren können.
- Besonders Nachtarbeit stellt eine enorme körperliche Belastung für den Arbeitnehmer dar.
- Schicht- und Nachtarbeit bringt darüber hinaus auch negative Auswirkungen in sozialer Hinsicht mit sich.

Gesundheitsschutz

Aufgrund der negativen körperlichen und sozialen Auswirkungen gehört eine menschengerechte und die gesundheitliche Belastung minimierende Gestaltung der Schicht- und Nachtarbeit zu den zentralen Problemen der Arbeitszeitgestaltung. Erkenntnisse zur guten Gestaltung von Schicht- und Nachtarbeit sind seit 1994 im Arbeitszeitgesetz verankert.

Entwicklung der Schichtarbeit und Nachtarbeit

Die Schichtarbeit stellt **keine Neuheit des Industriezeitalters** dar. In der wachsenden Industriegesellschaft waren zunächst **technologische Gründe** die häufigste Ursache für die Arbeit in Schichten. In Fabrikationsbereichen wie der Stahlindustrie war und ist Schichtarbeit häufig unentbehrlich, da Produktionsprozesse nicht unterbrochen werden können oder eine Unterbrechung unzumutbare Kosten verursachen würde. Heute fordern wir selbst mehr Schichtarbeit: Der Freizeit- und Dienstleistungsbereich wächst immer mehr.

Die stetige Steigerung wird sich vor allem aus wirtschaftlichen Gründen fortsetzen. Auf Dauer können nur solche Unternehmen am Markt bestehen, die möglichst kostengünstig bei hoher Qualität und kurzen Lieferfristen die Wünsche ihrer Kunden erfüllen. Die Auslastung der in der Regel teuren Produktionsanlagen ist hierfür meist unumgänglich. Das bringt zwar auf der einen Seite belastende Schichtarbeiten mit sich, kann langfristig aber Arbeitsplätze sichern. Im Dienstleistungsbereich wird nur der Anbieter Erfolg haben, der möglichst lange für seine Kunden da ist, also lange Öffnungszeiten hat.

Tendenz steigt

In Europa ist der Anteil der Erwerbstätigen mit zeitlich wechselnden Schichten kontinuierlich immer weiter gestiegen. Diesen Trend bestätigen auch die Zahlen aus Deutschland: Arbeitnehmer in Deutschland arbeiten heute häufiger an Wochenenden und in der Nacht als Mitte der neunziger Jahre. Ein Viertel der Beschäftigten (24,5 Prozent) arbeitete 2011 auch samstags, 1996 waren es 18,8 Prozent. Der Anteil der Nachtarbeiter erhöhte sich im selben Zeitraum auf 9,6 Prozent (von 6,8 Prozent).

Rechtliche Voraussetzungen

Die generellen Regelungen zur Schichtarbeit sind im Arbeitszeitgesetz festgelegt. Die speziellen Ausprägungen einschließlich der Arbeitszeit und möglicher Zuschläge regeln auch Tarifverträge, Betriebsvereinbarungen oder Einzelverträge. Besondere Regelungen zur Arbeitszeitgestaltung finden sich des Weiteren im Mutterschutz- oder Jugendschutzgesetz.

Es steht grundsätzlich jedem Arbeitgeber frei, seinen volljährigen Mitarbeitern Schicht- oder Nachtarbeit anzuordnen. Dabei ist **keine behördliche Genehmigung erforderlich** im Gegensatz zur streng geregelten Sonntagsarbeit. Das Arbeitszeitgesetz dient gemäß § 1 Nr. 1 ArbZG insbesondere dem Zweck, die Sicherheit und den Gesundheitsschutz der Arbeitnehmer bei der Arbeitszeitgestaltung zu gewährleisten. Es enthält dabei aber keine konkreten Vorgaben, unter welchen Voraussetzungen Nachtarbeit möglich, zulässig oder zu beschränken ist.

Es gibt auch kein Gesetz, das regelt wie viele Nachtschichten hintereinander gearbeitet werden darf, bevor die erste Freischicht folgt.

Begriffsdefinitionen

Die Begriffe Nachtzeit, Nachtarbeit und Nachtarbeiter sind in § 2 Abs. 3 bis 5 ArbZG geregelt. Danach sind:

- **Nachtzeit**
    - von 23.00 Uhr bis 6.00 Uhr
    - in Bäckereien oder Konditoreien von 22.00 Uhr bis 5.00 Uhr
    - kann gemäß § 7 Abs. 1 Nr. 5 ArbZG in Tarifverträgen abweichend definiert werden
- **Nachtarbeit**
    - jede Arbeit, die mehr als zwei Stunden Nachtarbeit umfasst
- **Nachtarbeitnehmer**
    - Arbeitnehmer, die aufgrund ihrer Arbeitszeitgestaltung normalerweise Nachtarbeit in Wechselschicht leisten
    - Arbeitnehmer, die Nachtarbeit an mindestens 48 Tagen im Kalenderjahr leisten

Schichtarbeit ist eine arbeitsorganisatorisch bedingte Arbeitszeitregelung, bei der die Lage der individuellen Arbeitszeit von der als üblich betrachteten Tagesarbeitszeit abweicht.

Wichtig

Die Verpflichtung des Arbeitnehmers zur Nachtarbeit besteht nur, wenn hierüber eine ausdrückliche Vereinbarung im Arbeitsvertrag getroffen wurde. Das Weisungsrecht des Arbeitgebers beinhaltet nicht das Recht, den Arbeitnehmer ohne dessen Einverständnis von der Tagesarbeit auf Nachtarbeit umzusetzen.

Allgemeine Vorschriften des Arbeitszeitgesetzes und anderer Arbeitnehmerschutzgesetze

Nach § 1 Nr. 1 ArbZG besteht ein Ziel des Arbeitszeitgesetzes darin, die **Sicherheit und den Gesundheitsschutz** der Arbeitnehmer bei der Arbeitszeitgestaltung zu gewährleisten und die Arbeitnehmer somit vor Belastungen zu schützen. Zudem haben Arbeitnehmer gegenüber ihrem Arbeitgeber gemäß § 4 Nr. 4 ArbSchG einen Anspruch auf eine Arbeitszeitgestaltung, die u.a. auch ihren **sozialen Bedürfnissen** Rechnung trägt.

Dementsprechend ziehen das Arbeitszeitgesetz und eine Reihe anderer Gesetze **Grenzen,** die bei der Ausgestaltung der Arbeitszeit zwingend zu beachten sind. Diese Grenzen sind selbstverständlich auch im Rahmen der Schichtarbeit zu beachten:

- Regelungen der Höchstarbeitszeit von acht bzw. zehn Stunden nach **§§ 3, 6 ArbZG:** Gemäß § 3 Satz 1 ArbZG darf die werktägliche Arbeitszeit acht Stunden nicht überschreiten. Sie kann jedoch unter der Voraussetzung des § 3 Satz 2 ArbZG auf bis zu zehn Stunden verlängert werden. Selbstverständlich kann der Arbeitgeber gegenüber den gesetzlichen Bestimmungen des Arbeitszeitgesetzes auch einen kürzeren Ausgleichszeitraum festlegen. Durch oder aufgrund eines Tarifvertrags in einer Betriebs- oder Dienstvereinbarung sind folgende Festlegungen möglich:
- Der Ausgleichszeitraum kann auf maximal zwölf Kalendermonate verlängert werden (**§§ 7 Abs. 1 Nr. 1b, 8 ArbZG**).
- Wenn in die Arbeitszeit regelmäßig und in erheblichem Umfang Arbeitsbereitschaft oder Bereitschaftsdienst fällt, ist die Verlängerung der Arbeitszeit auf über acht Stunden ohne einen zeitlichen Ausgleich möglich. (**§§ 7 Abs. 2a, 7 ArbZG**).
- **Regelung über die Verlängerung der Arbeitszeit über zehn Stunden hinaus nach § 7 ArbZG:** Die werktägliche Arbeitszeit kann gemäß § 7 Abs. 1 Nr. 1a ArbZG durch oder aufgrund eines Tarifvertrags auf über zehn Stunden verlängert werden, wenn in die Arbeitszeit regelmäßig und in erheblichem Umfang Arbeitsbereitschaft oder Bereitschaftsdienst fällt.
- **Regelung über die Verlängerung der Arbeitszeit in Ausnahmefällen:** Darüber hinaus kommt eine Verlängerung der täglichen Höchstarbeitszeit auf über zehn Stunden in den Fällen des **§ 15 Abs. 1 Nr. 1, 2 ArbZG** in Betracht, sofern die Aufsichtsbehörde die längere Arbeitszeit bewilligt.
- **Pausenregelungen gemäß § 4 ArbZG:** Nach § 4 ArbZG ist die Arbeit bei einer Arbeitszeit von über sechs Stunden durch eine 30-minütige und bei einer Arbeitszeit von über neun Stunden durch eine 45-minütige Ruhepause zu unterbrechen.
- **Ruhezeiten nach § 5 ArbZG:** § 5 Abs. 1 ArbZG schreibt vor, dass den Arbeitnehmern nach Beendigung der täglichen Arbeit eine ununterbrochene Ruhezeit von mindestens elf Stunden zu gewähren ist.
- **Arbeitsverbot an Sonn- und Feiertagen nach § 9 ArbZG:** Auch beim Arbeitszeitkontenmodell bei Schichtarbeit ist die geltende Arbeitsfreiheit an Sonn- und Feiertagen gemäß § 9 Abs. 1 ArbZG zu beachten. In mehrschichtigen Betrieben mit regelmäßiger Tag- und Nachtschicht darf der Beginn oder das Ende der Sonn- und Feiertagsruhe um bis zu sechs Stunden

vor- oder zurückverlegt werden, wenn für die auf den Beginn der Ruhezeit folgenden 24 Stunden der Betrieb ruht (§ 9 Abs. 2 ArbZG). Zudem sind gemäß §§ 10, 13 ArbZG eine Reihe von Ausnahmen vom Arbeitsverbot an Sonn- und Feiertagen vorgesehen, allerdings müssen den Beschäftigten im Jahr mindestens 15 freie Sonntage zur Verfügung stehen (**§ 11 Abs. 1 ArbZG**).

- **Ausgleich für Sonn- und Feiertagsbeschäftigte nach § 11 ArbZG:** Gemäß § 11 Abs. 3 ArbZG muss der Arbeitnehmer für Sonn- und Feiertagsarbeit einen Ersatzruhetag erhalten. Von dieser Regelung kann durch Tarifvertrag abgewichen werden. Bei vollkontinuierlichen Schichtsystemen ist es üblich, die Schichtpläne durchgehend zu gestalten; der Arbeitnehmer muss sich, wenn er an einem Feiertag freihaben möchte, einen Urlaubstag oder Zeitausgleich nehmen. Nimmt der Arbeitnehmer keinen Urlaub an einem Sonn- oder Feiertag, so steht ihm ein Ersatzruhetag zu, der innerhalb eines den Beschäftigungstag einschließenden Zeitraums von acht Wochen zu gewähren ist.

Spezielle Vorschriften des Arbeitszeitgesetzes

§ 6 Abs. 1 ArbZG

Gemäß § 6 Abs. 1 ArbZG ist die Arbeitszeit der Nacht- und Schichtarbeiter nach den **gesicherten arbeitswissenschaftlichen Erkenntnissen über die menschengerechte Gestaltung der Arbeitszeit** festzulegen.

§ 6 Abs 2 bis 6 ArbZG

§ 6 Abs. 2 bis 6 ArbZG sieht Regelungen für den **Gesundheitsschutz der Nachtarbeiter** vor.

Wichtig

Zu beachten ist, dass die Absätze 2 bis 6, auch wenn sie in § 6 ArbZG mit der Überschrift „Nacht- und Schichtarbeit" versehen sind, nicht für die Schichtarbeiter gelten. Eine Anwendung des § 6 Abs. 2 bis 6 ArbZG auf die Schichtarbeiter ist, wegen der vom Gesetzgeber ausdrücklich vorgenommenen **Begrenzung auf Nachtarbeiter, unzulässig**.

Grenze der höchstzulässigen Nachtarbeitszeit – § 6 Abs. 2 ArbZG

§ 6 Abs. 2 ArbZG schränkt die höchstzulässige Arbeitszeit für die Nachtarbeitnehmer ein. Die werktägliche Arbeitszeit der Nachtarbeitnehmer darf **acht Stunden** nicht überschreiten. Der Geltungsbereich der Vorschrift bezieht sich auf Nachtarbeitnehmer, und zwar auch dann, wenn sie in einer Früh- oder Spätschicht arbeiten.

Die Arbeitszeit kann in Ausnahmefällen **auf bis zu zehn Stunden verlängert** werden, dann muss ein Ausgleich innerhalb eines Kalendermonats oder innerhalb von vier Wochen so erfolgen, dass die Arbeitszeit durchschnittlich acht Stunden pro Werktag umfasst.

Der im Vergleich zu § 3 ArbZG verkürzte Ausgleichszeitraum gilt auch, soweit Nachtarbeitnehmer urlaubs- oder krankheitsbedingt keine Nachtarbeit leisten. Ein längerer Ausgleichszeitraum kann nach § 7 Abs. 1 Nr. 4b ArbZG tarifvertraglich festgelegt werden. Dieser längere Ausgleichszeitraum darf aber zwölf Monate nicht überschreiten.

Arbeitsmedizinische Untersuchung gemäß § 6 Abs. 3 ArbZG

§ 6 Abs. 3 ArbZG räumt den Nachtarbeitnehmern das **verzichtbare Recht** ein, sich arbeitsmedizinisch untersuchen zu lassen. Der Untersuchungsanspruch umfasst alle mit dem Arbeitsplatz zusammenhängenden Gesichtspunkt des Arbeitsschutzes, eine allgemeine hausärztliche Untersuchung ist unzureichend. Der Anspruch steht nur dem Arbeitnehmer zu, der Arbeitgeber kann dagegen nicht verlangen, dass sich der Arbeitnehmer untersuchen lässt.

Der Untersuchungsanspruch besteht

- vor Beginn der Beschäftigung,
- danach mindestens alle drei Jahre,
- nach Vollendung des 50. Lebensjahres jährlich.

Wichtig

Ergibt sich aus der Untersuchung, dass der Arbeitnehmer aus gesundheitlichen Gründen zur Nachtarbeit nicht geeignet ist, so kann er vom Arbeitgeber verlangen, auf einem Tagesarbeitsplatz eingesetzt zu werden.

Kosten der Untersuchung

Der Arbeitgeber hat die Kosten der Untersuchung zu tragen. Die Kosten umfassen hierbei nicht nur die Untersuchungskosten selbst, sondern **auch sonstige Nebenkosten** wie Anfahrtskosten und unter Umständen anfallende Kosten für zusätzliche Verpflegung oder Kinderbetreuung. Zu den Kosten zählt insbesondere auch der Lohnanspruch, der auch dann gegeben ist, wenn der Arbeitnehmer die Untersuchung außerhalb seiner Schichtarbeitszeit durchführen lässt. Will der Arbeitnehmer sich von einem Arzt seiner Wahl untersuchen lassen, so steht ihm dies entsprechend dem Grundsatz der freien Arztwahl zu, allerdings muss er dann die Kosten der Untersuchung selbst tragen.

Wichtig

Arbeitnehmer mit Schichtarbeit haben, wie jeder andere Arbeitnehmer, nach § 11 ArbSchG einen Anspruch auf regelmäßige arbeitsmedizinische Untersuchungen. Sofern diese ergeben, dass er gesundheitlich ungeeignet zur Schichtarbeit ist, ist der Arbeitgeber verpflichtet, den Arbeitnehmer auf eine Tagschicht umzusetzen.

Umsetzungsanspruch des Arbeitnehmers gemäß § 6 Abs. 4 ArbZG

Sofern dem betriebliche Belange nicht entgegenstehen, hat der Arbeitgeber den Arbeitnehmer auf dessen Verlangen auf einen für ihn geeigneten Tagesarbeitsplatz umzusetzen, wenn

- nach arbeitsmedizinischer Feststellung die weitere Nachtarbeit die Gesundheit des Arbeitnehmers gefährdet,
- im Haushalt ein Kind unter zwölf Jahren lebt,
- der Arbeitnehmer einen schwer pflegebedürftigen Angehörigen zu versorgen hat.

Beispiel

Kann eine Krankenschwester aus gesundheitlichen Gründen keine Nachtschichten im Krankenhaus mehr leisten, ist sie deshalb nicht arbeitsunfähig krank. Sie hat Anspruch auf Beschäftigung, ohne für Nachtschichten eingeteilt zu werden (BAG vom 09.04.2014 – 10AZR 637/13 –, siehe auch die entsprechende Urteilsbesprechung).

Betriebliche Belange dürfen nicht entgegenstehen

Der Anspruch auf Umsetzung besteht nur, soweit dem betriebliche Belange nicht entgegenstehen. Es muss also eingehend geprüft werden, ob eine Umsetzung möglich ist. Der Arbeitgeber kann allein durch den Verweis, dass zum Zeitpunkt des Umsetzungsverlangens des Arbeitnehmers kein geeigneter Tagesarbeitsplatz vorhanden ist, nicht das Vorliegen dringender betrieblicher Erfordernisse geltend machen. Er muss zwar keine neue Tagesarbeitsstelle für den Arbeitnehmer schaffen, aber er hat **alle Möglichkeiten von Umsetzungen zu prüfen.** Gegebenenfalls hat er dem Arbeitnehmer Umschulungsmaßnahmen anzubieten.

Anhörungsrecht des Betriebsrats

Ohne Anhörung des Betriebsrats kann der Arbeitgeber das Umsetzungsverlangen nicht wirksam ablehnen. Über das Anhörungsrecht hinaus ist der Betriebsrat auch zur **aktiven Mithilfe** aufgerufen, er hat das Recht, dem Arbeitgeber Vorschläge für eine Umsetzung zu unterbreiten.

Fazit

Voraussetzungen für eine Umsetzung gemäß § 6 Abs. 4 ArbZG sind:
- Umsetzungsverlangen des Arbeitnehmers
- Umsetzungsgrund (Gesundheitsgefährdung/Kind unter zwölf Jahren lebt im Haushalt des Arbeitnehmers/Versorgung einer schwer pflegebedürftigen Person)

Voraussetzungen für die Ablehnung eines Umsetzungsverlangens sind:
- Vorliegen von dringenden betrieblichen Erfordernissen
- Anhörung des Betriebsrats

Ausgleich für die Nachtarbeitsstunden gemäß § 6 Abs. 5 ArbZG

Oft ist in Tarifverträgen geregelt, wie für Nachtarbeit ein Ausgleich geschaffen wird. Fehlt eine solche Regelung, muss der Arbeitgeber dem Nachtarbeitnehmer für die geleisteten Nachtarbeitsstunden eine angemessene Zahl bezahlter freier Tage oder einen angemessenen Zuschlag auf das normal zustehende Bruttoarbeitsentgelt gewähren.

Der Arbeitgeber kann sein Wahlrecht, ob er die Nachtarbeit durch einen Zuschlag auf den Stundenlohn oder durch Freizeitausgleich abgelten will, auch **erst nach mehreren Jahren** ausüben. Solange der Arbeitgeber sein Wahlrecht nicht ausgeübt hat, muss ihn der Arbeitnehmer daher bei einer gerichtlichen Auseinandersetzung alternativ auf Gewährung freier Tage oder auf Zahlung in Anspruch nehmen. Der Arbeitnehmer kann jedoch den Arbeitgeber unter Fristsetzung dazu auffordern, sein Wahlrecht auszuüben. Hat er den Arbeitgeber durch diese Aufforderung in **Verzug** gesetzt, so geht das Wahlrecht nach Ablauf der durch den Arbeitnehmer gesetzten Frist auf diesen über.

Endet das Arbeitsverhältnis, kommt ein Ausgleich für geleistete Nachtarbeit nur noch in Form einer Geldzahlung in Betracht.

Angemessener Zuschlag

Der Arbeitgeber muss, sofern er sich für die Variante des finanziellen Ausgleichs entscheidet, einen angemessenen Zuschlag zahlen. In welcher Höhe ein Zuschlag angemessen ist, ist gesetzlich nicht geregelt. Nach der Rechtsprechung des Bundesarbeitsgerichts ist ein Nachtzuschlag **angemessen,** wenn er der besonderen Belastung durch die ungünstige Arbeitszeit Rechnung trägt. Für seine Höhe ist keinesfalls schematisch auf einschlägige Tarifverträge zurückzugreifen. Diese bieten vielmehr nur eine Orientierungshilfe. Vorbehaltlich der Besonderheiten des Einzelfalls sind nach der Rechtsprechung des Bundesarbeitsgerichts bei **Dauernachtschichten 30 % und bei Wechselnachtschichten 25 %** des Grundlohns als angemessen anzusehen. Das Bundesarbeitsgericht hielt aber auch geringere Zuschläge von 10 % oder 15 % für angemessen, wenn die Nachtarbeit nach der Natur der Arbeitsleistung unvermeidbar war (z.B. Rettungssanitäter, Nachtportier). Entsprechendes gilt für die Höhe des Freizeitausgleichs.

Wichtig

In diesem Zusammenhang ist darauf hinzuweisen, dass gemäß § 3b EStG Nachtzuschläge bis 25 % des Grundlohns lohnsteuerfrei sind bzw. sogar bis 40 %, wenn die Nachtarbeit vor 0.00 Uhr aufgenommen wurde.

Tarifvertragliche Regelungen gehen nach **§ 6 Abs. 5 ArbZG** vor, d.h., es ist im Einzelfall immer genau zu prüfen, ob eine vom Gesetz abweichende tarifvertragliche Regelung besteht.

Liegt eine tarifvertragliche Regelung vor, so ist der Tarifvorrang des § 77 Abs. 3 BetrVG zu beachten. Dieser Vorrang bedeutet, dass die bereits bestehende tarifliche Regelung vorgeht und auch nicht durch eine Betriebsvereinbarung verdrängt werden kann.

§ 6 Abs. 5 ArbZG ist auf Arbeitnehmer im Schichtdienst, sofern sie nicht normalerweise Nachtarbeit in Wechselschicht oder an mindestens 48 Tagen im Kalenderjahr verrichten, nicht anwendbar. Das heißt, sofern keine andere arbeits- oder tarifvertragliche Regelung besteht, haben **Arbeitnehmer im Schichtdienst keinen gesetzlichen Anspruch auf Lohnzuschläge.**

Zuschlag bei überlappenden Schichten

Es stellt sich die Frage, wie ein Zuschlag bei Arbeitsschichten zu gewähren ist, bei denen sich zuschlagspflichtige und zuschlagsfreie Zeiten überlappen. Entscheidend hierfür ist, ob **eine Gewährung der Zulage pro Stunde oder pro Schicht zu erfolgen** hat. Zwar wird in § 2 Abs. 4 ArbZG auf Stunden abgestellt, dies jedoch nur zugunsten des Arbeitnehmers, nämlich in der Form, dass Nachtarbeit als solche zu kennzeichnen ist, selbst wenn der Schichtstart außerhalb der Nachtzeit fällt.

In § 2 Abs. 4 ArbZG wird von Arbeit, was gleichzusetzen ist mit Schicht, nicht dagegen von Zeiten gesprochen. Sobald eine Arbeit mehr als zwei Stunden in die gesetzlich definierte Nacht-Zeit-Phase fällt, ist die Arbeit, und eben nicht die anfallenden Stunden, als Nachtarbeit definiert und damit zuschlagspflichtig. Das heißt also, die **Schicht ist dann komplett zuschlagspflichtig**. Dementsprechend ist sowohl bei Arbeitsbeginn als auch bei Arbeitsende außerhalb der gesetzlich als zuschlagspflichtig definierten Uhrzeit der komplette Arbeitseinsatz der Zuschlagspflicht zu unterlegen. Dies gilt selbstverständlich nur, wenn der geltende Tarifvertrag dafür auch Zuschläge vorsieht.

Zugang zur betrieblichen Weiterbildung gemäß § 6 Abs. 6 ArbZG

§ 6 Abs. 6 ArbZG verpflichtet den Arbeitgeber zur Gleichbehandlung von Nachtarbeitnehmern mit den übrigen Arbeitnehmern des Betriebs hinsichtlich des Zugangs zu betrieblichen Weiterbildungen und zu aufstiegsfördernden Maßnahmen. Der Arbeitgeber hat, um den Nachtarbeitnehmern den Zugang zu solchen Maßnahmen zu gewähren, entsprechende organisatorische Maßnahmen wie etwa Änderungen des Schichtplans, vorübergehende Umsetzung auf einen Tagesarbeitsplatz o.Ä. zu ergreifen.

Wichtig

Die Vorschrift ist zwingend und gibt dem Betriebsrat das Recht, seine Zustimmung zur Einführung von Nachtarbeit zu verweigern, wenn der Arbeitgeber keine Vorkehrungen i.S.d. § 6 Abs. 6 ArbZG getroffen hat.

Besondere Personengruppen

Ältere Arbeitnehmer

Für ältere Arbeitnehmer ist es besonders wichtig, dass nicht zu lange Arbeitszeiten am Tag und nicht zu viele Arbeitstage hintereinander vorliegen. Diese Rücksichtnahme ist aber nicht gesetzlich untermauert. Es ist aber bei älteren Arbeitnehmern im Schichtdienst insbesondere auf folgende Punkte zu achten, um Belastungen und Gesundheitsrisiken zu minimieren:

- ausreichende Ruhezeit zwischen den Schichten, auch bei kürzeren Schichten (weniger als acht Stunden pro Tag)
- nicht mehr als fünf Arbeitstage in Folge
- bevorzugt vorwärts und kurz rotierende Systeme

Schwerbehinderte

Schwerbehinderte Arbeitnehmer sind von der Schicht- und Nacharbeit **nicht grundsätzlich befreit** oder ausgeschlossen. Im Einzelfall kann jedoch ein Anspruch des schwerbehinderten Arbeitnehmers gegen den Arbeitgeber auf behinderungsgerechte Gestaltung der Arbeitszeit mit der Maßgabe bestehen, ihn wegen der Besonderheiten der Behinderung von Schichtarbeit ganz oder teilweise auszunehmen (§ 81 Abs. 4 Nr. 4 SGB IX).

Jugendliche

Für Jugendliche gilt das Jugendarbeitsschutzgesetz. Dort wird die Schichtarbeit in den §§ 4, 12, 14, 16 bis 18 JArbSchG geregelt, demnach dürfen Jugendliche grundsätzlich Schichtarbeit leisten, es müssen aber die Zeiten der Nachtruhe und die Regelungen für die Samstage, Sonn- und Feiertage beachtet werden. **Nachtarbeit** ist weitgehend **verboten**. Nähere Einzelheiten in der Arbeitshilfe „Jugendarbeitsschutzgesetz".

Schwangere und stillende Mütter

Grundsätzlich haben schwangere und stillende Frauen keinen Anspruch auf veränderte Bedingungen bei der Schichtarbeit. Es müssen aber die Regelungen des **Mutterschutzgesetzes** beachtet werden und die dort genannten **Beschäftigungsverbote** (z.B. für Nacht- und Sonntagsarbeit) eingehalten werden. Nähere Einzelheiten in der Arbeitshilfe „Mutterschutzgesetz".

Sicht des Arbeitgebers

Schicht- und Nachtarbeit sind für Arbeitgeber interessant, weil mithilfe von Schichtarbeit eine **reale Ausweitung der betrieblichen Arbeitszeit ermöglicht** wird. So kann im Betrieb rund um die Uhr und nicht nur von 9.00 Uhr bis 17.00 Uhr gearbeitet werden.

Optimierung der Auslastung der betrieblichen Ressourcen

Durch die Schichtarbeit wird der Arbeitgeber in die Lage versetzt, die vorhandenen Ressourcen wie Räume, Maschinen etc. besser auszunutzen und so die **Betriebsabläufe zu optimieren** und die **Betriebskosten zu senken**. Insbesondere teure Maschinen lohnen oft nur, wenn sie durch lange Laufzeiten entsprechend ausgelastet sind. Hinzu kommen in der Regel längere Wartezeiten, bis eine Maschine angefahren wird und genutzt werden kann, wodurch erhebliche Zusatzkosten entstehen. Bei bestimmten technischen Prozessen, speziell im Industriesektor, kann die Bearbeitung nicht ohne Weiteres angehalten werden oder zumindest aus ökonomischen Gründen nicht wirtschaftlich sinnvoll unterbrochen werden:

- Hochöfen können nicht jeden Tag heruntergekühlt werden.
- Vorhandene Räume und Einrichtungen können mehrfach besetzt und genutzt werden.
- Höhere Personalkosten durch Nachtzuschläge, Mehrurlaub oder zusätzliche Betreuungsmaßnahmen der Nachtarbeiter werden so kompensiert durch erheblich verbesserte Produktivität des Unternehmens.

Notwendige Nachtarbeit

In vielen Bereichen wird durch die Nachtarbeit die **unternehmerische Dienstleistung überhaupt erst ermöglicht**. Die Nachtarbeit von Bäckereien, Zeitungsträgern, Putzfirmen, Transportbetrieben und vielen mehr ist Voraussetzung dafür, dass wir am Morgen versorgt sind und die normale Arbeitstätigkeit aufnehmen können.

Ohne Nachtarbeit sind die notwendigen durchgehenden Dienste überhaupt nicht möglich. Hierbei sei insbesondere auf die Pflegedienste im Gesundheitswesen (Krankenhäuser, Alten- und Pflegeheime etc.) verwiesen oder auf die sonstigen Notdienste. Hierzu zählen weiter die Bahn- und Flugbetriebe, die Hochofenanlagen, die Großanlagenbetreiber und viele andere mehr.

Fazit

Nachtarbeit ist ein notwendiges Mittel, um die Betreuung und Versorgung der Bevölkerung sicherzustellen.

Nachtarbeit ist in vielen Fällen ökonomische Voraussetzung, um Großanlagen wirtschaftlich betreiben zu können.

Nachtarbeit ist für den Unternehmer ein wichtiges Instrument, um die Betriebsabläufe zu optimieren und so eine ausreichende Produktivität und wirtschaftlichen Erfolg zu erzielen.

Nähere Einzelheiten siehe Abschnitt „Rechtliche Voraussetzungen".

Pflichten des Arbeitgebers

Der Arbeitgeber muss aber für die geleistete Nachtarbeit einen entsprechenden Ausgleich in Form eines Zuschlags oder Freizeit gewähren. Hier kann der Arbeitgeber ein Wahlrecht ausüben, in welcher Form der Ausgleich geleistet wird. Nähere Einzelheiten siehe Abschnitt „Grundlagen".

Bei der erstmaligen Einführung von Nachtarbeit oder eines Schichtbetriebs hat der Betriebsrat ein Informations- und Beratungsrecht nach § 80 BetrVG.

Des Weiteren muss das Mitbestimmungsrecht des Betriebsrats gemäß § 87 BetrVG beachtet werden. Dies besteht aber nur, soweit keine tariflichen oder gesetzlichen Regelungen im Bereich der Schicht- oder Nachtarbeit existieren.

Zum Schutz der Arbeitnehmer muss der Arbeitgeber die **Kosten für die ärztliche Untersuchung** tragen.

Voraussetzungen für Schichtarbeit

Schichtpläne und die Nachtarbeit müssen sich immer an arbeitswissenschaftlichen Erkenntnissen messen lassen und den gesetzlichen Vorgaben entsprechen. Die Schichtplangestaltung ist sehr aufwendig und mit großem Arbeitszeitmanagement verbunden.

Gesundheitliche Risiken im Zusammenhang mit Schichtarbeit sind für Betroffene oft schwer direkt abschätzbar, müssen aber vom Arbeitgeber wegen seiner **Führsorgepflicht** gegenüber dem Arbeitnehmer berücksichtigt werden. Es müssen umfassende medizinische Untersuchungen durchgeführt werden. Außerdem sollten den Schichtarbeitern Informationen, Vorschläge und Richtlinien zur Verfügung gestellt werden, um die negativen Auswirkungen rechtzeitig zu erkennen und ihnen entgegenwirken zu können.

Der Arbeitgeber hat auch die Kosten für den medizinischen Gesundheitscheck der Schichtarbeiter zu tragen. Diese Untersuchung soll nach dem Arbeitszeitgesetz (§ 6 Abs. 3 ArbZG) bei Schichtarbeitern freiwillig vor Beginn der Schichtarbeit und dann alle drei Jahre durchgeführt werden.

Gestaltungsmöglichkeiten für die Schicht- und Nachtarbeit

Kein idealer Schichtplan

Den idealen Schichtplan gibt es nicht. Schichtpläne sind für die betroffenen Arbeitnehmer immer mit mehr oder weniger Einschränkungen und Unannehmlichkeiten verbunden. Bei der Gestaltung der Arbeitszeit sollten, neben gesetzlichen Grundlagen und betrieblichen Interessen, aber immer auch gesundheitliche und soziale Aspekte sowie individuelle Wünsche der Mitarbeiter berücksichtigt werden.

Nähere Einzelheiten in den Arbeitshilfen zu diesem Stichwort.

Entwicklung des Schichtsystems zusammen mit den Arbeitnehmern

Ein gutes Schichtmodell darf sich nicht nur nach den Belangen des Unternehmens richten, sondern es sollte auch die **Belange der Arbeitnehmer** berücksichtigen. Je mehr ein Schichtenplan mit den individuellen Bedürfnissen der Arbeitnehmer vereinbar ist, umso größer wird die Leistungsbereitschaft und -fähigkeit der einzelnen Arbeitnehmer sein. Um das optimale Arbeitszeitsystem für einen Betrieb und seine Beschäftigten zu erhalten, sollte dieses in enger Zusammenarbeit mit den Beschäftigten entwickelt werden:

- **Arbeitnehmerorientierung:** Durch die Einbeziehung der Arbeitnehmer wird die Zufriedenheit und Motivation der Beschäftigten verbessert.
- **Aufklärung:** Arbeitnehmer sollten über die Beeinträchtigungsmöglichkeiten durch spezifische Arbeitszeitgestaltung Bescheid wissen. Kurz- und langfristige Beanspruchungsfolgen, die mit der höheren Belastung durch die Schicht- und Nachtarbeit verbunden sind, sollten dargestellt und diskutiert werden.

Entwicklung eines Arbeitszeitsystems: Im Anschluss an den innerbetrieblichen Dialog sollte ein betriebliches Arbeitszeitsystem auf der Basis der gesetzlichen Rahmenbedingungen, tariflichen Bestimmungen und individuellen Regelungen eingerichtet werden.

Auswirkungen auf die Arbeitnehmer

Zurückhaltung bei Nachtarbeit notwendig

Die Schichtarbeit, besonders reine Nachtschichten, stellt eine besondere **physische und psychische Belastung** dar. Erkrankungen wie Schlafstörungen, Depressionen, Herz-Kreislauf-Erkrankungen und Magengeschwüre treten bei Schichtarbeitern häufiger auf als bei den übrigen Arbeitnehmern. Die **sozialen Kontakte** zur Familie und zu Freunden werden durch verschobene Tagesabläufe erschwert, was sich negativ auf die Work-Life-Balance auswirkt. Auch das Unfallrisiko während der Arbeitszeit und auf dem Arbeitsweg steigt durch Müdigkeit und unzureichenden Schlaf. Die ständig wechselnden Arbeitszeiten machen das Privatleben ebenfalls schwieriger und der Körper findet schwer in einen natürlichen Biorhythmus.

Diese Belastung wird durch **finanzielle Vorteile**, die mittels (tarif-)vertraglicher Schichtarbeitszulagen und/oder gesetzlicher Nachtarbeitszuschläge erzielt werden, nicht immer ausgeglichen, auch wenn Schichtarbeit zu mehr Einkommen und eventuell zu mehr freien Tagen führt.

Allerdings kann in Einzelfällen Schichtarbeit auch für den Arbeitnehmer Vorteile bringen, z.B. für passionierte Nachtarbeiter oder bei bestimmten Familienkonstellationen.

Viele, vor allem jüngere Arbeitnehmer haben das Gefühl, mehrere Nachtschichten hintereinander gut bewältigen zu können. Die erste Nachtschicht wird meist noch als anstrengend beurteilt. Nach den Aussagen der Arbeitnehmer tritt danach allerdings eine Gewöhnung an die Nachtarbeit ein. Durch eine Vielzahl von Untersuchungen ist jedoch erwiesen, dass die Arbeitnehmer, die in ein Schichtsystem mit kürzeren Schichtfolgen wechselten, sich in diesem doch körperlich und geistig wohler fühlten und nicht wieder in das alte Arbeitszeitsystem zurück wollten.

Schließlich bietet die Nachtarbeit auch denen einen Vorteil, die einen **Nebenjob** betreiben wollen.

Fazit

Nacht- und Schichtarbeit führt für den Arbeitnehmer zu erheblichen gesundheitlichen Belastungen und zu einer Störung des sozialen Lebens bis hin zur sozialen Isolation. Reine Nachtarbeit sollte deshalb nur ausnahmsweise ausgeführt werden.

Wird Schichtarbeit ausgeführt, so sollte darauf geachtet werden, dass insoweit alle arbeitsmedizinischen Erkenntnisse über die menschengerechte Gestaltung des Arbeitsplatzes berücksichtigt sind.

Rechte des Arbeitnehmers

Der Arbeitnehmer hat bei der Leistung von reiner Nachtarbeit folgende Rechte:

Ärztliche Untersuchung

Vor Beginn einer Beschäftigung mit Nachtarbeit sollte ein ärztliche Untersuchung erfolgen. Diese arbeitsmedizinische Untersuchung muss nach § 6 Abs. 3 ArbZG regelmäßig alle drei Jahre erfolgen. **Nach dem 50. Lebensjahr kann die Untersuchung jährlich** erfolgen. Ein Betriebsarzt kann diese Untersuchung vornehmen.

Wichtig

Macht der Arbeitnehmer vor Beginn seiner Beschäftigung von dem Recht auf arbeitsmedizinische Untersuchung Gebrauch, so kann er die Leistung der Nachtarbeit so lange verweigern, bis ein Ergebnis der Untersuchung vorliegt und die gesundheitliche Eignung für Nachtarbeit festgestellt wurde. Der Arbeitnehmer hat ein Leistungsverweigerungsrecht.

Versetzung auf einen Tagarbeitsplatz

Wenn durch die Nachtarbeit gesundheitliche Risiken eintreten können, darf eine Versetzung auf einen Tagarbeitsplatz verlangt werden. Dieser ist auch zu entsprechen, wenn keine betrieblichen Belange entgegenstehen. Nähere Einzelheiten siehe Abschnitt „Rechtliche Voraussetzungen".

Wenn im Haushalt des Arbeitnehmers ein **Kind unter zwölf Jahren** oder ein **schwer pflegebedürftiger Angehöriger** lebt, die nicht anderweitig betreut werden können, kann ebenfalls eine Versetzung verlangt werden.

Weiterbildung

Ein Nachtarbeitnehmer hat den **gleichen Anspruch** auf Weiterbildung wie alle anderen Arbeitnehmer. Der Arbeitgeber muss diese ermöglichen. Es gelten die gleichen Bedingungen wie bei einer normalen Arbeitszeit.

Empfehlungen für einen besseren Umfang mit Schichtarbeit

Um mit den speziellen Problemen besser umgehen und leben zu können, sollten folgende **Tipps** berücksichtigt werden:

- Nach einer Spät- oder Nachtschicht nicht zu viel Helligkeit, am besten eine Sonnenbrille aufsetzen.
- Bewusste und gesunde Ernährung mit kleinen Portionen, viel Kohlenhydraten, Obst und Gemüse. Fett und Kaffee sollten vermieden werden. Auch andere koffeinhaltige Getränke bis zu vier Stunden vor dem Schlafengehen meiden, um Ein- und Druchschlafschwierigkeiten zu vermeiden.
- Pausen machen. Diese reduzieren die Müdigkeit und fördern die Konzentrationsfähigkeit.
- Nachtschichtarbeiter sollten immer zu festen Zeiten schlafen, auch an freien Tagen. Wechselschichtarbeiter sollten bereits einige Tage vor der neuen Schicht mit der Umstellung der Schlaf- und Wachphasen beginnen.

- Kurze Nickerchen helfen Schlafdefizite auszugleichen, Schlafmittel sollten nur für einen kurzen Zeitraum genommen werden.
- In kühlen, dunklen Räumen schlafen; im Bett nicht arbeiten oder fernsehen; um Störungen zu vermeiden, z.B. das Telefon abstellen und dichte Jalousien anbringen.
- In der Arbeit kühlere und möglichst helle Arbeitsplätze einrichten.

Fazit

Wenn der Arbeitgeber bei der Einführung und der Planung der Schichtarbeit gegen gesetzliche Schutzvorschriften (Jugendarbeitsschutzgesetz, Mutterschutzgesetz, Ruhepausen, Ausgleichszeiträume usw.) verstößt oder sein Direktionsrecht überschreitet, steht dem Arbeitnehmer ein Leistungsverweigerungsrecht zu.

Vorgehensweise des Betriebsrats

Bei der Einführung und der Erstellung von Schichtplänen steht dem Betriebsrat ein **Mitbestimmungsrecht** nach § 87 Abs. 1 Nr. 2 BetrVG zu. Dem Mitbestimmungsrecht unterliegt nicht nur die Frage, ob im Betrieb überhaupt in Schichten gearbeitet werden soll und wann jeweils die einzelnen Schichten beginnen und enden sollen, sondern auch der Schichtplan selbst. Die Frage, in welcher Schicht welcher Arbeitnehmer wann und wie lange tätig sein soll, ist nicht mitbestimmungspflichtig.

Der Betriebsrat sollte bei Regelungen zur Schichtarbeit in erster Linie das Ziel verfolgen, die mit ihr verbundenen negativen Folgen für die Gesundheit der Kollegen abzumildern oder ganz zu vermeiden. Hierzu stehen ihm eine Reihe von Instrumentarien zur Verfügung.

Der Betriebsrat sollte von der Arbeitgeberseite fordern, dass folgende **Punkte Beachtung finden:**

- Die Anzahl der aufeinanderfolgenden Nachtschichten sollte möglichst gering sein, möglichst nicht mehr als drei.
- Nach einer Nachtschichtphase sollte eine möglichst lange Ruhephase folgen. Sie sollte auf keinen Fall weniger als 24 Stunden betragen.
- Geblockte Wochenendfreizeiten sind besser als einzelne freie Tage am Wochenende.
- Schichtarbeiter sollten möglichst mehr freie Tage im Jahr haben als Tagarbeiter.
- Ungünstige Schichtfolgen sollten vermieden werden. Es sollte immer vorwärts rotiert werden.
- Die Frühschicht sollte nicht zu früh beginnen.
- Die Nachtschicht sollte möglichst früh enden.
- Zugunsten individueller Vorlieben sollte auf starre Anfangszeiten verzichtet werden.

Weitere Punkte lesen Sie bitte in den Arbeitshilfen nach. Da nicht alle arbeitswissenschaftliche Empfehlungen gleichzeitig und widerspruchsfrei realisierbar sind, bietet es sich für den Betriebsrat an, eine Prioritätenliste für die Gespräche mit dem Arbeitgeber zu erstellen. Dazu kann im Vorfeld auch eine Mitarbeiterbefragung durchgeführt werden.

Wichtig

Nach der Rechtsprechung des Bundesarbeitsgerichts darf ein Betriebsrat sein Mitbestimmungsrecht nicht in der Weise ausüben, dass er dem Arbeitgeber das **alleinige Gestaltungsrecht** überlässt (BAG, Urteil vom 29.09.2004 – 5 AZR 559/03 –). Der Betriebsrat hat demzufolge mindestens an der Erarbeitung grundsätzlicher Regelungen mitzuwirken, nach deren Vorgaben sich der Arbeitgeber bei der Erstellung der Dienstpläne richten muss.

Mitbestimmungsrechte des Betriebsrats gemäß § 87 BetrVG

Gemäß § 87 Abs. 1 Nr. 2 BetrVG hat der Betriebsrat ein Mitbestimmungsrecht über Beginn und Ende der täglichen Arbeitszeit einschließlich der Pausen sowie über die Verteilung der Arbeitszeit auf die einzelnen Wochentage.

Was die Schichtarbeit betrifft, so unterliegt nicht nur deren **Einführung oder die Lage der Schichten der Mitbestimmung des Betriebsrats.** Vielmehr geht das Mitbestimmungsrecht weit über diese Fragen hinaus. In folgenden Fällen wurde ein Mitbestimmungsrecht bejaht:

- Ausweitung des Schichtsystems
- Änderungen des Schichtplans
- Einschränkung und Ausweitung Schichtarbeit
- nähere Ausgestaltung des jeweiligen Schichtsystems im Detail, bis hin zur Frage, in wie viele Schichten die Belegschaft aufzuteilen ist
- Beginn und Ende der einzelnen Schichten
- Festlegung von allgemeinen Grundsätzen über die Aufstellung eines Schichtplans (BAG, Beschluss vom 28.10.1986 – 1 ABR 11/85 –)
- Übergang von Normal- zur Wechselschicht und umgekehrt
- Wahl des Ausgleichszeitraums nach § 6 Abs. 2 Satz 2 ArbZG und seine Änderung

Neben dem Mitbestimmungsrecht aus § 87 Abs. 1 Nr. 2 BetrVG steht dem Betriebsrat auch ein Mitbestimmungsrecht nach § 87 Abs. 1 Nr. 7 (Gesundheitsschutz) und Nr. 10 (Lohngestaltung) BetrVG zu, z.B. bei der Entscheidung, ob der erforderliche Ausgleich für die Nachtarbeit in Freizeit oder Zulagen gewährt werden soll. Die Zahl der zu gewährenden freien Tage oder die Höhe des Entgeltzuschlags unterliegt nicht der Mitbestimmung.

Unterlassungsanspruch

Wenn der Arbeitgeber unter Verstoß gegen die Mitbestimmungsrechte des Betriebsrats Schicht- oder Nachtarbeit einführt oder Arbeitnehmer unter einseitiger Änderung von Schichtplänen beschäftigt, steht dem Betriebsrat ein Unterlassungsanspruch zu. Dieser Anspruch kann auch im Wege der **einstweiligen Verfügung** gesichert werden.

Grenzen der Mitbestimmung

Nach Auffassung des Bundesarbeitsgerichts (Beschluss vom 28.05.2002 – 1 ABR 40/01–) besteht kein Mitbestimmungsrecht des Betriebsrats, **wenn für eine Schicht eingeplante Arbeitnehmer ausfallen und sich hierdurch die Arbeitsbelastung der verbleibenden Arbeitnehmer erhöht.** Das Mitbestimmungsrecht des § 87 Abs. 1 Nr. 2 BetrVG bei der Erstellung von Schichtplänen schützt das Interesse der Arbeitnehmer an einer sinnvollen Abgrenzung zwischen Arbeitszeit und der für die Gestaltung des Privatlebens verfügbaren Zeit. Es dient dagegen nicht dem Schutz vor einer erhöhten Arbeitsbelastung, die darauf beruht, dass andere eingeplante Arbeitnehmer im Betrieb nicht anwesend sind und deshalb für die Ableistung der Schicht nicht zur Verfügung stehen.

Konsequenz: Fährt der Arbeitgeber eine Schicht aufgrund unvorhersehbarer Fehlzeiten einzelner Arbeitnehmer nur mit der geringeren Besetzung, ist diese Entscheidung nicht mitbestimmungspflichtig. Erst wenn der Arbeitgeber sich für den Einsatz eines Ersatzarbeitnehmers entscheiden möchte, der ursprünglich für die Schicht nicht vorgesehen war, lebt das Mitbestimmungsrecht des Betriebsrats auf.

Überwachungspflicht des Betriebsrats gemäß § 80 BetrVG

Im Hinblick auf die Schichtarbeit kann der Betriebsrat aufgrund seiner allgemeinen, in § 80 BetrVG festgelegten Überwachungspflichten die Einhaltung der arbeitswissenschaftlichen **Erkenntnisse verlangen.**

Der Betriebsrat kann gemäß § 87 Abs. 1 Nr. 7 BetrVG auch **eigene Gestaltungsvorschläge zum Gesundheitsschutz von Schicht- und Nachtarbeitern einbringen.** Hierzu kann er gemäß § 80 Abs. 3 BetrVG auch Sachverständige hinzuziehen, die insbesondere Erhebungen zur Anwendbarkeit arbeitswissenschaftlicher Erkenntnisse auf die bestehenden Schichtarbeitsplätze durchführen können.

Praxistipp

Ein Punkt, den der Betriebsrat im Rahmen seiner allgemeinen Überwachungspflichten anregen sollte: die Ernährung von Nachtarbeitern.

Gerade nachts gibt es oft nur ein eingeschränktes Nahrungs- und Getränkeangebot. Es sollte ein zusätzliches, gesundes Ernährungsangebot (z.B. Säfte, Obst) bereitgestellt werden, um den hohen Konsum von Kaffee und Zigaretten in der Nacht zu vermeiden.

Beteiligung des Betriebsrats an Umsetzungen

Ob die Umsetzung eines Arbeitnehmers beispielsweise von einer Tagschicht in die Nachtschicht eine **nach § 99 BetrVG zustimmungspflichtige Versetzung** darstellt, hängt von den Umständen ab.

Ändert sich lediglich die Lage der Arbeitszeit des betroffenen Arbeitnehmers, steht dem Betriebsrat in der Regel kein Mitbestimmungsrecht gemäß § 99 BetrVG zu. Soweit sich für den Arbeitnehmer durch den Schichtwechsel jedoch auch der Arbeitsbereich seiner Art nach oder der Kollegenkreis ändert, ist dies zustimmungspflichtig. Verstößt der Arbeitgeber gegen dieses Mitbestimmungsrecht, so ist die Versetzung unwirksam.

Gemäß **§ 6 Abs. 4 Satz 2 ArbZG** hat der Betriebsrat ein Anhörungsrecht bei der **Umsetzung** eines Nachtarbeiters auf einen Tagarbeitsplatz. Die Anhörung ist Wirksamkeitsvoraussetzung für die Ablehnung eines Umsetzungsverlangens eines Mitarbeiters. Mit anderen Worten: Der Arbeitgeber kann den Wunsch des Arbeitnehmers nur ablehnen, wenn der Betriebsrat angehört wurde. Der Arbeitgeber muss dem Betriebsrat alle geprüften Möglichkeiten für die Umsetzung vorlegen.

Der Betriebsrat ist auch zur aktiven Mithilfe aufgerufen und kann dem Arbeitgeber Vorschläge für Umsetzungen unterbreiten.

Sorge für die berufliche Weiterbildung der Arbeitnehmer

Die in § 6 Abs. 6 ArbZG festgelegte Verpflichtung des Arbeitgebers, für den Nachtarbeiter den Zugang zu Maßnahmen der beruflichen Weiterbildung und Aufstiegsförderung sicherzustellen, ergibt sich bezüglich der Schichtarbeiter aus § 96 Abs. 2 BetrVG. Nach dieser Vorschrift obliegt es auch dem Betriebsrat, darauf zu achten, dass unter Berücksichtigung der betrieblichen Notwendigkeit den Arbeitnehmern, also auch den Schichtarbeitern, die Teilnahme an Maßnahmen der Berufsbildung ermöglicht wird.

Ihre digitalen Arbeitshilfen

 Sie erhalten direkt einsetzbare Arbeitshilfen zu diesem Stichwort. So können Sie schnell und einfach Ihre benötigte Arbeitshilfe finden und diese gleich am PC bearbeiten.

Arbeitshilfen
- Checkliste: Einführung von Schichtarbeit
- Beispiele für Schichtplangestaltung
- Checkliste: Gestaltungsempfehlungen für die Schichtarbeit
- Checkliste Einführung oder Umstellung des Schichtplans
- Fragebogen zur Bewertung des Schichtplans durch die Mitarbeiter
- Checkliste: Arbeitswissenschaftliche Erkenntnisse zur Nachtarbeit
- Checkliste: Einhaltung der Arbeitszeit bei der Nachtschicht
- Checkliste: Umsetzung auf einen Tagesarbeitsplatz
- Checkliste: Wird die Nachtarbeit ausgeglichen?
- Betriebsvereinbarung zu projektbezogener Rufbereitschaft
- Zehn Fragen und Antworten zur Nachtarbeit
- Jugendarbeitsschutzgesetz (JArbSchG) – Überblick
- Mutterschutzgesetz (MuSchG) – Überblick

Sonn-/Feiertagsarbeit

Grundlagen

Tage der Ruhe und Entspannung

Nach Artikel 140Grundgesetz sind Sonn- und Feiertage als Tage der Ruhe und Entspannung gesetzlich geschützt: „Der Sonntag und die staatlich anerkannten Feiertage bleiben als Tage der Arbeitsruhe und der seelischen Erbauung gesetzlich geschützt."

Der gesetzliche Schutz der Sonn- und Feiertage wird durch Gesetze der Länder geregelt, so in Nordrhein-Westfalen durch das **Gesetz über die Sonn- und Feiertage.** Nach § 3 dieses Gesetzes sind an Sonn- und Feiertagen alle öffentlich bemerkbaren Arbeiten verboten, die geeignet sind, die äußere Ruhe des Tages zu stören, soweit sie nicht erlaubt sind. Bei erlaubten Arbeiten sind unnötige Störungen und Geräusche zu vermeiden. Von diesen Arbeitsverboten gibt es zahlreiche Ausnahmen, insbesondere für den Dienstleistungsbereich. In den übrigen Bundesländern haben die Sonn- und Feiertagsgesetze einen ähnlichen Inhalt.

Auch im Arbeitszeitgesetz ist die Sonn- und Feiertagsruhe verankert. Gemäß § 9 ArbZG dürfen Arbeitnehmer an Sonn- und Feiertagen von 0.00 bis 24.00 Uhr nicht beschäftigt werden. Vom Verbot der Sonn- und Feiertagsarbeit sind aber bestimmte Bereiche ausgenommen.

Branchen mit Sonn- und Feiertagsarbeit

Tatsächlich wird in einer Vielzahl von Betrieben sonntags gearbeitet. Jeder fünfte deutsche Arbeitnehmer arbeitet nach einer Erhebung an Sonn- und Feiertagen. Betriebe des verarbeitenden Gewerbes sind relativ selten an Sonntagen tätig. Überdurchschnittlich viel Sonntagsarbeit hingegen gibt es z.B. in folgenden Branchen:

- Landwirtschaft
- Bewachungsgewerbe
- Energie- und Wasserversorgung
- Dienstleistungsbranche, wobei das Gastgewerbe den höchsten Anteil der Betriebe mit regelmäßiger Sonntagsarbeit darstellt.
- Verkehrsbetriebe
- Nachrichtenbereich (rapide Zuwächse der Sonntagsarbeit besonders wegen der raschen Ausdehnung der Kommunikationstechnologien)
- Gesundheitswesen, in dem Krankenschwestern und -pfleger die mit Abstand größte Berufsgruppe mit Sonntagsarbeit darstellten
- Bereich der Altenpflege

Kulturelle Bewertung

Für die kulturelle Bewertung der Sonn- und Feiertagsarbeit ist entscheidend, ob für diese Beschäftigen der **Sonntag als Ruhetag und Tag der Besinnung** systematisch gestört oder gar zerstört wird. Vielfach wird befürchtet, Sonntagsarbeit werde das Familienleben beeinträchtigen. In der Tat verbringen insbesondere Arbeitnehmer, die jede oder jede zweite Woche sonntags arbeiten, deutlich seltener als Arbeitnehmer ohne Sonntagsarbeit ihre freie Zeit gemeinsam mit der Familie, dem Freundeskreis und der Nachbarschaft. Auch für Ausflüge oder kurze Reisen und für Kinobesuche sowie Konzert- und Tanzveranstaltungen bleibt weniger gemeinsame Zeit.

Kein Verzicht auf Sonntagsarbeit

In Zukunft wird jedoch eine immer stärker dienstleistungsorientierte Volkswirtschaft nicht auf Sonntagsarbeit verzichten können und wollen. Dem steht zwar der kulturelle Anspruch gegenüber, dass sich der Sonntag als Festtag einer Gesellschaft vom Rest einer Arbeitswoche abhebt. Ein solcher Festtag wird jedoch höchstwahrscheinlich in Zukunft wesentlich beschäftigungsintensiver gefeiert werden, als dies noch in der Vergangenheit der Fall war. Der Grund hierfür liegt letztlich darin, **dass es die Konsumenten so wollen**. Nicht nur das beschäftigungsintensive Programmangebot von Fernsehen, Kinos und Theatern, sondern insbesondere auch der Gastronomiebereich und die zahlreich genutzten Ausnahmegenehmigungen für so genannte Marktsonntage oder auch für Ausflugsorte sind ein Beleg für eine solche Entwicklung. Hinzu kommt der Wunsch der Arbeitgeber nach einer besseren Auslastung der Maschinen und damit günstigeren Herstellungskosten unter dem Stichwort „Globalisierung" und der tatsächlichen oder vermeintlichen Konkurrenzsituation.

Fazit

Sowohl im Grundgesetz als auch im Arbeitszeitgesetz wird der Sonntag als grundsätzlich arbeitsfreier Tag gesehen. Von diesem Grundsatz werden jedoch Ausnahmen gesetzlich zugelassen. Auch in der Gesellschaft ist die Nachfrage nach mehr Konsum- und Dienstleistungsangeboten auch an Sonn- und Feiertagen und somit eine Entwicklung zu mehr Sonntagsarbeit festzustellen. Schließlich erzeugt auch die „Globalisierung" einen Druck auf Ausweitung der Arbeitszeiten auch auf die Sonntage.

Rechtliche Voraussetzungen

Grundsatz: § 9 ArbZG

Grundsätzliches Beschäftigungsverbot

Gemäß § 9 Abs. 1 ArbZG dürfen Arbeitnehmer grundsätzlich an Sonntagen und gesetzlichen Feiertagen **von 0.00 bis 24.00 Uhr** nicht beschäftigt werden. Als Feiertage gelten sowohl bundesrechtliche, wie z.B. der 3. Oktober, als auch landesrechtlich festgelegte Feiertage, nicht dagegen kirchliche Feiertage. Die Länder haben von ihrer Gesetzgebungskompetenz Gebrauch gemacht und entsprechend den unterschiedlichen Traditionen und gewachsenen kulturellen Gewohnheiten der **Länder Feiertagsgesetze** erlassen, die unterschiedliche Jahrestage als gesetzliche Feiertage festlegen. (Weitere Informationen finden Sie in der Arbeitshilfe „Übersicht Feiertage".)

Das Beschäftigungsverbot von § 9 Abs. 1 ArbZG umfasst einen **Mindestruhezeitraum von 24 Stunden,** der grundsätzlich immer in der Zeit von 0.00 bis 24.00 Uhr liegen muss. Zusätzlich ist die elfstündige Ruhezeit des § 5 ArbZG zu berücksichtigen. Die **Ruhezeit** eines Arbeitnehmers im Zusammenhang mit Sonn- und Feiertagen beträgt damit im Regelfall immer **mindestens 35 Stunden.** § 9 Abs. 1 ArbZG untersagt jede Art der Beschäftigung während dieser Ruhezeit, soweit sie im Zusammenhang mit der Arbeit steht. So sind Rufbereitschaften oder Vorbereitungszeiten auf die Arbeit, wie Umkleide- oder Wegezeiten, ebenso untersagt wie sonstige Betätigungen des Arbeitnehmers, die zum Zweck der Erbringung der arbeitsvertraglich geschuldeten Leistung erfolgen. Grundsätzlich sind damit auch Überlappungszeiten vom Samstag auf den Sonntag oder vom Sonntag in den Montag hinein verboten.

Verschiebung der Sonntagsruhe

Zwei Ausnahmen betreffen den Beginn bzw. das Ende der Sonn- und Feiertagsruhe, nicht jedoch das Prinzip, wonach die Beschäftigten sich an diesen Tagen ausruhen und erholen sollen.

Zum einen kann der Beginn der 24-stündigen Sonn- und Feiertagsruhe für Kraftfahrer um bis zu zwei Stunden vorverlegt werden nach § 9 Abs. 3 ArbZG, höchstes also bis samstags 22.00 Uhr. Hier ist eine Verkürzung der 24-stündigen Ruhezeit nicht zulässig.

Zum anderen eröffnet abweichend von Absatz 1 § 9 Abs. 2 ArbZG für **mehrschichtige Betriebe mit regelmäßiger Tag- und Nachtschicht** die Möglichkeit, die Arbeitszeit am Samstag bis Sonntag 6.00 Uhr auszudehnen oder bereits sonntags um 18.00 Uhr wieder mit der Produktion zu beginnen. Unterschiedliche Auffassungen werden vertreten, ob, entsprechend dem Ausnahmecharakter der Vorschrift, Voraussetzung hierfür ist, dass am Samstag auch tatsächlich gearbeitet wird. Eine höchstrichterliche Entscheidung ist, soweit ersichtlich, hierzu noch nicht ergangen. Es wird **lediglich eine Verschiebung des Ruhezeitraums,** nicht dagegen eine Verkürzung der 24-stündigen Ruhezeit nach Absatz 1 erlaubt. Die Vorschrift setzt voraus, dass die 24-stündige Ruhezeit betriebsbezogen ist. Daher ist es nicht zulässig, in der einen Abteilung die Arbeit erst sonntags um 6.00 Uhr einzustellen und in einer anderen Abteilung bereits sonntags um 18.00 Uhr den Betrieb wieder aufzunehmen. Voraussetzung ist vielmehr, dass der Betrieb ruht, dass **also für einen Zeitraum von 24 Stunden eine absolute Betriebsruhe** eingehalten wird. Insoweit ist allerdings umstritten, ob während der Ruhezeit automatisierte Maschinen weiterlaufen dürfen, die keinen Arbeitnehmereinsatz notwendig machen.

Nähere Einzelheiten siehe Stichwort „**Schicht-/Nachtarbeit**".

Verstöße gegen das Beschäftigungsverbot

Verstöße gegen das Beschäftigungsverbot sind nach § 22 Nr. 5 ArbZG **bußgeldbewehrt** und können unter den Voraussetzungen des § 23 ArbZG einen **Straftatbestand** erfüllen. Abweichende Regelungen können, abgesehen von der Ausnahme des § 12 ArbZG, weder durch Tarifvertrag noch durch Betriebsvereinbarung getroffen werden.

Fazit

Nach § 9 ArbZG dürfen Arbeitnehmer an Sonntagen und gesetzlichen Feiertagen von 0.00 bis 24.00 Uhr nicht beschäftigt werden. Diese 24-stündige Ruhezeit kann für mehrschichtige Betriebe sowie für Kraftfahrer und Beifahrer verschoben, nicht aber verkürzt werden.

Genehmigungsfreie Sonn- und Feiertagsarbeit

An Sonn- und Feiertagen erlaubte Arbeiten

In § 10 ArbZG ist eine Vielzahl von Tätigkeiten aufgeführt, die **aus Gründen der öffentlichen Sicherheit und Ordnung** oder wegen des **als berechtigt anerkannten Bedürfnisses** trotz des generellen Verbots an Sonn- und Feiertagen geleistet werden dürfen. In diesen Fällen trifft der Arbeitgeber alleinverantwortlich die Entscheidung, ob die von ihm vorgesehene Arbeit dem Katalog des § 10 ArbZG unterfällt, eine behördliche Genehmigung braucht er nicht einzuholen.

Fallgruppen

Arbeitnehmer dürfen dann beschäftigt werden, wenn eine der folgenden Fallgruppen vorliegt:

- in Not- und Rettungsdiensten sowie bei der Feuerwehr
- um Recht und Gesetz, die Funktionsfähigkeit staatlicher Einrichtungen und die Verteidigung des Landes zu gewährleisten (z.B. auch amtlich angeordnete Baumaßnahmen an öffentlichen Straßen)
- in Krankenhäusern und anderen Einrichtungen zur Behandlung, Pflege und Betreuung von Personen
- in Gaststätten und anderen Einrichtungen zur Bewirtung und Beherbergung sowie im Haushalt
- bei kulturellen und ähnlichen Veranstaltungen (z.B. Filmvorführung, Theateraufführung, Schaustellung, Darbietung)

- bei nicht gewerblichen Aktionen und Veranstaltungen von Kirchen, Religionsgesellschaften, Verbänden, Vereinen, Parteien und ähnlichen Vereinigungen
- bei Sport-, Freizeit-, Erholungs- und Vergnügungseinrichtungen, in Fremdenverkehrsorganisationen sowie Museen und wissenschaftlichen Präsenzbibliotheken
- bei allen mit Rundfunk, Presse und Film in Zusammenhang stehenden Tätigkeiten, soweit es auf die Tagesaktualität ankommt, zudem beim Transport und Kommissionieren von Presseerzeugnissen, deren Erscheinungstag am Montag oder am Tag nach einem Feiertag liegt
- bei Messen, Ausstellungen, und Märkten, die nach der Gewerbeordnung festgesetzt sind (z.B. Jahr-, Wochenmarkt) und Volksfesten
- bei Verkehrsbetrieben sowie beim Transport und Kommissionieren von leicht verderblichen Waren wie frischen Milch- bzw. Fleischerzeugnissen sowie leicht verderblichem Obst und Gemüse
- bei Energie- und Wasserversorgungsbetrieben sowie Abfall- und Abwasserentsorgungsbetrieben
- in der Landwirtschaft und Tierhaltung sowie bei der Pflege von Tieren
- im Bewachungsgewerbe und bei der Bewachung von Betriebsanlagen
- bei der Reinigung und Instandhaltung von Betriebseinrichtungen, soweit hierdurch der regelmäßige Fortgang des eigenen oder eines fremden Betriebs abhängt, bei der Vorbereitung der Wiederaufnahme des vollen werktägigen Betriebs sowie bei der Aufrechterhaltung der Funktionsfähigkeit von Datennetzen und Rechnersystemen
- zur Verhütung des Verderbens von Naturerzeugnissen oder Rohstoffen oder des Misslingens von Arbeitsergebnissen sowie bei kontinuierlich durchzuführenden Forschungsarbeiten
- zur Vermeidung einer Zerstörung oder erheblichen Beschädigung von Produktionseinrichtungen
- im Geld-, Devisen-, Wertpapier und Derivatehandel und bei der Durchführung des Eil- und Großbetragszahlungsverkehrs, jedoch nur an auf einen Werktag fallenden Feiertagen, die nicht in allen Mitgliedstaaten der Europäischen Union Feiertage sind.

Ausnahmen zur Verringerung der Arbeitnehmer an Sonn- und Feiertagen (§ 10 Abs. 2 ArbZG)

Eine weitere Ausnahme vom Beschäftigungsverbot an Sonn- und Feiertagen gilt dann, wenn bei einer Unterbrechung der Produktion mehr Arbeitnehmer an Sonn- und Feiertagen eingesetzt werden müssten bzw. mehr Arbeitsstunden anfallen würden als bei einer durchgehenden Produktion. Zweck dieser Ausnahmeregelung ist es, die Zahl der an Sonn- und Feiertagen eingesetzten Arbeitnehmer möglichst gering zu halten.

Ausnahme für Bäckereien und Konditoreien (§ 10 Abs. 3 ArbZG)

Eine Ausnahme gilt auch für Bäckereien und Konditoreien. Diese dürfen Arbeitnehmer an Sonn- und Feiertagen, zeitlich beschränkt **auf bis zu drei Stunden,** beschäftigen. Dies gilt aber nur für an diesem Tag zum Verkauf kommende Waren, d.h. es darf nicht auf Vorrat für den Montag gebacken werden.

Arbeit nicht an Werktagen ausführbar

Die in § 10 ArbZG geregelten Ausnahmen können jedoch nur dann genutzt werden, wenn die Arbeiten nicht an Werktagen ausgeführt werden können. Dieser Vorbehalt führt dazu, dass der Arbeitgeber im Rahmen der gesamten Betriebsorganisation **alle Maßnahmen** ergreifen muss, um dem **Beschäftigungsverbot** aus § 9 ArbZG Rechnung tragen zu können. Nähere Einzelheiten siehe Abschnitt „Sicht des Arbeitnehmers" in diesem Stichwort.

Gesetzliche Beschäftigungsverbote

Gesetzliche Verbote zur Beschäftigung an Sonn- und Feiertagen, wie für **Jugendliche oder werdende und stillende Mütter,** schließen eine Anwendung der Ausnahmetatbestände des § 10 ArbZG aus. Bei Verstößen kann die Aufsichtsbehörde jederzeit die nach § 17 Abs. 2 ArbZG erforderlichen Maßnahmen treffen und eine Untersagungsverfügung bezüglich der Ausführung der Arbeit am Sonn- bzw. Feiertag erlassen.

Bei Jugendlichen gibt es das Jugendarbeitsschutzgesetz zu beachten. Hier sind für einige Bereiche in den §§ 17,18 JArbSchG Ausnahmen möglich (z.B. in Landwirtschaft, Gastronomie, Krankenhäusern, Schaustellergewerbe, Hörfunk und Fernsehen).

Ausnahmen durch Tarifvertrag

Gemäß § 12 **ArbZG** sind unter bestimmten, engen Voraussetzungen Ausnahmen von der Sonn- und Feiertagsarbeit in einem Tarifvertrag oder aufgrund eines Tarifvertrags in einer Betriebs- oder Dienstvereinbarung zulässig.

Fazit

In den Ausnahmefällen des § 10 ArbZG ist Sonn- und Feiertagsarbeit ohne eine behördliche Genehmigung zulässig. Dies setzt jedoch voraus, dass die entsprechenden Arbeiten nicht an Werktagen durchgeführt werden können.

Genehmigungspflichtige Sonn- und Feiertagsarbeit

Erlass von Verordnungen

§ 13 ArbZG eröffnet weitere Möglichkeiten, Ausnahmeregelung zur Beschäftigung an Sonn- und Feiertagen zu erlassen. So wird die **Bundesregierung** ermächtigt, durch Rechtsverordnungen mit Zustimmung des Bundesrats zur Vermeidung erheblicher Schäden unter Berücksichtigung des Schutzes der Arbeitnehmer und der Sonn- und Feiertagsruhe die Bereiche mit Sonn-

und Feiertagsbeschäftigung sowie die dort zugelassenen Ausnahmen näher zu bestimmen, d.h. die Ausnahmetatbestände des § 10 ArbZG näher zu konkretisieren. Sie wird aber auch ermächtigt neue Ausnahmetatbestände zu schaffen. Soweit die Bundesregierung von dieser Ermächtigung keinen Gebrauch macht, können in bestimmten Fällen die **Landesregierungen** Ausnahmen zulassen.

Aufsichtsbehörde

Über die Einhaltung der Sonn- und Feiertagsruhe bzw. die Zulassung von Arbeit an diesen Tagen wachen die Aufsichtsbehörden der Länder. In der Regel sind dies die Gewerbeaufsichtsämter bzw. die Arbeitsschutzämter. Die Behörde kann feststellen, ob eine Beschäftigung an Sonn- und Feiertagen überhaupt zulässig ist.

Sie kann unter bestimmten Voraussetzungen **Ausnahmen vom Beschäftigungsverbot** an Sonn- und Feiertagen nach § 13 Abs. 3 ArbZG gestatten, und zwar

- an zehn Tagen im Jahr, soweit der Betrieb wegen besonderer Umstände kurzzeitig mehr Arbeitskräfte benötigt,
- an bis zu fünf Tagen im Jahr zur Vermeidung betrieblicher Schäden aufgrund besonderer Umstände,
- an einem Sonntag im Jahr zur Durchführung einer gesetzlich vorgeschriebenen Inventur.
- Die Entscheidung liegt im pflichtgemäßen Ermessen der Behörde.

Behördliche Ausnahmebewilligung aus naturwissenschaftlichen oder technischen Gründen

Gemäß § 13 Abs. 4 ArbZG kann die zuständige Aufsichtsbehörde auf Antrag des Arbeitgebers Sonn- und Feiertagsarbeit auch bewilligen, wenn sie aus technischen oder aus naturwissenschaftlichen Gründen erforderlich ist. Voraussetzung hierfür ist jedoch, dass aus chemischen, biologischen, technischen oder physikalischen Gründen ein **ununterbrochener Fortgang der Arbeiten zur** Verhinderung des Misslingens der Produktion erforderlich ist. Hierbei ist einer **strenger Prüfmaßstab** anzulegen und insbesondere der objektive Stand der jeweiligen wissenschaftlich-technischen Entwicklungen zu berücksichtigen. Die Gründe für die Erforderlichkeit des fortlaufenden Produktionsprozesses müssen **im Arbeitsverfahren** selbst liegen. Soweit allein die konkreten betrieblichen Bedürfnisse eine ununterbrochene Fertigung erfordern oder die Arbeiten auch an Werktagen vorgenommen werden können, liegt eine Erforderlichkeit im Sinne der Vorschrift nicht vor.

Behördliche Ausnahmebewilligung zur Sicherung der Konkurrenzfähigkeit

Gemäß § 13 Abs. 5 ArbZG hat die Aufsichtsbehörde die Ausnahme von dem Beschäftigungsverbot auch bei drohender unzumutbarer Beeinträchtigung der Konkurrenzfähigkeit eines Unternehmens **aufgrund längerer Betriebszeiten** vergleichbarer Betriebe **im Ausland** zuzulassen. Weitere Voraussetzung hierfür ist allerdings, dass durch die Genehmigung von Sonn- und Feiertagsarbeit die **Beschäftigung gesichert** werden kann. Die Erteilung der Ausnahmegenehmigung erfolgt aber nur, wenn die gesetzlich zulässigen wöchentlichen Betriebszeiten weitgehend ausgeschöpft werden. Zu den gesetzlich zulässigen Betriebszeiten zählen alle Arbeitszeiten, die der Betrieb in eigener Autonomie auf der Grundlage des Arbeitszeitgesetzes zur Ausführung von Arbeiten nutzen kann.

Außergewöhnliche Fälle (§ 14 ArbZG)

§ 14 ArbZG eröffnet darüber hinaus Ausnahmebewilligungen für Notfälle oder in außergewöhnlichen Fällen, die unabhängig von dem Willen der Betroffenen eintreten und sich nicht auf andere Weise beseitigen lassen, besonders wenn Rohstoffe oder Lebensmittel zu verderben oder Arbeitsergebnisse zu misslingen drohen. **Notfälle** sind plötzlich eintretende unabwendbare Ereignisse, die die Gefahr eines erheblichen Schadens mit sich bringen, wie z.B. Brände, Überschwemmungen etc., **außergewöhnliche Fälle sind** besonders schadensträchtige Situationen, die nicht regelmäßig eintreten und nicht vorhersehbar sind, sie müssen nicht die Ausmaße eines Notfalls haben.

Wird von dieser Befugnis Gebrauch gemacht, darf die Arbeitszeit allerdings 48 Stunden wöchentlich im Durchschnitt von sechs Monaten nicht überschreiten.

Fazit

Neben § 10 ArbZG eröffnet § 13 ArbZG weitere Möglichkeiten, behördliche Ausnahmeregelungen zur Beschäftigung an Sonn- und Feiertagen zu erlassen bzw. Ausführungsverordnungen aufzustellen. Darüber hinaus eröffnet § 14 ArbZG Ausnahmen für Notfälle und sonstige außergewöhnliche Fälle.

Ausgleich für die Ausnahme vom Beschäftigungsverbot: § 11 ArbZG

Ausgleichsleistungen

§ 11 ArbZG verfolgt den Zweck, die mit zulässiger Sonn- und Feiertagsarbeit verbundenen Belastungen des Arbeitnehmers zu begrenzen und über die Festlegung eines Ersatzruhetags einen Ausgleich für den Verlust von Freizeitmöglichkeiten zu gewähren. Die Bestimmungen des § 11 ArbZG sind zwingend und stellen **Schutzgesetze** i.S.d. § 823 Abs. 2 BGB dar. Gegen § 11 ArbZG verstoßende Vereinbarungen sind daher nichtig. Allerdings können auch beim Ausgleich für Sonn- und Feiertagsarbeit die Sozialpartner andere Regelungen gemäß § 12 ArbZG vereinbaren, die auf die gängige Praxis in der jeweiligen Branche zugeschnitten sind. Dies muss aber in einem Tarifvertrag geschehen oder in einer Betriebs- oder Dienstvereinbarung, die aufgrund eines Tarifvertrags geschlossen wird.

15 Sonntage im Jahr beschäftigungsfrei

§ 11 Abs. 1 ArbZG: Nach Absatz 1 der Vorschrift müssen **mindestens 15 Sonntage im Jahr beschäftigungsfrei** bleiben. Das heißt umgekehrt, der Arbeitnehmer darf an 37 Sonntagen hintereinander beschäftigt werden. Einschränkungen können sich aber im Bereich der Schichtarbeit aus den gesicherten arbeitswissenschaftlichen Erkenntnissen des § 6 ArbZG ergeben. Zum Beispiel wurde in einigen Bereichen die Anzahl der freien Sonntage im Jahr durch die Tarifparteien verringert auf

- mindestens zehn Sonntage in Krankenhäusern, Gaststätten, Verkehrsbetrieben,
- mindestens acht Sonntage beim Rundfunk, Theater und bei Schaustellungen,
- mindestens sechs Sonntage in Filmtheatern und in der Tierhaltung.

Keine Überschreitung der Höchstarbeitszeit

§ 11 Abs. 2 ArbZG: Durch die Beschäftigung an Sonn- und Feiertagen darf weder die Höchstarbeitszeit noch der Ausgleichszeitraum des § 3 ArbZG überschritten werden. Durch den Verweis auf die Grenzziehung der §§ 3, 6 Abs. 2 und 7 ArbZG wird klargestellt, dass die **Arbeitszeit an Sonn- und Feiertagen immer Bestandteil der höchstzulässigen wöchentlichen Durchschnittsarbeitszeiten** ist und die insoweit geltende 48-Stundengrenze unter Einbeziehung der Arbeitszeit am Sonntag eingehalten werden muss. Unter Einbeziehung des § 3 ArbZG lässt das Gesetz in Ausnahmefällen und vorübergehend eine wöchentliche Arbeitszeit bis zu 70 Stunden zu (sieben Tage à zehn Stunden), wenn die gesetzlichen Ausgleichszeiträume eingehalten werden.

Durch den Verweis auf § 3 ArbZG bleibt der **Charakter der Sonn- und Feiertagsarbeit als Bestandteil der wöchentlichen Mindestarbeitszeit** erhalten. Der Mindesturlaubsanspruch des Arbeitnehmers nach § 3 Abs. 1 **Bundesurlaubsgesetz** beträgt daher auch dann 24 Werktage, wenn der Urlaub im Übrigen auf einen arbeitspflichtigen Sonn- und Feiertag fällt.

Ersatzruhetag

§ 11 Abs. 3 ArbZG: Bei Beschäftigung an Sonn- und Feiertagen muss den betroffenen Arbeitnehmern ein **Ersatzruhetag** innerhalb eines Ausgleichszeitraums von nur zwei Wochen gewährt werden. Zweck dieser Vorschrift ist es unter anderem, dass das Quantum des Arbeitnehmers an arbeitsfreier Zeit nicht verringert wird. Dabei muss der Ersatzruhetag einen **Ausgleich zur arbeitsfreien Zeit** im Vergleich zu Arbeitnehmern, die keine Sonn- oder Feiertagsarbeit verrichten mussten, bewirken. Der Ersatzruhetag muss innerhalb eines Zeitraums von zwei Wochen, der den Beschäftigungstag einschließt, gewährt werden.

Jedoch haben auch bei den Ersatzruhetagen die Sozialpartner einen Spielraum. Sie können z.B. weniger Ruhetage vereinbaren oder den Ausgleichzeitraum verlängern.

Der Arbeitnehmer kann nicht verlangen, dass der Ersatzruhetag zu einem bestimmten, von ihm gewünschten Zeitpunkt gewährt wird. Der Arbeitgeber kann die **Lage des Ersatzruhetags** unter ausreichender Berücksichtigung der Interessen des Arbeitnehmers und unter **Mitbestimmung des Betriebsrats** bestimmen.

Zusammenhang mit der täglichen Ruhezeit

§ 11 Abs. 4 ArbZG: Sowohl die Sonn- und Feiertagsruhe als auch der Ersatzruhetag sind in einem Zusammenhang mit einer täglichen Ruhezeit von elf Stunden zu gewähren. Damit soll grundsätzlich eine ununterbrochene Ruhezeit von 35 Stunden sichergestellt werden. Eine Ausnahme ist allerdings dann möglich, wenn technische oder arbeitsorganisatorische Gründe einer Umsetzung der Gesamtruhezeit von 35 Stunden entgegenstehen. Das ist etwa bei kontinuierlichen Schichtplänen der Fall, die einen Schichtwechsel von der Spätschicht am Samstag bis 22.00 Uhr auf die Frühschicht am Montag ab 6.00 Uhr ermöglichen.

Zahlung von Sonn- und Feiertagszuschlägen

Die Zahlung von Sonn- und Feiertagszuschlägen ist im Arbeitszeitgesetz **nicht vorgesehen.** Die Verpflichtung zur Zahlung von Sonn- und Feiertagszuschlägen ist aber zumeist in Tarifverträgen oder Betriebsvereinbarungen geregelt. Sind gesetzliche oder kollektivvertragliche Bestimmungen nicht vorhanden oder mangels Tarifbindung nicht anwendbar, so haben es die Arbeitsvertragsparteien in der Hand, Zuschläge für Sonn- und Feiertagsarbeit zu vereinbaren. Erfolgt auch dort keine entsprechende Vereinbarung, gibt es grundsätzlich keinen Anspruch auf einen Lohnzuschlag.

Auch durch die Verweisung in § 11 Abs. 2 ArbZG auf § 6 Abs. 5 ArbZG entsteht kein Anspruch auf einen gesetzlichen Sonn- und Feiertagszuschlag. Vielmehr hat der Arbeitnehmer bei Sonn- und Feiertagsarbeit nach § 11 Abs. 3 ArbZG einen Anspruch auf einen Ersatzruhetag. Hierdurch soll aus Gründen des Arbeitsschutzes ein Ausgleich für Sonn- und Feiertagsarbeit erfolgen. Demgegenüber bezweckt § 11 Abs. 2 ArbZG, aus Gründen des Gesundheitsschutzes der Arbeitnehmer die §§ 3 bis 8 ArbZG auch auf die Beschäftigung von Arbeitnehmern an Sonn- und Feiertagen anzuwenden. Der systematische Zusammenhang und die unterschiedlichen Zwecke der Absätze 2 und 3 des § 11 ArbZG schließen die Annahme aus, aus § 11 Abs. 2 ArbZG lasse sich ein Anspruch für einen Zuschlag für die Arbeit an Sonn- und Feiertagen ableiten.

Fazit

Gemäß § 11 ArbZG sollen die mit Sonn- und Feiertagsarbeit verbundenen Belastungen des Arbeitnehmers begrenzt werden und über die Festlegung eines Ersatzruhetags soll ein Ausgleich für den Verlust von Freizeitmöglichkeiten gewährt werden. Lohnzuschläge sind allerdings grundsätzlich nicht vorgesehen, sofern tarifvertraglich, in Betriebsvereinbarungen oder im Individualarbeitsvertrag nichts anderes vereinbart wurde.

Sicht des Arbeitgebers

Verstöße gegen das Beschäftigungsverbot

Verstöße gegen das Beschäftigungsverbot des § 9 ArbZG sind nach § 22 Nr. 5 ArbZG bußgeldbewehrt und können unter den Voraussetzungen des § 23 ArbZG einen Straftatbestand erfüllen. Der Arbeitgeber hat das Beschäftigungsverbot umfassend einzuhalten. Ihn trifft die Verpflichtung, freiwillige oder ohne sein Wissen geleistete Sonn- und Feiertagsarbeit zu unterbinden und hierzu die erforderlichen Vorkehrungen zu treffen.

Ausnahmen nach § 10 ArbZG, Arbeit nicht an Werktagen

Die in § 10 ArbZG geregelten Ausnahmen können jedoch nur dann genutzt werden, wenn die **Arbeiten nicht an Werktagen** ausgeführt werden können. Dieser Vorbehalt führt dazu, dass der Arbeitgeber im Rahmen der gesamten Betriebsorganisation **alle Maßnahmen** ergreifen muss, um dem **Beschäftigungsverbot** aus § 9 ArbZG Rechnung tragen zu können. Nur in den Fällen, in denen **alternative Gestaltungsmöglichkeiten** zur Vermeidung von Sonntagsarbeit objektiv nicht vorhanden sind, können Ausnahmetatbestände eingreifen. Wenn also Unterbrechungen der Arbeitsprozesse durch Nutzung alternativer Gestaltungsmöglichkeiten, etwa in technischer oder arbeitsorganisatorischer Hinsicht, objektiv gegeben sind, so ist der Arbeitgeber verpflichtet, den Arbeitsprozess zu unterbrechen.

Pflicht zur Minimierung der Sonntagsarbeit

Ob alternative Gestaltungsmöglichkeiten vorhanden sind, beurteilt sich nach **objektiven Kriterien**, z.B. danach, ob nach dem jeweiligen Stand der Technik generell eine technisch-organisatorische Alternative, gegebenenfalls auch bei einem Wettbewerber, vorhanden ist. Wenn dies der Fall ist, dürfen die Ausnahmetatbestände betrieblich nicht genutzt werden. Selbst wenn aber die Sonntagsarbeit nach § 10 ArbZG zulässig ist, so trifft den Arbeitgeber die Pflicht, den Umfang der Sonntagsarbeit und den Kreis der betroffenen Arbeitnehmer auf das geringste Maß zu beschränken.

Die in § 10 ArbZG geregelten Ausnahmen können zwar vom Arbeitgeber aufgrund eigener Entscheidung autonom genutzt werden, ohne dass es einer Anhörung der Aufsichtsbehörde bedarf. Ist der Arbeitgeber unsicher, ob ein Fall des § 10 ArbZG vorliegt, so kann er eine entsprechende Anfrage an die Aufsichtsbehörde richten. Die Aufsichtsbehörde kann jedoch jederzeit die Unzulässigkeit der Beschäftigung feststellen.

Ersatzruhetag

Der Arbeitgeber kann die **Lage des Ersatzruhetags** unter ausreichender Berücksichtigung der Interessen des Arbeitnehmers und unter **Mitbestimmung des Betriebsrats** bestimmen. Hierbei hat der Arbeitgeber eine Ankündigungsfrist von vier Tagen einzuhalten.

Der freie Tag ist in Verbindung mit der normalen Ruhezeit von mindestens elf Stunden zu gewähren, außer es stehen technische oder arbeitsorganisatorische Gründe entgegen.

Genehmigungspflichte Sonn- und Feiertagsarbeit

Im Fall einer genehmigungspflichtigen Sonn- oder Feiertagsarbeit muss der Arbeitgeber einen Antrag bei der Aufsichtsbehörde stellen, wenn folgende Bedingungen erfüllt sind:

- Das Unternehmen muss die gesetzlich zulässige Betriebszeit von 144 Stunden in der Woche weitgehend ausgeschöpft haben.
- Die ausländische Konkurrenz muss länger als 144 Stunden produzieren, also auch sonntags arbeiten.
- Das Unternehmen muss darlegen, dass es ohne die Sonn- oder Feiertagsarbeit nicht konkurrenzfähig ist,
- dass ohne die Genehmigung Arbeitsplätze verloren gehen.

Nähere Einzelheiten in der Checkliste „Antrag auf Bewilligung von Sonn-/Feiertagsarbeit"

Fazit

In einem Betrieb darf auch an Sonn- und Feiertagen gearbeitet werden, wenn eine Ausnahmeregelung des Arbeitszeitgesetzes zutrifft oder der Arbeitgeber die Arbeit genehmigen lässt.

Der Arbeitgeber muss für einen entsprechenden Ausgleich, also einen Ersatzruhetag, sorgen. Daneben muss er Zahl der freien Sonntage pro Jahr und Arbeitnehmer nach dem Arbeitszeitgesetz oder den entsprechenden Tarifverträgen gewähren.

Auswirkungen auf die Arbeitnehmer

Vorteile aus der Sicht des Arbeitnehmers

Sonn- und Feiertagsarbeit kann auch für die Arbeitnehmer vorteilhaft sein. Der Ersatzruhetag kann für die Lebensgestaltung wichtig sein, z.B. der Arbeitnehmer kann unter der Woche einen ganzen Tag für die Kinderbetreuung oder die Pflege von Angehörigen einplanen. Eine berufsbegleitende Fortbildung kann durch einen festen freien Tag unter der Woche ermöglicht werden. Vorteilhaft ist hier ein **fester Ersatzruhetag.** Dieser kann mit dem Arbeitgeber vereinbart werden. Ein im Voraus festgelegter Ruhetag kann die Planung des täglichen Lebens deutlich vereinfachen.

Praxistipp

Wenn möglich einen festen Ersatzruhetag vereinbaren, z.B. immer Mittwochs.

Verweigerung der Sonn- und Feiertagsarbeit

Ein **Leistungsverweigerungsrecht** besteht nur, wenn bei der Einführung der Sonn- und Feiertagsarbeit ein formeller Fehler durch den Arbeitgeber begangen wurde. Ein solcher Fehler liegt vor, wenn Schutzvorschriften missachtet werden oder das Mitbestimmungsrecht des Betriebsrats nicht beachtet wurde.

Es müssen mindestens **15 freie Sonntage pro Jahr** gewährt werden. Von dieser Regelung kann aber durch Tarifvertrag abgewichen werden. Nähere Einzelheiten siehe Abschnitt „Rechtliche Voraussetzungen".

Im Arbeitsvertrag kann ausdrücklich eine Regelung über einen Ausschluss von Sonn- und Feiertagsarbeit erfolgen. Dieser muss vom Arbeitgeber beachtet werden. Liegt kein Ausschluss vor, sondern wird nur auf die im Betrieb üblichen Arbeitszeiten verwiesen, kann Sonntagsarbeit im Zweifel auch nachträglich angeordnet werden. Es gibt auch keinen Bestandsschutz, wenn mehrere Jahre keine Sonntagsarbeit angeordnet wurde (vgl. BAG, Urteil vom 15.09.2009 – 9 AZR 757/08 –).

Fazit

Normalerweise regelt der Arbeitsvertrag, Tarifvertrag oder eine Betriebsvereinbarung, wann gearbeitet wird. Ist die getroffene Regelung nicht abschließend, kann der Arbeitgeber – im Rahmen der geltenden Gesetze – aufgrund seines Weisungsrechts die Wochentage festlegen, an denen gearbeitet wird.

Durch eine ausdrückliche Regelung im Arbeitsvertrag kann Sonn- und Feiertagsarbeit ausgeschlossen werden.

Vorgehensweise des Betriebsrats

Lage und Verteilung der Arbeitszeit

Dem Betriebsrat steht sowohl bei der **Einführung** von Sonn- und Feiertagsarbeit als auch bei ihrer **Anordnung im Einzelfall** ein Mitbestimmungsrecht aus § 87 Abs. 1 Nr. 2 BetrVG zu.

Sonn- und Feiertagsarbeit betrifft immer die **Lage und auch die Verteilung der regelmäßigen Arbeitszeit** auf die einzelnen Wochentage. Das gilt auch, soweit Arbeitnehmer ausschließlich für Sonn- und Feiertagsarbeit beschäftigt werden oder von anderen Betrieben des Arbeitgebers lediglich ausnahmsweise zum Zwecke der Sonn- und Feiertagsarbeit versetzt werden.

Verlängerung der betrieblichen Arbeitszeit

Durch die Anordnung von Sonn- und Feiertagsarbeit ist das Mitbestimmungsrecht gemäß § 87 Abs. 1 Nr. 3 BetrVG immer dann betroffen, wenn Arbeitnehmer eingesetzt werden, deren Arbeitszeit durch eine Maßnahme des Arbeitgebers verlängert wird.

Über die Fälle des Absatzes 3 hinaus sind auch die Fälle mitbestimmungspflichtig, in denen nach dem Ladenschlussgesetz in Verkaufsstellen sonn- und feiertags gearbeitet werden soll.

Festlegung des Ersatzruhetags

Die **Festlegung des Ersatzruhetags** unterliegt der Mitbestimmung des Betriebsrats. Er ist berechtigt, seine Zustimmung zu verweigern, sofern bei der Einführung von Sonn- und Feiertagsarbeit kein Einvernehmen über die Lage des Ersatzruhetags nach § 11 Abs. 3 ArbZG erzielt wurde.

Behördliche Genehmigung

Sonn- und Feiertagsarbeit ist auch mitbestimmungspflichtig, soweit eine erforderliche behördliche Genehmigung vorliegt.

Wichtig
Die behördliche Genehmigung schränkt das Mitbestimmungsrecht des Betriebsrats nicht ein.

Holt der Arbeitgeber die behördliche Genehmigung ein und lässt er die Sonn- und Feiertagsarbeit in seinem Betrieb durchführen, ohne das Mitbestimmungsrecht des Betriebsrats beachtet zu haben, so steht dem Betriebsrat aufgrund der Verletzung seines Mitbestimmungsrechts ein **allgemeiner Unterlassungsanspruch** gegenüber dem Arbeitgeber zu.

Interessenausgleichs- und sozialplanpflichtige Betriebsänderung

Wird im Unternehmen Schichtarbeit unter Einbeziehung des Sonntags eingeführt, so ist dies eine interessenausgleichs- und sozialplanpflichtige Betriebsänderung nach § 111 Satz 2 Nr. 4 und 5 BetrVG. Bei dieser ist der Betriebsrat im Rahmen der §§ 112 ff. BetrVG zu beteiligen.

Werden Arbeitnehmer nur zum Zwecke der Sonn- und Feiertagsarbeit eingestellt, so hat der Betriebsrat ein Mitbestimmungsrecht nach § 99 Abs. 1 BetrVG, und zwar auch dann, wenn ein Arbeitnehmer aus einem anderen Betrieb des Unternehmens zur Sonntagsarbeit herangezogen werden soll.

Notfälle

Auch bei Notfällen und außergewöhnlichen Fällen i.S.v. § 14 ArbZG wird der Arbeitgeber nicht von der Einhaltung der betrieblichen Mitbestimmung befreit. Soweit die Voraussetzungen des § 87 Abs. 1 Nr. 2 und 3 BetrVG vorliegen, muss der Betriebsrat also seine Zustimmung erteilen.

Wenn der Betriebsrat nicht rechtzeitig angehört werden kann, muss der Arbeitgeber ein Betriebsratsmitglied, möglichst den Vorsitzenden, informieren und sich mit diesem abstimmen. Ist auch dies nicht möglich, kann der Arbeitgeber die Mehrarbeit ohne Betriebsrat anordnen, muss diesen aber alsbald nachträglich informieren. Dies ist z.B. bei Naturkatastrophen oder Feuer im Betrieb der Fall.

Auskunftsrecht des Betriebsrats

Wenn der Betriebsrat Bedenken hat, dass die gesetzlichen Voraussetzungen eines Ausnahmetatbestands nach § 10 ArbZG vorliegen, so hat er nach § 89 Abs. 1 BetrVG die Möglichkeit, die Aufsichtsbehörde zu befragen.

Keine Beschränkung auf den gesetzlichen Mindestschutz

Die Ausübung des Mitbestimmungsrechts muss sowohl den **Zwecken des Arbeitnehmerschutzes** als auch der betrieblichen **Verpflichtung zur Minimierung der Sonntagsarbeit** Rechnung tragen. Die Betriebsparteien dürfen sich nicht darauf beschränken, in Betriebsvereinbarungen zur Sonn- und Feiertagsarbeit nur den gesetzlichen Mindestschutz zu übernehmen. Vielmehr müssen sie im Hinblick darauf Ausgleichsregelungen zur Kompensation der Mehrbelastung schaffen, die insbesondere dem **Schutzzweck des § 1 ArbZG** Rechnung tragen.

Einbringung technischer und arbeitsorganisatorischer Gestaltungsalternativen

Im Übrigen beschränkt sich die Mitbestimmung des Betriebsrats nicht auf Folgeregelungen zu den Modalitäten der Sonn- und Feiertagsarbeit. Der Betriebsrat kann selbst Ideen und Vorschläge erarbeiten, die eine Durchführung der Arbeiten an Wochentagen ermöglichen und die Sonntagsarbeit vermeiden. Der Betriebsrat muss seine Zustimmung zur Sonn- und Feiertagsarbeit verweigern, wenn Gestaltungsalternativen vorhanden sind, die eine Unterbrechung der Arbeitsprozesse und eine Verlegung der Arbeiten auf Werktage ermöglichen.

Fazit

Durch die Sonn- und Feiertagsarbeit können die Mitbestimmungsrechte des Betriebsrats nach § 87 Abs. 1 Nr. 2 und 3 BetrVG betroffen sein. Das Mitbestimmungsrecht wird nicht durch das Vorliegen einer behördlichen Genehmigung für die Sonn- und Feiertagsarbeit eingeschränkt.

In Notfällen kann es ausreichend sein, wenn zunächst nur der Betriebsratsvorsitzende befragt wird bzw. zustimmt. In jedem Fall muss eine unverzügliche nachträgliche Information des Betriebsrats durch den Arbeitgeber erfolgen.

Sonn-/Feiertagsarbeit | Ihre digitalen Arbeitshilfen

Ihre digitalen Arbeitshilfen

 Sie erhalten direkt einsetzbare Arbeitshilfen zu diesem Stichwort. So können Sie schnell und einfach Ihre benötigte Arbeitshilfe finden und diese gleich am PC bearbeiten.

Arbeitshilfen
- Checkliste: Antrag auf Bewilligung von Sonn-/Feiertagsarbeit
- Übersicht Feiertage

Teilzeitbeschäftigung

Grundlagen

Teilzeitregelungen

Das Teilzeit- und Befristungsgesetz (TzBfG)

Seit 01.01.2001 gilt das Gesetz über Teilzeitarbeit und befristete Arbeitsverträge (**Teilzeit- und Befristungsgesetz – TzBfG**)**,** das neben der Zulässigkeit von befristeten Arbeitsverhältnissen die rechtlichen Rahmenbedingungen für Teilzeitbeschäftigung (zweiter Gesetzesabschnitt: §§ 6 bis 13 TzBfG) regelt.

Das Teilzeit- und Befristungsgesetz basiert auf europarechtlichen Vorgaben, die mit diesem Gesetz in deutsches Recht umgesetzt wurden. Am 15.12.1997 hatte der Rat der Europäischen Gemeinschaft die Teilzeitrichtlinie (Richtlinie 97/81/EG) erlassen, die vor allem den Grundsatz der **Nichtdiskriminierung** und die **Forderung an die Mitgliedsstaaten zur Förderung von Teilzeitarbeit** zum Inhalt hat. In Deutschland ist diese Richtlinie nach einer entsprechenden Vorgängervorschrift im Beschäftigungsförderungsgesetz, die sich allerdings nur auf das ohnehin schon geltende Diskriminierungsverbot bezog, mit dem Teilzeit- und Befristungsgesetz umgesetzt worden.

Ziel des Teilzeit- und Befristungsgesetzes ist es (§ 1 TzBfG),

- Teilzeitarbeit zu fördern und
- die Diskriminierung von teilzeitbeschäftigten Arbeitnehmern zu verhindern.

Das Gesetz gilt für alle privaten und öffentlichen Arbeitsverhältnisse und findet daher auch Anwendung auf Arbeitnehmer (d.h. Arbeiter und Angestellte, nicht Beamte!), die im öffentlichen Dienst stehen.

Die Vorschriften des Teilzeit- und Befristungsgesetzes gehen weit über die Vorgaben der europäischen Teilzeitrichtlinie hinaus. Das Gesetz normiert nicht nur ein **ausdrückliches Diskriminierungsverbot von Teilzeitbeschäftigten** (§ 4 Abs. 1 TzBfG), sondern auch die Pflicht der Arbeitgeber, Teilzeitarbeitsverhältnisse, auch in leitenden Positionen, zu fördern (§ 6 TzBfG). Vor allem aber beinhaltet es einen einklagbaren individuellen Rechtsanspruch des Arbeitnehmers auf Reduzierung seiner Arbeitszeit in Betrieben mit mehr als 15 Beschäftigten (§ 8 TzBfG).

Teilzeitbeschäftigung nach Bundeselterngeld- und Elternzeitgesetz (BEEG)

Das Teilzeit- und Befristungsgesetz enthält die für jeden Arbeitnehmer allgemeingültigen Regelungen zur Teilzeitarbeit. Daneben finden sich besondere Regelungen über Teilzeitbeschäftigung auch in anderen Gesetzen:

§ 15 Abs. 7 Bundeselterngeld- und Elternzeitgesetz (BEEG) normiert einen Rechtsanspruch auf Verringerung der Arbeitszeit während der Elternzeit in Betrieben mit mehr als 15 Beschäftigten, wenn das Arbeitsverhältnis länger als sechs Monate besteht. Die Arbeitszeit muss für mindestens zwei Monate auf einen Umfang zwischen 15 und 30 Wochenstunden verringert werden. Der Arbeitgeber kann das Teilzeitbegehren nur aus **dringenden betrieblichen Gründen** ablehnen.

Zu den Anspruchsvoraussetzungen im Detail siehe Stichwort „**Elternzeit**".

Teilzeitbeschäftigung nach Sozialgesetzbuch IX (SGB IX)

§ 81 Abs. 5 Satz 3 Sozialgesetzbuch IX (SGB IX) enthält einen Rechtsanspruch für schwerbehinderte Menschen auf Teilzeitarbeit, wenn die kürzere Arbeitszeit wegen Art und Schwere der Behinderung notwendig ist. Im Gegensatz zum Teilzeit- und Befristungsgesetz und zum Bundeselterngeld- und Elternzeitgesetz ist der Anspruch nach diesem Gesetz nicht an eine Mindestanzahl der Beschäftigten im Betrieb geknüpft. Der Arbeitnehmer muss auch keine Mindestbeschäftigungsdauer aufweisen. Der Arbeitgeber kann das Teilzeitbegehren nur ablehnen, wenn ihm die Erfüllung **nicht zumutbar oder diese mit unverhältnismäßig hohen Aufwendungen verbunden** ist (§ 81 Abs. 4 Satz 3 SGB IX).

Teilzeitbeschäftigung nach Altersteilzeitgesetz (AltTZG)

Das **Altersteilzeitgesetz (AltTZG)** sieht einen Anspruch für ältere Arbeitnehmer (frühestens mit Vollendung des 55. Lebensjahres) auf gleitenden Übergang vom Erwerbsleben in den Ruhestand (Altersteilzeit) vor. Auch für Teilzeitarbeitsverhältnisse ist die Vereinbarung von Altersteilzeit möglich. **Seit 01.01.2010** wird die Altersteilzeit aber nicht mehr durch die Bundesagentur für Arbeit staatlich gefördert, d.h., der Arbeitgeber muss die Kosten dafür allein tragen.

Teilzeitbeschäftigung nach Pflegezeitgesetz (PflegeZG) und Familienpflegezeitgesetz (FPfZG)

Das **Pflegezeitgesetz** (PflegeZG) sieht unbezahlte **Freistellungsansprüche** von Arbeitnehmern gegenüber ihrem Arbeitgeber für die häusliche Pflege naher Angehöriger vor (Pflegezeit bis zu maximal sechs Monate). Das **Familienpflegezeitgesetz,** das zum 01.01.2012 in Kraft getreten ist, ergänzt diese Vorschriften durch ein besonderes Teilzeitmodell: Danach können Beschäftigte mit ihrem Arbeitgeber vereinbaren, die Arbeitszeit zur Pflege ihrer Angehörigen für maximal zwei Jahre auf bis zu 15 Wochenstunden zu reduzieren bei gleichzeitiger Gehaltsaufstockung. Auf diese Arbeitszeitreduzierung besteht aber kein Rechtsanspruch, sondern sie liegt im freien Ermessen des Arbeitgebers.

Zu den Voraussetzungen der Familienpflegezeit siehe Stichwort „**Pflegezeit/Familienpflegezeit**".

Verhältnis der Teilzeitregelungen zueinander

§ 23 TzBfG stellt klar, dass andere Vorschriften über Teilzeitarbeit von diesem Gesetz (d.h. dem Teilzeit- und Befristungsgesetz) unberührt bleiben. Diese Gesetze (z.B. BEEG, SGB IX) sind daher Sonderregelungen („lex specialis") gegenüber dem Teilzeit- und Befristungsgesetz. Ihre Anwendbarkeit ist im konkreten Fall eigenständig und unabhängig voneinander zu prüfen. Dabei stellt das Sondergesetz im Verhältnis zum Teilzeit- und Befristungsgesetz meist die für den Arbeitnehmer günstigere Regelung dar, sodass der Teilzeitanspruch vorrangig nach diesem Gesetz geltend gemacht werden sollte.

Einen Überblick zu den verschiedenen gesetzlichen Grundlagen zur Arbeitszeitreduzierung finden Sie in der entsprechenden Arbeitshilfe.

Fazit
Die Vorschriften über Teilzeitarbeit nach dem Teilzeit- und Befristungsgesetz basieren weitgehend auf europäischen Vorgaben und gelten allgemein für jeden Arbeitnehmer. Insbesondere normiert das Teilzeit- und Befristungsgesetz einen individuellen einklagbaren Rechtsanspruch auf Reduzierung der Arbeitszeit. Daneben gibt es spezielle Regelungen über Teilzeitarbeit in anderen Gesetzen für bestimmte Personengruppen. Diese Vorschriften gehen dem Teilzeit- und Befristungsgesetz vor.

Was ist Teilzeit?

Nach der **Definition in § 2 TzBfG** ist „ein Arbeitnehmer teilzeitbeschäftigt, dessen regelmäßige Wochenarbeitszeit kürzer ist als die eines vergleichbaren vollzeitbeschäftigten Arbeitnehmers". Die Vergleichbarkeit richtet sich danach, was in dem jeweiligen Betrieb, im Tarifbereich oder im Wirtschaftszweig üblich ist. Zunächst werden also die Arbeitnehmer des Betriebs mit derselben Art des Arbeitsverhältnisses, die die gleiche oder eine ähnliche Tätigkeit ausführen, zur Beurteilung herangezogen – gibt es solche nicht, dann ist im Rahmen des anwendbaren Tarifvertrags zu vergleichen. Wenn auch im Tarifbereich keine vergleichbaren Arbeitnehmer gefunden werden, dann ist darauf abzustellen, wer im jeweiligen Wirtschaftszweig üblicherweise als vergleichbarer Vollzeitbeschäftigter anzusehen ist (§ 2 Abs. 1 Satz 3 und 4 TzBfG).

Teilzeitarbeit liegt also bereits dann vor, wenn der Arbeitnehmer auch nur **geringfügig weniger arbeitet** als die im Unternehmen beschäftigten Vollzeitarbeitnehmer. Arbeitet er etwa 36 Stunden statt der tariflich festgelegten Wochenarbeitszeit von 38,5 Stunden, so arbeitet er nach dem Teilzeit- und Befristungsgesetz bereits in Teilzeit.

Fazit
Teilzeitarbeit ist eine Beschäftigungsform, die im Umfang unter der üblichen Arbeitszeit einer vergleichbaren Vollzeitbeschäftigung liegt.

Wer arbeitet in Teilzeit?

In Deutschland arbeiten immer mehr Menschen in Teilzeit. Laut einer Studie des Instituts für Arbeitsmarkt- und Berufsforschung (IAB) waren im Juni 2011 insgesamt 5,7 Millionen Menschen teilzeitbeschäftigt. In der Studie werden nur sozialversicherungspflichtige Teilzeitbeschäftigungen berücksichtigt, die Zahl enthält also nicht die geringfügigen Beschäftigungen (450-Euro-Jobs). Im Vergleich zu 2006 ist das eine Steigerung von 25 Prozent. Bei fast jeder **fünften**

Stelle, die 2012 neu besetzt wurde (das sind 18 Prozent), handelte es sich laut IAB um einen Arbeitsplatz mit einer Arbeitszeit von weniger als 32 Wochenstunden.

Teilzeit war und ist eine **Frauendomäne**: Die neuen Stellen mit reduzierter Arbeitszeit übernahmen mehrheitlich (und zwar zu drei Viertel) **Frauen**. Entsprechend dieses hohen Frauenanteils konzentriert sich die Teilzeitbeschäftigung auch auf bestimmte Branchen, vor allem auf den öffentlichen Dienst und das Gesundheitswesen. Mehr als jede dritte Neueinstellung (36 Prozent) erfolgte dort 2012 in Teilzeit. Überdurchschnittlich häufig wurden Teilzeitkräfte auch in Handel, Verkehr und Gaststättengewerbe eingestellt (19 Prozent). Im – eher männerdominierten – Baugewerbe sowie im verarbeitenden Gewerbe sind Neueinstellungen von Teilzeitkräften dagegen eher selten.

Teilzeitarbeit – Pro und Contra für Beschäftigte

Für Beschäftigte bietet Teilzeit positive Aspekte, vor allem eine bessere **Vereinbarkeit von Beruf und Familie** bzw. Kinderbetreuung. Eine solche Beschäftigung kann auch den Weg zurück ins Erwerbsleben bahnen. 14 Prozent der neu eingestellten Teilzeitbeschäftigten kamen aus der „Stillen Reserve", d.h. sie waren nicht erwerbstätig, aber auch nicht arbeitslos gemeldet. Rund jeder Zwölfte war ein Langzeitarbeitsloser.

Kritisch sehen die Forscher des IAB aber auch, dass Teilzeitler oft unter ihrer Qualifikation und Berufserfahrung arbeiten. Ihre Arbeitsverhältnisse sind auch vergleichsweise öfter befristet als die Arbeitsverhältnisse ihrer Vollzeitkollegen. Die IAB-Studie bemängelt, dass eine Teilzeitbeschäftigung **nicht zu einer ausreichenden finanziellen Absicherung** und zu einer niedrigeren Rente führt. Die Gefahr der Altersarmut steigt. Teilzeitbeschäftigten müsse daher ermöglicht werden, entsprechend ihren Wünschen ihre wöchentliche Arbeitszeit schrittweise wieder anzuheben.

Betriebliche Motive für Teilzeitbeschäftigung

Betriebliche Motive für Teilzeitbeschäftigung ergeben sich aus aktuellem Personalbedarf, der Einführung bzw. Ausweitung von flexiblen Betriebszeiten sowie der Notwendigkeit, zeitweise auftretende **personelle Engpässe** zu überbrücken. Arbeitswissenschaftliche Erkenntnisse haben ergeben, dass zwei Teilzeitbeschäftigte, die zusammen eine Vollzeitstelle ersetzen, in der gleichen Zeit mehr leisten als ein Vollzeitbeschäftigter und gleichzeitig weniger Arbeitsunfälle haben. Diese höhere Produktivität liegt daran, dass die größte Ermüdungsphase im zweiten Drittel eines Arbeitstags liegt. Selbstverständlich gilt dies nur für Teilzeitbeschäftigte, die die ganze Woche über halbtags arbeiten, und nicht bei einer tageweisen Aufteilung der Arbeitszeit.

Fazit
Der Anteil der Teilzeitarbeit unter den Beschäftigungsverhältnissen nimmt kontinuierlich zu. Teilzeitarbeit war und ist eine Frauendomäne. Für den Betrieb entstehende Mehrkosten durch Teilzeitarbeit können nach arbeitswissenschaftlichen Erkenntnissen durch Produktivitätsgewinne kompensiert werden.

Modelle der Teilzeitarbeit

Die Gestaltung von Teilzeitarbeit reicht vom klassischen Halbtagsjob über variable Zeitmodelle bis hin zu Sonderformen wie Arbeit auf Abruf oder Jobsharing. Auch eine Kombination dieser Modelle mit anderen Formen der flexiblen Arbeitszeitgestaltung (z.B. Gleitzeit, Arbeitszeitkonten) ist möglich.

Klassisches Teilzeitmodell

Bei dem klassischen Teilzeitmodell arbeitet der Arbeitnehmer an den Tagen, an denen üblicherweise im Betrieb gearbeitet wird, verkürzt. Das heißt, die Anzahl der wöchentlichen Arbeitstage (z.B. Fünftagewoche) bleibt unverändert, nur die arbeitstägliche Stundenzahl variiert im Vergleich zu den vollzeitbeschäftigten Arbeitnehmern im Betrieb.

Beispiel
Die wöchentliche Arbeitszeit beträgt 30 Stunden, an den regulären fünf Arbeitstagen wird jeweils sechs statt acht Stunden gearbeitet.

Variables Teilzeitmodell

Bei diesem Modell wird der Verteilzeitraum, also der Zeitraum, innerhalb dessen die Arbeitszeit flexibel erbracht werden kann, auf eine Woche ausgeweitet. Im Ergebnis arbeitet der Arbeitnehmer also nicht mehr an jedem Arbeitstag, sondern nur an einigen bestimmten Tagen in der Woche.

Beispiel
Der Arbeitnehmer vereinbart mit seinem Arbeitgeber eine wöchentliche Arbeitszeit von 16 Stunden, wobei er an zwei Tagen in Vollzeit arbeitet. Ebenso kann er die Stunden anders verteilen, etwa an vier Tagen jeweils vier Stunden arbeiten.

Saisonales Teilzeitmodell (Jahresteilzeit)

Die Arbeitnehmer werden in Hochphasen vollbeschäftigt, in Zeiten niedriger Auslastung haben sie frei. Das ganze Jahr über wird ein Teilzeitgehalt bezahlt.

Beispiel
Der Arbeitnehmer arbeitet fünf Monate lang fünf Tage à acht Stunden (Vollzeit). Die restlichen sieben Monate des Jahres hat er frei.

Langzeiturlaub (Blockteilzeit)

Es wird zunächst unverändert in Vollzeit gearbeitet und nur nach Teilzeitarbeit bezahlt. Die Differenz wird als Guthaben auf einem Langzeitkonto angespart. Möglich ist dadurch eine mehrmonatige Urlaubsphase, das **Sabbatical** oder der vorgezogene Ruhestand (**Altersteilzeit**).

Beispiel mehrmonatige Urlaubsphase
Bei einer wöchentlichen Arbeitszeit von 40 Stunden, die in vollem Umfang geleistet wird, werden über einen Zeitraum von drei Jahren nur elf Zwölftel des Gehalts ausbezahlt und der Rest wird angespart. Dafür erhält der Arbeitnehmer am Ende drei Monate Urlaub bei unverändertem Gehalt.

Beispiel Sabbatical
Bei einer vertraglich vereinbarten Arbeitszeit von 30 Stunden pro Woche wird über einen Zeitraum von drei Jahren tatsächlich 40 Stunden wöchentlich gearbeitet, aber das Gehalt nur für die vertraglich vereinbarte Arbeitszeit von 30 Stunden bezahlt. Der Arbeitnehmer hat am Ende einen Freizeitgewinn von einem Jahr, in dem sein Gehalt unverändert weiterbezahlt wird.

Beispiel Altersteilzeit
Bei einer vertraglich vereinbarten Arbeitszeit von 30 Wochenstunden wird 40 Stunden wöchentlich über einen Zeitraum von sechs Jahren gearbeitet. Das Gehalt wird nur für die vertraglich vereinbarte Arbeitszeit von 30 Stunden ausbezahlt. Der Arbeitnehmer kann nach Ablauf der sechs Jahre bei unverändertem Gehalt zwei Jahre früher in Ruhestand gehen.

Sonderformen der Teilzeitbeschäftigung

Geringfügige Beschäftigung (§ 2 Abs. 2 TzBfG)

§ 8 Abs. 1 SGB IV regelt zwei Formen der geringfügigen Beschäftigung:

- die **geringfügig entlohnte Dauerbeschäftigung** mit einem Monatsentgelt, das regelmäßig nicht mehr als 450 Euro betragen darf, sog. „450-Euro-Job" oder „Minijob" (§ 8 Abs. 1 Nr. 1 SGB IV)
- die **kurzfristige Beschäftigung** oder Saisonbeschäftigung von längstens zwei Monaten oder höchstens 50 Arbeitstagen im Kalenderjahr (§ 8 Abs. 1 Nr. 2 SGB IV)

Zur Abgrenzung siehe auch Arbeitshilfen „Prüfungsschema I" und „Prüfungsschema II".

Wichtig
Mit Wirkung zum 01.01.2013 ist die Entgeltgrenze für Minijobs (§ 8 Abs. 1 Nr. 1 SGB IV) von 400 Euro auf 450 Euro angehoben worden.

Als dritte Form dieser Beschäftigungsart ist die **geringfügige Beschäftigung in Privathaushalten** als eine besondere Art der geringfügig entlohnten Dauerbeschäftigung eigenständig normiert (§ 8a SGB IV). Darunter fallen einfache häusliche Tätigkeiten, die sonst gewöhnlich durch Mitglieder des privaten Haushalts erledigt werden (z.B. Kochen, Putzen, Bügeln, Einkaufen, Kinderbetreuung, Gartenarbeit).

Das Teilzeit- und Befristungsgesetz regelt in § 2 Abs. 2 TzBfG ausdrücklich, dass ein geringfügig Beschäftigter in diesem Sinne als Teilzeitbeschäftigter gilt.

Konsequenz der Einordnung einer Beschäftigung als geringfügig ist, dass für diese Beschäftigung grundsätzlich **Sozialversicherungsfreiheit** besteht. Das bedeutet, der Arbeitnehmer erhält sein Arbeitsentgelt „brutto für netto". Nur der Arbeitgeber hat unter Umständen Pauschalabgaben für die bei ihm geringfügig Beschäftigten abzuführen. Seit 01.01.2013 unterliegen Minijobber (geringfügige Beschäftigung mit einem Monatsentgelt von nicht mehr als 450 Euro) aber grundsätzlich der Versicherungspflicht in der gesetzlichen Rentenversicherung. Es besteht aber die Möglichkeit, sich davon befreien zu lassen.

Für die geringfügig entlohnte Dauerbeschäftigung i.S.d. § 8 Abs. 1 Nr. 1 SGB IV übernimmt der **Arbeitgeber pauschale Abgaben und Beiträge** zur Sozialversicherung. Diese betragen seit 01.07.2006 15 % des Bruttoarbeitsentgelts an die gesetzliche Rentenversicherung und 13 % an die gesetzliche Krankenversicherung. Hinzu kommen die vom Arbeitgeber allein zu tragenden Beiträge zur gesetzlichen Unfallversicherung und eine Steuerpauschale in Höhe von 2 %, die Lohnsteuer einschließlich Solidaritätszuschlag und Kirchensteuer umfasst.

Wichtig

Im Rahmen der Anhebung der Entgeltgrenze für Minijobs auf 450 Euro wurde die Befreiung von der Rentenversicherungspflicht aufgehoben. Personen, die seit 01.01.2013 eine geringfügig entlohnte Dauerbeschäftigung i.S.d. § 8 Abs. 1 Nr. 1 SGB IV aufnehmen, unterliegen jetzt grundsätzlich der Versicherungspflicht in der gesetzlichen Rentenversicherung.

Das bedeutet, dass sie die Differenz von 15 % (Pauschalbeitrag des Arbeitgebers) zum allgemeinen Rentenbeitragssatz von 18,9 % im Jahr 2014 in Höhe von 3,9 % als Eigenanteil zu tragen haben. Sie können sich aber auf Antrag davon befreien lassen (§ 6 Abs. 1b SGB VI: sog. „Opt-out-Verfahren"). Dann entfällt der Eigenanteil und der Arbeitgeber zahlt – wie bisher – den Pauschalbeitrag zur Rentenversicherung.

Wird die geringfügig entlohnte Dauerbeschäftigung von einem **Privathaushalt** begründet und handelt es sich um eine häusliche Tätigkeit (§ 8a SGB IV), so hat der Arbeitgeber weniger Pauschalabgaben zu leisten als im gewerblichen Bereich, nämlich jeweils nur 5 % zur gesetzlichen Kranken- und Rentenversicherung. Im Rahmen der gesetzlichen Unfallversicherung besteht seit dem 01.01.2006 die Besonderheit eines einheitlichen Beitragssatzes in Höhe von 1,6 %. Seit 01.01.2013 hat der Arbeitnehmer für die gesetzliche Rentenversicherung einen Eigenanteil von

13,9 % zu zahlen (als Differenz zu 5 % Pauschalbeitrag des Arbeitgebers zum allgemeinen Beitragssatz von 18,9 % im Jahr 2014), da er seit diesem Zeitpunkt grundsätzlich rentenversicherungspflichtig ist, es sei denn, er macht von seiner Befreiungsoption Gebrauch.

Im Rahmen der **kurzfristigen Beschäftigung** sind unabhängig von der Entgelthöhe weder vom Arbeitnehmer noch vom Arbeitgeber Sozialversicherungsbeiträge abzuführen. Der Arbeitgeber hat auch keine Pauschalbeiträge zu zahlen. Er trägt lediglich die anfallenden Beiträge zur **gesetzlichen Unfallversicherung.**

Übt der Arbeitnehmer mehrere geringfügige Beschäftigungsverhältnisse aus, so gelten für die Zusammenrechnung die Grundsätze gemäß § 8 Abs. 2 SGB IV.

Siehe dazu Arbeitshilfe „Zusammenrechnung von mehreren Beschäftigungen".

Arbeitnehmer sind in der sog. **Gleitzone** beschäftigt, wenn ihr regelmäßiges monatliches Arbeitsentgelt mehr als 450 Euro und maximal 850 Euro beträgt (§ 20 Abs. 2 SGB IV). Die Gleitzone umfasst also den Bereich von 450,01 Euro bis 850 Euro. Bei mehreren Beschäftigungen ist das insgesamt erzielte Arbeitsentgelt maßgebend. In diesem Niedriglohnbereich wird der abzuführende Gesamtsozialversicherungsbeitrag von einer ermäßigten Bemessungsgrundlage ausgehend berechnet. Diese wird nach einer besonderen Berechnungsformel (Bemessungsentgelt = Gleitzonenfaktor × 450 + (2 – Gleitzonenfaktor) × (Arbeitsentgelt – 450) bestimmt.

Wichtig

Im Rahmen der Reform der Minijobs mit Anhebung der Entgeltgrenze von 400 Euro auf 450 Euro zum 01.01.2013 wurden auch die Entgeltgrenzen für Beschäftigungen in der Gleitzone von 800 auf 850 Euro entsprechend angehoben.

KAPOVAZ/Arbeit auf Abruf (§ 12 TzBfG)

KAPOVAZ ist die Abkürzung für „kapazitätsorientierte variable Arbeitszeit" und umschreibt die sog. Arbeit auf Abruf als eine besondere Form der Teilzeitarbeit. Der Arbeitnehmer hat seine Arbeitsleistung entsprechend dem Arbeitsanfall zu erbringen. Dazu vereinbaren Arbeitgeber und Arbeitnehmer für einen bestimmten Zeitraum im Voraus eine bestimmte Arbeitszeit. Dabei entscheidet der Arbeitgeber darüber, wann und in welchem Umfang der Arbeitsanfall den Einsatz des Arbeitnehmers erforderlich macht. Der Arbeitnehmer kann wiederum seine Arbeitsleistung nur nach Abruf durch den Arbeitgeber erbringen. Der Arbeitgeber ruft die Arbeitsleistung dann bei Bedarf ab.

Zu den Details siehe Abschnitt „Rechtliche Voraussetzungen" (§ 12 TzBfG).

Arbeitsplatzteilung/Jobsharing (§ 13 TzBfG)

Bei der Arbeitsplatzteilung gemäß § 13 TzBfG („Jobsharing") teilen sich mindestens zwei Arbeitnehmer einen Arbeitsplatz. Das kann ein Vollzeitarbeitsplatz oder ein Teilzeitarbeitsplatz sein. Bei dieser besonderen Form der Teilzeitbeschäftigung liegen jeweils voneinander unabhängige Arbeitsverhältnisse mit dem Arbeitgeber vor.

Zwischen den „Jobsharern" bestehen keine Rechtsverhältnisse. Eine automatische Vertretungspflicht zwischen den Jobsharern (z.B. bei Krankheit) gibt es nicht. Die Vertretung muss vorher ausdrücklich zwischen Arbeitgeber und Arbeitnehmer vereinbart worden sein. Dabei muss die Vertretungspflicht so geregelt werden, dass sie im konkreten Einzelfall zumutbar ist, und auf die Fälle beschränkt werden, in denen die Vertretung dringenden betrieblichen Erfordernissen entspricht (§ 13 Abs. 1 Satz 2 und 3 TzBfG).

Der Arbeitgeber kann dem Jobsharer nicht einfach kündigen, wenn sein Kollege, mit dem er sich den Arbeitsplatz teilt, das Unternehmen verlässt. Vielmehr ist es dann die Pflicht des Arbeitgebers, den frei gewordenen Teilzeitarbeitsplatz neu zu besetzen. Wenn dies nicht möglich ist, muss dem Betroffenen ein anderer Teilzeit- oder Vollzeitarbeitsplatz angeboten werden.

Fazit

Neben der klassischen Teilzeitarbeit („Halbtagsjob") gibt es eine Vielzahl von Teilzeitmodellen, die mit anderen Formen der flexiblen Arbeitszeitgestaltung kombinierbar sind.

In § 2 Abs. 2 TzBfG ist ausdrücklich klargestellt, dass die geringfügige Beschäftigung i.S.d. § 8 Abs. 1 Nr. 1 SGB IV als Teilzeitbeschäftigung nach diesem Gesetz gilt.

Als Sonderformen der Teilzeitbeschäftigung kennt das Teilzeit- und Befristungsgesetz die „Arbeit auf Abruf" (§ 12 TzBfG) und die Arbeitsplatzteilung, das sog. „Jobsharing" (§ 13 TzBfG).

Rechtliche Voraussetzungen

Im Folgenden werden wesentliche Bestimmungen des Teilzeit- und Befristungsgesetzes (TzBfG) praxisnah erläutert:

- § 4 Diskriminierungsverbot
- § 6 Ausschreibung von Arbeitsplätzen
- § 7 Information über freie Arbeitsplätze
- § 8 Rechtsanspruch auf Arbeitszeitreduzierung
- § 9 Rückkehr zur Vollzeitarbeit
- § 10 Aus- und Weiterbildung
- § 12 Arbeit auf Abruf

Diskriminierungsverbot (§ 4 TzBfG)

Gemäß § 4 Abs. 1 Satz 1 TzBfG darf ein Arbeitgeber einen Teilzeitarbeitnehmer nicht **wegen der Teilzeitbeschäftigung** schlechter behandeln als andere Arbeitnehmer. Etwas anderes gilt nur dann, wenn sachliche Gründe eine unterschiedliche Behandlung rechtfertigen. Dabei ist zu berücksichtigen, dass die Schlechterbehandlung von Teilzeitarbeitnehmern in Deutschland regelmäßig auch eine Schlechterbehandlung wegen des Geschlechts darstellt, weil davon ganz überwiegend Frauen betroffen sind.

Eine Ungleichbehandlung wegen der Teilzeitarbeit liegt immer dann vor, wenn die **Dauer der Arbeitszeit das alleinige Kriterium** darstellt, an das eine Differenzierung bei den unterschiedlichen Arbeitsbedingungen oder zusätzlichen Leistungen anknüpft. Eine Schlechterstellung der Teilzeitbeschäftigten kann nur dann gerechtfertigt sein, wenn sich der sachliche Grund aus dem Leistungszweck und dem Umfang der Teilzeitarbeit herleiten lässt. Das heißt, eine **Ungleichbehandlung aufgrund des Umfangs der Arbeitszeit ist unzulässig;** es müssen andere Differenzierungskriterien herangezogen werden, wie unterschiedliche Arbeitsleistung, Qualifikation oder Berufserfahrung.

Beispiel

Der Arbeitgeber hat mit seinem Betriebsrat eine „Betriebsvereinbarung Essensgeldzuschuss" geschlossen. Danach bekommen Vollzeitarbeitnehmer einen Essensgeldzuschuss „für jeden Arbeitstag zur Teilnahme an einer Mittagsmahlzeit in einer Betriebskantine". Der Essensgeldzuschuss beträgt pro Arbeitstag 1,50 Euro. In dem Unternehmen arbeiteten einige teilzeitbeschäftigte Arbeitnehmer an vier Tagen jeweils sechs Stunden, einige geringfügig beschäftigte Arbeitnehmer arbeiten an vier Arbeitstagen jeweils drei Stunden. Einige Arbeitnehmer in Teilzeit arbeiten nur an zwei Tagen, dann allerdings Vollzeit mit acht Stunden. Unter Berufung auf die Betriebsvereinbarung, die nur für Vollzeitarbeitnehmer gilt, verweigert der Arbeitgeber allen Teilzeitbeschäftigten den Essensgeldzuschuss.

Der Essensgeldzuschuss ist eine freiwillige Leistung des Arbeitgebers, er ist weder gesetzlich noch tarifvertraglich vorgeschrieben. Allerdings unterliegen auch solche freiwilli-

> gen Leistungen des Arbeitgebers den geltenden Gesetzen. Gesetzeswidrige oder diskriminierende Regelungen sind auch bei freiwilligen Leistungen verboten, egal ob sie Gegenstand eines Arbeitsvertrags oder einer Betriebsvereinbarung sind oder ob sie auf einer einseitigen Zusage des Arbeitgebers beruhen.
>
> Eine Schlechterstellung von Arbeitnehmergruppen bei betrieblichen Leistungen kann aber dann gerechtfertigt sein, wenn ein sachlicher Grund vorhanden ist. Dieser kann jedoch nicht allein im unterschiedlichen Arbeitspensum von teilzeitbeschäftigten gegenüber vollzeitbeschäftigten Arbeitnehmern liegen.
>
> Vorliegend ist es Zweck des Zuschusses, „die Teilnahme an einer Mittagsmahlzeit" zu fördern. Die teilzeitbeschäftigten Arbeitnehmer, die sechs Stunden pro Tag arbeiten, haben ebenso eine Mittagspause wie die vollzeitbeschäftigten Arbeitnehmer. Ein Ausschluss von der Mittagsmahlzeit in der Kantine und damit ein Ausschluss des Essensgeldzuschusses kann hier sachlich nicht gerechtfertigt sein. Der Arbeitgeber darf diesen Arbeitnehmern den Essensgeldzuschuss nicht verweigern, sondern muss ihn anteilig gewähren.
>
> Anders verhält es sich bei den geringfügig beschäftigten Arbeitnehmern, die nur drei Stunden am Tag arbeiten. Für diese Arbeitszeit steht ihnen keine Pause zu, in der sie an einer Mittagsmahlzeit teilnehmen könnten, auch ist eine Mittagsmahlzeit im Betrieb nicht erforderlich. Es besteht ein sachlicher Grund, hier den Essensgeldzuschuss zu verweigern.

Nach § 4 Abs. 1 Satz 2 TzBfG ist einem Teilzeitarbeitnehmer das Arbeitsentgelt oder eine andere teilbare geldwerte Leistung mindestens in dem Umfang zu gewähren, der dem Anteil seiner Arbeitszeit an der Arbeitszeit eines vergleichbaren Vollzeitarbeitnehmers entspricht. Gemäß Satz 2 der Vorschrift darf der Arbeitgeber jedoch das Arbeitsentgelt oder andere teilbare **geldwerte Leistungen für Teilzeitbeschäftigte entsprechend ihrer verringerten Arbeitszeit kürzen.** Das heißt, es muss bei teilbaren Leistungen immer geprüft werden, ob den Arbeitnehmern die Leistung, sei sie tariflich oder vertraglich vereinbart oder sei es eine freiwillige Leistung des Arbeitgebers, anteilig zusteht. So würde etwa ein Fahrtkostenzuschuss teilzeitbeschäftigten Arbeitnehmern in voller Höhe gewährt werden, da die Fahrt zur Arbeit bei teilzeitbeschäftigten Arbeitnehmern ebenso anfällt wie bei Vollzeitbeschäftigten. Dagegen würden sich im Zweifel die Weihnachtsgratifikation und das Urlaubsgeld entsprechend dem prozentualen Anteil an der Arbeitszeit mindern.

Im Vergütungsbereich ist das Gleichbehandlungsgebot nur eingeschränkt anwendbar, da die Vertragsfreiheit in Form von individuell vereinbarten Löhnen und Gehältern vorrangig ist. Wenn der Arbeitgeber einzelne Arbeitnehmer aufgrund einer **individuellen Gehaltsabsprache** besserstellt als andere Arbeitnehmer, so ergibt sich daraus für Letztere kein Anspruch auf Gleichbehandlung in Form der Zahlung des besseren Gehalts. Ein solcher Anspruch kommt im Vergütungsbereich erst dann in Betracht, wenn der Arbeitgeber Leistungen nach einem bestimmten erkennbaren und generalisierenden Prinzip gewährt.

Teilzeitbeschäftigung | Rechtliche Voraussetzungen

Wichtig

Unter den Begriff des Entgelts fallen alle Leistungen, die der Arbeitgeber dem Arbeitnehmer im Rahmen des Arbeitsverhältnisses gewährt. Dazu gehören:

- Grundvergütung
- Zulagen wie Schichtzulagen, Sicherheitszulagen, Funktionszulagen, Spätarbeits- und Nachtarbeitszuschläge
- pauschale Vergütungen für Bereitschaftsdienst
- einmalige wiederkehrende Zuwendungen wie Weihnachts- und Urlaubsgeld

Zuschläge für besondere Belastungen, wie z.B. Schmutz-, Lärm- oder Gefahrenzulagen, müssen auch an Teilzeitbeschäftigte gezahlt werden, sofern die besondere Belastung anfällt.

Bei Jahressonderzahlungen wie Weihnachtsgeld oder Urlaubsgeld kommt es auf die zugrunde liegende Regelung an. Wird ein dreizehntes Monatsgehalt gezahlt, haben teilzeitbeschäftigte Arbeitnehmer Anspruch auf Auszahlung ihres jeweiligen dreizehnten Monatsgehalts. Bei Pauschalsummen kommt eine Kürzung nur dann in Betracht, wenn diese auch vereinbart wurde und nur anteilig ist.

Sowohl bei der betrieblichen Altersvorsorge als auch bei der Beihilfe sind die Leistungen den Teilzeitbeschäftigten anteilig zu gewähren. Zwar ging das Bundesarbeitsgericht in seiner früheren Rechtsprechung davon aus, dass Beihilfen den Teilzeitbeschäftigten in gleicher Höhe wie Vollzeitbeschäftigten zu gewähren seien. Durch die Neufassung des § 40 BAT hat sich nach Ansicht des Bundesarbeitsgerichts **der Zweck der Leistung jedoch geändert.** Die Leistung werde nunmehr als **anlassbezogener Zuschuss** zum laufenden Arbeitsentgelt gewährt, sodass die Leistung nunmehr entsprechend der Arbeitszeit gekürzt werden kann.

Hinsichtlich der Vergütung von Überstunden müssen Überstundenzuschläge **erst** dann geleistet werden, **wenn auch die vollzeitbeschäftigten Arbeitnehmer Überstundenzuschläge erhalten.**

Wichtig

Ein teilzeitbeschäftigter Arbeitnehmer hat seinem Arbeitsvertrag entsprechend 20 Stunden in der Woche zu arbeiten, darüber hinaus kann er zu Überstunden herangezogen werden. Wird er zu Überstunden herangezogen, so erhält er die Überstundenzuschläge nicht schon ab der 21. Stunde, sondern erst ab der 41. Arbeitsstunde, zu der auch die Vollzeitarbeitnehmer Überstundenzuschläge erhalten.

In der Nichtgewährung von Überstundenzuschlägen ist weder eine unmittelbare noch eine mittelbare Diskriminierung der teilzeitbeschäftigten Arbeitnehmer zu sehen. Ein Teilzeitbeschäftigter erhält nämlich bei Überschreiten der individuellen, aber nicht betriebsüblichen Arbeitszeit für diese Arbeitsstunden **die gleiche Vergütung wie ein Vollzeitarbeitnehmer.**

Bei allen unteilbaren Leistungen, wie etwa der Stellung eines Parkplatzes oder einem Platz im Betriebskindergarten, kommt regelmäßig nur entsprechende Gleichbehandlung in Betracht. Dem Teilzeitbeschäftigten wird grundsätzlich die gesamte Leistung gewährt, es sei denn, seine Nichtberücksichtigung ist ausnahmsweise gerechtfertigt.

Ein Verstoß gegen das Diskriminierungsverbot führt nach § 134 BGB zur **Unwirksamkeit der diskriminierenden Vereinbarung** und zur uneingeschränkten Anwendung der begünstigenden Regelung. Hinsichtlich der diskriminierenden Regelung ist der Arbeitsvertrag **teilnichtig**.

Wichtig

Ist eine Vergütungsabrede unwirksam, so hat der Arbeitnehmer Anspruch auf die übliche Vergütung gemäß § 612 Abs. 2 BGB. Die restlichen Regelungen des Arbeitsvertrags bleiben bestehen.

Neben dem Anspruch auf Zahlung der üblichen Vergütung kann dem Arbeitnehmer ein Schadensersatzanspruch, der auf Entgeltausgleich gerichtet ist, zustehen. Das für einen solchen Anspruch erforderliche **Verschulden** des Arbeitgebers hat das Bundesarbeitsgericht damit begründet, dass der Arbeitgeber hätte erkennen müssen, dass die geringere Bezahlung der Teilzeitbeschäftigten unzulässig ist.

Das Diskriminierungsverbot des § 4 TzBfG ist **zwingend** und steht nicht zur Disposition der Tarifvertragsparteien.

Ausschreibung von Arbeitsplätzen (§ 6 TzBfG)

§ 6 TzBfG regelt die Förderung von Teilzeitarbeit. Danach hat der Arbeitgeber dem Arbeitnehmer, auch in **leitenden Positionen,** Teilzeitarbeit nach Maßgabe des Gesetzes zu ermöglichen. Der Vorschrift kommt vor allem **klarstellende Bedeutung** zu. Sie dient insbesondere der Auslegung weiterer Bestimmungen des Gesetzes, so z.B., dass der Arbeitgeber nicht schon durch den Hinweis auf die leitende Stellung des Mitarbeiters den Teilzeitwunsch ablehnen kann.

Zu den Fördermaßnahmen gehört u.a. auch die Ausschreibung von Arbeitsplätzen. Gemäß § 7 TzBfG hat der Arbeitgeber einen Arbeitsplatz, den er öffentlich oder innerhalb des Betriebs ausschreibt, bei entsprechender Eignung auch **als Teilzeitarbeitsplatz auszuschreiben**.

Hierbei muss der Arbeitgeber die Arbeitsplätze allerdings nur **im Rahmen seiner Möglichkeiten** als Teilzeitplätze ausschreiben. Das heißt, die Ausschreibungspflicht besteht dann nicht, wenn sich die Stelle nicht als Teilzeitarbeitsplatz eignet. Ein Arbeitsplatz ist jedenfalls dann nicht als Teilzeitarbeitsplatz geeignet, wenn die dort anfallenden Tätigkeiten **den Umfang einer Vollzeitbeschäftigung** ausmachen und diese nicht auf mehrere Personen aufgeteilt werden können.

Teilzeitbeschäftigung | Rechtliche Voraussetzungen

Wichtig

Die Beurteilung über die Eignung als Teilzeitarbeitsplatz obliegt dem Arbeitgeber, sodass es zur **unternehmerischen Entscheidungsfreiheit** gehört, ob der Betrieb nur mit Vollzeit- oder Teilzeitarbeitnehmern geführt wird. Ein solches arbeitgeberseitiges Organisationskonzept ist daher zu beachten.

Soweit der Arbeitgeber den Arbeitsplatz auch für Teilzeitarbeitnehmer ausgeschrieben hat, ist er an die damit attestierte Eignung regelmäßig gebunden. Schreibt der Arbeitgeber den Arbeitsplatz trotz Eignung als Teilzeitarbeitsplatz nur als Vollzeitstelle aus, so sieht das Gesetz hier allerdings **keine Sanktion** vor. Auch bleibt es dem Arbeitgeber überlassen, ob er überhaupt einen Arbeitsplatz ausschreibt.

Aus § 7 Abs. 1 TzBfG ergibt sich kein Anspruch auf Einrichtung eines Teilzeitarbeitsplatzes. Der Arbeitgeber ist auch nicht verpflichtet, die als Teilzeitarbeitsplatz ausgeschriebene Stelle mit einer Teilzeitkraft zu besetzen. Auch bei einer Ausschreibung als Teilzeitarbeitsplatz kann der Arbeitgeber die Stelle mit einer Vollzeitkraft besetzen.

Zu beachten ist auch, dass die Art der Ausschreibung freier Stellen in einem Unternehmen allein Sache des Arbeitgebers ist und **nicht der Mitbestimmung des Betriebsrats unterliegt.** So kann der Betriebsrat nicht vom Arbeitgeber verlangen, künftig sämtliche freie Stellen auch als Teilzeitarbeitsplätze auszuschreiben. Aus dem Teilzeit- und Befristungsgesetz ergibt sich kein grundsätzlicher Anspruch für den Betriebsrat auf Mitwirkung bei der Ausschreibung freier Stellen. Insbesondere steht dem Betriebsrat bei einer Verletzung der Ausschreibungspflicht kein Zustimmungsverweigerungsrecht nach § 99 Abs. 2 Nr. 5 BetrVG zu. Ein Unternehmen muss eine freie Position nur dann als Teilzeitarbeitsplatz ausschreiben, wenn sich diese Stelle nachweislich dafür eignet, die Organisationsgewalt liegt aber beim Arbeitgeber.

Information über freie Arbeitsplätze (§ 7 TzBfG)

Gemäß § 7 Abs. 2 TzBfG muss der Arbeitgeber einen Arbeitnehmer, der ihm den Wunsch nach einer Veränderung von Dauer und Länge seiner vertraglich vereinbarten Arbeitszeit angezeigt hat, über entsprechende Arbeitsplätze informieren, die im Betrieb besetzt werden sollen. Ein Arbeitsplatz ist **„entsprechend",** wenn er aufgrund seiner Eignung und des Wunschs des Arbeitnehmers infrage kommt. Der Arbeitgeber ist jedoch nicht verpflichtet, einen Arbeitsplatz entsprechend dem Wunsch des Arbeitnehmers zu schaffen. Sinn und Zweck dieser Vorschrift liegt darin, Vollzeitarbeitnehmern den Weg zur Teilzeitarbeit und Teilzeitarbeitnehmern die Rückkehr in die Vollzeitarbeit zu ermöglichen, indem sie über entsprechend frei werdende Arbeitsplätze informiert werden.

Wichtig

Um seiner Informationspflicht nachzukommen, hat der Arbeitgeber den Arbeitnehmer **persönlich zu informieren.** Eine allgemeine Bekanntmachung, etwa durch einen Aushang am Schwarzen Brett, reicht nicht aus.

Sanktionen für Verstöße gegen die Informationspflicht sieht das Gesetz allerdings nicht vor. Der Arbeitnehmer hat daher bei fehlerhafter oder unterbliebener Information **keinen Schadensersatzanspruch** gegen den Arbeitgeber.

Gemäß § 7 Abs. 3 TzBfG hat der Arbeitgeber auch den Betriebsrat über Teilzeitarbeit im Betrieb zu informieren, insbesondere über vorhandene oder geplante Teilzeitarbeitsplätze und über die Umwandlung von Teilzeit- in Vollzeitarbeitsplätze oder umgekehrt. Diese Informationspflicht gegenüber dem Betriebsrat besteht **generell** und ist nicht an den Wunsch eines Arbeitnehmers zur Veränderung von Dauer und Lage seiner Arbeitszeit gebunden. Grundsätzlich erfolgt die Unterrichtung **formlos und mündlich**. Auf Verlangen des Betriebsrats sind aber gemäß § 7 Abs. 3 Satz 2 TzBfG die **erforderlichen Unterlagen zur Verfügung zu stellen**.

Rechtsanspruch auf Arbeitszeitreduzierung (§ 8 TzBfG)

Kern des Teilzeit- und Befristungsgesetzes ist ein **individueller einklagbarer Rechtsanspruch** eines jeden Arbeitnehmers auf Reduzierung der Arbeitszeit in Betrieben mit mehr als 15 Beschäftigten, soweit das Arbeitsverhältnis länger als sechs Monate bestanden hat (§ 8 TzBfG). Der Arbeitgeber kann das Teilzeitbegehren nur wegen **entgegenstehender betrieblicher Gründen** von wesentlichem Gewicht ablehnen.

Materielle Anspruchsvoraussetzungen (Überblick)

Es müssen drei Voraussetzungen **kumulativ** (= nebeneinander) vorliegen:

1. Der Arbeitgeber muss in der Regel **mehr als 15 Arbeitnehmer** beschäftigen (§ 8 Abs. 7 TzBfG). Dabei zählen die zu ihrer Berufsausbildung Beschäftigten nicht mit. Auf den Umfang der geleisteten Arbeitszeit kommt es dagegen nicht an, sodass auch Teilzeitbeschäftigte bei der Bestimmung der Beschäftigtenzahl voll mitzuzählen sind.
2. Das Beschäftigungsverhältnis muss **länger als sechs Monate** bestanden haben (§ 8 Abs. 1 TzBfG).
3. Der Arbeitnehmer hat **innerhalb der letzten zwei Jahre** keinen Antrag auf Reduzierung seiner Arbeitszeit gestellt (§ 8 Abs. 6 TzBfG).

Wichtig

Bei einer einvernehmlichen Einigung mit dem Arbeitgeber über die Verringerung der Arbeitszeit kommt es natürlich nicht darauf an, ob folgende Voraussetzungen erfüllt werden! Sollte aber eine gerichtliche Durchsetzung des Anspruchs erforderlich werden, müssen diese Voraussetzungen alle eingehalten werden, um nicht schon eine Abweisung der Klage aus formalen Gründen zu riskieren.

Regelbeispiele **für betriebliche Gründe,** die einer Arbeitszeitreduzierung entgegenstehen können, sind in § 8 Abs. 4 TzBfG genannt. Dazu zählen

- die wesentliche Beeinträchtigung der Organisation im Betrieb,
- die wesentliche Beeinträchtigung des Arbeitsablaufs im Betrieb oder
- die wesentliche Beeinträchtigung der Sicherheit im Betrieb oder die unverhältnismäßig hohe Kostenverursachung.

Für die Frage, ob ein betrieblicher Grund im konkreten Einzelfall vorliegt, sind folgende **Beurteilungskriterien** maßgeblich:

- Art der Tätigkeit des Arbeitnehmers
- Umfang der vom Arbeitnehmer geforderten Arbeitszeitverkürzung
- Anzahl der Arbeitnehmer, die Teilzeitarbeit geltend machen
- Größe des Betriebs
- Arbeitszeitmodell des Betriebs

Die betrieblichen Beeinträchtigungen, die durch die Verringerung der Arbeitszeit entstehen, müssen wesentlich sein, d.h., die Beeinträchtigung muss einen **„nicht unerheblichen Schweregrad"** aufweisen. Hierfür ist es ausreichend, wenn der Arbeitgeber rationale und nachvollziehbare Gründe für die Ablehnung des Teilzeitverlangens hat. Der Arbeitgeber muss aber **zumutbare Anstrengungen** unternehmen, insbesondere von seinem Direktionsrecht Gebrauch machen, um Störungen im Arbeitsablauf oder der Organisation zu verhindern.

Die Ablehnungsgründe im Einzelnen

Organisatorische Gründe

Ein betrieblicher Grund liegt zunächst dann vor, wenn die angestrebte Verringerung der Arbeitszeit in die **unternehmerische Organisationsstruktur** eingreift. Diese legt der Arbeitgeber im Rahmen der ihm obliegenden Unternehmerentscheidung fest.

Inhalt einer unternehmerischen Entscheidung kann auch die Bestimmung sein, den Betrieb nur noch mit Vollzeit- oder Teilzeitbeschäftigen zu führen. Es genügt jedoch nicht die pauschale Behauptung des Arbeitgebers, der jeweilige Arbeitsplatz sei als Vollzeitarbeitsplatz ausgestaltet. Er muss vielmehr ein Organisationskonzept vorlegen, das von plausiblen wirtschaftlichen oder unternehmenspolitischen Gründen getragen ist und in das sich der Teilzeitwunsch des Arbeitnehmers nicht einfügen lässt. Auch wird man vom Arbeitgeber verlangen müssen, dass er sein **Konzept konsequent umsetzt.**

Die **Erhöhung des allgemeinen Verwaltungsaufwands** durch zusätzlichen Planungs- oder Koordinierungsaufwand, den die Teilzeitstelle mit sich bringt, stellt allein keinen betrieblichen Grund dar, da der Anspruch gemäß § 8 TzBfG anderenfalls praktisch ins Leere laufen würde.

Rechtliche Voraussetzungen | **Teilzeitbeschäftigung**

> **Beispiele**
>
> In folgenden Fällen kann eine Beeinträchtigung der Organisation angenommen werden:
>
> - Fehlen einer Ersatzkraft trotz realistischer Anforderungen, die an eine Ersatzkraft gestellt werden; Arbeit, die aufgrund ihrer Art und Fülle nur von einem Arbeitnehmer mit einer bestimmten Stundenzahl ausgeübt werden kann. Beispiel: Die Leiterin eines zeitlich befristeten Projekts verlangt eine Arbeitszeitreduzierung. Der Arbeitgeber kann jedoch einwenden, dass diese Tätigkeit sowohl aufgrund der zeitlichen Befristung als auch der Art und Fülle der Arbeit nur in Vollzeit ausgeübt werden kann.
> - Existenz einer betrieblichen Vereinbarung über die Arbeitszeitverteilung, wenn die gewünschte Arbeitszeit die Interessen der anderen Arbeitnehmer berührt. Beispiel: Eine Arbeitnehmerin im Einzelhandel wünscht die Reduzierung ihrer Arbeitszeit mit einer Arbeitszeitverteilung von 10.00 bis 14.00 Uhr, montags bis freitags. Da sie bisher auch samstags gearbeitet hat, würde dies bedeuten, dass die anderen Arbeitnehmer häufiger an Samstagen arbeiten müssten. Eine Betriebsvereinbarung regelt jedoch, dass jeder Arbeitnehmer nur an einem Samstag im Monat arbeiten muss.

Arbeitsablauf

Ein betrieblicher Grund in Form einer **Beeinträchtigung des Arbeitsablaufs** im Betrieb liegt vor, wenn ein komplexes Schichtsystem durch die Teilzeitarbeit mit der Folge mangelnder Maschinenauslastung oder termingebundener Auslandsmontagen beeinträchtigt oder wenn die Arbeit nur in Team- oder Gruppenarbeit geleistet werden kann. Die intensive Kundenbetreuung allein rechtfertigt jedoch keine Ablehnung, da der Arbeitnehmer auch aus anderen Gründen zeitweise abwesend sein kann, wie etwa in Fällen von Krankheit oder aufgrund von Urlaubsabwesenheit.

Sicherheit im Betrieb

Sicherheitsinteressen des Betriebs, der Arbeitsplätze oder der übrigen Mitarbeiter können einer Verringerung der Arbeit entgegenstehen. Das kann Arbeitnehmer im Wachdienst, aber auch sonstige in den Betriebs- und Arbeitsschutz eingebundene Arbeitnehmer betreffen.

> **Beispiele**
>
> In folgenden Fällen können Beeinträchtigungen des Arbeitsablaufs bzw. der Sicherheit im Betrieb angenommen werden:
>
> - servicefreundliches Organisationskonzept, bei dem die Kunden jederzeit möglichst einen bestimmten Ansprechpartner antreffen sollen
> - wenn bestimmte Sicherheits- oder Unfallverhütungsvorschriften aufgrund der neuen Arbeitszeit nicht mehr eingehalten werden könnten

Unverhältnismäßige Kosten

Dem Anspruch auf Teilzeitarbeit können auch unverhältnismäßige Kosten entgegenstehen. Das Gesetz gibt hier keine Schwellenwerte vor. Aus der Konzeption des Gesetzes folgt jedoch zunächst, dass die allgemeinen, mit jeder Teilzeitarbeit einhergehenden finanziellen Belastungen dem Anspruch auf Verringerung der Arbeitszeit nicht entgegenstehen können, vielmehr muss es sich um unverhältnismäßige Kosten handeln.

Beispiele

- Arbeitszeitverteilung, die eine Neueinrichtung von Arbeitsplätzen, etwa in Form von Schreibtischen, PCs oder Maschinen erforderlich machen würde, obwohl Arbeitsplätze zu anderen Zeiten unbesetzt blieben
- Einstellung einer Ersatzkraft, die derart hohe Kosten für Neuanschaffungen von zusätzlichen Arbeitsmitteln verursachen würde, dass dies in keinem vernünftigen Verhältnis zur Arbeitsleistung stehen würde. Beispiel: Ein Außendienstmitarbeiter möchte seine Arbeitszeit kürzen. Das Arbeitszeitvolumen fordert eine Vollzeitstelle. Der Arbeitgeber müsste also Arbeitsmittel, wie Dienstwagen, Produktpalette, Laptop u.Ä., zur Verfügung stellen.
- Einstellung einer Ersatzkraft, die unverhältnismäßige Kosten für die Einarbeitungs- bzw. Fortbildungsmaßnahmen verursachen würde, insbesondere, wenn der Beruf eine kontinuierliche Fortbildung erfordert. Beispiel: Muss jeder Arbeitnehmer eine dreiwöchige Schulung von 40 Stunden pro Woche absolvieren, bevor er seine Tätigkeit ausüben kann, so können unverhältnismäßig hohe Einarbeitungskosten entstehen, wenn man die Relation zur Arbeitszeit einer möglichen Ersatzkraft für zehn Stunden pro Woche betrachtet. Diese hätte nämlich mit der Schulung schon eine Arbeitsleistung für zwölf Wochen absolviert.

Weitere Ablehnungsgründe

Die Aufzählung des § 8 TzBfG ist jedoch nicht abschließend; neben den dort genannten Gründen können auch weitere Umstände betriebliche Gründe darstellen, z.B.:

- Überforderung des Unternehmens durch zu viele gleichzeitige Teilzeitverlangen
- Unteilbarkeit des betroffenen Arbeitsplatzes
- Unmöglichkeit, eine geeignete Ersatzkraft finden zu können (Allerdings ist dieser Einwand des Arbeitgebers nur beachtlich, wenn er nachweist, dass eine dem Berufsbild des Arbeitnehmers, der seine Arbeitszeit reduziert, entsprechende zusätzliche Teilzeitersatzkraft auf dem für ihn maßgeblichen Arbeitsmarkt nicht zur Verfügung steht. Wenn keine Teilzeitkraft, sondern nur eine Vollzeitkraft zur Verfügung steht, so kann der Arbeitgeber nicht darauf verwiesen werden, eine Vollzeitkraft einzustellen und Überstunden abzubauen.)

Wichtig

§ 8 Abs. 4 Satz 3 und 4 TzBfG gibt den Tarifvertragsparteien die Möglichkeit, **Ablehnungsgründe durch Tarifvertrag festzulegen.** Dadurch werden die Tarifvertragsparteien ermächtigt, die Ablehnungsgründe zu konkretisieren und den spezifischen Anforderungen der jeweiligen Branche Rechnung zu tragen. Die übrigen Regelungen des § 8 TzBfG sind dagegen **nicht tarifdispositiv**, sodass z.B. nicht tarifvertraglich geregelt werden kann, dass Teilzeitwünsche ohne Vorliegen betrieblicher Gründe abgelehnt werden können. Die tariflich normierten Ablehnungsgründe können im fachlichen und persönlichen Geltungsbereich des Tarifvertrags auch von nicht tarifgebundenen Arbeitnehmern und Arbeitgebern übernommen werden.

Die Drei-Stufen-Theorie

Das Bundesarbeitsgericht hat eine **dreistufige Prüfung** entwickelt, wonach es feststellt, ob ein Arbeitgeber berechtigterweise die Verringerung des Arbeitszeit ablehnen kann (vgl. grundlegend: BAG, Urteil vom 18.02.2003 – 9 AZR 164/02 –).

1. Es prüft zunächst, welches betriebliche Organisationskonzept der Regelung der Arbeitszeit zugrunde liegt und ob dieses auch tatsächlich im Betrieb umgesetzt wird. Organisationskonzept ist das Konzept, mit dem die unternehmerische Aufgabenstellung im Betrieb verwirklicht werden soll. Die Beweislast hierfür trägt der Arbeitgeber. Die zugrunde liegende unternehmerische Entscheidung ist nur auf Willkür und nicht auf Zweckmäßigkeit zu überprüfen.
2. In einer zweiten Stufe ist zu prüfen, inwieweit die Arbeitszeitregelung dem Arbeitszeitverlangen des Arbeitnehmers tatsächlich entgegensteht. Dabei ist auch der Frage nachzugehen, ob durch eine dem Arbeitgeber zumutbare Änderung von betrieblichen Abläufen oder des Personaleinsatzes der betrieblich als erforderlich angesehene Arbeitszeitbedarf unter Wahrung des Organisationskonzepts mit dem individuellen Arbeitszeitwunsch des Arbeitnehmers zur Deckung gebracht werden kann.
3. Ergibt sich, dass das Arbeitszeitverlangen des Arbeitnehmers nicht mit dem organisatorischen Konzept und der daraus folgenden Arbeitszeitregelung in Übereinstimmung gebracht werden kann, ist in einer dritten Stufe das Gewicht der entgegenstehenden betrieblichen Belange zu prüfen: Werden durch die vom Arbeitnehmer gewünschte Abweichung die in § 8 Abs. 4 Satz 2 TzBfG genannten besonderen betrieblichen Belange oder das betriebliche Organisationskonzept und die ihm zugrunde liegende unternehmerische Aufgabenstellung wesentlich beeinträchtigt?

Wichtig

Der Arbeitgeber muss das Vorliegen entgegenstehender betrieblicher Gründe im Fall eines Rechtsstreits darlegen und beweisen. Dies ergibt sich aus dem Wortlaut des § 8 Abs. 4 TzBfG, der besagt, dass der Arbeitgeber der Verringerung der Arbeitszeit zustimmen muss, „soweit betriebliche Gründe nicht entgegenstehen." Rechtstechnisch handelt es sich daher dabei um eine Einwendung, die vom Arbeitgeber geltend gemacht werden muss und für die er im Streitfall auch die Darlegungs- und Beweislast trägt.

Formelle Anspruchsvoraussetzungen

Der Anspruch auf Arbeitszeitverringerung muss gegenüber dem **Arbeitgeber** bzw. dem **vertretungsberechtigten Organ** geltend gemacht werden. Das ist in der Regel die **Personalabteilung,** nicht dagegen der Fachvorgesetzte.

Der Anspruch muss spätestens **drei Monate vor** dem gewünschten Beginn der Verringerung der Arbeitszeit geltend gemacht werden (§ 78 Abs. 2 TzBfG). Der Tag, an dem der Antrag dem Arbeitgeber zugeht, zählt bei der Berechnung Dreimonatsfrist nicht mit (§§ 187 Abs. 1, 188 Abs. 2 BGB).

Beispiel: Fristberechnung

Die Arbeitszeit soll ab 1. August reduziert werden:
- Die Frist läuft vom 1. Mai bis 31. Juli.
- Der Antrag muss spätestens **am 30. April** beim Arbeitgeber eingehen.
- Ist der 30. April ein Sonnabend, Sonntag oder gesetzlicher Feiertag, muss der Antrag am zuletzt davor liegenden Werktag eingehen!

Hält der Arbeitnehmer die Mindestfrist nicht ein, so führt das nicht zur Unwirksamkeit seines Anspruchs, da die Einhaltung der Dreimonatsfrist **keine materielle Wirksamkeitsvoraussetzung** ist. Vielmehr verschiebt das Versäumen der Frist lediglich den Beginn der reduzierten Arbeitszeit nach hinten.

Der Antrag des Arbeitnehmers **muss** den Umfang der geplanten Verringerung enthalten sowie deren **Anfangszeitpunkt** (Wirksamkeitsvoraussetzung!).

Wichtig

Äußerungen wie „alsbald" oder „zum nächstmöglichen Zeitpunkt" genügen nicht, da dann nicht erkennbar ist, ob der Arbeitnehmer nur einen Wunsch nach geänderten Arbeitszeiten i.S.d. § 7 Abs. 2 TzBfG angezeigt hat oder seinen Anspruch nach § 8 TzBfG geltend macht.

Der Antrag **soll** die gewünschte Verteilung auf die Wochenarbeitszeit enthalten.

Falls der Arbeitnehmer die Verteilung auf die Wochenarbeitszeit nicht angibt, bleibt der Antrag trotzdem wirksam – diese Angabe ist keine zwingende Voraussetzung. Es ist aber ratsam, auch die gewünschte Verteilung anzugeben: Unterlässt der Arbeitnehmer dies, unterliegt die Verteilung dem Direktionsrecht des Arbeitgebers.

Das Gesetz schreibt **keine bestimmte Form** für die Antragstellung vor. Der Antrag auf Reduzierung der Arbeitszeit muss daher nicht zwingend schriftlich gestellt werden, ein mündlicher Antrag würde ausreichen. Aus Beweisgründen bei eventuell auftretenden Streitigkeiten und um sicherzustellen, dass der Arbeitgeber sich mit dem Teilzeitbegehren ernsthaft und im Detail auseinandersetzt, wird aber die Schriftlichkeit empfohlen.

Wichtig

Eine Begründung des Antrags ist nicht erforderlich. Insbesondere ist es nicht erforderlich, dass die gewünschte Reduzierung der Arbeitszeit wegen Kinderbetreuungspflichten erfolgt.

Wenn der Arbeitnehmer den Antrag auf Arbeitszeitverringerung verspätet gestellt hat, **kann sich die Mitteilungsfrist nicht nach hinten verschieben,** denn anderenfalls könnte sich die Frist zur Ablehnung des Antrags auf null reduzieren. Verpasst der Arbeitgeber die Frist zur Ablehnung, verringert sich die Arbeitszeit des Arbeitnehmers automatisch zu dem beantragten Termin. Hat der Arbeitgeber der Verringerung der Arbeitszeit rechtzeitig widersprochen, so verbleibt es bei der bisherigen Arbeitszeit.

Entscheidung über den Antrag nach § 8 TzBfG

Das Verfahren bei der Arbeitszeitverringerung ist grundsätzlich auf eine **Einigung** zwischen Arbeitgeber und Arbeitnehmer über Dauer und Lage der Arbeitszeit gerichtet. Der Gesetzgeber schreibt daher eine Konsenslösung vor (§ 8 Abs. 3 TzBfG). Es wird dem Arbeitgeber eine **Verhandlungsobliegenheit** auferlegt mit dem Ziel, dass sich Arbeitnehmer und Arbeitgeber einigen sollen. Diese Einigungspflicht schließt aus, dass nur eine Partei Dauer, Lage und Verteilung der Arbeitszeit einseitig festlegen kann.

Allerdings sanktioniert § 8 TzBfG einen Verstoß gegen die Pflicht zur Erörterung nicht. Da dem Anspruch auf Verringerung der Arbeitszeit nur betriebliche Gründe entgegenstehen können, hat eine unterlassene Erörterung keine Rechtsfolgen in Bezug auf den geltend gemachten Anspruch. Lehnt also der Arbeitgeber den Antrag des Arbeitnehmers ab, ohne verhandelt zu haben, so führt dieser Verstoß **nicht zur Unwirksamkeit der Ablehnung,** insbesondere **gilt dadurch nicht die Zustimmung des Arbeitgebers als erteilt.**

Wichtig

Der Arbeitgeber kann dem Arbeitnehmer in einem zu führenden gerichtlichen Verfahren keine Einwendungen entgegenhalten, die im Rahmen einer Verhandlung hätten ausgeräumt werden können, wenn er entgegen der Vorschrift **nicht verhandelt.** Ebenfalls kann der Arbeitnehmer nach Durchführung der Verhandlung gerichtlich einen anderen Arbeitszeitwunsch einklagen, als er ursprünglich geltend gemacht hat, wenn er dabei neue Erkenntnisse berücksichtigt, die sich aus der Verhandlungsphase ergeben.

Gibt der Arbeitnehmer in seinem Antrag auf Verringerung der Arbeitszeit einen bestimmten Verteilungswunsch der Arbeitszeit an, so kann der Arbeitgeber der Verringerung der Arbeitszeit nur unter Bewilligung der gewünschten Verteilung zustimmen. Stimmt der Arbeitgeber der Verringerung der Arbeitszeit zu, verbindet diese aber mit einer **anderen Verteilung der Arbeitszeit,** so ist dies die Ablehnung des ursprünglichen Antrags des Arbeitnehmers verbunden mit einem Änderungsangebot. Dieses Änderungsangebot kann vom Arbeitnehmer wiederum **nur einheitlich angenommen oder abgelehnt** werden.

Die Verringerung der Arbeitszeit und ihre Verteilung sind dem Arbeitnehmer spätestens einen Monat vor dem gewünschten Beginn der Verringerung **schriftlich** mitzuteilen, und zwar unabhängig davon, ob er dem Antrag des Antragnehmers zustimmt oder ihn ablehnt. Da der Arbeitnehmer gemäß § 8 Abs. 2 TzBfG den Antrag auf Verringerung der Arbeitszeit mindestens drei Monate vor Beginn der Verringerung stellen muss, hat die Frist nach § 8 Abs. 5 Satz 1 TzBfG zur Folge, dass der Arbeitgeber mindestens einen Zeitraum von **zwei Monaten zur Überprüfung des Antrags** hat.

Eine Begründung ist für die Ablehnung des Antrags nicht vorgeschrieben, ein **bloßes „Nein"** des Arbeitgebers zur Arbeitszeitreduzierung reicht aus. Teilt der Arbeitgeber **Ablehnungsgründe** mit, so ist er **an diese nicht gebunden,** kommt es etwa zu einem Prozess, hat er die Möglichkeit, dort völlig andere Gründe vorzutragen, als er in der Ablehnung selbst genannt hat.

Der Arbeitgeber muss aber dem Arbeitnehmer seine Entscheidung bezüglich der Verringerung und der Verteilung der Arbeitszeit mitteilen. Lehnt der Arbeitgeber jedoch bereits den Wunsch nach Verringerung der Arbeitszeit ab, so ist keine gesonderte Mitteilung über die Entscheidung hinsichtlich der Verteilung erforderlich. Dagegen bedarf es für eine wirksame Änderung des Vertrags der Zustimmung sowohl hinsichtlich der Verringerung als auch hinsichtlich der Verteilung der Arbeitszeit, da die **Verteilung wesentlicher Bestandteil des Teilzeitbegehrens** ist.

Für den Fall, dass der Arbeitgeber die Monatsfrist verpasst oder aber eine Einigung zwischen den Parteien nicht zustande kommt, sind die Rechtsfolgen bezüglich der Verringerung und der Verteilung der Arbeitszeit unterschiedlich geregelt:

Erfolgt hinsichtlich der **Verringerung der Arbeitszeit** weder eine Einigung noch eine fristgerechte Ablehnung, so wird die **Arbeitszeit entsprechend dem gewünschten Umfang verringert.** Die Zustimmung des Arbeitgebers zur begehrten Änderung des Arbeitsvertrags wird damit fingiert. Die Fiktion der Zustimmung erfolgt jedoch nur dann, wenn auch die sonstigen Anspruchsvoraussetzungen vorliegen. Andernfalls könnte der Arbeitgeber auch bei Nichtvorliegen der Anspruchsvoraussetzungen zu Recht i.S.d. § 8 Abs. 6 TzBfG ablehnen. Das hätte zur Folge, dass der Arbeitnehmer den Anspruch auf Verringerung der Arbeitszeit erst nach zwei Jahren wieder geltend machen könnte. Wird die Zustimmung des Arbeitgebers fingiert, so ergeben sich dieselben Rechtsfolgen wie bei einer tatsächlich erfolgten Zustimmung: Der Arbeitgeber kann nur **durch Änderungskündigung oder Änderungsvertrag von der getroffenen Vereinbarung abweichen.**

Auch die Zustimmung des Arbeitgebers zur gewünschten **Verteilung** der Arbeitszeit wird fingiert, sofern keine Einigung erzielt oder die Ablehnungsfrist verpasst wird. Eine Fiktion bezüglich der Verteilung der Arbeitszeit setzt allerdings voraus, dass entweder die Zustimmung oder die Zustimmungsfiktion zur Verringerung der Arbeitszeit vorliegt.

Gemäß **§ 8 Abs. 5 Satz 4 TzBfG** kann der Arbeitgeber die Verteilung bzw. die Lage der Arbeitszeit nachträglich einseitig ändern, d.h. die Verteilung der Arbeitszeit wieder rückgängig machen. Diese Möglichkeit des Arbeitgebers auf Wiederherstellung des alten Zustands bezieht sich jedoch nur auf die **Verteilung und die Lage der Arbeitszeit,** nicht dagegen auf ihren Umfang.

Das Recht des Arbeitgebers auf Herstellung des alten Zustands enthält rechtstechnisch eine Art von legaler „Teilkündigung" und ist daher an strenge Voraussetzungen geknüpft. Voraussetzung ist ein betriebliches Interesse, welches das Interesse der Arbeitnehmer an der Beibehaltung des vereinbarten oder gesetzlich eingetretenen neuen Zustands erheblich überwiegt. Hier hat der Gesetzgeber durch das „erhebliche" Überwiegen eine hohe Hürde gesetzt. Letztendlich ist aber eine **Interessenabwägung in jedem Einzelfall** erforderlich.

Beispiel

Wenn etwa der Arbeitnehmer, um seinem Nachtleben besser frönen zu können, seine Arbeitszeit von 7.00 Uhr bis 15.45 Uhr auf 12.00 Uhr bis 18.00 Uhr verlegen und entsprechend verringern möchte, der Arbeitgeber aber nach einer Zeit feststellt, dass er nicht in der Lage ist, die ausgefallene Arbeit in den ersten Stunden der Betriebstätigkeit anderweitig aufzufangen, hat er im Zweifel ein erhebliches betriebliches Interesse an der Wiederherstellung des alten Zustands. Dieses Interesse überwiegt im Zweifel die Interessen des Arbeitnehmers. Der Arbeitgeber kann eine Lage der Arbeitszeit von 7.00 Uhr bis 13.00 Uhr bestimmen.

Hat dagegen eine berufstätige Mutter ihre Arbeitszeit von nachmittags auf vormittags verlegt, um ihr Kind betreuen zu können, und der Arbeitgeber stellt wiederum fest, dass er nicht in der Lage ist, die nachmittags ausgefallene Arbeit anderweitig aufzufangen, geht die Interessenabwägung anders aus. Zwar hat der Arbeitgeber ein berechtigtes Interesse daran, dass die notwendigen Arbeiten auch am Nachmittag durchgeführt werden. Andererseits hat aber die Mutter ihre Arbeitszeit reduziert, um ihr Kind großziehen zu können. Bei einer Verlegung ihrer Arbeitszeit ganz oder teilweise auf den Nachmittag wäre sie vielleicht sogar zur Aufgabe ihres Arbeitsverhältnisses gezwungen. Dann wäre die Reduzierung der Arbeitszeit mit dem Verlust des Arbeitsplatzes verbunden. Bei dieser Interessenabwägung überwiegt im Zweifel das Interesse der Mutter.

Insbesondere wenn Mütter bereits eine längere Zeit zu einer bestimmten Zeit arbeiten, um in der restlichen Zeit ihre Kinder betreuen zu können, müssen sie eine plötzliche Veränderung ihrer Arbeitszeiten nicht akzeptieren. Eine plötzliche Änderung der Arbeitszeit nach mehreren Jahren ist nicht mehr vom Direktionsrecht des Arbeitgebers gedeckt.

Rückkehr zur Vollzeitarbeit (§ 9 TzBfG)

Laut Koalitionsvertrag zwischen CDU, CSU und SPD vom Dezember 2013 soll für Beschäftigte, die sich anlässlich der Pflege von Angehörigen zu einer zeitlich befristeten Teilzeitbeschäftigung entschieden haben, sichergestellt werden, dass sie wieder zur früheren Arbeitszeit zurückkehren können. Dazu soll im TzBfG ein **Anspruch auf befristete Teilzeitarbeit** geschaffen werden.

Nach der geltenden Rechtslage gibt es diesen Anspruch auf befristete Teilzeitbeschäftigung nicht. Die Rückkehr zur Vollzeitarbeit ist in § 9 TzBfG geregelt.

Gemäß § 9 TzBfG hat der Arbeitgeber den Wunsch eines Teilzeitarbeitnehmers nach Vollzeitbeschäftigung bei der Besetzung entsprechender freier Stellen **bei gleicher Eignung der Bewerber** bevorzugt zu berücksichtigen. Voraussetzung hierfür ist allerdings, dass überhaupt **ein zu besetzender freier Arbeitsplatz gegeben** ist. Der teilzeitbeschäftigte Arbeitnehmer hat also keinen Anspruch auf Einrichtung einer vom Arbeitgeber nicht geplanten Stelle.

Der Verlängerung der Arbeitszeit können dringende betriebliche Gründe entgegenstehen. Bei der Auslegung des Begriffs der dringenden betrieblichen Gründe i.S.d. § 9 TzBfG kann man sich **an § 8 Abs. 4 TzBfG orientieren,** in dem Beispiele für das Vorliegen von betrieblichen Gründen aufgeführt sind. Die Anforderungen des § 9 TzBfG sind jedoch insoweit höher, als die betrieblichen Gründe hier „**dringend**" sein müssen.

Beispiel
- Der Arbeitgeber kann keinen anderen Teilzeitarbeitnehmer mit entsprechender Stundenzahl finden und die Nichtbesetzung des Arbeitsplatzes würde zu erheblichen Beeinträchtigungen der Organisation, des Arbeitsablaufs oder der Sicherheit im Betrieb führen oder unverhältnismäßige Kosten verursachen.
- Der teilzeitbeschäftigte Arbeitnehmer ist aufgrund seiner besonderen Qualifikationen auf seinem Arbeitsplatz unersetzlich.
- Der Arbeitgeber hat den Arbeitsplatz aufgrund von Rechtsansprüchen Dritter zu besetzen. Das ist etwa dann der Fall, wenn ein betriebsbedingt gekündigter Arbeitnehmer erfolgreich einen Wiedereinstellungsanspruch geltend macht, weil der zu besetzende Arbeitsplatz während der Kündigungsfrist frei geworden ist.
- Der Arbeitgeber kann dem Verlangen des teilzeitbeschäftigten Arbeitnehmers auf Verlängerung seiner Arbeitszeit die Arbeitszeitwünsche anderer teilzeitbeschäftigter Arbeitnehmer entgegenhalten. Bewerben sich gleichzeitig mehrere teilzeitbeschäftigte Arbeitnehmer auf eine offene Stelle, so steht dem Arbeitgeber bei der Auswahl ein Beurteilungsspielraum zu; hierbei können bei gleicher Eignung der Bewerber auch etwa soziale Gesichtspunkte eine Rolle spielen. Schwerbehinderte Teilzeitbeschäftigte sind grundsätzlich vorrangig zu berücksichtigen.

Berücksichtigt der Arbeitgeber den Teilzeitarbeitnehmer nicht vorrangig, obwohl die Voraussetzungen des § 9 TzBfG gegeben sind, so hat der Teilzeitarbeitnehmer einen einklagbaren Rechtsanspruch gegen den Arbeitgeber auf Verlängerung seiner Arbeitszeit. Der Anspruch gemäß § 9 TzBfG kann auch im Wege des **einstweiligen Rechtsschutzes** gesichert werden. Hierdurch kann der Arbeitnehmer verhindern, dass die freie Stelle mit einem anderen Arbeitnehmer besetzt wird und nicht mehr zur Verfügung steht.

Aus- und Weiterbildung (§ 10 TzBfG)

In der Praxis wurden Arbeitnehmer in Teilzeit vielfach weniger bei Aus- und Weiterbildungsmaßnahmen berücksichtigt als Arbeitnehmer in Vollzeit. Die Konsequenz hieraus ist, dass berufliche Aufstiegsmöglichkeiten Teilzeitarbeitnehmern nicht in demselben Umfang offenstehen wie Vollzeitbeschäftigten. Dem soll § 10 TzBfG, der eine **spezielle Ausprägung des Diskriminierungsverbots** enthält, entgegenwirken. Diese Vorschrift verpflichtet den Arbeitgeber, dafür

Sorge zu tragen, dass auch teilzeitbeschäftigte Arbeitnehmer an Aus- und Weiterbildungsmaßnahmen teilnehmen können. Aus- und Weiterbildungsmaßnahmen sind nicht nur Maßnahmen die aktuelle Tätigkeit des Teilzeitbeschäftigten betreffend, sondern auch solche zur **Verbesserung der beruflichen Qualifikation und Förderung der Mobilität.**
Typische Aus- und Weiterbildungsmaßnahmen sind z.B.:

- Vorträge
- Seminare
- Anleitungen zur Bedienung neuer Maschinen
- betriebliche Lehrgänge
- Bildungs- oder Traineeprogramme
- Besuche von Messen oder Sprachkursen (soweit diese einen Bezug zur Tätigkeit aufweisen)

Der Wunsch des Arbeitnehmers, an einer solchen Bildungsmaßnahme teilzunehmen, steht unter dem Vorbehalt, dass keine dringenden betrieblichen Gründe oder **Aus- und Weiterbildungswünsche anderer Arbeitnehmer** entgegenstehen. Bestehen gleichzeitig Wünsche mehrerer Arbeitnehmer nach Aus- und Weiterbildungsmaßnahmen, so hat der Arbeitgeber das Recht, unter diesen nach billigem Ermessen frei auszuwählen.

Für den Begriff der dringenden betrieblichen Gründe müssen **Gründe von erheblichem Gewicht** vorliegen. Es liegen regelmäßig dringende betriebliche Gründe vor, wenn eine wesentliche Beeinträchtigung der Organisation, des Arbeitsablaufs oder der Sicherheit gegeben ist oder die Teilnahme unverhältnismäßige Kosten verursacht. Das wäre etwa dann der Fall, wenn bei Berücksichtigung von Teilzeitarbeitnehmern so viele Arbeitnehmer geschult würden, dass der Betrieb nicht aufrechtzuerhalten wäre oder die Schulungskosten völlig außer Verhältnis zum betrieblichen Nutzen stünden. Oder aber die Arbeitskraft des teilzeitbeschäftigten Arbeitnehmers ist unersetzlich und eine entsprechende Ersatzkraft für den Ausbildungszeitraum steht nicht zur Verfügung.

Aus § 10 TzBfG folgt kein allgemeiner Aus- und Weiterbildungsanspruch, es können sich jedoch **Ansprüche aus einer Verletzung des Diskriminierungsverbots** ergeben. Der Arbeitgeber ist also nicht verpflichtet, berufliche Aus- und Weiterbildungsmaßnahmen anzubieten. Es besteht jedoch eine Verpflichtung, im Rahmen des vorhandenen Kontingents Teilzeitbeschäftigte gleichzubehandeln. Bei Verletzung des Gleichbehandlungsgrundsatzes kann dem teilzeitbeschäftigten Arbeitnehmer ein Anspruch auf Teilnahme an einer bestimmten Aus- und Weiterbildungsmaßnahme zustehen.

Arbeit auf Abruf (§ 12 TzBfG)

Nach § 12 Abs. 1 Satz 1 TzBfG können Arbeitgeber und Arbeitnehmer vereinbaren, dass der Arbeitnehmer seine Arbeitsleistung entsprechend dem Arbeitsanfall zu erbringen hat. Die sog. „Arbeit auf Abruf" oder **kap**azitäts**o**rientierte **v**ariable **A**rbeits**z**eit (**KAPOVAZ**) ist eine besondere Form der Teilzeitarbeit.

Bei der Arbeit auf Abruf ist die **Dauer** der Arbeitszeit auf einen bestimmten Zeitraum bezogen festgelegt, d.h., es wird dabei nur die allgemeine **tägliche** und **wöchentliche** Arbeitszeit festgesetzt. Die **Lage** der Arbeitszeit wird dagegen durch den Abruf des Arbeitgebers konkretisiert. Durch diese Vorgehensweise kann ein erhöhter Arbeitsbedarf des Arbeitgebers kurzfristig abgedeckt werden.

Das Bundesarbeitsgericht hat durch ein Grundsatzurteil aus dem Jahr 2005 (BAG, Urteil vom 07.12.2005 – 5 AZR 535/04 –) festgelegt, dass im Arbeitsvertrag auch eine **Mindestwochenarbeitszeit** vereinbart werden kann und der Arbeitgeber darüber hinaus berechtigt ist, **bis zu 25 % zusätzliche** Arbeitszeit je nach Arbeitsanfall „abzurufen". Rufe der Arbeitgeber nicht das maximal zulässige Gesamtvolumen an Arbeitsstunden ab, müsse er jedoch auf jeden Fall die fest vereinbarte Mindestarbeitszeit und die entsprechende Grundvergütung bezahlen. Das Bundesarbeitsgericht legte allerdings ausdrücklich fest, dass bei einer Vereinbarung von Arbeit auf Abruf das einseitig abrufbare Kontingent an zusätzlicher Arbeitszeit nicht mehr als 25 % der vereinbarten wöchentlichen Mindestarbeitszeit betragen darf. Bei einer Vereinbarung über die Verringerung der vereinbarten Arbeitszeit beträgt das zulässige Volumen der Arbeit auf Abruf 20 %.

Diese Grundsatzentscheidung des Bundesarbeitsgerichts finden Sie unter „Rechtsprechung".

Wenn eine Regelung über die **wöchentliche** Dauer der Arbeitszeit im Arbeitsvertrag fehlt, so gilt gemäß § 12 Abs. 1 Satz 3 TzBfG eine wöchentliche Arbeitszeit von zehn Stunden als vereinbart. **Diese Vorschrift ist nicht so zu verstehen, dass sie eine Mindestarbeitszeit garantieren will.** Vielmehr ist eine Vereinbarung, welche die zehn Stunden Arbeitszeit unterschreitet, dann möglich, wenn sie dem übereinstimmenden Willen beider Parteien entspricht. Fehlt es aber an einer konkreten Regelung der täglichen und wöchentlichen Arbeitszeit, so gilt die **gesetzliche Fiktion** der wöchentlichen Arbeitszeit von zehn Stunden.

Wird eine Vereinbarung hinsichtlich der **täglichen** Dauer der Arbeitszeit nicht getroffen, so hat der Arbeitgeber die Arbeitsleistung des Arbeitnehmers gemäß § 12 Abs. 1 Satz 4 TzBfG jeweils **für mindestens drei aufeinanderfolgende Stunden** in Anspruch zu nehmen. Die Intention dieser Vorschrift liegt darin, die **Belastungen des Arbeitnehmers,** die diesem z.B. durch unverhältnismäßig lange Fahrtwege entstehen können, **zu reduzieren**.

Allerdings können die Parteien durchaus eine **geringere als die in § 12 Abs. 1 Satz 4 TzBfG vorgesehene tägliche Mindestdauer** der Arbeitszeit vertraglich vereinbaren. Jedoch verpflichtet die Vorschrift den Arbeitgeber, die Arbeitsleistung des Arbeitnehmers zumindest in diesem Umfang in Anspruch zu nehmen. Hieraus folgt, dass der Arbeitnehmer ein **dreifaches Wahlrecht** hat, wenn der Arbeitgeber die Arbeitsleistung des Arbeitnehmers **für weniger als drei Stunden am Tag** in Anspruch nehmen will:

- Er kann die Arbeitsleistung **insgesamt** ablehnen.
- Er kann die **Arbeitsleistung von weniger als drei Stunden** erbringen. Weitergehende Ansprüche stehen ihm dann nicht zu.
- Er kann die **Arbeitsleistung** erbringen, dies aber unter Berufung auf die gesetzliche Mindestdauer von drei Stunden tun, sodass ihm in diesem Umfang die volle Bezahlung zusteht,

die ihm wegen der nicht erbrachten Arbeitsleistung aus dem Annahmeverzug gemäß §§ 611, 615 Satz 1 BGB zusteht.

Der Abschluss eines Abrufarbeitsverhältnisses hat auf der Grundlage eines individualrechtlichen Arbeitsvertrags zu erfolgen. Dies ergibt sich aus dem Wortlaut des § 12 Abs. 1 Satz 1 TzBfG, der ausdrücklich von einer **Vereinbarung** zwischen Arbeitgeber und Arbeitnehmer spricht.

In einer solchen arbeitsvertraglichen Vereinbarung haben die Vertragsparteien ebenso wie auch in sonstigen Arbeitsverträgen den Inhalt und Umfang der vom Arbeitnehmer zu erbringenden Tätigkeiten festzulegen. Die Einführung der Abrufarbeit im Wege des **Direktionsrechts** des Arbeitgebers scheidet deshalb aus, da sein Weisungsrecht ohne eine anderweitige Ermächtigung keine Befugnis zur Einführung einer solchen Arbeitszeitform beinhaltet.

Eine bloße Rahmenvereinbarung ist nicht ausreichend. Eine solche Vereinbarung **gibt lediglich die Bedingungen der noch abzuschließenden befristeten Arbeitsverträge für den jeweiligen Einsatz wieder,** begründet aber selbst noch keine Verpflichtung zur Arbeitsleistung. Eine Rahmenvereinbarung ist daher kein Arbeitsvertrag und kann dementsprechend keine wirksame Vereinbarung der Abrufarbeit enthalten. Arbeitgeber und Arbeitnehmer können jedoch durchaus eine Kombination von Rahmenvereinbarungen und Einzelarbeitsverträgen zu einem Abrufarbeitsverhältnis abschließen.

Durch den Abschluss einer Betriebsvereinbarung kann Arbeit auf Abruf für ein einzelnes Arbeitsverhältnis nicht begründet werden. Allerdings können in Betriebsvereinbarungen durchaus **Grundsätze über die Einführung und Durchführung von Abrufarbeit** innerhalb des Betriebs normiert werden.

Gemäß § 12 Abs. 3 Satz 1 TzBfG sind Abweichungen durch Tarifvertrag von den Regelungen der Absätze 1 und 2 der Vorschrift auch **zuungunsten** des Arbeitnehmers möglich. Allerdings muss der Tarifvertrag selbst dann Regelungen über die tägliche und wöchentliche Arbeitszeit sowie die Vorankündigungsfrist beinhalten. Diese Angaben sind dann aber bereits ausreichend, es ist nicht erforderlich, dass die Tarifvertragsparteien eine bestimmte regelmäßige wöchentliche und tägliche Dauer der Arbeitszeit vereinbart haben.

Gemäß § 12 Abs. 2 TzBfG ist der Arbeitnehmer nur dann zur Arbeitsleistung verpflichtet, wenn der Arbeitgeber ihm die Lage seiner Arbeitszeit mindestens vier Tage im Voraus mitteilt. Der Sinn und Zweck dieser Frist besteht darin, dem Arbeitnehmer zumindest in einem gewissen Maße die **Planung seines Arbeitseinsatzes** zu ermöglichen und ihm damit eine ausreichende Dispositionsmöglichkeit über seine Freizeit zu gewährleisten.

Wichtig

In der Praxis hat es sich bewährt, wenn Arbeitgeber **Arbeitseinsätze möglichst frühzeitig ankündigen.** Dann haben Arbeitnehmer die Möglichkeit, sich darauf einzustellen oder in dem Fall, in dem sie zum abgerufenen Zeitpunkt nicht arbeiten wollen oder können, ggf. eine Vertretung zu suchen und dem Arbeitgeber die Möglichkeit der Vertretung vorzuschlagen. Es ist jedoch zu beachten, dass sich der Arbeitgeber auf eine solche Vertretungsmöglichkeit nicht einlassen muss.

Die Fristberechnung erfolgt nach den allgemeinen zivilrechtlichen Regelungen der **§§ 186 ff. BGB.** Gemäß § 187 Abs. 1 BGB wird der Tag des Zugangs des Abrufs nicht mitgezählt. Auch der Tag der Arbeitsleistung wird bei der Fristberechnung nicht berücksichtigt, da der Abruf nach § 12 Abs. 2 TzBfG vier Tage **„im Voraus"** erfolgen muss. Handelt es sich bei dem letzten Tag vor der Viertagefrist um einen Samstag, Sonntag oder Feiertag, so hat die Ankündigung am vorangehenden Werktag zu erfolgen (abweichend zu § 193 BGB).

Beispiel

Angestrebter Arbeitstag	Zugang des Abrufs muss erfolgen am vorhergehenden
Montag	Mittwoch
Dienstag	Donnerstag
Mittwoch	Freitag
Donnerstag	Freitag (= letzter Werktag vor der Viertagefrist)
Freitag	Freitag (= letzter Werktag vor der Viertagefrist)
Samstag	Montag
Sonntag	Dienstag

Eine arbeitsvertragliche oder betriebsvereinbarungsrechtliche Regelung über die Verkürzung der Ankündigungsfrist ist wegen **§ 22 TzBfG,** der besagt, dass von den Normen des Teilzeit- und Befristungsgesetzes nicht zuungunsten des Arbeitnehmers abgewichen werden darf, nicht möglich. Eine entsprechende Regelung wäre unwirksam, sodass der Arbeitnehmer auch bei Bestehen einer solchen Regelung nicht zur Arbeit verpflichtet ist.

Gemäß § 12 Abs. 3 TzBfG sind dagegen tarifvertragliche Regelungen zulässig, die eine Abweichung zuungunsten des Arbeitnehmers vorsehen. Wird die Ankündigungsfrist durch eine tarifvertragliche Regelung verkürzt, so ist dies daher zulässig und wirksam.

Sicht des Arbeitgebers

Kosten und Nutzen von Teilzeitarbeit für den Arbeitgeber

Die Einstellung von Teilzeitbeschäftigten ist für den Arbeitgeber zunächst einmal mit Mehrkosten verbunden: So entstehen Kosten für **zusätzliche Arbeitsmittel** (PC, Telefon, Dienstwagen etc.). Dazu kommen für den neu eingestellten Teilzeitbeschäftigten natürlich **Einarbeitungskosten.** Zu beachten sind auch erhöhte **Personalbetreuungskosten,** Beiträge zur Unfallversicherung und zur Berufsgenossenschaft, Weiterbildungskosten und mehr Ausgaben für Sonderzahlungen, sofern diese nicht wegen der Teilzeitbeschäftigung anteilig gewährt werden.

Erhöhung der Beschäftigtenzahl

Sofern ein Betrieb mit der Zahl seiner Belegschaft knapp unter einem gesetzlich definierten **Schwellenwert** liegt, an den bestimmte Rechtsfolgen anknüpfen, kann die Einstellung einer zusätzlichen Teilzeitkraft für den Arbeitgeber bestimmte Konsequenzen haben, z.B.:

- Anzahl der Betriebsratsmitglieder, erforderliche Freistellungen für die Betriebsratsarbeit
- Wegfall der Teilnahmemöglichkeit am Lohnausgleichsverfahren (z.B. beim Mutterschutz)
- Beschäftigungspflicht für schwerbehinderte Menschen oder Zahlung einer Ausgleichsabgabe
- Arbeitsschutzpflichten

Die dadurch entstehenden Mehrkosten wird der Arbeitgeber vor Schaffung einer zusätzlichen Teilzeitstelle mit einkalkulieren.

Höhere Produktivität von Teilzeitarbeitern

Die teilzeitbedingte Entstehung von Mehrkosten kann aber durch eine **gesteigerte Produktivität** bei dem Einsatz von Teilzeitbeschäftigten kompensiert werden. Arbeitswissenschaftliche Erkenntnisse belegen, dass zwei Teilzeitbeschäftigte, die zusammen eine Vollzeitstelle ersetzen, in der gleichen Zeit mehr leisten als ein Vollzeitbeschäftigter und gleichzeitig weniger Arbeitsunfälle haben. Dieser Produktivitätszuwachs lässt sich damit erklären, dass die größte Ermüdungsphase regelmäßig im zweiten Drittel eines Arbeitstags liegt. (Selbstverständlich gilt dies nur für Teilzeitbeschäftigte, die am Tag halbtags arbeiten und nicht bei einer tageweisen Aufteilung der Arbeitszeit!)

Zufriedenheit schafft Motivation!

Wenn teilzeitbeschäftigte Mitarbeiter **zufriedener** mit ihrer Arbeitssituation sind, weil private Belange nicht länger hinter dem Beruf zurückstehen müssen, dann bringt dies auch ein Mehr an Motivation mit sich und schafft für Arbeitnehmer wieder neue Anreize, auch den beruflichen Erwartungen besser gerecht zu werden. Diese **erhöhte Leistungsbereitschaft** der Mitarbeiter kommt letztlich dann wieder dem Betrieb zugute. Diesen Aspekt sollten sie als Betriebsrat gegenüber dem Arbeitgeber auf jeden Fall zur Sprache bringen, wenn über die Schaffung von Teilzeitarbeitsplätzen gerungen wird!

Teilzeitbeschäftigung | Sicht des Arbeitgebers

Fazit

Dem Teilzeitbegehren des Arbeitnehmers wird der Arbeitgeber gerne zunächst die für den Betrieb entstehenden Mehrkosten entgegenhalten. Auch die gesteigerte Beschäftigtenzahl kann bei Erreichen bestimmter Schwellenwerte für ihn mit zusätzlichen Belastungen und neuen Verpflichtungen verbunden sein, vor denen er zurückschreckt.

Als Betriebsrat können Sie dem Arbeitgeber vor allem die mit dem Einsatz von Teilzeitarbeitern möglich werdenden Produktivitätszuwächse in Aussicht stellen. Wenn Teilzeitarbeiter mit der Anpassung ihrer Arbeitszeit an private Bedürfnisse zu einer ausgeglichenen Balance zwischen Privat- und Berufsleben finden, steigt auch die Zufriedenheit im Job. Und zufriedene Mitarbeiter sind auch gute Mitarbeiter!

Auswirkungen auf die Arbeitnehmer

Vorteile und Risiken von Teilzeitarbeit für den Arbeitnehmer

Bessere Vereinbarkeit von Privatleben und Beruf

Die Vorteile für den Beschäftigten, der seine Arbeitszeit reduziert, liegen auf der Hand: Er kann die gewonnene Freizeit beispielsweise dazu nutzen, um sich mehr der Familie zu widmen, außerbetriebliche Weiterbildungen zu absolvieren, einem persönlichen Hobby nachzugehen, Nebenjobs oder ehrenamtliche Tätigkeiten anzunehmen. Kurz gesagt: Es gibt so viele vernünftige Motive für den Wunsch auf Teilzeitarbeit, wie es **unterschiedliche Lebensentwürfe** gibt.

Gesetz fördert Teilzeitarbeit

Gerade diese Möglichkeiten will das Teilzeit- und Befristungsgesetz mit dem neu eingeführten **Rechtsanspruch auf Teilzeitarbeit** fördern. Zwar standen zunächst marktpolitische Überlegungen hinter diesem Gesetz (Schaffung von mehr Arbeitsplätzen und dadurch höhere Beschäftigung). Der Gesetzgeber hatte mit der Schaffung dieses Gesetzes aber bewusst auch die **Chancengleichheit** von vollzeit- und teilzeitbeschäftigten Männern und Frauen im Blick. In § 1 TzBfG wird neben der Förderung der Teilzeitarbeit ausdrücklich als Gesetzesziel die Verhinderung der Diskriminierung von teilzeitbeschäftigten Arbeitnehmern genannt.

Finanzielle Einbußen überdenken

Wer weniger arbeitet, verdient weniger. Daher ist es wichtig, dass sich der Beschäftigte vor der Realisierung seines Teilzeitwunsches die damit verbundenen finanziellen Verluste verdeutlicht. Hier greift § 4 Abs. 1 Satz 2 TzBfG: Dem teilzeitbeschäftigten Arbeitnehmer ist Arbeitsentgelt mindestens in dem Umfang zu gewähren, der dem **Anteil seiner Arbeitszeit an der Arbeitszeit eines vergleichbaren vollzeitbeschäftigten Arbeitnehmers** entspricht. Das Gehalt verringert sich also entsprechend der Reduzierung der geleisteten Arbeitsstunden.

Doch was ist mit **Sonderzahlungen wie Weihnachts- oder Urlaubsgeld?** Hier gilt folgender Grundsatz: Soweit eine Leistung an die Betriebstreue anknüpft, wie das beispielsweise im Falle des Weihnachts- oder Urlaubsgelds zutrifft, ist sie grundsätzlich unabhängig von der geleisteten Arbeitszeit auszuzahlen. Ihre Höhe kann sich aber an der geleisteten Arbeitszeit orientieren. Das heißt, sie fällt entsprechend geringer aus als bei einem Vollzeitbeschäftigten. Ist die Dauer der Arbeitszeit für die Leistung ohne Bedeutung (Fahrgeldzuschüsse, Rabatte für Firmenprodukte, Jubiläumszulagen), muss sie dagegen in voller Höhe ausgezahlt werden. Nicht zu reduzieren sind daher beispielsweise vermögenswirksame Leistungen und Provisionsvereinbarungen sowie fest vereinbarte Schichtzulagen.

Urlaubsanspruch gekürzt – Entgeltfortzahlung bleibt

Zu denken ist auch daran, dass sich der Urlaubsanspruch mindert, wenn beispielsweise statt an fünf Tagen nur noch an drei oder vier Tagen gearbeitet werden soll: Der Urlaubsanspruch wird dann in gleichem Umfang gekürzt, **wie die Zahl der Arbeitstage gegenüber der einer Vollzeitarbeitskraft geringer ist.** Arbeitnehmer haben aber **unabhängig von ihrer geleisteten Arbeitszeit** nach dem Entgeltfortzahlungsgesetz Anspruch auf Entgeltfortzahlung im Krankheitsfall in Höhe von 100 % ihres Arbeitsentgelts für einen Zeitraum von sechs Wochen. Siehe aber auch neue Rechtsprechung des EuGH „Urlaub darf bei Wechsel von Vollzeit in Teilzeit nicht gekürzt werden."

Aktives und passives Wahlrecht für den Betriebsrat

Teilzeitbeschäftigte werden **in betriebsverfassungsrechtlicher Hinsicht** wie Vollzeitbeschäftigte behandelt. Sie können daher sowohl den Betriebsrat wählen als auch sich selbst in den Betriebsrat wählen lassen (§§ 7 und 8 BetrVG).

Teilnahme an betrieblicher Weiterbildung

Der Arbeitgeber hat im Rahmen der vom Gesetz gebotenen Gleichbehandlung von Vollzeit- und Teilzeitarbeitskräften dafür Sorge zu tragen, dass auch Teilzeitbeschäftigte entsprechend gefördert werden (vgl. dazu § 10 TzBfG als besondere Ausprägung des Diskriminierungsverbots in § 4 TzBfG). Ein konkreter Anspruch auf Aus- und Weiterbildung kann daraus aber nicht abgeleitet werden.

Rückkehr zur Vollzeitarbeit

Hat der Teilzeitbeschäftigte seinen Wunsch auf eine Verlängerung der Arbeitszeit angezeigt, ist er bei gleicher Eignung bevorzugt zu berücksichtigen (§ 9 TzBfG). Voraussetzung dafür ist allerdings, dass überhaupt **ein zu besetzender freier Arbeitsplatz gegeben** ist. Aus § 9 TzBfG lässt sich nämlich kein Anspruch herleiten, dass der Arbeitgeber eine nicht geplante Stelle einrichtet. Zwischen mehreren teilzeitbeschäftigten Bewerbern kann der Arbeitgeber **nach billigem Ermessen** frei auswählen

Fazit
Teilzeitarbeit ermöglicht die Verwirklichung individueller Lebensentwürfe und verschafft Freiraum für außerbetriebliche Aktivitäten. Vorab sollten Sie als Betriebsrat mit dem Betroffenen aber auch die damit zwingend verbundenen finanziellen Einbußen diskutieren, die mit einer Reduzierung der Arbeitszeit einhergehen. Letztlich muss aber der Beschäftigte das Risiko des Einkommensverlusts selbst verantworten.

Vorgehensweise des Betriebsrats

Reduzierung der Arbeitszeit

Das Teilzeit- und Befristungsgesetz enthält keine Regelungen über Mitbestimmungsrechte des Betriebsrats bei der Vereinbarung über die Verringerung der Arbeitzeit. Soweit sich Arbeitnehmer und Arbeitgeber einvernehmlich auf eine Reduzierung der Arbeitszeit einigen, bedarf dies daher nicht der Zustimmung des Betriebsrats.

Ein **Mitbestimmungsrecht** nach § 87 Abs. 1 Nr. 3 BetrVG scheidet bei der Verringerung der Arbeitszeit nach § 8 TzBfG aus, da es sich dabei um keine vorübergehende Verringerung der betriebsüblichen Arbeitszeit handelt. Die Arbeitszeitverringerung ist auf Dauer angelegt und eine nur befristete Verringerung ist nicht zulässig. Zudem stellt die Reduzierung der Arbeitszeit schon keinen kollektiven Tatbestand i.S.d. § 87 BetrVG dar, da es um die Bestimmung des schuldrechtlichen Leistungsumfangs des Arbeitnehmers geht. Die vertraglichen Hauptleistungspflichten unterliegen aber gerade nicht der Mitbestimmung des Betriebsrats.

Auch der **Tatbestand der Mitbestimmung** nach § 87 Abs. 1 Nr. 2 BetrVG greift bei der Verringerung der Arbeitszeit nicht ein. Dieser Tatbestand erfasst **nur die Lage** und nicht auch die Dauer der Arbeitszeit. Darüber hinaus besteht das Mitbestimmungsrecht gemäß § 87 Abs. 1 Nr. 2 BetrVG nur unter dem Vorbehalt „soweit eine gesetzliche oder tarifliche Regelung nicht besteht". Der Anspruch auf Verteilung der Teilzeit nach § 8 Abs. 4 TzBfG stellt aber eine solche gegenüber § 87 BetrVG vorrangige gesetzliche Regelung dar.

Wichtig

Das schließt jedoch nicht das Recht des Betriebsrats aus, allgemeine Festlegungen der Lage der Arbeitszeit im Wege einer **Betriebsvereinbarung** zu treffen! In jedem Fall sind die allgemeinen Grundsätze, nach denen **Beginn und Ende der Arbeitszeit festgelegt** werden, mitbestimmungspflichtig.

Die **bloße Arbeitszeitverringerung** stellt keine personelle Maßnahme i.S.d. § 99 Abs. 1 Satz 1 BetrVG dar. Sie ist insbesondere keine Einstellung, da der Arbeitnehmer bereits im Betrieb beschäftigt sein muss, bevor er den Anspruch auf Teilzeitarbeit gemäß § 8 TzBfG geltend machen kann. Ebenso ist es regelmäßig keine Versetzung, da diese nicht durch den zeitlichen Aspekt gekennzeichnet ist. Etwas anderes kann jedoch dann gelten, wenn weitere Umstände hinzutreten, so etwa wenn sich Arbeitgeber und Arbeitnehmer über einen Arbeitsplatzwechsel zur Ermöglichung der Teilzeitarbeit einigen. Darin kann gleichzeitig eine Versetzung oder Umgruppierung nach § 99 Abs. 1 BetrVG liegen, die ein Mitbestimmungsrecht des Betriebsrats auslöst.

Ein spezielles Informationsrecht des Betriebsrats ist in § 7 Abs. 3 TzBfG geregelt: Danach hat der Arbeitgeber den Betriebsrat insbesondere über vorhandene und geplante Teilzeitarbeitsplätze zu unterrichten.

Wichtig

Daraus folgt auch, dass die Art der Ausschreibung freier Stellen **allein dem Arbeitgeber** und nicht der Mitbestimmung des Betriebsrats unterliegt. So kann der Betriebsrat etwa nicht vom Arbeitgeber verlangen, künftig sämtliche freie Stellen auch als Teilzeitarbeitsplätze auszuschreiben. Aus dem Teilzeit- und Befristungsgesetz ergibt sich eben kein grundsätzlicher Anspruch für den Betriebsrat auf Mitwirkung bei der Ausschreibung freier Stellen.

Der Betriebsrat hat allerdings die Möglichkeit, den Arbeitgeber beratend darauf hinzuweisen, dass man eine Stelle auch als Teilzeitstelle einrichten kann, oder er kann in konstruktiver Zusammenarbeit mit dem Arbeitgeber erarbeiten, wie man einen Arbeitsplatz als Teilzeitstelle einrichtet.

Verlängerung der Arbeitszeit bei Teilzeitbeschäftigten

Gemäß § 99 BetrVG hat der Betriebsrat aber ein Mitbestimmungsrecht bei Einstellungen. Das Bundesarbeitsgericht hat nunmehr das Mitbestimmungsrecht des Betriebsrats über diesen Tatbestand auch auf eine **Verlängerung der Arbeitszeit bei Teilzeitbeschäftigten** ausgeweitet. In der Erhöhung des Arbeitszeitvolumens eines teilzeitbeschäftigten Arbeitnehmers liegt danach dann eine Einstellung, **wenn dadurch eine vom Arbeitgeber zuvor ausgeschriebene Stelle für länger als einen Monat besetzt wird.**

Das Mitbestimmungsrecht des Betriebsrats dient hierbei im Wesentlichen den Interessen der schon vorhandenen Belegschaft. Der Betriebsrat soll in die Lage versetzt werden, die Belange dieser Arbeitnehmer zu vertreten, indem er ggf. **Zustimmungsverweigerungsgründe** nach § 99 Abs. 2 BetrVG gegen die beabsichtigte Einstellung geltend macht.

Das Bundesarbeitsgericht hat ausdrücklich darauf hingewiesen, dass im Hinblick auf diesen Schutzzweck eine Einstellung nicht nur bei der erstmaligen Eingliederung eines Arbeitnehmers in den Betrieb in Betracht kommt. Sinn und Zweck des Mitbestimmungsrechts verlangen auch dann eine erneute Beteiligung des Betriebsrats, wenn sich die **Umstände der Beschäftigung aufgrund einer neuen Vereinbarung grundlegend** ändern. Dadurch können Zustimmungsgründe erwachsen, die bei der Ersteinstellung nicht voraussehbar waren und deshalb bei der ursprünglichen Zustimmungsentscheidung des Betriebsrats noch nicht berücksichtigt werden konnten. Eine sowohl nach Dauer als auch nach Umfang nicht unerhebliche Erweiterung der arbeitsvertraglich geschuldeten regelmäßigen Arbeitszeit eines im Betrieb beschäftigten Arbeitnehmers stellt eine neuerliche Einstellung nach § 99 Abs. 1 Satz 1 BetrVG dar (vgl. BAG, Beschluss vom 25.01.2005 – 1 ABR 59/03 –).

Diese Rechtsprechung hat den Stand mit Beschluss vom 09.12.2008 – 1 ABR 74/07 bestätigt. Siehe hierzu Rechtsprechung "Erhöhung des Beschäftigungsumfangs von Teilzeitbeschäftigten".

Wichtig

Für das Mitbestimmungsrecht des Betriebsrats ist es unerheblich, ob der Arbeitgeber die Stelle tatsächlich ausgeschrieben hat. Die Belange der Belegschaft sind durch die Aufstockung der Arbeitszeit schon beschäftigter Arbeitnehmer ebenso berührt, wenn der Arbeitgeber den betreffenden Arbeitsplatz zwar nicht ausgeschrieben hat, der Betriebsrat eine Ausschreibung nach § 93 BetrVG aber hätte verlangen können, die **Stelle also hätte ausgeschrieben werden müssen.**

Das Bundesarbeitsgericht hat diese **Grundsatzentscheidung** in Abkehr von seiner früheren Rechtsprechung getroffen und damit die Rechte des Betriebsrats bei der Teilzeitarbeit erheblich ausgeweitet. Sofern es nicht um eine kurzfristige Aufstockung der Arbeitszeit eines Teilzeitarbeitnehmers geht, hat der Betriebsrat bei der Verlängerung der Arbeitszeit ein Mitbestimmungsrecht.

Fazit

Die Mitbestimmungsrechte des Betriebsrats gelten im Bereich der Teilzeitarbeit in gleicher Weise wie bei Vollzeitarbeit. Der Betriebsrat hat gemäß § 99 BetrVG ein Mitbestimmungsrecht bei der **Verlängerung der Arbeitszeit von Arbeitnehmern in Teilzeitarbeit.**

Ihre digitalen Arbeitshilfen

Sie erhalten direkt einsetzbare Arbeitshilfen zu diesem Stichwort. So können Sie schnell und einfach Ihre benötigte Arbeitshilfe finden und diese gleich am PC bearbeiten.

Arbeitshilfen
- Übersicht: Rechtsgrundlagen zur Reduzierung der Arbeitszeit
- Checkliste zur Umsetzung von Teilzeitfristen bei der Arbeitszeitverringerung nach TzBfG
- Checkliste zur Beanspruchung der Verringerung der Arbeitszeit nach TzBfG
- Checkliste: Arbeitszeit auf Abruf
- Abrufarbeitsvertrag
- Zusammenrechnung von mehreren Beschäftigungen
- Prüfungsschema I: Liegt eine geringfügig entlohnte Dauerbeschäftigung (§ 8 Abs. 1 Nr. 1 SGB IV) vor?
- Prüfungsschema II: Liegt eine kurzfristige Beschäftigung (§ 8 Abs. 1 Nr. 2 SGB IV) vor?
- Zehn Fragen und Antworten zur Arbeit auf Abruf
- Zehn Fragen und Antworten zu Minijobs
- Zehn Fragen und Antworten zur Teilzeitarbeit

Telearbeit

Grundlagen

Begriff der Telearbeit

In Zeiten moderner Telekommunikations- und Multimediatechniken ist es in vielen Unternehmensbereichen möglich geworden, dass Arbeitnehmer ihre Arbeit an **außerbetrieblichen Arbeitsstätten**, insbesondere am **häuslichen Arbeitsplatz,** ausführen können.

Unter dem Begriff „**Telearbeit**" werden verschiedene Arbeitsformen zusammengefasst. Diese haben gemeinsam, dass es sich um eine auf Informations- und Kommunikationstechnik gestützte Tätigkeit handelt, die zumindest zeitweise an einem außerhalb der zentralen Betriebsstätte liegenden Arbeitsplatz verrichtet wird. Dieser Arbeitsplatz ist durch **elektronische Kommunikationsmittel** mit der zentralen Betriebsstätte verbunden.

Telearbeit ist im Wesentlichen durch folgende **Kriterien** gekennzeichnet:

- ausschließliche oder zeitweise Arbeit an einem **anderen Ort** als der betrieblichen Arbeitsstätte
- Nutzung von **Informations- und Telekommunikationstechniken** an diesem dezentralen Arbeitsplatz
- **Vernetzung** des dezentralen Arbeitsplatzes mit der betrieblichen Arbeitsstätte

Telearbeit kann in den verschiedensten Formen auftreten. Sie kann etwa ausschließlich oder zum Teil in der **Wohnung des Mitarbeiters** oder auch **unterwegs** erbracht werden. Es besteht ebenso die Möglichkeit, dass die Mitarbeiter **bei den Kunden** eingesetzt werden, wobei die gesamte Ausstattung, mit der sie arbeiten, dem eigenen Arbeitgeber gehört.

Bezüglich der **Arbeitszeit** ist bei der Telearbeit zu klären, ob eine Tätigkeit vollständig an einem dezentralen Telearbeitsplatz erbracht wird, also beispielsweise permanente Telearbeit in einem Satellitenbüro, oder ob alternierende Formen vorzuziehen sind, etwa beispielsweise in Form **alternierender Teleheimarbeit**, bei der ein Teil der Woche am häuslichen Arbeitsplatz, die restliche Zeit vor Ort in der Betriebsstätte verbracht wird. Es ist ebenfalls zu klären, ob für einen Telearbeiter feste Arbeitszeiten, Gleitzeitregelungen oder eine völlige Zeitsouveränität gelten.

Arten der Telearbeit

Telearbeit lässt sich in vielen verschieden Formen durchführen, wobei am häufigsten die folgenden Durchführungsarten gewählt werden:

- ausschließliche Telearbeit
- alternierende Telearbeit
- mobile Telearbeit
- Telearbeit in Nachbarschafts- und Satellitenbüros
- On-Site-Telearbeit

Ausschließliche Telearbeit

Bei der ausschließlichen Telearbeit erbringt der Arbeitnehmer seine Arbeitsleistung nur an einem **dezentralen Arbeitsplatz**. Dies kann in der eigenen Wohnung oder an einer anderen außerhalb des Betriebs gelegenen Arbeitsstätte erfolgen. Da bei dieser Form der Telearbeit dem Arbeitnehmer **kein Arbeitsplatz mehr in der Betriebsstätte** des Arbeitgebers zur Verfügung steht, entfallen u.a. die Kosten für die Einrichtung eines betrieblichen Arbeitsplatzes.

Die **Kommunikation** mit dem Arbeitgeber und den im Betrieb beschäftigten Arbeitnehmern findet allein oder zumindest überwiegend über den Austausch **mithilfe der Telekommunikationsmedien** statt. Diese Art der Telearbeit eignet sich daher nur für solche Aufgabenbereiche, bei denen der Arbeitnehmer nicht auf einen ständigen persönlichen Kontakt, auf Absprachen mit dem Arbeitgeber und den Kollegen oder auf einen für alle zentralen Arbeitsplatz im Betrieb angewiesen ist.

Da bei dieser Art der Telearbeit jeder persönliche bzw. direkte Kontakt zwischen dem Arbeitnehmer und seinem Arbeitgeber bzw. seinen Kollegen entfällt, besteht hier die **Gefahr der sozialen Isolation**. Ein sinnvoller Einsatz der ausschließlichen Telearbeit bietet sich z.B. für die Integration von Erwerbstätigen mit eingeschränkter Mobilität an, etwa für behinderte Menschen. Ebenso kann es gerade in der Elternzeit oder bei vorübergehenden persönlichen Belastungen eines Mitarbeiters, z.B. durch einen Pflegefall in der Familie, sinnvoll sein, die ausschließliche Form der Telearbeit zu nutzen.

Alternierende Telearbeit

Im Gegensatz zur ausschließlichen Telearbeit findet die alternierende Telearbeit **sowohl an einer außerbetrieblichen Arbeitsstätte,** wie z.B. der eigenen Wohnung des Arbeitnehmers, **als auch am betrieblichen Arbeitsplatz** statt. Der Arbeitnehmer in Telearbeit behält also seinen Arbeitsplatz in der Betriebsstätte, erfüllt aber einen Teil seiner Aufgaben an der dezentralen Arbeitsstätte. Die alternierende Telearbeit ist die **flexibelste Art der Organisationsform Telearbeit,** die Aufteilung der Tätigkeiten des Telearbeiters an der betrieblichen und außerbetrieblichen Arbeitsstätte lässt sich individuell den Bedürfnissen des Betriebs sowie der aktuellen Auftragslage anpassen.

In Bezug auf den Arbeitsplatz beim Arbeitgeber werden in der Praxis **unterschiedliche Lösungen** angewandt. In vielen Unternehmen behält der Telearbeiter seinen angestammten Schreibtisch uneingeschränkt. Vielfach wird der Arbeitsplatz aber auch mit anderen Mitarbeitern geteilt. An den Tagen, an denen der Mitarbeiter beim Arbeitgeber arbeitet, sitzt er an seinem Arbeitsplatz, arbeitet er zu Hause, wird sein Schreibtisch von einem Kollegen genutzt.

Die Kosten für die Einrichtung und Ausstattung eines betrieblichen Arbeitsplatzes können bei diesem Modell nicht oder nur in geringerem Maße als bei der ausschließlichen Telearbeit gespart werden. Der Vorteil der alternierenden Telearbeit ist darin zu sehen, dass der Telearbeiter in den betrieblichen Ablauf, die betrieblichen Informations-, Fort- und Weiterbildungsmöglichkeiten **eingebunden** bleibt und überdies den persönlichen und direkten Kontakt zu seinem Arbeitgeber und seinen Kollegen nicht verliert.

Mobile Telearbeit

Das Modell der mobilen Telearbeit ähnelt dem der alternierenden Telearbeit; auch hier erbringt der Arbeitnehmer seine Arbeitsleistung zum Teil an der **betrieblichen Arbeitsstätte**. Der andere Teil der Arbeitsleistung erfolgt, anders als bei der alternierenden Telearbeit, **an verschiedenen, wechselnden Orten außerhalb der Betriebsstätte**.

Bei dieser Form der Telearbeit behält der Arbeitnehmer seinen betrieblichen Arbeitsplatz, die Kosten für die entsprechende Anmietung und Büroausstattung bleiben dem Arbeitgeber nicht erspart. Der Arbeitnehmer in Telearbeit bleibt dafür in den Ablauf des Betriebs eingebunden, die Gefahr seiner sozialen Isolation und der fehlenden Kenntnis von betrieblichen Informationen, Fort- und Weiterbildungsangeboten besteht nicht in gleichem Maße wie bei der ausschließlichen Telearbeit.

Der Einsatz an verschiedenen Orten außerhalb der Betriebsstätte ermöglicht dem Arbeitgeber einen flexiblen, geografisch unabhängigen Einsatz des Arbeitnehmers, der auf die aktuellen Bedürfnisse des jeweiligen Betriebs oder Unternehmens abgestimmt werden kann. Das Modell der mobilen Telearbeit findet daher **vorrangig bei Außendiensttätigkeiten**, wie z.B. bei Handelsvertretern oder Journalisten, Anwendung, bei denen es einen räumlich engen und zeitnahen Kontakt zu den betreffenden Kunden oder Lieferanten ermöglicht, und zwar unter Aufrechterhaltung des Kontakts zur Betriebsstätte des Arbeitgebers.

Telearbeit in Nachbarschafts- und Satellitenbüros

Die Ausübung von Telearbeit kann auch in Nachbarschafts- und Satellitenbüros erfolgen. Kennzeichnend für beide Arbeitsformen ist die Aufgabenerfüllung von einer **außerbetrieblichen, in Wohnortnähe der Beschäftigten gelegenen Arbeitsstätte** aus.

Bei der Tätigkeit in Nachbarschaftsbüros werden den Telearbeitern **Arbeitsplätze außerhalb des Betriebs** zur Verfügung gestellt. Die Bereitstellung geeigneter Arbeitsräume kann in dieser Organisationsform sowohl seitens des Arbeitgebers, seitens des Telearbeiters, aber auch durch einen Dritten erfolgen. Bei den Erwerbstätigen innerhalb eines Nachbarschaftsbüros muss es sich nicht um Telearbeiter desselben Betriebs handeln; vielmehr können die Mitarbeiter verschiedener Unternehmen gemeinsam die Ausstattung, Struktur und Wohnortnähe der Büros nutzen.

Erfolgt die Tätigkeit in Satellitenbüros, so werden für die Arbeitnehmer ebenfalls Räumlichkeiten außerhalb der betrieblichen Arbeitsstätte bereitgestellt. Im Gegensatz zu den Nachbarschaftsbüros handelt es sich bei den Satellitenbüros um **Büros des Unternehmens, dem die Telearbeiter angehören**. Die Büros werden mithin vom Arbeitgeber betrieben und seinen Beschäftigten zur Verfügung gestellt. Die Satellitenbüros können daher als „Filialen" oder „Zweigstellen" angesehen werden, womit die Aufgabenerfüllung in den Satellitenbüros gleichsam eine Repräsentation des jeweiligen Unternehmens darstellt.

On-Site-Telearbeit

Bei dieser Form der Telearbeit wird Telearbeit am Standort des Kunden, des Lieferanten oder ganz allgemein am Standort des Wertschöpfungspartners eingesetzt. Für zahlreiche Berufszweige gehört es zur täglichen Praxis, „vor Ort" am Standort des Kunden oder Lieferanten zu arbeiten und dennoch über Telemedien mit der eigenen Organisation stets in enger Verbindung zu stehen. So befinden sich die physischen Arbeitsplätze von Unternehmensberatern ebenso wie die vieler Software-Entwickler oder Systemspezialisten häufig jeweils projektbezogen am Kundenstandort. Der Vorteil dieser Form der Telearbeit liegt vor allem in der größeren Nähe zum Kunden, d.h. im direkteren Kundenkontakt, aber auch in einem geringeren Verwaltungs- und Kostenaufwand bei der Planung und Buchung von Geschäftsreisen.

Entwicklung der Telearbeit

Schleppende Einführung

Die Einführung der Telearbeit, die in Deutschland in den 80er-Jahren begann, erwies sich anfänglich als eine langwierige Angelegenheit. Nicht nur die Neuartigkeit der Organisationsform an sich, sondern auch die **technisch unzureichenden, komplizierten und kostenintensiven EDV- und Telekommunikationseinrichtungen** bereiteten erhebliche Probleme. Darüber hinaus bestanden zunächst **generelle Bedenken** gegen die Telearbeit, die sich auf die Gefahr einer sozialen Isolation, geminderter Karrierechancen und fehlender Kontrollmöglichkeit der in Telearbeit beschäftigten Arbeitnehmer durch den Arbeitgeber bezogen.

Zunehmende Bedeutung in den 90ern

Erst in den 90er-Jahren erlangte das Konzept der Telearbeit zunehmende Bedeutung. Dabei wurde die Einführung der Telearbeit vor allem durch die in technischer Hinsicht **verbesserten, kostengünstigeren und in der Handhabung vereinfachten Telekommunikations- und Übertragungsmöglichkeiten** erleichtert. Die Durchführung dieser Organisationsform in größeren Unternehmen führte darüber hinaus zu einer **verbreiteten Akzeptanz** der Telearbeit. Mittlerweile wird Telearbeit in Unternehmen der IT- und Telekommunikationsbranche ebenso wie im Versicherungs- und Bankenbereich, in Automobilunternehmen oder der öffentlichen Verwaltung durchgeführt.

Pilotprojekt des Bundes

Um die Verbreitung von Telearbeit in Deutschland zu beschleunigen, wurden verschiedene Maßnahmen auf Bundes- und Landesebene ergriffen. Das größte Telearbeit-Pilotprojekt des Bundes war die gemeinsam mit der Deutschen Telekom gestartete **Förderinitiative „Telearbeit im Mittelstand"**, mit der 1.700 Telearbeitsplätze entstanden. Bemerkenswert ist, dass hierunter 500 neue Arbeitsplätze waren. Nach den begleitenden Untersuchungen, deren Ergebnisse in dem Abschlussbericht „Telearbeit im Mittelstand – Erfahrungen aus der Praxis" dokumentiert sind, konnten eine Reihe von Vorurteilen, die zunächst im Zusammenhang mit Telearbeit bestanden, widerlegt werden:

- Telearbeit ist nicht nur eine Arbeitsform für junge, alleinerziehende Mütter. Fast ein Drittel der Telearbeitsplätze wurde für Männer eingerichtet.
- Telearbeit wurde von allen Altersklassen gleichermaßen angenommen.
- Telearbeit ist keineswegs nur für einfache Tätigkeiten geeignet. Über ein Drittel der Teilnehmer gehörte zum Management, fast zwei Drittel verfügten über ein abgeschlossenes Studium.
- Die Befürchtung, dass Telearbeit zu einer Isolation der Arbeitnehmer führen könnte, wurde nicht bestätigt. Die zwischen Wohnung und Betrieb alternierende Telearbeit wurde aber eindeutig bevorzugt.
- Die Behauptung, dass die zwischen Wohnung und Arbeit eingesparten Pkw-Kilometer durch private Fahrten überkompensiert werden, erwies sich als falsch. Anhand von Fahrtenbüchern der beteiligten Haushalte wurde nachgewiesen, dass es zu einer durchschnittlichen jährlichen Entlastung von 4.330 Pkw-Kilometern pro Arbeitnehmer in Telearbeit kam.

Trend zum „Homeoffice"?

Nach einer repräsentativen Umfrage im Auftrag des Bundesverbandes Informationswirtschaft, Telekommunikation und neue Medien e.V. (Stand Juni 2009) arbeiten derzeit bereits 10 % der Erwerbstätigen ganz oder zeitweise in Telearbeit von zu Hause aus. 41 % der Befragten würden gerne an einigen Tagen in der Woche von zu Hause aus arbeiten, 21 % wünschen sich sogar, grundsätzlich zu Hause zu arbeiten. Nur 28 % der Befragten gaben bei der Befragung an, sie gingen am liebsten jeden Tag ins Büro.

Laut der Umfrage wünschen sich 75 % der Frauen, ganz oder teilweise von zu Hause aus zu arbeiten. Bei den Männern sind dies 63 %. 37 % der Männer gehen bevorzugt ins Büro gegenüber 25 % der Frauen.

Auch bei den **Altersklassen** zeigen sich Unterschiede:

Drei Viertel der befragten 30- bis 49-Jährigen wünschen sich Arbeit im Home-Office oder tun dies bereits. Bei den 50-Jährigen und Älteren sind dies noch 72 %. Unter den 14- bis 29-Jährigen wünschen sich nur 58 % regelmäßige Telearbeit.

Ein Trend zum „Home Office" ist aber nach einer Zeitreihenuntersuchung des Statistischen Bundesamtes nicht festzustellen. Den bisherigen Höchststand erreichte das Arbeiten von zu Hause im Jahr 2008. Damals taten dies 9,7 Prozent der Arbeitnehmer. Seither verzeichnet die Statistik aber wieder einen Rückgang der Telearbeit. 2012 ist der Anteil derjenigen Arbeitnehmer, die regelmäßig oder gelegentlich im "Home Office" arbeiten, sogar auf den niedrigsten Stand seit Mitte der 90er Jahre gefallen. Konkret lag die Zahl bei nur 7,7 Prozent. 1996, als die Werte erstmals ermittelt worden sind, waren es noch 8,8 Prozent gewesen.

Europäische Rahmenvereinbarung über Telearbeit

Im September 2001 hatten die europäischen Sozialpartner im Rahmen des sozialen Dialogs Verhandlungen über eine Rahmenvereinbarung zur Telearbeit aufgenommen. Hintergrund der Verhandlungen war zum einen die Aufforderung seitens des Europäischen Rates im Zusammenhang mit der europäischen Beschäftigungsstrategie, Vereinbarungen zur Modernisierung der Arbeitsorganisation und Flexibilisierung der Arbeitsgestaltung zur Steigerung der Wettbewerbsfähigkeit und Produktivität von Unternehmen zu schaffen. Zum anderen rief die Europäische Kommission die Sozialpartner im Rahmen der Modernisierung und Verbesserung der Arbeitsverhältnisse zur Aufnahme von Verhandlungen über Telearbeit auf.

Als Ergebnis der Verhandlungen wurde im Juli 2002 von den europäischen Sozialpartnern die **Rahmenvereinbarung über Telearbeit** verabschiedet. Neben Empfehlungen zur Ausgestaltung der Telearbeit beinhaltet die Rahmenvereinbarung die **maßgeblichen Sozial- und Schutzstandards,** welche ein qualitativ vergleichbares Niveau bei der Ausübung von Telearbeit im Europäischen Wirtschaftsraum gewährleisten sollen. Insgesamt soll sichergestellt sein, dass den außerbetrieblich tätigen Telearbeitern ein Schutzniveau geboten wird, welches demjenigen in den betrieblichen Einrichtungen entspricht.

Persönliche Voraussetzungen für Telearbeit

Die Telearbeit stellt an die involvierten Personen hohe Anforderungen. Der Telearbeiter muss seine Arbeit in hohem Maß eigenverantwortlich und ohne betriebliche Kontrolle ausführen. Die Vorgesetzten müssen bereit und fähig zu einer ergebnisorientierten Führung der Telearbeiter sein. Nur unter diesen Voraussetzungen kann Telearbeit erfolgreich sein.

Anforderungen an die Person des Telearbeiters

Die grundlegende Voraussetzung für die Telearbeit ist, dass sich die Mitarbeiter **freiwillig** für diese Arbeitsform entscheiden. Nur dann sind sie bereit und fähig, sich auf die besonderen Anforderungen der Telearbeit einzustellen.

Die Telearbeit erfordert **selbstständiges und diszipliniertes Arbeiten.** Ein Telearbeiter, der sich ständig von Kindern, Hausarbeit oder Fernsehen von seiner Arbeit ablenken lässt, ist zumindest für die ausschließliche Telearbeit nicht geeignet.

Da es sich auch bei einem Telearbeitsplatz vielfach nur um einen Teil der in einem Team zu erledigenden Arbeiten handelt, ist für den Telearbeiter ein verstärktes Maß an **Kommunikations- und Teamfähigkeit** erforderlich. Da der Telearbeiter nicht so wie ein im Unternehmen beschäftigter Arbeitnehmer die Kollegen am Arbeitsplatz trifft und dort Dinge mit ihnen besprechen kann, muss er nicht nur ein gewisses Maß an Kommunikationsfähigkeit aufweisen, er muss sich auch in besonderem Maß um die Kommunikation mit den Kollegen bemühen.

Aufgrund der räumlichen Distanz zwischen dem Unternehmen und dem Telearbeiter ist dessen **Zuverlässigkeit** eine weitere unabdingbare Eigenschaft. Vorgesetzte und Kollegen müssen sich nicht nur darauf verlassen können, dass **Termine** eingehalten werden, auch die **inhaltliche Qualität der Arbeit** muss verlässlich stimmen. Sofern Verzögerungen oder sonstige Probleme auftreten, muss der Telearbeiter die Fähigkeit besitzen, seinem Vorgesetzten frühzeitig davon zu berichten und zusammen mit ihm eine Lösung zu erarbeiten. Dementsprechend ist auch ein vertrauensvolles Verhältnis zwischen dem Telearbeiter und seinem Vorgesetzten erforderlich.

Außerdem sollte der Telearbeiter über **Berufserfahrung** in seiner Position verfügen. Nur so ist sichergestellt, dass er die Unternehmenskultur, insbesondere die Zuständigkeit der Kollegen, kennt und weiß, an wen er sich im Bedarfsfall wenden muss. Auch die notwendige fachliche Kompetenz zur eigenverantwortlichen Aufgabenerfüllung hängt vielfach von der Berufserfahrung ab.

Schließlich ist es notwendig, dass der Telearbeiter über ein gewisses **technisches Verständnis** verfügt. Er sollte nicht nur mit den Programmen des PC umgehen können, sondern auch technische Schwierigkeiten selbst beheben können. Diesbezüglich bietet es sich an, die Telearbeitnehmer entsprechend zu schulen, was wiederum seitens der Telearbeiter die Fähigkeit zur persönlichen und fachlichen Weiterentwicklung verlangt.

Anforderungen an die Person des Vorgesetzten

Ebenso wie der Telearbeiter muss sein Vorgesetzter ein positives, aber kritisches Verhältnis zur Telearbeit haben, um so mögliche Problembereiche frühzeitig erkennen zu können.

Darüber hinaus muss er die Fähigkeit zur **ergebnisorientierten Führung** haben. Er muss zusammen mit dem Telearbeiter eine Zielplanung aufstellen und die Arbeitsleistung an dem Erreichen der vereinbarten Ziele messen. Insbesondere muss er, wenn seine Erwartungen nicht erfüllt werden, dem Telearbeiter dies in einem konstruktiven Gespräch mitteilen.

Auch muss der Vorgesetzte die Fähigkeit haben, die Telearbeiter zu **motivieren.** Da die Telearbeiter nicht mehr in das Unternehmen eingebunden sind, haben sie keine Vergleichsmöglichkeiten und weniger Erfolgserlebnisse als die Kollegen, die im Unternehmen beschäftigt sind. Der Vorgesetzte muss daher die Telearbeiter motivieren, indem er ihnen Wertschätzung für ihre Arbeitsleistung entgegenbringt. Vor allem aber muss er in der Lage sein, ein **vertrauensvolles Verhältnis** zu schaffen. Insbesondere der ausschließliche Telearbeiter, der stets den Gefahren der sozialen Isolierung und der Selbstausbeutung ausgesetzt ist, muss immer das Gefühl haben, seine Probleme mit dem Vorgesetzten besprechen zu können. Insoweit ist ein ständiger offener Dialog mit dem Telearbeiter zu führen.

Schließlich muss der Vorgesetze auch über **Berufserfahrung** verfügen. Er muss nicht nur seine Mitarbeiter, sondern auch deren Tätigkeitsfeld gut kennen. Nur so ist er in der Lage zu beurteilen, ob die gemeinsam erarbeiteten Zielvorgaben realistisch sind, und bei fachlichen Fragen beratend zur Seite zu stehen.

Siehe dazu auch Arbeitshilfe „Telearbeitsfähigkeit der Tätigkeit".

Rechtliche Voraussetzungen

Rechtlicher Status des Telearbeiters

Telearbeit kann in unterschiedlichen Beschäftigungsverhältnissen erbracht werden:
- Rechtsverhältnis als Selbstständiger (freier Mitarbeiter)
- Heimarbeitsverhältnis
- Rechtsverhältnis als arbeitnehmerähnliche Person oder
- Arbeitnehmer

Wahlfreiheit

Bei der Beschäftigung eines Telearbeiters besteht grundsätzlich Wahlfreiheit bei der Ausgestaltung des vertraglichen Verhältnisses. Es ist jedoch zu beachten, dass der rechtliche Status des Telearbeiters nicht von der Ausgestaltung des Vertragsverhältnisses, sondern von den **tatsächlichen Umständen** der Aufgabenerfüllung abhängt. So ist es durchaus möglich, dass ein Arbeitgeber mit einem Auftragnehmer einen Vertrag schließt, welcher ausdrücklich die Selbstständigkeit der Telearbeit festlegt, die Tätigkeit dann aber doch Merkmale eines normalen Arbeitsverhältnisses aufweist. In diesem Fall ist der Telearbeiter Arbeitnehmer und kein Selbstständiger.

Selbstständiger

Selbstständig ist der Telearbeiter, wenn er
- seine Tätigkeit frei bestimmen kann,
- frei über seine Arbeitszeit verfügt,
- das Risiko seiner Arbeit selbst trägt, also weder persönlich noch wirtschaftlich abhängig ist, und
- Krankenversicherungs- und Rentenversicherungsbeiträge etc. selbst zahlen muss und diese nicht vom Arbeitgeber getragen werden.

Als freie Mitarbeiter kommen vor allem solche Personen in Betracht, die **für mehrere Unternehmen** hoch qualifizierte Programmierarbeit im Bereich der Datentechnik anbieten. Möglich ist aber auch, dass etwa einfache Schreibarbeit für mehrere Unternehmen verrichtet wird.

Heimarbeiter

Heimarbeiter ist der Telearbeiter, wenn
- er an selbst gewählter, eigener Arbeitsstätte allein oder mit seinen Familienangehörigen im Auftrag von Gewerbetreibenden oder gewerbsmäßig arbeitet,
- die Verwertung des Arbeitsergebnisses dem Auftraggeber überlassen bleibt,
- das kaufmännische Risiko beim Auftraggeber verbleibt und
- eine wirtschaftliche, nicht aber persönliche Abhängigkeit zum Auftraggeber besteht.

Liegen diese Voraussetzungen vor, so findet auf ihn das **Heimarbeitergesetz** Anwendung. Heimarbeiter sind keine Arbeitnehmer, da sie nicht persönlich abhängig sind. Sie unterliegen nicht dem Direktionsrecht des Arbeitgebers. Sie können Dauer und Lage der Arbeitszeit nach eigenem Ermessen einrichten, die Reihenfolge der Arbeit bestimmen und eventuell Gehilfen hinzuziehen. Arbeitsrecht findet auf sie grundsätzlich keine Anwendung. Das Heimarbeitsgesetz enthält jedoch Vorschriften über den Arbeitsschutz, den allgemeinen Gefahrenschutz sowie den Entgelt- und Kündigungsschutz.

Heimarbeiter zählen zu den arbeitnehmerähnlichen Personen. Aufgrund der für sie bestehenden umfangreichen Schutzvorschriften nehmen sie in dieser Gruppe jedoch eine Sonderstellung ein.

Arbeitnehmerähnliche Personen

Auch die sonstigen arbeitnehmerähnlichen Personen sind nicht persönlich, **sondern nur in wirtschaftlicher Hinsicht abhängig**. Für sie gelten die Arbeitsschutzrechte grundsätzlich nicht. Eine Ausnahme bildet das Bundesurlaubsgesetz, welches auch auf arbeitnehmerähnliche Personen anzuwenden ist. Arbeitnehmerähnliche Personen sind z.B. lediglich für ein Unternehmen tätige freie Handelsvertreter.

Arbeitnehmer

Der Telearbeiter ist Arbeitnehmer, wenn er im Dienste eines anderen zur Arbeit verpflichtet ist.

Das ausschlaggebende Kriterium für die Beurteilung der Unselbstständigkeit, d.h. der Arbeitnehmereigenschaft eines Beschäftigten, ist seine **persönliche Abhängigkeit.** Diese äußert sich

- zum einen in seiner Weisungsgebundenheit, da er bei der Arbeitserbringung in zeitlicher, örtlicher und fachlicher Hinsicht dem Direktionsrecht des Arbeitgebers unterworfen ist,
- zum anderen in der Eingliederung in die betriebliche Arbeitsorganisation, d.h. in seiner Angewiesenheit insbesondere auf die materiellen Ressourcen des Arbeitgebers.

Weisungsgebundenheit

Der Telearbeiter kann seine **Arbeitszeit** nicht frei bestimmen, sei es, dass er denselben Arbeitszeiten wie die im Betrieb beschäftigten Kollegen unterliegt, sei es, dass er anderweitig festgelegte Arbeitszeiten zur Erfüllung seiner Aufgaben vorgeschrieben bekommt.

Die inhaltliche **Ausübung und der Umfang** der Tätigkeit haben nach bestimmten, vom Arbeitgeber festgelegten Richtlinien zu erfolgen oder der Telearbeiter hat vorgegebene Software zu verwenden. Im Bereich der mobilen Telearbeit sind dem Telearbeiter **Ort, Zeit und Ausführung der außerbetrieblichen Kontakte** im Wesentlichen vorgegeben.

Eingliederung in die betriebliche Arbeitsorganisation

- Der Telearbeiter unterliegt nicht nur an seinem betrieblichen, sondern auch an seinem außerbetrieblichen Arbeitsplatz der Kontrolle bzw. Überwachung des Arbeitgebers.

- Eine regelmäßige Darlegung bzw. Berichterstattung bezüglich der Aufgabenerfüllung ist vorgesehen.
- Der Telearbeiter ist in die Organisations- und Dienstpläne des Betriebs einbezogen bzw. seine ständige Dienstbereitschaft wird erwartet.
- Ungeachtet der (teilweise) außerbetrieblichen Aufgabenerfüllung ist der Telearbeiter auf die betrieblichen Ressourcen und Arbeitsmittel angewiesen.

Sofern die persönliche Abhängigkeit des Telearbeiters seine räumliche Unabhängigkeit vom betrieblichen Arbeitsplatz in den Hintergrund treten lässt, kann dies für seine **erhöhte Schutzbedürftigkeit** und folglich für seine Einordnung als Arbeitnehmer sprechen. Das ist etwa bei Telearbeitern der Fall, die sich von den in der Betriebsstätte beschäftigten Arbeitnehmern ausschließlich dadurch unterscheiden, dass sie vergleichbare Tätigkeiten von einer dezentralen Arbeitsstätte aus erbringen; diese werden als Arbeitnehmer einzustufen sein. Insbesondere im Bereich von Texterfassungs- und anderen Schreibarbeiten kann das die Telearbeit charakterisierende Kriterium der räumlichen Ausgliederung nicht allein die Eigenschaft eines Telearbeiters als Arbeitnehmer entfallen lassen.

Ebenso ist regelmäßig von einem Arbeitsverhältnis auszugehen, wenn zwischen dem Telearbeiter und seinem Vorgesetzten eine **ständige Onlineverbindung** besteht, der Telearbeiter also durch den notwendigen Zugriff auf die zentralen Rechnersysteme in die betriebliche Arbeitsorganisation eingebunden ist.

Im Gegensatz zum Merkmal der persönlichen Abhängigkeit zeichnet **die wirtschaftliche Abhängigkeit** einen Beschäftigten nicht ohne Weiteres als Arbeitnehmer aus. Bei alleinigem Vorliegen der wirtschaftlichen Abhängigkeit kann der Telearbeiter durchaus als Heimarbeiter oder als arbeitnehmerähnlicher freier Mitarbeiter einzuordnen sein.

Die typischerweise mit der Telearbeit einhergehende **Tätigkeitsausübung von einem außerbetrieblichen Arbeitsplatz** aus steht der Einstufung des Telearbeiters als Arbeitnehmer nicht entgegen. Die räumliche Ausgliederung und Unabhängigkeit bedingt nicht per se eine persönliche Weisungsfreiheit und Ungebundenheit des Telearbeiters. Je größer aber der Umfang der außerhalb der Betriebsstätte ausgeübten Tätigkeiten ist, desto gewichtiger müssen die für eine persönliche Abhängigkeit des Telearbeiters sprechenden Indizien sein. Insbesondere im Bereich der ausschließlichen Telearbeit, bei der jedenfalls die räumliche Eingliederung in die betriebliche Organisation gänzlich aufgehoben ist, kommt der Beurteilung der persönlichen Abhängigkeit des Telearbeiters und der damit zusammenhängenden Frage seiner statusrechtlichen Einordnung entscheidende Bedeutung zu.

Arbeits- und sozialrechtliche Konsequenzen

Die Einordnung des Telearbeiters als Arbeitnehmer hat weitreichende Konsequenzen im Bereich des Arbeits- und Sozialrechts. Nicht nur die Regelungen des Arbeitsrechts, vor allem die **arbeitsschutzrechtlichen Vorschriften** des Arbeitszeit-, Entgeltfortzahlungs-, Bundesurlaubs- oder des Kündigungsschutzgesetzes, sondern etwa auch die Verteilung des Haftungsrisikos im Schadensfall (nähere Einzelheiten hierzu im Abschnitt „Haftungsfragen bei der Telearbeit") setzen die Arbeitnehmereigenschaft des Telearbeiters voraus.

	Arbeitnehmer	Heimarbeiter	Sonstiger Status
Betriebsverfassungsgesetz	ja	ja, soweit hauptsächlich für den Betrieb tätig	nein
Kündigungsschutzgesetz	ja	nein	nein
Mutterschutzgesetz	ja	ja	nein
Jugendarbeitsschutzgesetz	ja	ja	nein für Selbstständige, ja für arbeitnehmerähnliche Personen
Bundesurlaubsgesetz	ja	teilweise gemäß § 12 BUrlG	nein
Heimarbeitsgesetz	nein	ja	nein
Arbeitsplatzschutzgesetz	ja	teilweise gemäß § 7 ArbPlSchG	nein
Arbeitszeitgesetz	ja	nein	nein
Entgeltfortzahlungsgesetz	ja	ja	nein
Sozialgesetzbuch Neuntes Buch	ja	Vorschriften gemäß § 127 SGB IX	nein

Keine Änderung des rechtlichen Status

Grundsätzlich ändert die Telearbeit den Rechtsstatus des Beschäftigten nicht. Die Lockerung der räumlichen und zeitlichen Einbindung in die Organisation des Arbeitgebers geht nicht mit einer Lockerung des Beschäftigungsverhältnisses einher. Zwar ändert sich der Ort, an dem die Arbeit erbracht wird, ganz oder teilweise, das Aufgabenspektrum und die Bedingungen der Aufgabenerfüllung bleiben jedoch weitgehend gleich. Daher bleibt auch der Rechtsstatus des Arbeitnehmers gleich, was vielfach auch in Betriebsvereinbarungen ausdrücklich geregelt ist.

Es kann jedoch sein, dass der Arbeitgeber seinem Arbeitnehmer mit dem Wechsel in die Telearbeit den **Wechsel in eine selbstständige Beschäftigungsform** anbietet; häufig geschieht dies in Form der freien Mitarbeiterschaft. Bei einem solchen Wechsel gelten für den Telearbeiter andere Rechts- und Schutzvorschriften, die im Vergleich zu den für Arbeitnehmer geltenden Vorschriften geringer sind. Es muss daher vom Arbeitnehmer genau geprüft werden, ob der Arbeitgeber ihm ein Telearbeitsverhältnis oder eine selbstständige Tätigkeit als Telearbeiter anbietet.

Fazit

Der Status des Telearbeiters als Arbeitnehmer ist grundsätzliche Voraussetzung für das Eingreifen der Regelungen des individuellen und kollektiven Arbeitsschutzrechts. Die Einstufung als Arbeitnehmer ist davon abhängig, inwieweit der Telearbeiter von dem Arbeitgeber persönlich abhängig ist, in welchem Umfang er dessen Weisungs- und Direktionsrecht unterliegt und inwiefern er in die betriebliche Organisation eingegliedert ist.

Telearbeit nach dem Arbeitszeitgesetz

Das Arbeitszeitgesetz enthält keine speziellen Regelungen zur Telearbeit. Selbstverständlich sind aber die Vorschriften des Arbeitszeitgesetzes und die der einschlägigen Tarifverträge zur Arbeitszeit einzuhalten. Im Wesentlichen sind **die folgenden Regelungen** zu beachten:

- Die werktägliche Arbeitszeit darf gemäß § 3 Satz 1 ArbZG acht Stunden nicht überschreiten. Sie kann jedoch unter der Voraussetzung des § 3 Satz 2 ArbZG auf bis zu zehn Stunden verlängert werden. Hierfür ist erforderlich, dass die verlängerte Arbeitszeit innerhalb von sechs Kalendermonaten oder innerhalb von 24 Wochen auf einen Achtstundendurchschnitt ausgeglichen wird. Die Verlängerung des Ausgleichszeitraums ist gemäß § 7 Abs. 1 Nr. 1b ArbZG nur durch einen oder aufgrund eines Tarifvertrags möglich.

- Daneben kann die werktägliche Arbeitszeit gemäß § 7 Abs. 1 Nr. 1a ArbZG durch einen oder aufgrund eines Tarifvertrags auf über zehn Stunden verlängert werden, wenn in die Arbeitszeit regelmäßig und in erheblichem Umfang Arbeitsbereitschaft oder Bereitschaftsdienst fällt. In diesen Fällen ist nach § 7 Abs. 2a, 7 ArbZG auch eine Verlängerung der Arbeitszeit ohne Ausgleich möglich, wenn durch besondere Regelungen sichergestellt wird, dass die Gesundheit der Arbeitnehmer nicht gefährdet wird und der Arbeitnehmer schriftlich eingewilligt hat.

- Auch bei der Telearbeit ist die grundsätzlich geltende Arbeitsfreiheit an Sonn- und Feiertagen gemäß § 9 ArbZG zu beachten.

- Die Ruhepausen müssen gemäß § 4 ArbZG bei einer Arbeitszeit von sechs bis neun Stunden mindestens 30 Minuten und bei mehr als neun Stunden mindestens 45 Minuten betragen. Diese Pausenzeiten können aufgeteilt werden, wobei die einzelnen Pausenzeiten spätestens 15 Minuten betragen müssen. Die Ruhepausen müssen nach mindestens sechs Stunden gegeben werden.

- Zwischen den täglichen Arbeitszeiten müssen gemäß § 5 ArbZG mindestens elf Stunden Ruhezeit liegen.

Im Rahmen der vorgenannten Bestimmungen sowie der tarifvertraglichen Regelungen kann der Arbeitgeber die Dauer und Lage der Arbeitszeit auch bei der Telearbeit festlegen. Es empfiehlt sich, diesbezüglich eine betriebliche oder individuelle Vereinbarung zu treffen.

Dauer und Lage der Arbeitszeit bei der Telearbeit

Für die Arbeitnehmer ist die Möglichkeit, die Arbeitszeit flexibel zu gestalten, der große Vorteil der Telearbeit. So kann der Arbeitnehmer etwa an heißen Sommertagen nachts arbeiten oder er hat die Möglichkeit, die Nachmittagsstunden für Unternehmungen mit der Familie zu nutzen und die Arbeit in den Abendstunden zu erledigen. Um aber hier der **Gefahr der Selbstausbeutung** des Arbeitnehmers einerseits vorzubeugen und andererseits bei Bedarf die **Erreichbarkeit des Arbeitnehmers zu bestimmten Zeiten** zu ermöglichen, ist es erforderlich, sowohl Dauer als auch Lage der Arbeitszeit zu regeln.

Dauer der Arbeitszeit

Die Dauer der Arbeitszeit bedarf bereits aus dem Grund einer ausdrücklichen Vereinbarung, dass der **Umfang der Vergütung** des Telearbeiters regelmäßig durch den Umfang seiner Arbeitszeit bedingt ist. Dementsprechend müssen die Parteien das zu erbringende Arbeitszeitvolumen etwa in Form einer bestimmten Wochen-, Monats- oder Jahresarbeitszeit festlegen.

Lage der Arbeitszeit

Aber auch die Lage der Arbeitszeit, d.h., wann der Arbeitnehmer seine Leistung zu erbringen hat, muss je nach Modell der Telearbeit geregelt werden. Hierbei sind die unterschiedlichen Interessen des Arbeitgebers und des Arbeitnehmers zu berücksichtigen. Während der Arbeitgeber vielfach ein Interesse daran hat, zu festgelegten Zeiten auf die Arbeitsleistung des Arbeitnehmers zugreifen zu können, zieht dieser eine weitgehend frei bestimmte Einteilung seiner Arbeitszeiten vor. Inwieweit eine konkrete Festlegung der Arbeitszeitlage erfolgen muss, hängt davon ab, in welcher Form die Telearbeit ausgeübt wird:

Bei der **ausschließlichen Telearbeit** kann dem Arbeitnehmer eine weitgehend freie Gestaltung seiner Arbeitszeit eingeräumt werden. Er wird in diesen Fällen allein außerhalb der betrieblichen Arbeitsstätte tätig, sodass vor allem bei Vorgabe eines bestimmten Arbeitsvolumens und -ergebnisses grundsätzlich keine Notwendigkeit besteht, ihn der Vorgabe eines festgesetzten Arbeitszeitrahmens oder den betriebsüblichen Arbeitszeiten zu unterwerfen. Falls ein entsprechender Bedarf im Betrieb besteht, können aber auch Fixzeiten vereinbart werden, zu denen der Arbeitnehmer den Kunden oder seinen Mitarbeitern telefonisch zur Verfügung steht.

Bei der **alternierenden Telearbeit** sollte neben der Lage der Arbeitszeit als solcher eine Absprache darüber getroffen werden, in welchem Umfang die Arbeitsleistung in bzw. außerhalb der betrieblichen Arbeitsstätte erfolgt. Während die Einteilung der Arbeitszeit außerhalb der betrieblichen Arbeitsstätte überwiegend dem Telearbeiter überlassen werden kann, empfiehlt sich schon aus organisatorischen Gründen, eine konkrete Vereinbarung darüber zu treffen, zu welchen Zeiten die Arbeitsleistung im Betrieb zu erbringen ist.

Bei der **mobilen Telearbeit** ist der Arbeitnehmer in der Regel überwiegend festgelegten Arbeitszeiten unterworfen. Seine Tätigkeit an der zentralen Arbeitsstätte erfolgt generell im Rahmen der dort geltenden Arbeitszeiten und auch die außerbetriebliche Ausübung seiner Tätigkeit unterliegt vielfach konkreten Zeitvorgaben. So kann zum Beispiel einem Außendienstarbeiter der Besuch bestimmter Kunden oder Lieferanten vorgegeben sein, was einer dispositiven Zeiteinteilung entgegensteht. Ebenso ist bei dieser Form der Telearbeit eine im Wesentlichen freie Einteilung der Arbeitszeit nicht möglich, da die Arbeitnehmer in den ausgelagerten Büros grundsätzlich ebenso den dort festgelegten Bürozeiten unterliegen wie in der betrieblichen Arbeitsstätte.

Zu regelnde Punkte

Folgende Punkte über die Lage der Arbeitszeit sollten bei der Telearbeit individuell mit dem Arbeitnehmer geregelt werden:

- Zeitspanne, innerhalb deren der früheste Beginn und das späteste Ende der täglichen Arbeitszeit liegen müssen
- Festlegung der Büroarbeitstage mit den entsprechenden Arbeitszeiten für die alternierende Telearbeit
- falls Bedarf im Betrieb besteht, Vereinbarung von Fixzeiten, zu denen der Arbeitnehmer in Telearbeit für die Mitarbeiter des Betriebs sowie für die Kunden erreichbar ist
- Festlegung von anrechenbaren Arbeitszeiten, wie z.B. Fahrtzeiten zum Betrieb, Warte- oder Ausfallzeiten aufgrund von Systemstörungen
- eventuelle Zugriffszeiten auf das Rechnernetz
- Zeiterfassungssystem, in dem der Arbeitnehmer seine monatlichen vergütungsrelevanten Arbeitsstunden auflistet, z.B. in Form eines Arbeitstagebuchs, das dem Vorgesetzten monatlich vorzulegen ist, oder aber durch das Einloggen in den Rechner

Mehrarbeit bei der Telearbeit

Auf der Grundlage der bestehenden vertraglichen Vereinbarungen, wie z.B. Tarifvertrag oder Arbeitsvertrag, bleiben die Vergütungsregelungen für den Telearbeitnehmer unverändert. Das gilt auch für die Vergütung von Überstunden, die je nach Vereinbarung in Form von Freizeit oder Entgelt ausgeglichen werden können.

Bei einem Arbeitspensum von acht Stunden täglich kann der Telearbeiter z.B. an einem Arbeitstag zehn Stunden, an einem anderen lediglich sechs Stunden arbeiten. Hier ist zu klären, ob am ersten Arbeitstag zwei Überstunden erbracht worden sind.

Vereinbarung über Mehrarbeit

Hierfür ist zunächst zu prüfen, ob dem Telearbeitsverhältnis eine Vereinbarung über die Ableistung von Mehrarbeit zugrunde liegt, denn nur dann hat der Telearbeiter Mehrarbeit zu leisten und nur dann ist diese auch zu vergüten.

Betriebs- oder selbstbestimmte Mehrarbeit

Dann ist festzustellen, in welchem Rahmen der Telearbeitnehmer seine Mehrarbeit erbracht hat, ob sie im Rahmen der betriebsbestimmten oder der selbstbestimmten Arbeitszeit erfolgt ist. **Nur wenn die Mehrarbeit im Rahmen der betriebsbestimmten Arbeitszeit erfolgt ist, ist sie zu entlohnen.**

Betriebsbestimmte Mehrarbeit

Wurde die Arbeit außerhalb der vorgegebenen Arbeitszeiten **im Voraus angeordnet,** erfolgte sie während der betriebsbestimmten Arbeitszeit und die vom Telearbeitnehmer in diesem

Sinne erbrachte Leistung ist als Mehrarbeit einzuordnen. Sein Anspruch auf Abgeltung der geleisteten Überstunden ergibt sich aus der seinem Arbeitsverhältnis zugrunde liegenden Vereinbarung.

Selbstbestimmte Mehrarbeit

Bei der Ausübung der Telearbeit außerhalb der betrieblichen Arbeitsstätte handelt es sich dagegen um selbst bestimmte Arbeitszeit. Dem Telearbeitnehmer obliegt es, innerhalb einer Zeitspanne **eigenverantwortlich** über Lage und Dauer seiner täglichen Arbeitszeit zu entscheiden. Abhängig von der Ausgestaltung des vorgegebenen Zeitrahmens ist es ihm dabei möglich, selbst darüber zu entscheiden, zu welchen Zeiten er **Mehrarbeit leistet bzw. die geleistete Mehrarbeit wieder ausgleicht.**

Zweck der Mehrarbeitszuschläge

Der Zweck insbesondere der Mehrarbeitszuschläge liegt allerdings vor allem darin, den Arbeitnehmern eine „**Entschädigung**" für die ihnen vorgeschriebene Erbringung von Überstunden zu gewähren. Wurden die Voraussetzungen für die Mehrarbeit demgegenüber eigenständig durch den Telearbeiter im Rahmen seiner selbstbestimmten Arbeitszeit erbracht, wäre dies grundsätzlich mit Sinn und Zweck der Vereinbarung von Mehrarbeitsregelungen unvereinbar. Etwas anderes kann lediglich dann gelten, wenn der Telearbeitnehmer aufgrund des **Umfangs der ihm obliegenden Aufgaben oder der zwingenden Einhaltung bestimmter Termine** zur Mehrarbeit verpflichtet war.

Arbeitsvertragliche Vereinbarung

Sofern weder tarifliche noch betriebliche Regelungen über die Voraussetzungen und die Abgeltung von Mehrarbeit existieren, so empfiehlt sich eine arbeitsvertragliche Vereinbarung, welche den Arbeitgeber nur dann zur Zahlung von Mehrarbeitszuschlägen verpflichtet, wenn der Telearbeitnehmer die Überstunden mit ausdrücklicher Einwilligung bzw. nach Absprache mit dem Arbeitgeber erbringt. Eine solche Vereinbarung kann zudem dazu beitragen, eventuelle Meinungsverschiedenheiten über die Anzahl der tatsächlich geleisteten „Überstunden" zu vermeiden.

Haftungsfragen bei der Telearbeit

Wichtig zu wissen für den Telearbeiter ist, wer Eigen- und Fremdschäden trägt, die im Rahmen der Ausübung der Telearbeit auftreten können. Typischerweise kommen hierbei Sachschäden in Betracht, z.B. wenn die im Eigentum des Arbeitgebers von ihm verwendete PC-Software beschädigt wird, in der eigenen Wohnung Schäden entstehen oder betriebseigene Daten durch unsachgemäße Handhabung vernichtet werden.

Hierbei sind zwei Aspekte zu unterscheiden:
- Haftung des Telearbeiters
- Haftung des Arbeitgebers

Haftung des Telearbeiters

Der Telearbeiter muss grundsätzlich Schadensersatz leisten, soweit dem Arbeitgeber ein Schaden durch sein schuldhaftes Verhalten entstanden ist. Wird die Telearbeit im Rahmen eines Beschäftigungsverhältnisses als Arbeitnehmer ausgeübt, so kommen aber im Schadensfall die allgemeinen **Grundsätze zum innerbetrieblichen Schadensausgleich** zur Geltung. Nach der ständigen Rechtsprechung des Bundesarbeitsgerichts wird demnach eine **eingeschränkte Arbeitnehmerhaftung** je nach Verschuldensgrad angenommen:

- Bei Vorsatz und grober Fahrlässigkeit hat der Telearbeiter für den aus seinem Verhalten entstandenen Schaden unbeschränkt zu haften.
- Bei mittlerer Fahrlässigkeit besteht eine Haftungsbeschränkung: In diesem Fall wird je nach dem Grad des Verschuldens die Schadenssumme zwischen dem Telearbeiter und seinem Arbeitgeber geteilt.
- Liegt nur leichte Fahrlässigkeit vor, so muss der Telearbeiter überhaupt nicht haften.

Dieser **Haftungsbeschränkung** liegt die Überlegung zugrunde, dass der Arbeitgeber kraft seiner Organisationsmacht die Arbeitsabläufe und die Arbeitsbedingungen des Arbeitnehmers steuert und sich deshalb auch das Betriebsrisiko anrechnen lassen muss.

Wichtig

Liegt der Telearbeit kein abhängiges Beschäftigungsverhältnis zugrunde, so gelten diese Grundsätze der Haftungsprivilegierung nicht! In diesem Fall muss der Telearbeiter dem Auftraggeber den durch sein Verhalten verursachten Schaden nach §§ 635 ff. BGB (Werkvertragsrecht) bzw. nach §§ 823 ff. BGB (deliktische Haftung) tragen.

Praxistipp

Um Streitigkeiten mit dem Arbeitgeber über die Kostenerstattung von Schäden zu vermeiden, empfiehlt es sich, vorab eine vertragliche Vereinbarung für den Schadensfall zu treffen. Eine vertragliche Vereinbarung darf die Position des Arbeitnehmers aber nur verbessern, nicht verschlechtern. So kann z.B. zugunsten des Telearbeiters geregelt werden, dass eine Arbeitnehmerhaftung nur bei Vorsatz oder grober Fahrlässigkeit in Betracht kommt und ansonsten ganz ausscheidet. Außerdem bietet sich an, den Telearbeiter (mit Beteiligung des Arbeitgebers) gegen Schäden haftungsrechtlich zu versichern.

Wird ein **Dritter** geschädigt, so finden die o.g. Grundsätze über den innerbetrieblichen Schadensausgleich keine Anwendung. Im **Außenverhältnis** haftet der Telearbeiter daher uneingeschränkt. Allerdings steht ihm wiederum im **Innenverhältnis** (also gegenüber seinem Arbeitgeber) unter Umständen ein Freistellungsanspruch von der Schadensersatzpflicht zu. Dies ist dann der Fall, wenn der Arbeitgeber nach den Grundsätzen über den innerbetrieblichen Schadensausgleich den Schaden hätte tragen müssen, also bei leichter Fahrlässigkeit.

Haftung des Arbeitgebers

Der Arbeitgeber ist grundsätzlich zum Schadensersatz verpflichtet, wenn er dem Telearbeiter einen Schaden zufügt. Dabei ist zu unterscheiden, ob es sich um einen Sach- oder um einen Personenschaden handelt:

- Bei einem Personenschaden gelten die bei Arbeitsunfällen anzuwendenden Regeln, d.h., der Arbeitgeber haftet nach den Bestimmungen der §§ 104 ff. SGB VII (gesetzliche Unfallversicherung). Danach muss der Arbeitgeber nur dann haften, wenn er den Unfall vorsätzlich verursacht hat oder es sich um einen Wegeunfall handelt, in allen übrigen Fällen wird der Schadensausgleich durch den Träger der gesetzlichen Unfallversicherung vorgenommen.
- Wird nicht die Person des Telearbeiters, sondern der Telearbeitsplatz selbst geschädigt und erleidet der Telearbeiter dadurch einen Eigenschaden, so haftet der Arbeitgeber unabhängig von einem Verschulden aus § 670 BGB analog, wenn folgende Voraussetzungen erfüllt sind:
  - ❏ Der Schaden ist bei Erbringung der Arbeitsleistung entstanden.
  - ❏ Der Schaden ist dem Tätigkeitsbereich des Arbeitgebers zuzuordnen.
  - ❏ Es handelt sich um keinen arbeitsadäquaten Schaden (mit dem Schadenseintritt musste nicht gerechnet werden).
- Tritt der Schaden aber nicht arbeitsbedingt ein, kommt nur eine zivilrechtliche Haftung des Arbeitgebers aus § 823 ff. BGB in Betracht. Dabei muss den Arbeitgeber tatsächlich ein Verschulden treffen.

Wichtig

Werden Dritte (z.B. Familienangehörige des Telearbeiters) geschädigt, hat der Arbeitgeber ebenfalls unter Umständen nach §§ 823 ff. BGB zu haften (Voraussetzung: Verschulden liegt vor).

Einführung von Telearbeit

Bei einer **Einstellung neuer Arbeitnehmer** bestehen bezüglich der Telearbeit keine Besonderheiten. Die Neueinstellung von Telearbeitern unterliegt den gleichen gesetzlichen, tariflichen und betrieblichen Regelungen wie eine Einstellung im Rahmen eines herkömmlichen Beschäftigungsverhältnisses.

Es ergeben sich aber dann Besonderheiten, wenn **bereits bestehende Arbeitsverhältnisse** in Telearbeitsverhältnisse umgewandelt werden sollen. Mit der Einführung von Telearbeit geht nämlich eine **Änderung des bisherigen Arbeitsverhältnisses** insoweit einher, als typischerweise eine teilweise oder vollständige Auslagerung des Arbeitsplatzes erfolgt. Daneben erfolgt unter Umständen eine Umstellung auf die Bildschirmarbeit.

Direktionsrecht

Änderungen der Arbeitsbedingungen in einem bestehenden Arbeitsverhältnis sind dem Arbeitgeber nur im Rahmen seines Direktionsrechts möglich. Die Aufnahme der Telearbeit auf einem ausgelagerten Arbeitsplatz stellt jedoch in der Regel eine Versetzung dar, welche nicht vom Direktionsrecht des Arbeitgebers umfasst ist. Selbst wenn der betreffende Arbeitsvertrag eine Klausel enthält, nach welcher der Arbeitgeber zu einer Versetzung des Arbeitnehmers befugt ist, berechtigt ihn dies jedoch nicht dazu, die Ausübung von Telearbeit von der Wohnung des Arbeitnehmers aus zu verlangen. Der **grundrechtliche Schutz der Unverletzlichkeit der Wohnung aus Artikel 13 Grundgesetz** und seine mittelbare Einwirkung auf das Arbeitsverhältnis stehen dem Verlangen des Arbeitgebers zur Einrichtung eines häuslichen Arbeitsplatzes entgegen.

Sofern jedoch die Telearbeit an einer anderen außerbetrieblichen Arbeitsstätte als dem häuslichen Arbeitsplatz erbracht werden soll, wie etwa in einem Nachbarschafts- oder Satellitenbüro, kann der Arbeitgeber diese **Versetzung** auf der Grundlage einer entsprechenden arbeitsvertraglichen Klausel vornehmen.

Freiwillige Basis

Die Umgestaltung eines Arbeitsverhältnisses in Telearbeit, bei der die Arbeit zumindest zum Teil zu Hause ausgeübt wird, kann nur auf freiwilliger Basis zustande kommen. Wenn der Arbeitnehmer mit der Einführung der Telearbeit einverstanden ist, so bedarf es lediglich einer **Zusatzvereinbarung** zum bestehenden Arbeitsvertrag.

Bei dieser Einführung der Telearbeit sollte der Arbeitnehmer darauf achten, dass eine vertragliche Vereinbarung fixiert wird, die eine klare Aufgabenbeschreibung und **die mit der Telearbeit einhergehenden Änderungen** zum Gegenstand hat. Die Aufgabenbeschreibung ist insbesondere bei neuen Arbeitsverhältnissen erforderlich, aber auch dann, wenn mit der Telearbeit eine inhaltliche Änderung der Arbeitsaufgaben einhergeht. Mit einer solchen Vereinbarung kann möglichen Auseinandersetzungen über ihren Inhalt vorgebeugt werden. Zu den Änderungen zählen etwa Regelungen

- der Arbeitszeit, besonders eine durch die Telearbeit bedingte flexiblere Arbeitszeitgestaltung,
- der Kostentragung und -erstattung,
- der Aufteilung der Haftung und
- des Zugangs zur häuslichen Arbeitsstätte.

Änderungskündigung

Kommt ein Einvernehmen mit dem Arbeitnehmer nicht zustande, weigert dieser sich vielmehr, künftig in Form der Telearbeit tätig zu werden, hat der Arbeitgeber keine Möglichkeit, die Einführung von Telearbeit auf vertraglicher Basis gegen den Willen des Arbeitnehmers durchzusetzen. Sofern einzelne Arbeitsbedingungen im Rahmen der Telearbeit nicht vom Direktionsrecht des Arbeitgebers oder einer entsprechenden Klausel im Arbeitsvertrag umfasst sind, muss er eine **Änderungskündigung** aussprechen.

Anhörungsrecht des Betriebsrats

Einer Änderungskündigung kann ein Arbeitnehmer durch eine Klage beim Arbeitsgericht entgegenwirken. Zu beachten ist, dass auch der Betriebsrat bei Änderungskündigungen ein Anhörungsrecht hat. So kann er z.B. seine Zustimmung verweigern, wenn der Arbeitnehmer durch die Änderungskündigung ohne rechtfertigende betriebliche oder personelle Gründe benachteiligt wird. Arbeitnehmer sollten hier auf jeden Fall die Hilfe des Betriebsrats in Anspruch nehmen.

Rückkehr auf den alten Arbeitsplatz

Soll die Telearbeit unter Aufrechterhaltung des Arbeitsverhältnisses im Übrigen beendet werden, gelten vergleichbare Maßstäbe wie bei der Umwandlung von Arbeitsverhältnissen in Telearbeitsverhältnisse.

In erster Linie ist ein Konsens zwischen dem Arbeitgeber und dem Telearbeitnehmer zu suchen. Diese können **einvernehmlich durch eine entsprechende vertragliche Regelung** die Rückkehr des Telearbeitnehmers auf seinen alten Arbeitsplatz vereinbaren. In diesem Zusammenhang sollte bereits in der vertraglichen Vereinbarung betreffend die Änderung des Arbeitsverhältnisses in ein Telearbeitsverhältnis eine entsprechende Regelung bezüglich der Beendigung von Telearbeit und der Rückkehr auf den alten Arbeitsplatz getroffen werden.

Weigert sich der Telearbeiter, seine bis zur Einführung der Telearbeit ausgeübte Arbeit an seinem alten Arbeitsplatz wieder aufzunehmen, wird es dem Arbeitgeber in der Regel durch Ausübung seines Direktionsrechts nicht möglich sein, dem betreffenden Beschäftigten seinen bisherigen Arbeitsplatz wieder zuzuweisen. Denn gerade wenn der Telearbeiter seine Arbeit in Form der ausschließlichen Telearbeit allein von einem häuslichen Arbeitsplatz ausübt, stellt die Rückkehr an die betriebliche Arbeitsstätte eine **Versetzung** dar, zu welcher der Arbeitgeber allein im Rahmen seines Direktionsrechts nicht befugt ist. In diesem Fall empfiehlt es sich für den Arbeitgeber, bei der Einführung von Telearbeit in den vertraglichen Vereinbarungen entweder eine Versetzungsklausel oder ein Widerrufsrecht bezüglich der ausschließlichen Beendigung der Telearbeit unter Aufrechterhaltung des Arbeitsverhältnisses festzulegen.

Sicht des Arbeitgebers

Vorteile von Telearbeit für das Unternehmen

Vonseiten der Arbeitgeber wird die Telearbeit vielfach eingesetzt, um einen **hohen Qualitätsstandard zu** erreichen. So können gute Arbeitsergebnisse oft leichter erbracht werden, da sich die Telearbeiter in einer ruhigeren Arbeitsatmosphäre befinden, die insbesondere durch geringere Arbeitsunterbrechungen gekennzeichnet ist.

Auch die Arbeitszeit lässt sich flexibel gestalten, da durch die Telearbeit die Möglichkeit besteht, die Arbeitnehmer **von betrieblichen Einschränkungen zu lösen** und „rund um die Uhr" zu beschäftigen, sei es in Form von Schichtarbeit, sei es in Form von Bereitschaftsdiensten oder Rufbereitschaft – dies selbstverständlich nur im Rahmen der Vorschriften des Arbeitszeitgesetzes. Hierbei kann durch das Ausnutzen kreativer Phasen eine bessere Qualität der Arbeitsergebnisse erreicht werden.

Dementsprechend begünstigt die Telearbeit eine **effektive Arbeitsweise,** welche eine erhöhte Arbeitsleistung seitens der Telearbeiter sowie eine **erhöhte Produktivität und gesteigerte Umsatzleistung** seitens des jeweiligen Unternehmens mit sich bringt.

Auch für den Kunden besteht eine direkt wahrnehmbare Qualitätssteigerung, etwa durch eine bessere Dienstleistung und höhere **Servicequalität.**

Ein weiterer Vorteil der Telearbeit liegt für das Unternehmen in der mit ihr einhergehenden **Kostenersparnis.** So ermöglicht die Telearbeit dem Arbeitgeber einen flexiblen oder auch **dauerhaften Einsatz seiner Arbeitnehmer an bestimmten Orten,** ohne dass hierbei zeitaufwendige und kostenträchtige Fahrten zwischen der betrieblichen Arbeitsstätte und dem jeweiligen Einsatzort anfallen. Der Aspekt der Kostensenkung resultiert ebenso daraus, dass mit der Dezentralisierung der Arbeitsplätze die Kosten für betriebliche Büroräume und -mittel, für Parkplätze und Dienstfahrzeuge etc. für den in Telearbeit beschäftigten Arbeitnehmer entfallen können.

Nachteile von Telearbeit für das Unternehmen

Im Gegenzug zur o.g. Kosteneinsparung können für den Arbeitgeber bei der Einrichtung von Telearbeitsplätzen wiederum Kosten entstehen, z.B. für die notwendige technische Ausstattung des häuslichen Arbeitszimmers.

Die Telearbeit bringt naturgemäß einen persönlichen **Kontaktverlust** mit sich, der in der Folge auch zu einem **Kontrollverlust** und zu **fehlenden Überwachungsmöglichkeiten** des Mitarbeiters führt. Aufgrund der räumlichen Trennung von der zentralen Betriebsstätte kann es dazu kommen, dass sich der Mitarbeiter nicht mehr so stark mit dem Unternehmen identifiziert.

Sicht des Arbeitgebers | **Telearbeit**

Fazit

Vorteile für das Unternehmen
- höhere Produktivität
- Steigerung der betrieblichen Flexibilität
- Nutzung von Kreativitätspotenzialen
- Einsparung von Raum- und Energiekosten, Wegezeiten (Fahrtkosten)
- bessere Kundenorientierung/Service

Nachteile für das Unternehmen
- Kontrollverlust/fehlende Überwachungsmöglichkeiten
- weniger Mitarbeiterbindung an den Betrieb

Auswirkungen auf die Arbeitnehmer

Vorteile für den Telearbeiter

Der große Vorteil der Telearbeit liegt in der **flexibleren Gestaltung der Arbeit.** Hier ist vor allem die dem Telearbeiter häufig eingeräumte **Zeitsouveränität** vorteilhaft. Diese ermöglicht es ihm, seine Tätigkeit unabhängig von der betrieblich vorgegebenen Lage der Arbeitszeit auszuführen.

Die Arbeit an der häuslichen Arbeitsstätte ermöglicht eine **bessere Koordination von beruflichen und privaten Anforderungen,** insbesondere die häufig betroffenen Frauen können hierdurch Beruf und Kindererziehung oder die Pflege von Angehörigen miteinander vereinbaren. Das gilt besonders auch für **Alleinerziehende,** die ein besonders hohes Maß an Flexibilität für ihr Berufs- und Familienleben brauchen. Gleichzeitig wird die finanzielle Situation der Familie erhalten oder verbessert. Ebenso wird ein **Wiedereinstieg in den Beruf** nach einer Elternzeit erleichtert.

Des Weiteren ermöglicht die Telearbeit die **bessere berufliche Integration behinderter Menschen** in das Erwerbsleben. Infolge eventuell eingeschränkter Mobilität kann die räumliche Distanz zwischen Wohnung und Arbeitsplatz zu einem unüberwindlichen Hindernis werden. Ebenso können spezielle Anforderungen an die Arbeitsumgebung beim Arbeitgeber nicht oder nur mit hohen Kosten umsetzbar sein. Telearbeit ermöglicht es dagegen dem behinderten Menschen, seine Arbeit in der entsprechend eingerichteten Wohnung auszuüben und auch Pflege- und Ruhezeiten besser wahrzunehmen.

Schließlich wirkt sich die Telearbeit positiv auf die **Arbeitsmotivation** des Arbeitnehmers aus. Die selbstständige Ausführung seiner Arbeit führt zu einer erhöhten **Eigenverantwortlichkeit und Selbstständigkeit** bei der Aufgabenerfüllung und die Tätigkeit in der eigenen Wohnung zu einer gesteigerten **Arbeitszufriedenheit.** Die Telearbeiter können sich im Wesentlichen nach ihren eigenen kreativen Phasen richten und auch Aufgaben mit hohen Konzentrationsanforderungen in ruhigere Zeiten legen.

Durch die Ausübung der Arbeit in der eigenen Wohnung entfallen **Fahrtkosten und Fahrtzeit.** Hierdurch wird insbesondere in strukturschwachen Regionen die Ausübung der Tätigkeit erleichtert. Zumindest aber können Telearbeiter Pendelfahrten reduzieren oder aber außerhalb der Stoßzeiten legen, wodurch sich eine Reduzierung von Fahrtkosten und -zeit ergibt.

Nachteile für den Telearbeiter

Die Tätigkeit von einem außerbetrieblichen Arbeitsplatz aus kann für den Telearbeiter durchaus auch Nachteile mit sich bringen. Gerade in den Fällen, in denen die Arbeit ausschließlich außerbetrieblich ausgeübt wird, besteht aufgrund fehlender Kontakte zum Betrieb und den dort tätigen Kollegen die **Gefahr einer sozialen Isolation** des Telearbeiters. Dieser Gefahr kann man wirksam begegnen, indem man regelmäßige **Mitarbeitersitzungen** als Unterstützung der sozialen Kommunikation abhält. Aber auch durch die Nutzung eines **leistungsfähigen Telekommunikationssystems** kann einer drohenden Isolation entgegengewirkt werden. Hier kann die Durchführung von Videokonferenzen neben den Kommunikationsmitteln E-Mail und Telefon den Kontakt zu den Kollegen wesentlich persönlicher gestalten.

Neben dem Verlust der sozialen Kontakte ist der **Verlust von betrieblichen Informationen sowie von Fort- und Weiterbildungsangeboten** zu befürchten, welche die Aufstiegs- und Karrierechancen des Beschäftigten beeinflussen. Dies wird begünstigt, wenn die Führungskräfte die Qualifikation und Leistungsbereitschaft der Mitarbeiter nach Anwesenheitszeiten beurteilen. Aus diesem Grund ist neben der bewussten Heranziehung der Telearbeitnehmer zu Aus- und Fortbildungsmöglichkeiten auch eine entsprechende **Schulung der Vorgesetzten** sinnvoll. Ebenso ist sowohl vonseiten des Vorgesetzten als auch des Telearbeiters die regelmäßige Kommunikation zu suchen, was sich allerdings vielfach bereits durch die Notwendigkeit von Zielabsprachen und die Abstimmung von Tätigkeiten ergibt.

So groß der Vorteil der Telearbeit bezüglich der Vereinbarung von Berufs- und Privatleben ist, so liegt hierin gleichzeitig die Gefahr, dass berufliche und private Bereiche ineinander übergehen und nicht mehr voneinander zu trennen sind. Ebenfalls kann die Arbeitsausübung am häuslichen Arbeitsplatz zu einer Umgehung der Arbeitszeitschutzvorschriften und damit zur **„Selbstausbeutung"** des Arbeitnehmers führen. Dabei kann sich die mit der Telearbeit häufig einhergehende Ableistung von Überstunden schädlich auf die Gesundheit des Arbeitnehmers auswirken.

Um diese Einflüsse auf das Privatleben zu vermeiden, sollte eine **klare Beendigung des Arbeitstags** erfolgen. Zu Beginn des Arbeitstags sollte der Telearbeiter den Zeitpunkt bestimmen, an dem sein Arbeitstag endet. Dieser Beendigungszeitpunkt sollte eingehalten und nur in Ausnahmefällen überschritten werden. Darüber hinaus sollte sich der Arbeitsplatz in einem eigenen Raum befinden, der nach dem Ende der Arbeitszeit verlassen werden kann und in der Freizeitphase nicht mehr betreten werden muss.

Wichtig
Bei der alternierenden Telearbeit bestehen diese Nachteile im Wesentlichen nicht, da der Telearbeiter in den betrieblichen Ablauf, die betrieblichen Informations-, Fort- und Weiterbildungsmöglichkeiten eingebunden bleibt und überdies den persönlichen und direkten Kontakt zu seinem Arbeitgeber und seinen Kollegen nicht verliert.

Fazit
Vorteile für den Telearbeiter
- flexible Arbeitszeit
- Vereinbarkeit von Familie und Beruf
- Einsparung von Fahrtkosten und- zeit
- erleichterter Wiedereinstieg in den Beruf
- höhere Selbstständigkeit und Eigenverantwortlichkeit

Telearbeit | Auswirkungen auf die Arbeitnehmer

Nachteile für den Telearbeiter
- Gefahr der sozialen Isolation
- Gefahr der Selbstausbeutung
- Verlust von betrieblichen Informationen sowie von Fort- und Weiterbildungsangeboten
- fehlende Trennung von Berufs- und Privatleben

Vorgehensweise des Betriebsrats

Mitbestimmung des Betriebsrats

Sofern der Geltungsbereich des Betriebsverfassungsgesetzes gegeben ist, unterfallen Telearbeitnehmer wie andere Arbeitnehmer auch den Bestimmungen des BetrVG.

Die Mitbestimmungsrechte des Betriebsrats sind bei der Planungs- und der Durchführungsphase der Telearbeit unterschiedlich.

Planungsphase

Während der Planungsphase bestehen **Unterrichtungs- und Beratungsrechte** nach den §§ 80 Abs. 2 BetrVG, § 90 Satz 1 Nr. 2 bis 4 BetrVG, § 91 BetrVG, § 92 Abs. 1 BetrVG und 2, § 93 BetrVG, § 99 BetrVG und § 106 BetrVG.

Informationspflicht des Arbeitgebers

Nach diesen Bestimmungen hat der Arbeitgeber den Betriebsrat rechtzeitig und umfassend über die Planung von Arbeitsstätten, technischen Anlagen, Arbeitsverfahren und Arbeitsabläufen, wozu auch Technologien zur Auslagerung von Arbeitsplätzen zählen, zu unterrichten, um die vorgesehenen Maßnahmen erörtern und Alternativvorstellungen entwickeln zu können. Der Arbeitgeber hat dem Betriebsrat hierfür alle notwendigen Unterlagen zur Verfügung zu stellen. Außerdem muss der Arbeitgeber konkrete Auskunft geben, ob er Maßnahmen geplant hat, die eine zukünftige Vergabe von Aufträgen an Fremdfirmen oder auch an Heimarbeiter ermöglichen.

Beratungsrechte

Die dem Betriebsrat nach den §§ 90 Abs. 2 BetrVG und § 92 Abs. 1 BetrVG zustehenden Beratungsrechte stellen nur gegenüber einem verhandlungsbereiten Arbeitgeber ein echtes Mitwirkungsinstrument dar, denn nach der Beratung kann der Arbeitgeber die Telearbeit auch ohne weitergehende Beachtung der Einwände des Betriebsrats durchführen, sofern er vorher eine „gewissenhafte Prüfung" der gemachten Vorschläge vornimmt. Dies gilt selbstverständlich nur, wenn die Einführung der Telearbeit in Übereinstimmung mit dem Arbeitnehmer erfolgt.

Wichtig

Letztlich hat der Betriebsrat in der Planungsphase zwar Unterrichtungs- und Beratungsrechte gegenüber dem Arbeitgeber. Er kann die Einführung der Telearbeit aber nicht verhindern. In dieser Phase liegt der Schwerpunkt seiner Tätigkeit daher im Bereich der Informationsgewinnung über die vom Arbeitgeber beabsichtigten Maßnahmen.

Durchführungsphase

In der anschließenden Durchführungsphase finden alle diejenigen Vorschriften Anwendung, die bei betrieblichen Maßnahmen für die im Betrieb tätigen Arbeitnehmer gelten. In sozialen Fragen, die im Rahmen der Organisation von Telearbeit entstehen, ist vor allem das Mitbestimmungsrecht aus § 87 BetrVG einschlägig.

Lage der Arbeitszeit

Hinsichtlich der Arbeitszeit steht dem Betriebsrat gemäß § 87 Abs. 1 Nr. 2 und 3 BetrVG ein Mitbestimmungsrecht bezüglich der Lage der Arbeitszeit zu. Damit ist es ihm generell möglich, nicht nur **auf Beginn und Ende der täglichen Arbeitszeit und der Pausen** der Telearbeiter, sondern ebenso auf die Verteilung der Arbeitszeit auf die einzelnen Wochentage oder die vorübergehende Ausübung von Kurzarbeit oder Überstunden einzuwirken. Allerdings wird gerade bei der ausschließlichen Ausübung der Telearbeit vom häuslichen Arbeitsplatz aus eine Beteiligung des Betriebsrats zugunsten einer dem Telearbeiter freigestellten Arbeitszeit- und Pausenregelung ausgeschlossen sein. Eine Einflussnahme des Betriebsrats auf die Verteilung der Arbeitszeit kann in diesen Fällen aber schon im Rahmen der Planung der Telearbeit erfolgt sein.

Leistungskontrolle durch technische Einrichtungen

Gemäß § 87 Abs. 1 **Nr. 6 BetrVG** hat der Betriebsrat mitzubestimmen bei der Einführung und Anwendung von technischen Einrichtungen, die dazu bestimmt sind, das Verhalten oder die Leistung der Arbeitnehmer zu überwachen. Dies ist bei der Telearbeit insofern relevant, als eine Leistungs- und Verhaltenskontrolle mittels Vernetzung der Bildschirmarbeitsplätze mit den Systemen des Arbeitgebers ermöglicht wird und durch die Verwendung der Software Daten gespeichert werden.

Regelungen zum Gesundheitsschutz

Das Mitbestimmungsrecht des Betriebsrats bei Regelungen über die Verhütung von Arbeitsunfällen und Berufskrankheiten sowie über den Gesundheitsschutz im Rahmen der gesetzlichen Vorschriften (§ 87 Abs. 1 Nr. 7 BetrVG) ist bei der Telearbeit insoweit relevant, als die besonderen Bedingungen von Telearbeitsplätzen erhöhte Gesundheitsrisiken für die betroffenen Beschäftigten mit sich bringen können. Dabei ergeben sich Regelungsmöglichkeiten aus dem **Arbeitsschutzgesetz und der Bildschirmarbeitsverordnung**. Über den gesetzlich vorgesehenen Schutzrahmen hinausgehende Regelungen kann der Betriebsrat im Rahmen dieses Mitbestimmungsrechts aber nicht durchsetzen.

Betriebsvereinbarung

Zu beachten ist jedoch, dass dem Betriebsrat bei der Einführung von Telearbeit Mitbestimmungsrechte nach § 87 Abs. 1 BetrVG nicht zustehen, sofern die angesprochenen Regelungsgegenstände bereits durch andere Betriebsvereinbarungen, sei es in Form von Konzernbetriebsvereinbarungen oder aber örtlichen Betriebsvereinbarungen, umfasst werden.

Fazit

In der Planungsphase der Einführung der Telearbeit stehen dem Betriebsrat nur Beratungs- und Unterrichtungsrechte zu und der Arbeitgeber muss ihm die notwendigen Informationen verschaffen. In der Durchführungsphase steht dem Betriebsrat ein Mitbestimmungsrecht zu, insbesondere hinsichtlich der Lage der Arbeitszeit.

Beratende Funktion des Betriebsrats

Wie bereits dargelegt gelten für Telearbeitsplätze dieselben arbeitsrechtlichen Bestimmungen wie für den Arbeitsplatz im Betrieb. Allerdings ist die Telearbeit, vor allem dann, wenn sie ausschließlich in Heimarbeit ausgeführt wird, von der Freiheit des Arbeitnehmers bei der Arbeitszeitgestaltung geprägt. Das kann dann zu Konflikten und Überlastungen führen, wenn die Telearbeit neben intensiver Kinderbetreuung oder Pflege von Angehörigen angestrebt wird. Hier ist der Betriebsrat gefragt.

Frühe Informations- und Beratungsgespräche

In frühen Informations- und Beratungsgesprächen mit an Telearbeit interessierten Arbeitnehmern sollte festgestellt werden, ob diese Arbeitnehmer von ihrer Persönlichkeit sowie dem häuslichen Umfeld her überhaupt **in der Lage sind, Telearbeit zu leisten**. Gegebenenfalls sollte der Betriebsrat dem Arbeitgeber und dem Arbeitnehmer empfehlen, dass Letzterer eine **Schulung** besucht, um in die Lage versetzt zu werden, Telearbeit leisten zu können. Darüber hinaus sollte geklärt werden, wie die Telearbeit zeitlich gestaltet werden soll.

In den Fällen, in denen absehbar ist, dass eine Tätigkeit ausschließlich in den Nachtstunden oder an Sonn- und Feiertagen in Betracht kommt, in denen also über Einzelfälle hinausgehend strukturell die Prinzipien des Arbeitszeitrechts nicht eingehalten werden können, muss **eine tragfähige Lösung** erarbeitet werden, die das Bedürfnis des Arbeitnehmers mit der Einhaltung arbeitsschutzrechtlicher Grundsätze in Einklang bringt.

Sofern eine solche Lösung nicht möglich ist, muss der Betriebsrat dem Arbeitnehmer von dem Telearbeitsplatz abraten bzw. dem Arbeitgeber anraten, den Telearbeitsplatz zu verweigern. Möchte der Arbeitgeber den Arbeitnehmer dennoch auf dem Telearbeitsplatz beschäftigen, so kann der Betriebsrat seine hierfür erforderliche Zustimmung verweigern.

Im Zusammenhang mit der Einführung der Telearbeit sind auch die §§ 17, 43, 44 und 39 BetrVG von Bedeutung, nach denen Arbeitnehmer **Betriebsversammlungen und Sprechstunden** des Betriebsrats gegen Erstattung des Verdienstausfalls besuchen können. Auch in der Durchführungsphase können **Betriebsvereinbarungen** relevant werden, in denen Arbeitgeber und Betriebsrat geeignete, den Arbeitnehmer schützende Regelungen zu Arbeitszeit, Mehrarbeit, Zeiterfassung, Vergütung, Arbeitsmitteln, Aufwendungsersatz, Fahrtkosten, Telefongebühren, Versicherungsschutz und Rückkehr in den Betrieb bei Aufgabe der Telearbeit treffen sollten.

Fazit

Gegenüber dem Arbeitnehmer sollte der Betriebsrat als Informations- und Beratungsorgan fungieren und diesen frühzeitig über die Möglichkeiten und Gefahren der Telearbeit aufklären.

Arbeitsbedingungen des Betriebsrats

Veränderte Betriebsratsarbeit

Ebenso wie andere flexible Arbeitszeitmodelle hat auch die Telearbeit nicht nur Einfluss auf die Arbeitsbedingungen der Arbeitnehmer, sie verändert auch die Inhalte und den Ablauf der Betriebsratsarbeit. Die regelmäßig mit der Telearbeit verbundene Dezentralisierung der Arbeitsstätte mit überwiegender bis völliger Abwesenheit vom Betrieb führt zu einer **Erschwerung des Kontakts** zwischen Arbeitnehmer und Betriebsrat.

Die Einrichtung von Sprechstunden der Betriebsräte wird durch das Auseinanderfallen von Arbeitszeiten und die Dezentralisierung der Arbeitsstätte problematisch. Die Zeiten und Orte, zu bzw. an denen Arbeitnehmer für den Betriebsrat erreichbar sind, fallen durch die Einrichtung von Telearbeitsplätzen auseinander. Das verlangt eine **größere Flexibilität seitens des Betriebsrats,** wie z.B. bei der Anberaumung von Sprechstunden, und unter Umständen eine Ausweitung des Sprechstundenangebots, was zu einer zeitlichen Mehrbelastung des Betriebsrats führt.

Überprüfung der Telearbeitsplätze

Auch die Notwendigkeit, häusliche Arbeitsplätze oder Arbeitsplätze in Telecentern oder Nachbarschaftsbüros zu begehen, um die Einhaltung verschiedenster Vorschriften zu überprüfen, verursacht eine Vielzahl von Außenterminen und damit eine **verstärkte Reisetätigkeit** des Betriebsrats.

Neue Informationsmittel

Herkömmliche Informationsmittel des Betriebsrats, wie Bekanntmachungen am Schwarzen Brett, Flugblätter oder Informationsschriften, erreichen die Arbeitnehmer in Telearbeit in aller Regel zeitlich verzögert oder gar nicht. Hier kann jedoch ein Ausgleich durch die **Informations- und Kommunikationstechnik** geschaffen werden.

Es ist daher für den Betriebsrat von besonderer Bedeutung, ebenso am technischen Fortschritt teilzunehmen wie andere Arbeitnehmer auch. Hierzu gehören mindestens die Ausstattung mit einem PC nebst Software, die Möglichkeit zur Nutzung des vorhandenen betriebsinternen Intranets zur Information der Arbeitnehmer und zur Darstellung der Betriebsratsarbeit auf einer Homepage sowie die Möglichkeit, die Arbeitnehmer per E-Mail zu erreichen und selbst für sie erreichbar zu sein.

Fazit

Die mit der Telearbeit einhergehende Dezentralisierung ändert auch die Arbeit des Betriebsrats, der persönliche Kontakt zu den Arbeitnehmern wird erschwert und mit herkömmlichen Informationsmitteln kann der Betriebsrat den Arbeitnehmer in Telearbeit nicht erreichen. Umso wichtiger ist es für den Betriebsrat, informations- und kommunikationstechnisch gut ausgestattet zu sein, um die Arbeitnehmer erreichen zu können bzw. für diese erreichbar zu sein.

Telearbeit | Ihre digitalen Arbeitshilfen

Ihre digitalen Arbeitshilfen

 Sie erhalten direkt einsetzbare Arbeitshilfen zu diesem Stichwort. So können Sie schnell und einfach Ihre benötigte Arbeitshilfe finden und diese gleich am PC bearbeiten.

Arbeitshilfen
- Checkliste: Telearbeitsfähigkeit der Tätigkeit
- Eckpunkte Rahmenvereinbarung zur Telearbeit
- Betriebsvereinbarung Telearbeit
- Betriebsvereinbarung über die Pilotphase von Telearbeit
- Zehn Fragen und Antworten zur Telearbeit

Urlaub

Grundlagen

Arten von Urlaub

Mit dem Begriff „Urlaub" ist in den allermeisten Fällen der „Erholungsurlaub" gemeint, der jedem Arbeitnehmer in einem gesetzlich vorgeschriebenen Mindestumfang zusteht (siehe dazu die nachfolgenden Ausführungen im Abschnitt „Rechtliche Voraussetzungen"). Erholungsurlaub ist die bezahlte Freistellung von der Arbeit und dient der Regeneration des Arbeitnehmers.

Daneben gibt es aber auch andere Arten des Urlaubs, die eigenen Regeln unterliegen und der Vollständigkeit halber im Folgenden kurz vorgestellt werden:

Betriebsurlaub (Betriebsferien, Werksferien)

Der Arbeitgeber kann für einen bestimmten Zeitraum „Zwangsurlaub" für alle Mitarbeiter in einem Betrieb oder Betriebsteil (Abteilung) anordnen. Dies bietet sich z.B. aus betriebswirtschaftlicher Sicht an, wenn es in dieser Zeit gar keine oder nur eine geringe Kundenfrequenz gibt (z.B. in Zeiten des Jahreswechsels zwischen Weihnachten und Neujahr), um in auftragsschwachen oder saisonal bedingt ruhigen Zeiten Leerlauf und Unterbeschäftigung zu vermeiden oder wenn der Betrieb nur gewährleistet ist, solange der Chef persönlich anwesend ist (z.B. der Arzt in seiner Praxis).

Ausdrücklich geregelt ist der Betriebsurlaub nicht. Als Grundsatz legt § 7 Abs. 1 Satz 1 Bundesurlaubsgesetz (BUrlG) aber fest, dass bei der zeitlichen Festlegung des Urlaubs die Urlaubswünsche des Arbeitnehmers zu berücksichtigen sind, es sei denn, dass dringende betriebliche Belange oder Urlaubswünsche anderer Arbeitnehmer, die unter sozialen Gesichtspunkten den Vorrang verdienen, entgegenstehen. Nach der Rechtsprechung des BAG begründen Betriebsferien betriebliche Belange im Sinne dieser Vorschrift, die der Berücksichtigung individueller Urlaubswünsche der Arbeitnehmer entgegenstehen können.

Der einseitig vom Arbeitgeber festgesetzte Betriebsurlaub unterliegt aber bestimmten Einschränkungen: Der Arbeitgeber darf über höchstens drei Fünftel des Jahresurlaubs seiner Mitarbeiter verfügen – wann und wie diese die restlichen Urlaubstage nehmen möchten, das muss den Beschäftigten frei überlassen werden (so: BAG, Urteil vom 28.07.1981 – 1 ABR 79/92 –). Der Betriebsurlaub kann auch nicht spontan verordnet werden, sondern muss dem Arbeitnehmer so rechtzeitig angekündigt worden sein, dass dieser Planungssicherheit hat.

Wichtig

Wenn es in einem Betrieb einen Betriebsrat gibt, dann ist die Anordnung von Betriebsferien mitbestimmungspflichtig (§ 87 Abs. 1 Nr. 5 BetrVG) und sollte in einer Betriebsvereinbarung geregelt werden.

Handelt es sich um einen betriebsratslosen Betrieb, kann der Arbeitgeber die Betriebsferien kraft des ihm obliegenden Direktionsrechts einführen (so: BAG, Urteil vom 12.10.1961 – 5 AZR 423/60 –).

Bildungsurlaub/Sonderurlaub

In einigen Bundesländern (z.B. Hamburg, Nordrhein-Westfalen) besteht ein Rechtsanspruch für Arbeitnehmer auf bezahlten Bildungsurlaub zur beruflichen und politischen Weiterbildung.

Einige Länderregelungen beinhalten auch einen Anspruch auf Sonderurlaub für Arbeitnehmer, die als Jugendleiter an Veranstaltungen der Jugendpflege teilnehmen.

Die Einzelheiten sind in den Gesetzen der jeweiligen Bundesländer geregelt (vgl. z.B. Hamburger Bildungsurlaubsgesetz).

Bildungsurlaub wird nicht auf den Erholungsurlaub angerechnet!

Praxistipp

- Der Arbeitgeber kann Bildungsurlaub nur ablehnen, wenn betriebliche Belange oder Urlaubswünsche anderer Arbeitnehmer, die aus sozialen Gründen den Vorrang genießen, dem Wunsch auf Bildungsurlaub entgegenstehen.
- Der Arbeitnehmer hat die Pflicht, auf Verlangen des Arbeitgebers die Anmeldung und auch die Teilnahme an der Bildungsmaßnahme durch Vorlage einer Bescheinigung nachzuweisen.

Sabbatical

Der Langzeiturlaub, besser bekannt unter „Sabbatjahr" oder „Sabbatical", wird hauptsächlich von größeren Unternehmen angeboten. Im Gegensatz zum Erholungsurlaub wird im Fall dieser Sonderbeurlaubung (Arbeitsfreistellung) kein Urlaubsentgelt durch den Betrieb gezahlt. Nähere Einzelheiten siehe Stichwort **„Sabbatical"**.

Elternzeit

Der Begriff „Erziehungsurlaub" wurde zum 01.01.2001 durch den Begriff „Elternzeit" ersetzt. Die Elternzeit als Arbeitsfreistellung zur Betreuung und Erziehung von Kindern in den ersten drei Lebensjahren nach deren Geburt ist inzwischen in §§ 15 ff. Bundeselterngeld- und Elternzeitgesetz (BEEG) geregelt. Befindet sich eine Arbeitnehmerin (oder ein Arbeitnehmer) in Elternzeit, so kann der Erholungsurlaub gemäß § 17 Abs. 1 BEEG für jeden vollen Monat Elternzeit um ein Zwölftel gekürzt werden.

Zu den Einzelheiten siehe Stichwort **„Elternzeit"** und dort insbesondere die Rechtsprechung „Kürzung des Erholungsurlaubs wegen Elternzeit".

Arbeitsfreistellung aus anderen Gründen

Vom (Erholungs-)Urlaub zu unterscheiden ist eine Freistellung von der Arbeitspflicht (Arbeitsbefreiung) aus anderen Gründen. Denn unter bestimmten Umständen können Arbeitnehmer Anspruch auf bezahlte oder unbezahlte Freistellung von der Arbeitspflicht beanspruchen, wenn die jeweiligen gesetzlichen Voraussetzungen erfüllt sind.

Aufgrund der Regelungsvielfalt werden in diesem Zusammenhang nur einige wichtige Freistellungstatbestände herausgegriffen und vorgestellt:

Pflegezeit/Familienpflegezeit

Seit 01.07.2008 gewährt das Pflegezeitgesetz einen (unbezahlten) Freistellungsanspruch von Arbeitnehmern gegenüber ihrem Arbeitgeber von bis zu zehn Arbeitstagen bei einer akut aufgetretenen Pflegesituation (kurzzeitige Arbeitsverhinderung) oder für längstens sechs Monate zur häuslichen Pflege naher Angehöriger (Pflegezeit). Mit Wirkung zum 01.01.2012 ist das Familienpflegezeitgesetz (FPfZG) in Kraft getreten, das für Arbeitnehmer, die zuhause ihre Angehörigen pflegen, die Möglichkeit bietet, ihre Arbeitszeit zu reduzieren.

Zu den Einzelheiten siehe Stichwort **„Pflegezeit/Familienpflegezeit"**.

Altersteilzeit

Altersteilzeit ermöglicht älteren Arbeitnehmern einen gleitenden Übergang vom Erwerbsleben in den Ruhestand. Nach dem Altersteilzeitgesetz kann Altersteilzeitbeschäftigung neben dem Teilzeitmodell auch im Blockmodell ausgeübt werden, d.h., der Arbeitnehmer erbringt in der ersten Hälfte des vereinbarten Zeitraums seine volle bisherige Arbeitsleistung bei vermindertem Altersteilzeitgehalt und lässt sich in der zweiten Hälfte von der Arbeit freistellen.

Beschäftigungsverbote (z.B. nach Mutterschutzgesetz)

Nach § 3 Abs. 2 und § 6 Abs. 1 Mutterschutzgesetz (MuSchG) dürfen erwerbstätige Frauen sechs Wochen vor dem voraussichtlichen Entbindungstermin und acht Wochen (bei Früh- und Mehrlingsgeburten zwölf Wochen) nach der Geburt ihres Kindes nicht beschäftigt werden. Neben diesen generellen Beschäftigungsverboten, die für alle Frauen unabhängig von ihrem Gesundheitszustand gelten, gibt es im Mutterschutzgesetz auch individuelle Beschäftigungsverbote, die durch den zuständigen Arzt ausgesprochen werden können.

Beschäftigungsverbote finden sich auch im Jugendarbeitsschutzgesetz – so regelt z.B. § 5 JArbSchG das Verbot der Kinderarbeit.

Arbeitsverhinderung aus persönlichen Gründen (§ 616 BGB)

Ist der Arbeitnehmer aus wichtigen persönlichen Gründen an der Arbeitsleistung verhindert, so behält er seinen Vergütungsanspruch, sofern die weiteren Voraussetzungen des § 616 BGB (verhältnismäßig nicht erhebliche Zeit, kein Verschulden) vorliegen. Wichtige persönliche Gründe können z.B. sein:

- familiäre Ereignisse (z.B. Hochzeit, Todesfall, Geburt, Kommunion oder Konfirmation des Kindes)
- Arztbesuch (soweit zu diesem Zeitpunkt medizinisch notwendig)
- Umzug
- schwere Erkrankung naher Angehöriger (insbesondere der Kinder)
- Ladungen zu Behörden oder Gerichten
- Ausfall öffentlicher Verkehrsmittel

Praxistipp
§ 616 BGB ist kein zwingendes Recht!
Der Anspruch auf Fortzahlung der Vergütung bei persönlicher Arbeitsverhinderung kann durch Arbeitsvertrag, Betriebsvereinbarung oder Tarifvertrag erweitert, eingeschränkt oder ganz ausgeschlossen werden. Gerade in Tarifverträgen sind häufig weitere Einzelheiten zur Arbeitsverhinderung geregelt.

Freistellung bei Erkrankung eines Kindes (§ 45 SGB V)

Erkrankt ein Kind und bedarf es der Beaufsichtigung, Betreuung und Pflege, so hat die in der gesetzlichen Krankenversicherung versicherte Mutter/der Vater Anspruch auf unbezahlte Freistellung von der Arbeit gegenüber dem Arbeitgeber und Gewährung von Kinderpflegekrankengeld durch die gesetzliche Krankenversicherung gemäß § 45 SGB V.

Der Anspruch auf Kinderpflegekrankengeld nach § 45 Abs. 1 SGB V beträgt bis zu zehn Arbeitstage pro Kind in jedem Kalenderjahr (bei Alleinerziehenden 20 Arbeitstage/Jahr). Das erkrankte Kind muss selbst gesetzlich krankenversichert sein und darf das zwölfte Lebensjahr noch nicht vollendet haben oder ist behindert.

§ 45 Abs. 3 SGB V gewährt einen Anspruch auf unbezahlte Freistellung von der Arbeit gegenüber dem Arbeitgeber. Der Freistellungsanspruch ist zwingendes Recht, d.h., er kann vertraglich weder ausgeschlossen noch beschränkt werden.

Praxistipp
Das Arbeitsgericht Berlin hatte den Fall zu entscheiden, dass eine Arbeitnehmerin während eines schon bewilligten Erholungsurlaubs wegen der Pflege ihres erkrankten Kindes sechs Tage der Arbeit fernblieb. Die Mutter verlangte mit ihrer Klage vom Arbeitgeber die Nachgewährung der sechs Urlaubstage. Das Arbeitsgericht lehnte die Klage ab und begründete dies damit, aufgrund der Erkrankung des Kindes und der daraus folgenden Arbeitsbefreiung gemäß § 45 SGB V sei der auf diesen Zeitraum entfallende Urlaubsanspruch erloschen (Arbeitsgericht Berlin, Urteil vom 17.06.2010 – 2 Ca 1648/10 –). Das LAG Berlin-Brandenburg hat dieses Urteil in der Berufung bestätigt (Urteil vom 10.11.2010 – 11 Sa 1475/10 –).

Weitere **gesetzliche Freistellungstatbestände** (exemplarische Aufzählung):

- § 629 BGB: Aufsuchen eines anderen Dienstverhältnisses nach der Kündigung (Freizeit zur Stellensuche)
- §§ 37, 38 BetrVG: für die Tätigkeit im Betriebsrat
- § 44 BetrVG: für die Teilnahme an Betriebsversammlungen
- § 96 SGB IX: für die Tätigkeit in der Schwerbehindertenvertretung
- §§ 9, 10 JArbSchG: für die Teilnahme am Berufsschulunterricht bzw. für Prüfungen und außerbetriebliche Ausbildungsmaßnahmen
- § 16 MuSchG: für Untersuchungen bei Schwangerschaft und Mutterschaft

Wichtig

Weiter gehende Ansprüche auf Freistellung können in Tarifverträgen, Betriebsvereinbarungen sowie in Einzelarbeitsverträgen festgelegt sein.

Gesetzliche Urlaubsvorschriften

Bundesurlaubsgesetz: Mindesturlaubsanspruch für alle Arbeitnehmer

Der Urlaubsanspruch eines jeden Arbeitnehmers ist im **Mindesturlaubsgesetz für Arbeitnehmer (Bundesurlaubsgesetz – BUrlG)** geregelt. Von dessen Regelungen kann unter bestimmten Voraussetzungen abgewichen werden durch Arbeitsvertrag, Betriebsvereinbarung oder Tarifvertrag.

Als **Arbeitnehmer** gelten nach § 2 BUrlG Arbeiter, Angestellte und die zu ihrer Berufsausbildung Beschäftigten. Außerdem fallen arbeitnehmerähnliche Personen unter das Gesetz.

Für den Bereich der Heimarbeit gilt das Bundesurlaubsgesetz mit den in § 12 genannten Einschränkungen.

Sondergesetze: Urlaubsregelungen für bestimmte Personengruppen

In den folgenden Gesetzen sind Sondervorschriften zum Urlaub für bestimmte Personengruppen enthalten:

Gesetz und Geltungsbereich	Regelungsinhalt
§ 19 Jugendarbeitsschutzgesetz (JArbSchG): jugendliche Beschäftigte	gesetzlicher Mindesturlaub für jugendliche Beschäftigte: für noch nicht 16 Jahre alte Jugendliche = mindestens 30 Werktage für noch nicht 17 Jahre alte Jugendliche = mindestens 27 Werktage für noch nicht 18 Jahre alte Jugendliche = mindestens 25 Werktage Auszubildenden soll in der Regel der Urlaub während der Berufsschulferien gewährt werden.

Urlaub | Grundlagen

Gesetz und Geltungsbereich	Regelungsinhalt
§ 17 Bundeselterngeld- und Elternzeitgesetz (BEEG): Beschäftigte in Elternzeit	Der Arbeitgeber kann den Erholungsurlaub für jeden vollen Kalendermonat der Elternzeit um ein Zwölftel kürzen.
§ 17 Mutterschutzgesetz (MuSchG): (werdende) Mütter in einem Beschäftigungsverhältnis	Die Zeiten eines mutterschutzrechtlichen Beschäftigungsverbots gelten als Beschäftigungszeiten. Eine Kürzung des Urlaubsanspruchs ist nicht zulässig. Hat die Frau ihren Urlaub vor Beginn der Beschäftigungsverbote nicht oder nicht vollständig erhalten, so kann sie nach Ablauf der Fristen den Resturlaub im laufenden oder im nächsten Urlaubsjahr beanspruchen.
§ 125 Sozialgesetzbuch IX (SGB IX): schwerbehinderte Beschäftigte	gesetzlicher Zusatzurlaub von einem Urlaubstag/Jahr pro Arbeitstag in der Woche (= fünf Arbeitstage bei Fünftagewoche)
§ 4 Gesetz über den Schutz des Arbeitsplatzes bei Einberufung zum Wehrdienst (ArbPlSchG): freiwillig Wehrdienstleistende	Der Urlaubsanspruch verringert sich für jeden vollen Kalendermonat des freiwilligen Wehrdienstes um ein Zwölftel.
§§ 53 ff. Seemannsgesetz (SeemG): Seeleute	Die Vorschriften enthalten besondere Urlaubsvorschriften für Seeleute.

Fazit

- Das Bundesurlaubsgesetz regelt für alle Arbeitnehmer einen Mindesturlaubsanspruch und legt die Voraussetzungen für den Urlaubsanspruch fest. Unter bestimmten Voraussetzungen sind Abweichungen durch Arbeitsvertrag, Betriebsvereinbarung bzw. Tarifvertrag zulässig.
- Für einzelne Personengruppen (Schwerbehinderte, Jugendliche etc.) gibt es besondere gesetzliche Urlaubsregelungen, die dem allgemeinen Gesetz vorgehen.
- Daneben gibt es gesetzliche Ansprüche auf eine Freistellung von der Arbeitspflicht aus sonstigen Gründen (z.B. § 616 BGB, § 45 SGB V).

Rechtliche Voraussetzungen

Der Mindesturlaubsanspruch nach dem Bundesurlaubsgesetz

Grundsatz: Anspruch auf bezahlten Erholungsurlaub für jeden Arbeitnehmer

§ 1 Bundesurlaubsgesetz (BUrlG) legt als Grundsatz fest, dass jeder Arbeitnehmer in jedem Kalenderjahr Anspruch auf **bezahlten** Erholungsurlaub hat.

Geltungsbereich des Bundesurlaubsgesetzes

Voraussetzung für den Urlaubsanspruch ist das Bestehen eines Arbeitsverhältnisses. Dazu gehören auch Berufsausbildungs-, Teilzeit- und geringfügige Beschäftigungsverhältnisse (sog. „Minijobs" i.S.d. § 8 SGB IV).

Als Arbeitnehmer gelten auch Personen, die wegen ihrer wirtschaftlichen Unselbstständigkeit als arbeitnehmerähnliche Personen anzusehen sind (§ 2 BUrlG).

Für den Bereich der Heimarbeit gilt das Bundesurlaubsgesetz mit den Besonderheiten des § 12.

Berechnung der Mindesturlaubstage

Nach § 3 Abs. 1 BUrlG beträgt der Urlaub jährlich mindestens 24 Werktage. Als Werktage gelten alle Kalendertage, die nicht Sonn- oder gesetzliche Feiertage sind (§ 3 Abs. 2 BUrlG). Damit wird auch der Samstag als Werktag gezählt.

Wichtig

Die 24 Werktage pro Jahr beziehen sich also auf Arbeitsverhältnisse mit einer Sechstagewoche (Montag bis Samstag). 24 Werktage sind hier vier Wochen (4 x 6 Tage).

Sofern ein Unternehmen an weniger als sechs Tagen in der Woche arbeitet, muss nach der Rechtsprechung des BAG die Dauer des gesetzlichen Mindesturlaubs entsprechend umgerechnet werden.

Berechnungsformel:

24 Urlaubstage : Sechstagewoche x maßgebliche Wochenarbeitstage

Als Faustregel lässt sich festhalten, dass der Arbeitnehmer im Ergebnis einen gesetzlichen Mindesturlaubsanspruch von vier Kalenderwochen im Jahr hat.

Urlaub | Rechtliche Voraussetzungen

Beispiele

- bei Arbeitsverhältnissen mit einer Fünftagewoche (z.B. Montag bis Freitag): 20 Arbeitstage pro Jahr (24: 6 x 5 Wochentage)
- bei Arbeitsverhältnissen mit einer Viertagewoche: 16 Arbeitstage pro Jahr (24 : 6 x 4 Wochentage)
- bei Arbeitsverhältnissen mit einer Dreitagewoche: 12 Arbeitstage pro Jahr (24 : 6 x 3 Wochentage) etc.

Anteiliger Urlaubsanspruch bei Teilzeitbeschäftigung

Teilzeitbeschäftigte haben Anspruch auf denselben Erholungsurlaub wie Vollzeitbeschäftigte, wenn sie wie diese an jedem Arbeitstag in der Woche arbeiten. Ansonsten erhalten sie den Urlaubsanspruch anteilig entsprechend ihres Beschäftigungsumfangs.

Dasselbe gilt selbstverständlich für geringfügig Beschäftigte.

Beispiel 1 (Zweitagewoche)

Angestellte A. arbeitet mit 16 Wochenstunden in der Zweitagewoche.

Nach § 3 BUrlG stehen einem Vollzeitmitarbeiter bei einer Sechstagewoche jährlich 24 Werktage Mindesturlaub zu. Damit ergibt sich für A. als Teilzeitbeschäftigte in der Zweitagewoche folgender anteiliger Urlaubsanspruch:

sechs Arbeitstage = 24 Urlaubstage

zwei Arbeitstage = acht Urlaubstage

Bei einem Drittel der Arbeitstage im Verhältnis zu einem Vollzeitbeschäftigten steht A. also auch nur ein Drittel der Urlaubstage (8 von 24) zu.

Beispiel 2 (Fünftagewoche)

Der teilzeitbeschäftigte Angestellte B. arbeitet wie ein Vollzeitbeschäftigter in der Fünftagewoche (z.B. statt 5 x 8 Stunden täglich nur 5 x 4 Stunden täglich = 20 Wochenstunden).

In seinem Fall ändert sich an dem Urlaubsanspruch für einen Vollzeitbeschäftigten trotz reduzierter Wochenarbeitszeit nichts. Es ergibt sich nach dem Bundesurlaubsgesetz:

sechs Arbeitstage = 24 Urlaubstage

fünf Arbeitstage = 20 Urlaubstage

Bei einer Fünftagewoche entsprechend einer Vollzeitbeschäftigung stehen B. genauso wie den Vollzeitbeschäftigten ebenfalls 20 Urlaubstage zu.

Urlaubsanspruch bei wechselnden Wochenarbeitstagen

Wenn die Anzahl der Wochenarbeitstage sich ständig ändert (z.B. bei unregelmäßigem Arbeitseinsatz nach einem Dienst- oder Schichtplan oder bei der Arbeit auf Abruf nach § 12 TzBfG), muss die Berechnung der Urlaubstage auf einen längeren Bezugszeitraum ausgedehnt werden und nach der Gesamtzahl der Einsatztage im Jahr erfolgen.

Dabei geht das BAG rechnerisch im Fall einer Sechstagewoche von abgerundet 312 vergütungspflichtigen Arbeitstagen (365 Tage – 52 Wochen x 1 freier Tag) und bei einer Fünftagewoche von 260 (365 Tage – 52 Wochen x 2 freie Tage) vergütungspflichtigen Arbeitstagen im Jahr aus. Dabei bleibt der 365. Tag unberücksichtigt.

Die Berechnungsformel für die Ermittlung der Urlaubstage lautet dann:

Urlaubstage : 260 vergütungspflichtige Arbeitstage x tatsächliche Einsatztage

Beispiel

Krankenschwester M. arbeitet in einer Siebentagewoche und hat im Anschluss eine Woche frei.

Hier beträgt der Jahresurlaub nicht etwa 24 : 6 x 7 = 28 Tage, sondern nur 14 Tage.

Denn nach der 260stel-Regelung des BAG gilt für die Berechnung der Urlaubstage:

24 : 312 x 182,5 Arbeitstage im Jahr (365 Tage : 52 Kalenderwochen x 26 Arbeitswochen) = 14 Urlaubstage

Im Ergebnis hat auch die Krankenschwester vier Wochen Urlaub.

Anderweitige Regelung der Urlaubstage durch Arbeitsvertrag, Betriebsvereinbarung oder Tarifvertrag

In § 13 BUrlG ist festgelegt, wann von den Regelungen des Bundesurlaubsgesetzes **abgewichen** werden darf. Danach gilt Folgendes:

- **Zugunsten** des Arbeitnehmers (wenn sich die Abweichung vom Gesetz also für den Arbeitnehmer günstig auswirkt) kann durch Arbeitsvertrag, Betriebsvereinbarung oder Tarifvertrag abgewichen werden.
- Das bedeutet: Durch Arbeitsvertrag, Betriebsvereinbarung oder Tarifvertrag können **mehr** Urlaubstage vereinbart werden (weniger nur in Tarifverträgen des Baugewerbes, vgl. § 13 Abs. 2 BUrlG). Dieser über den gesetzlichen Mindesturlaub hinausgehende Zusatzurlaub wird in den meisten Betrieben gewährt.
- **Zuungunsten** des Arbeitnehmers (wenn sich die Abweichung vom Gesetz also für den Arbeitnehmer nicht günstig auswirkt) sind Abweichungen nur durch Tarifvertrag zulässig. Dies gilt aber ausdrücklich insbesondere nicht für die gesetzliche Mindesturlaubsdauer, d.h., es können nicht weniger Urlaubstage vereinbart werden (Ausnahme: Baugewerbe).

Anrechnung von Feiertagen auf den Urlaub

Hier ist zu unterscheiden zwischen

- bundesweit gesetzlichen Feiertagen,
- kirchlich-gesetzlichen Feiertagen (länderspezifisch) und
- rein kirchlichen Feiertagen.

§ 3 Abs. 2 BUrlG nennt nur „gesetzliche Feiertage". Darunter fallen sowohl die bundesweit weltlichen Feiertage (1. Januar, Erster Mai und 3. Oktober) als auch die landesgesetzlich festgelegten kirchlichen Feiertage. Diese dürfen also nicht auf den Urlaub angerechnet werden.

Rein kirchliche Feiertage wie z.B. Peter und Paul oder Mariä Empfängnis sind Werk- bzw. Arbeitstage. An solchen Tagen muss daher Urlaub genommen werden.

Praxistipp

Das Bundesurlaubsgesetz betrachtet den 24. Dezember (Heiligabend) und den 31. Dezember (Silvester) als gewöhnliche Arbeitstage. Der Arbeitgeber kann also verlangen, dass der Arbeitnehmer an diesen Tagen wie gewöhnlich arbeitet und ansonsten Urlaub nehmen muss.

Durch Tarifvertrag oder Betriebsvereinbarung ist aber in den meisten Betrieben eine andere Regelung getroffen worden.

Entstehen des Urlaubsanspruchs/ Wartezeit

§ 4 BUrlG bestimmt, dass der volle Urlaubsanspruch erstmalig **nach sechsmonatigem Bestehen des Arbeitsverhältnisses** erworben wird (Wartezeit). Maßgebend ist dabei nicht der Zeitpunkt des Abschlusses des Arbeitsvertrags, sondern der Tag der tatsächlichen Arbeitsaufnahme.

Danach entsteht der Urlaubsanspruch regelmäßig mit dem ersten Tag des Kalenderjahrs. Das Urlaubsjahr ist daher grundsätzlich das jeweilige Kalenderjahr (1. Januar bis 31. Dezember).

Ausnahme: Teilurlaub

Ausnahmsweise kommt eine anteilige Berechnung des Urlaubsanspruchs gemäß § 5 BUrlG in Betracht:

Anspruch auf ein Zwölftel des Jahresurlaubs für jeden vollen Monat des Bestehens des Arbeitsverhältnisses hat der Arbeitnehmer für Zeiten eines Kalenderjahrs,

- für die er entweder wegen Nichterfüllung der Wartezeit in diesem Kalenderjahr keinen vollen Urlaubsanspruch erwirbt oder
- wenn er vor erfüllter Wartezeit aus dem Arbeitsverhältnis ausscheidet oder
- wenn er nach erfüllter Wartezeit in der ersten Hälfte eines Kalenderjahrs (bis zum 30. Juni) aus dem Arbeitsverhältnis ausscheidet (§ 5 Abs. 1 BUrlG).

Voraussetzung für die Berechnung des anteiligen Urlaubs ist, dass das Arbeitsverhältnis **mindestens einen Monat gedauert** hat. Ergeben sich bei der anteiligen Berechnung Bruchteile von Urlaubstagen, sind diese, sofern sie mindestens einen halben Tag ergeben, auf volle Urlaubstage aufzurunden (§ 5 Abs. 2 BUrlG). Ergeben sich Bruchteile von Urlaubstagen, die weniger als die Hälfte eines Tages betragen, sind sie in diesem Umfang zu gewähren (z.B. ein Drittel Urlaubstag).

Urlaubsfestlegung/Zeitpunkt des Urlaubs

Der Arbeitnehmer kann seinen Urlaub nicht einseitig festlegen. Der Urlaub wird vom Arbeitgeber im Rahmen seines **Direktionsrechts** erteilt, d.h., der Arbeitgeber bestimmt grundsätzlich auch den Zeitpunkt (die Lage) des Urlaubs. Er muss hierbei aber bestimmte Regeln beachten:

- Die persönlichen Urlaubswünsche des Arbeitnehmers sind zu berücksichtigen, es sei denn, dass ihrer Berücksichtigung dringende betriebliche Belange (z.B. kurzfristig aufgetretene personelle Engpässe) oder Urlaubswünsche anderer Arbeitnehmer, die unter sozialen Gesichtspunkten den Vorrang verdienen (z.B. Arbeitnehmer mit schulpflichtigen Kindern in den Ferienzeiten), entgegenstehen (§ 7 Abs. 1 Satz 1 BUrlG).
- Der Arbeitnehmer kann verlangen, dass ihm der Urlaub im Anschluss an eine Maßnahme der medizinischen Vorsorge oder Rehabilitation gewährt wird (§ 7 Abs. 1 Satz 2 BUrlG).
- Der Urlaub ist zusammenhängend zu gewähren, es sei denn, dass dringende betriebliche oder in der Person des Arbeitnehmers liegende Gründe eine Teilung des Urlaubs erforderlich machen (§ 7 Abs. 2 Satz 1 BUrlG).
- Kann der Urlaub aus diesen Gründen nicht zusammenhängend gewährt werden und hat der Arbeitnehmer Anspruch auf Urlaub von mehr als zwölf Werktagen, so muss einer der Urlaubsteile mindestens zwölf aufeinanderfolgende Werktage umfassen (§ 7 Abs. 2 Satz 2 BUrlG).

Der Arbeitnehmer hat Anspruch darauf, dass der Arbeitgeber über den Urlaubsantrag zügig entscheidet. Hat der Arbeitgeber den Urlaub für einen bestimmten Zeitpunkt zugesagt, so ist er hieran grundsätzlich gebunden. Eine Änderung oder Aufhebung des festgesetzten Urlaubszeitraums ist lediglich im Einvernehmen mit dem Arbeitnehmer möglich.

Praxistipp

Stellt der Arbeitgeber einen Urlaubsplan auf, so hat der Betriebsrat gemäß § 87 Abs. 1 Nr. 5 BetrVG ein Mitbestimmungsrecht.

Wichtig

Ist der Arbeitnehmer mit dem erteilten Urlaub nicht einverstanden oder erteilt ihm der Arbeitgeber entgegen seinem Urlaubswunsch keinen Urlaub, dann sollte er seinen Urlaub nicht eigenmächtig antreten (**keine Selbstbeurlaubung!**), sondern (notfalls) beim Arbeitsgericht auf Urlaubserteilung klagen (in der Regel Antrag auf einstweilige Verfügung möglich). Bei eigenmächtigem Urlaubsantritt besteht die Gefahr der Abmahnung bzw. sogar rechtmäßigen Kündigung seitens des Arbeitgebers, weil es sich dabei um eine Verletzung der Arbeitspflicht handelt.

Erwerbstätigkeit während des Urlaubs

Der Urlaub dient der Erholung. Der Arbeitnehmer soll sich regenerieren, um für den beruflichen Alltag aufzutanken. § 8 BUrlG verbietet dem Arbeitnehmer eine **dem Urlaubszweck widersprechende Erwerbstätigkeit** während des Urlaubs. Die Grenze zu ziehen zwischen erlaubter und unerlaubter Erwerbstätigkeit während des Urlaubs, ist nicht immer einfach und bestimmt sich nach Art und Dauer der Erwerbstätigkeit. Nach der Rechtsprechung des BAG kann bei einer unerlaubten Erwerbstätigkeit während des Urlaubs auch eine Kündigung seitens des Arbeitgebers gerechtfertigt sein.

Siehe dazu Rechtsprechung „Nebenbeschäftigung als Verstoß gegen Urlaubszweck gemäß § 8 Bundesurlaubsgesetz?"

Urlaub im Kündigungsfall

Sofern im Rahmen einer ordentlichen oder außerordentlichen (fristlosen) Kündigung eine Freistellung des Arbeitnehmers erfolgt, hat der Arbeitgeber ausdrücklich klarzustellen, ob die Freistellung unter Anrechnung auf den Urlaubsanspruch geschieht. Ansonsten bleiben trotz Kündigung die Urlaubsansprüche des Arbeitnehmers bestehen und sind ggf. in Geld ausgleichen.

Siehe dazu auch Rechtsprechung „Urlaub in der Kündigungsfrist".

Urlaubsanspruch bei Arbeitgeberwechsel

Wechselt der Arbeitnehmer im laufenden Jahr den Arbeitgeber und hat in seinem früheren Arbeitsverhältnis weder Urlaub noch eine Abgeltung erhalten, entsteht der Anspruch im neuen Arbeitsverhältnis **ungekürzt.** Der neue Arbeitgeber kann den Arbeitnehmer nicht darauf verweisen, sich an seinen früheren Arbeitgeber zu wenden (§ 6 BUrlG).

Erkrankung während des Urlaubs

Erkrankt ein Arbeitnehmer während seines Urlaubs, so werden die durch ärztliches Zeugnis nachgewiesenen Tage der Arbeitsunfähigkeit auf den Urlaub nicht angerechnet (§ 9 BUrlG). Der Urlaub ist dann erneut zu gewähren.

Wichtig

Der im Urlaub erkrankte Arbeitnehmer hat den Arbeitgeber unverzüglich über die Erkrankung zu informieren. Bei Urlaub im Ausland hat er zusätzlich seinen Aufenthaltsort mitzuteilen. Der Urlaub wird dann mit dem Eingang der Meldung unterbrochen und ist nachzugewähren.

Auch bei längerer Krankheit während des Urlaubsjahrs wird der Urlaubsanspruch nicht beeinträchtigt. Er besteht auch dann, wenn der Arbeitnehmer das ganze Jahr krank war. Der Urlaubsanspruch erlischt auch nicht, wenn die Arbeitsunfähigkeit bis zum Ende des Übertragungszeitraums fortgedauert hat und der Urlaub deshalb nicht genommen werden konnte.

Siehe dazu Abschnitt „Urlaubsübertragung".

Urlaubsentgelt = Entgeltfortzahlung während des Urlaubs

Wie sich schon aus dem Grundsatz des § 1 BUrlG ergibt („bezahlter Erholungsurlaub"), hat der Arbeitnehmer **Anspruch auf Entgeltfortzahlung während des Urlaubs**. Die während des Urlaubs weitergewährte Arbeitsvergütung wird als Urlaubsentgelt bezeichnet. Das Urlaubsentgelt richtet sich in seiner Höhe nach dem durchschnittlichen Arbeitsverdienst in den letzten 13 Wochen vor Beginn des Urlaubs (§ 11 BUrlG). Überstundenvergütungen werden nicht berücksichtigt.

Urlaubsgeld = Gratifikation

Vom Urlaubsentgelt zu unterscheiden ist das Urlaubsgeld. Darunter versteht man eine **über das Urlaubsentgelt hinausgehende Bezahlung** für die Dauer des Urlaubs. Ein gesetzlicher Anspruch auf ein zusätzliches Urlaubsgeld (Gratifikation) besteht nach dem Bundesurlaubsgesetz nicht. Dies kann aber aufgrund tarifvertraglicher oder arbeitsvertraglicher Regelung oder entsprechender betrieblicher Übung gewährt werden.

Urlaubsabgeltung

Grundsatz

Es ist grundsätzlich unzulässig, nicht in Anspruch genommenen Urlaub in Geld abzugelten. Dies ergibt sich aus dem Grundgedanken des Urlaubs, dass die Freistellung von der Arbeit zum Zwecke der Erholung erfolgt.

Ausnahme

Die Urlaubsabgeltung ist nur zulässig, wenn der Urlaubsanspruch wegen Beendigung des Arbeitsverhältnisses nicht mehr erfüllt werden kann (§ 7 Abs. 4 BUrlG).

Bei der Abgeltung tritt die Leistung von Geld an die Stelle des nicht gewährten Urlaubs bzw. Teilurlaubs. Die Höhe des Abgeltungsanspruchs bemisst sich wie das Urlaubsentgelt. Der Abgeltungsanspruch des Arbeitnehmers entsteht mit dem Ausscheiden des Arbeitnehmers.

Der Abgeltungsanspruch setzt grundsätzlich voraus, dass der Urlaubsanspruch noch erfüllt werden könnte, wenn das Arbeitsverhältnis weiterbestünde. Von diesem Grundsatz ist allerdings dann eine Ausnahme zu machen, wenn der Arbeitnehmer während des gesamten Bezugszeitraums und/oder Übertragungszeitraums oder eines Teils davon krankgeschrieben bzw. im Krankheitsurlaub war und deshalb seinen Anspruch auf bezahlten Jahresurlaub vor Beendigung des Arbeitsverhältnisses nicht ausüben konnte.

Für diesen Fall haben das BAG und das LAG Düsseldorf im Anschluss an die Rechtsprechung des EuGH entschieden, dass der nicht genommene Urlaub nicht erlischt, sondern vom Arbeitgeber abzugelten ist.

Urlaub | Rechtliche Voraussetzungen

Urlaubsübertragung

Der Urlaub **soll** grundsätzlich **im laufenden Kalenderjahr und zusammenhängend** gewährt und genommen werden (§ 7 Abs. 2 und 3 BUrlG).

Der Urlaub muss **bis spätestens Ende März des folgenden Kalenderjahrs** genommen werden (§ 7 Abs. 3 BUrlG). In Tarifvertrag, Betriebsvereinbarung oder Arbeitsvertrag können längere Übertragungsfristen, z.B. bis 30. April oder 30. Juni des Folgejahrs, festgelegt werden (§ 13 Abs. 1 BUrlG).

Praxistipp
Besondere Übertragungsregelungen von Resturlaubsansprüchen bestehen für Mütter (§ 17 Abs. 2 MuSchG) mit Übertragungsmöglichkeit bis zum Ende des Folgejahrs nach Geburt und für Arbeitnehmer in Elternzeit (§ 17 Abs. 2 BEEG) mit Übertragungsmöglichkeit in das laufende Jahr nach Ende der Elternzeit oder in das Folgejahr.
Der vor einer ersten Elternzeit entstandene Anspruch auf Erholungsurlaub wird auf die Zeit nach einer weiteren Elternzeit übertragen, soweit sich diese unmittelbar an die frühere Elternzeit anschließt (dies gilt aber nicht im Fall der Ausübung einer Teilzeitbeschäftigung während der Elternzeit!).
Siehe dazu im Kapitel „Elternzeit" Rechtsprechung „Resturlaubsanspruch verfällt nicht bei zweiter Elternzeit".

Ein Übertragungsanspruch bis zum 31. März des auf das Urlaubsjahr folgenden Jahres oder darüber hinaus kann einzelvertraglich vereinbart werden oder ergibt sich teilweise aus Tarifverträgen.

Ist die Gewährung des Urlaubs im laufenden Kalenderjahr entweder aus dringenden betrieblichen Gründen (z.B. wegen termingebundener Aufträge) oder aus in der Person des Arbeitnehmers liegenden Gründen (insbesondere Krankheit) nicht möglich, wird der Urlaub kraft Gesetzes in das erste Kalendervierteljahr des Folgejahrs übertragen und muss bis zum 31. März gewährt werden.

Rechtslage bis zum Jahr 2009

Nach der alten Rechtsprechung des BAG erlosch der Urlaubsanspruch nach diesem Zeitpunkt ausnahmslos. Dies hatte bei langzeiterkrankten Beschäftigten zur Folge, dass Erholungsurlaubsansprüche nach der Rückkehr zum Arbeitsplatz nicht mehr bestanden bzw. bei einem Ausscheiden aus dem Arbeitsverhältnis nicht mehr abzugelten waren.

Diese Rechtslage hat sich nach einem Grundsatzurteil des EuGH aus dem Jahr 2009 geändert.

Rechtsprechung des EuGH zur Urlaubsübertagung bei Krankheit

Wird der Urlaub weder im laufenden Kalenderjahr noch im Übertragungszeitraum gewährt und genommen, erlischt der Urlaubanspruch. Dies gilt jedoch dann nicht, wenn der Arbeitnehmer seinen Anspruch auf bezahlten Jahresurlaub krankheitsbedingt während des gesamten Bezugszeitraums oder eines Teils nicht ausüben konnte und seine Arbeitsunfähigkeit bis zum

Ende des Übertragungszeitraums fortgedauert hat. Das hat der EuGH mit Urteil vom 20.01.2009 („Schultz-Hoff" – C-350/06) in einer Vorabentscheidung auf Ersuchen des LAG Düsseldorf hin entschieden.

Der EuGH sieht in der bisherigen Rechtsprechung der deutschen Gerichte **einen Verstoß gegen die europäische Arbeitszeitrichtlinie** (Artikel 7 Abs. 2 der Richtlinie 2003/88/EG). Nach Auffassung des EuGH bleibt der Anspruch eines Mitarbeiters, der wegen Krankheit daran gehindert ist, seinen Urlaub zu nehmen, auch über den 31. März des Folgejahrs hinaus bestehen. Der Anspruch auf bezahlten Jahresurlaub könne, so der EuGH, bei einem ordnungsgemäß krankgeschriebenen Arbeitnehmer nicht von der Voraussetzung abhängig gemacht werden, dass der Arbeitnehmer während des Bezugszeitraums gearbeitet habe. Daher könne der Mitarbeiter seinen Urlaubsanspruch am Ende des Bezugs- oder Übertragungszeitraums nur dann verlieren, wenn er auch tatsächlich die Möglichkeit gehabt habe, seinen Urlaub zu nehmen. Arbeitnehmer, die während des gesamten Bezugszeitraums und/oder über den Übertragungszeitraum hinaus krankgeschrieben seien, hätten diese Möglichkeit jedoch nicht.

Aktuelle Rechtsprechung zur Urlaubsübertagung bei Krankheit

Das **LAG Düsseldorf** hat im Anschluss an diese Entscheidung des EuGH mit Urteil vom 02.02.2009 (Az: 12 Sa 486/06) dessen Vorgaben umgesetzt: Für den gesetzlichen Anspruch auf Erholungsurlaub von jährlich vier Wochen (Mindesturlaub) und für zusätzliche gesetzliche Urlaubstage (z.B. wegen Schwerbehinderung) gilt demnach:

- Der Urlaub wird nicht nur für Zeiten erworben, in denen der Arbeitnehmer seine Arbeitskraft zur Verfügung gestellt hat, sondern auch für Zeiten, in denen er ordnungsgemäß krankgeschrieben war.
- Der Urlaubsanspruch verfällt nicht, sondern er ist, falls der Urlaub im Urlaubsjahr nicht erteilt wurde, vom Arbeitgeber zu späterer Zeit nachzugewähren.
- Ein Arbeitnehmer hat bei Beendigung des Arbeitsverhältnisses Anspruch auf Abgeltung des noch offenen Urlaubs, und zwar auch dann, wenn er während des gesamten Urlaubsjahrs und darüber hinaus krankgeschrieben war bzw. weiterhin krankgeschrieben ist.

Mit Urteil vom 24.03.2009 hat das BAG – 9 AZR 983/07 – entschieden, dass der Urlaubsanspruch aufrechterhalten wird, wenn der Arbeitnehmer im Fall einer Krankheit wegen der daraus herrührenden Arbeitsunfähigkeit nicht in der Lage gewesen ist, seinen Urlaubsanspruch bis zum Ende des Urlaubsjahrs und/oder eines vorgesehenen Übertragungszeitraums zu verwirklichen.

Das BAG stellt fest, dass § 7 Abs. 3 und 4 BUrlG im Verhältnis zu privaten Arbeitgebern nach den Vorgaben des Artikel 7 der Arbeitszeitrichtlinie der Europäischen Union gemeinschaftsrechtskonform fortzubilden ist.

Das BAG gibt damit seine bisherige gegenteilige Rechtsprechung auf.

Wichtig

Nach Ansicht des BAG ist zu unterscheiden zwischen dem gesetzlichen Urlaubsanspruch nach Bundesurlaubsgesetz und dem **tariflichen oder einzelvertraglichen Mehrurlaub**. Danach können die **Tarifvertragsparteien** frei regeln, dass der über den gesetzlichen Urlaub hinausgehende tarifliche Urlaubsanspruch erlischt, wenn er wegen Krankheit des Arbeitnehmers nicht erfüllt werden kann. Solange jedoch keine Differenzierung zwischen gesetzlichem und übergesetzlichem Urlaubsanspruch getroffen wird, sind diese Ansprüche einheitlich zu beurteilen.

Mit Urteil vom 23.03.2010 –9 AZR 128/09 – hat das BAG weiter entschieden, dass die neue Rechtsprechung des BAG, wonach der gesetzliche Mindesturlaub bei Arbeitsunfähigkeit nicht verfällt, auch für den **gesetzlichen Zusatzurlaub für Schwerbehinderte nach § 125 SGB IX** Anwendung findet.

Siehe dazu Rechtsprechung „Urlaubsübertragung bei Arbeitsunfähigkeit – Zusatzurlaub für Schwerbehinderte".

Für den Fall des **tarifvertraglichen Mehrurlaubs** (hier: nach TV-L bzw. TVöD) stellte das BAG in zwei Entscheidungen vom 22.05.2012 (9 AZR 575/10 und 9 AZR 618/10) klar, dass dieser auch im Fall der lang andauernden Erkrankung jeweils bis zum Ablauf des 31. Mai des Folgejahrs verfällt.

Verfall von Urlaubsansprüchen

Die heutige Rechtsprechung des BAG zur Urlaubsübertragung bei Krankheit wirft neue Fragen nach dem Verfall von Urlaubs- bzw. Urlaubsabgeltungsansprüchen auf.

In der Praxis könnten Arbeitnehmer nach längerer Krankheit noch Jahre später ihre Urlaubsansprüche geltend machen. Diesem unbegrenzten Ansammeln von Urlaubsansprüchen hat aber der EuGH mit Urteil vom 22.11.2011 („KHS/Schulte" – C-214/10) einen Riegel vorgeschoben: In dieser Entscheidung haben es die Richter nicht beanstandet, dass der Urlaubsanspruch **15 Monate nach Ablauf des Urlaubsjahrs** verfällt. Ein Recht, Urlaubsansprüche unbegrenzt anzusammeln, habe ein über mehrere Jahre erkrankter Arbeitnehmer nicht, so die Begründung. Das BAG hat im Anschluss an diese Entscheidung festgestellt, dass Urlaubsansprüche im langjährig ruhenden Arbeitsverhältnis (hier: wegen befristeter Erwerbsminderungsrente) **nach dem 31. März des zweiten auf das jeweilige Urlaubsjahr folgenden Kalenderjahrs verfallen** (Urteil vom 07.08.2012 – 9 AZR 353/10 –).

Die einschlägigen Entscheidungen zur Urlaubsabgeltung sind auf der beiliegenden CD-ROM unter dem Stichwort Urlaub/Rechtsprechung abgebildet.

Fazit

- Jeder Arbeitnehmer hat einen gesetzlichen Mindesturlaubsanspruch von vier (bezahlten) Kalenderwochen im Jahr.
- Der Urlaub wird vom Arbeitgeber im Rahmen seines Direktionsrechts erteilt. Er hat dabei die persönlichen Urlaubswünsche des Arbeitnehmers zu berücksichtigen.
- Der Urlaub ist grundsätzlich im Kalenderjahr (= Urlaubsjahr) zu nehmen. Bei Vorliegen besonderer persönlicher oder betrieblicher Gründe ist eine Übertragbarkeit per Gesetz bis zum 31. März des Folgejahrs möglich.
- Urlaub, der wegen Erkrankung nicht bis zum Ende des Kalenderjahrs bzw. innerhalb des Übertragungszeitraums genommen werden konnte, verfällt nach der neuen Rechtsprechung nicht mehr, sondern ist nachzugewähren bzw. abzugelten (EuGH, Urteil vom 20.01.2009 – C 350/06 –; Änderung der BAG-Rechtsprechung, Urteil vom 24.03.2009 – 9 AZR 983/07 –).
- Auch im Fall der lang andauernden Erkrankung verfallen Urlaubsansprüche generell 15 Monate nach dem Urlaubjahr = mit Ablauf des 31. März des übernächsten Jahres (BAG, Urteil vom 07.08.2012 – 9 AZR 353/10 –).

Sicht des Arbeitgebers

Urlaubsplanung ist Chefsache!

Sie ist sicher nicht das „Steckenpferd" des Arbeitgebers – und trotzdem steht sie jedes Jahr wieder an: die **Urlaubsplanung!**

Arbeitnehmer können und dürfen sich nicht selbst beurlauben, sonst drohen Abmahnung oder sogar Kündigung. Im Gegenzug hat der Arbeitgeber aber auch Urlaub zu gewähren, sofern

- ein konkreter Urlaubantrag gestellt ist und
- diesem konkreten Urlaubswunsch keine betrieblichen Gründe entgegenstehen (vgl. § 7 Abs. 1 BUrlG).

Es bedarf also eines **Sachgrunds seitens des Arbeitgebers,** wenn Urlaubswünsche abgelehnt werden – Willkür ist hier fehl am Platz.

Was Arbeitgeber bei der Urlaubsplanung beachten können, um Reibungspunkte und Konflikte im Betrieb möglichst zu vermeiden:

- **Frühzeitig planen und Stichtage festsetzen!**
  Eine zu Jahresbeginn ausgelegte Urlaubsliste, in die sich die Mitarbeiter bis zu einem bestimmten Stichtag eintragen können, schafft Klarheit und Transparenz. Bei Überschneidungen von Urlaubswünschen können sich Mitarbeiter dann auch schon untereinander einigen, ohne dass der Arbeitgeber eingreifen muss.
- **Zeitnah entscheiden und Konflikte nicht „aussitzen"!**
  Arbeitgeber sollten ihre Entscheidung über Urlaubsanträge nicht auf die lange Bank schieben! Also zügig Anträgen stattgeben, wenn betriebliche Belange davon nicht berührt werden! Ist dies doch der Fall, dann sollten Arbeitgeber dies auch gleich dem Betroffenen gegenüber äußern und die Ablehnung mit einem Vorschlag für einen anderen Urlaubszeitraum verbinden.
- **Urlaubskollisionen auflösen und gerecht abwägen!**
  Es kommt immer wieder vor, dass Mitarbeiter gleichzeitig in Urlaub gehen wollen. So sind z.B. die Sommerferien dafür sehr begehrt. Kann der Arbeitgeber nicht auf zwei oder mehr Mitarbeiter gleichzeitig verzichten, sollte er das Gespräch mit den Betroffenen suchen, um eine Lösung zu finden, mit der alle Beteiligten leben können. Gelingt dies nicht, hat der Arbeitgeber das letzte Wort: Er muss dann nach sozialen Kriterien (z.B. Anzahl der schulpflichtigen Kinder, Dauer der Betriebszugehörigkeit, Gesundheitsaspekte) abwägen. Heranzuziehen ist auch die Urlaubsgewährung des Vorjahres, denn wer im vergangenen Jahr bevorzugt behandelt wurde, muss auch einmal mit seinen Urlaubswünschen zurückstehen.

Fazit

Urlaubsplanung ist Chefsache! Der Arbeitgeber entscheidet über Urlaubsanträge und hat auch das letzte Wort, wenn Mitarbeiter sich untereinander nicht einigen können. Mit einer vorausschauenden und transparenten Planung, Fingerspitzengefühl bei kollidierenden Urlaubswünschen und der bewussten Einbindung der Mitarbeiter in Konfliktsituationen können Arbeitgeber viel dafür tun, dass es in Sachen Urlaub nicht zu Ärgernissen kommt.

Auswirkungen auf die Arbeitnehmer

Schnappen Sie sich die Brückentage!

2013 wird ein arbeitnehmerfreundliches Jahr – jedenfalls, was den Urlaub angeht! Denn alle bundesweiten Feiertage fallen diesmal auf einen Wochentag. Dadurch können Arbeitnehmer Wochenenden verlängern und sich eine kleine Auszeit nehmen, indem sie „Brückentage" gezielt nutzen.

Damit das reibungslos klappt und der Urlaub nicht zum Ärgernis im Betrieb wird, gilt es aber ein paar Regeln einzuhalten:

Frühzeitig Urlaubswünsche anmelden!

Kommunizieren Sie frühzeitig im Betrieb, wann Sie freimachen wollen. Der Chef und Ihre Kollegen können sich dann darauf einstellen und rechtzeitig eigene Wünsche anmelden.

Auch mal zurückstehen können!

Nicht selten wollen Mitarbeiter gleichzeitig in Urlaub gehen, aber der Betrieb kann nicht auf beide verzichten. Dann muss einer zurückstehen. Finden Sie sich damit ab, dass es auch Sie mal trifft und treten Sie dafür ein, dass jeder mal „zum Zug kommt". Damit tragen Sie in hohem Maß zum **Betriebsfrieden** bei und sorgen für ein gutes Arbeitsklima unter den Kolleginnen und Kollegen.

Keine Selbstbeurlaubung!

Hüten Sie sich davor, den Urlaub eigenmächtig anzutreten bzw. zu verlängern. Dieses Verhalten kann sogar eine **Kündigung** durch den Arbeitgeber rechtfertigen. Werden Sie während Ihres Urlaubs krank, dann zeigen Sie Ihre Arbeitsunfähigkeit (per ärztlichem Attest) sofort an. Zwar rechnen Krankheitstage dann nicht als Urlaubstage. Sie dürfen diese Krankheitstage aber auch nicht einfach an den Urlaubszeitraum anhängen und so ihren Urlaub verlängern, sondern Sie müssen mit dem Arbeitgeber einen neuen Zeitraum abstimmen, zu dem Sie die nicht genommenen Urlaubstage nachholen dürfen.

Fazit

Arbeitnehmer können sich durch geschickte Planung ihres Urlaubs verlängerte Auszeiten schaffen. Dabei sollten sie aber auch Rücksicht auf Kollegen und deren individuelle Urlaubswünsche nehmen. Dem guten Betriebsklima zuliebe sollte niemand immer zurückstehen müssen. Und eine gütliche Einigung unter Kollegen ist einer Entscheidung durch den Arbeitgeber immer vorzuziehen.

Vorgehensweise des Betriebsrats

Die Mitbestimmung des Betriebsrats in Urlaubsfragen

Zu den Mitbestimmungsrechten des Betriebsrats in sozialen Angelegenheiten (§§ 87 ff. BetrVG) zählt gemäß § 87 Abs. 1 Nr. 5 BetrVG

- die Aufstellung **allgemeiner Urlaubsgrundsätze**,
- die Aufstellung des **Urlaubsplans** und
- die Festsetzung der **zeitlichen Lage des Urlaubs** für einzelne Arbeitnehmer, wenn zwischen dem Arbeitgeber und den beteiligten Arbeitnehmern **kein Einverständnis** erzielt wird.

Das erzwingbare Mitbestimmungsrecht des § 87 BetrVG bewirkt, dass der Arbeitgeber die dort aufgezählten Sachverhalte nicht ohne Zustimmung des Betriebsrats regeln kann. Die erzwingbare Mitbestimmung in sozialen Angelegenheiten umfasst auch ein Initiativrecht des Betriebsrats mit der Möglichkeit, Betriebsvereinbarungen auf freiwilliger Basis abzuschließen (§ 88 BetrVG). Siehe dazu „Betriebsvereinbarungen zum Urlaub".

Sinn und Zweck der Mitbestimmung des Betriebsrats in Urlaubsangelegenheiten ist es, die individuellen Urlaubswünsche der Arbeitnehmer und die Interessen des Arbeitgebers an einem ungestörten Betriebsablauf in ein ausgewogenes Verhältnis zu bringen.

Wichtig

Wegen der gesetzlichen Vorgaben des Bundesurlaubsgesetzes hat der Betriebsrat hinsichtlich der Dauer des Urlaubs kein Mitbestimmungsrecht. Ebenso wenig kann er mitbestimmen bei der Höhe des Urlaubsentgelts bzw. des Urlaubsgelds.

Aufstellung allgemeiner Urlaubsgrundsätze

Allgemeine Urlaubsgrundsätze sind **Richtlinien**, nach denen den Arbeitnehmern Urlaub zu gewähren ist. Unter den Begriff des Urlaubs in diesem Sinne fällt dabei nicht nur der Erholungsurlaub, sondern er umfasst auch Regelungen zum Bildungsurlaub oder zum Sonderurlaub. Urlaubsgrundsätze können auch eine Regelung beinhalten, ob der Arbeitgeber für den Betrieb Betriebsferien anordnen kann. Sie betreffen auch die Frage, nach welchen Kriterien verfahren werden soll, wenn mehrere Arbeitnehmer zeitgleich Urlaub beantragen (z.B. Regelung für einen Urlaubsvorrang von Eltern mit schulpflichtigen Kindern in den Ferienzeiten). Auch die Möglichkeit, bei erhöhtem Arbeitsanfall eine Urlaubssperre zu verhängen, oder Fragen der Urlaubsvertretung können in den allgemeinen Urlaubsgrundsätzen geregelt werden.

Aufstellung des Urlaubsplans

Ein Urlaubsplan beinhaltet die konkrete Lage und Dauer des Urlaubs der einzelnen Arbeitnehmer. Er ist abzugrenzen von der Urlaubsliste, die dazu dient, dass Arbeitnehmer ihre vorläufigen Urlaubswünsche (bei Jahresbeginn) eintragen und anmelden können. Der Urlaubsplan dient der **Planungssicherheit** für Arbeitgeber und Arbeitnehmer. Besteht im Betrieb ein Urlaubsplan, braucht der Urlaub nicht mehr gesondert beantragt und genehmigt zu werden.

Wichtig

Der Urlaubsplan ist für Arbeitgeber und Arbeitnehmer verbindlich. Wird der Urlaubsplan nachträglich geändert, muss die Änderung vom Betriebsrat genehmigt werden.

Festsetzung der zeitlichen Lage des Urlaubs für einzelne Arbeitnehmer

Grundsätzlich entscheidet zwar der Arbeitgeber im Rahmen der mit dem Betriebsrat aufgestellten Urlaubsgrundsätze über die zeitliche Lage des Urlaubs im konkreten Fall, wobei er die **individuellen Wünsche** der Arbeitnehmer zu berücksichtigen hat (§ 7 BUrlG).

Können sich Arbeitgeber und Arbeitnehmer im konkreten Fall aber nicht über die zeitliche Lage des Urlaubs einigen, hat der Betriebsrat ebenfalls ein Mitbestimmungsrecht. Ihm obliegt in diesem Fall die Aufgabe, die Urlaubswünsche des Mitarbeiters mit den aus sozialen Gründen konkurrierenden Urlaubswünschen anderer Arbeitnehmer und den dringenden betrieblichen Erfordernissen, die einer Urlaubsgewährung entgegenstehen, gegeneinander **abzuwägen**.

Kann auch zwischen Arbeitgeber und Betriebsrat keine Einigung erzielt werden, entscheidet die **Einigungsstelle**. Ihre Entscheidung ist verbindlich und ersetzt dann das fehlende Einverständnis zwischen Arbeitnehmer und Arbeitgeber (§ 87 Abs. 2 i.V.m. § 76 BetrVG).

Betriebsvereinbarungen zum Urlaub

Urlaubsplan und Urlaubsgrundsätze können durch Betriebsvereinbarungen zwischen Betriebsrat und Arbeitgeber beschlossen werden. Diese Form ist oftmals vorzuziehen, weil eine Betriebsvereinbarung im Gegensatz zum Zustimmungsverfahren schriftlich zu dokumentieren ist, die betrieblichen Interessen mit den Belangen der Belegschaft gleichberechtigt ausgehandelt werden können und durch die Schriftform die Details der getroffenen Absprachen überprüfbar und für alle Arbeitnehmer transparent und nachvollziehbar werden.

Mögliche Regelungsinhalte solcher Betriebsvereinbarungen zum Thema Urlaub sind:

- Festlegung von **Betriebsferien**
- Erstellung einer **Urlaubsliste** zur Vorbereitung des (verbindlichen) Urlaubsplans
- Formalien des **Urlaubsantrags**
- Behandlung **von konkurrierenden Urlaubsanträgen** mehrerer Arbeitnehmer
- **Übertragbarkeit** von Urlaubsansprüchen
- **Erkrankung** im Urlaub
- Zusammentreffen von **Arbeitsfreistellung und Urlaub**

Zu den möglichen Regelungsinhalten siehe Arbeitshilfe „Betriebsvereinbarungen zum Urlaub".

Vorgehensweise des Betriebsrats | **Urlaub**

Praxistipp

Der Betriebsrat hat zwar keinen Einfluss auf die Bewilligung oder Versagung einzelner Urlaubsanträge durch den Arbeitgeber. Er kann aber verlangen, dass dieser dabei die in den Betriebsvereinbarungen festgelegten Grundsätze beachtet und auf die Einzelfälle korrekt anwendet.

Fazit

Dem Betriebsrat steht in Urlaubsangelegenheiten ein erzwingbares Mitbestimmungsrecht gemäß § 87 Abs. 1 Nr. 5 BetrVG zu, das sich auf die Aufstellung allgemeiner Urlaubsgrundsätze und des Urlaubsplans erstreckt.

Im Ausnahmefall (bei fehlender Einigung zwischen Arbeitgeber und Arbeitnehmer) kann er auch bei der zeitlichen Lage des Urlaubs im konkreten Fall mitbestimmen.

Das Mitbestimmungsrecht des Betriebsrats endet dort, wo eine gesetzliche oder tarifvertragliche Regelung besteht (z.B. bei der Urlaubsdauer).

Der Abschluss von Betriebsvereinbarungen in Urlaubsfragen ist sinnvoll, um Überprüfbarkeit und Transparenz zu gewährleisten.

Ihre digitalen Arbeitshilfen

 Sie erhalten eine direkt einsetzbare Arbeitshilfe zu diesem Stichwort. Diese können Sie schnell und einfach gleich am PC bearbeiten.

Arbeitshilfen
- Regelungsinhalte von Betriebsvereinbarungen

Vertrauensarbeitszeit

Grundlagen

Eigenverantwortliche Verteilung der Arbeitszeit

Vertrauensarbeitszeit **ohne jede Zeiterfassung** ist gemäß ArbZG nur für leitende Angestellte im Sinne des § 5 Abs. 3 des Betriebsverfassungsgesetzes und einige speziell in § 18 ArbZG genannten Berufsgruppen (z.B. Chefärzte, Leiter von öffentlichen Dienststellen, Mitarbeitern im liturgischen Bereich der Kirchen) möglich. Dennoch wird die Vertrauensarbeitszeit in der betrieblichen Praxis angewandt.

Sie ist ein Modell der Arbeitsorganisation. Sie stellt die eigenverantwortliche Verteilung der individuellen Arbeitszeit in den Mittelpunkt und fördert die **aufgabenorientierte Arbeitszeitorganisation**. Sie ist zum einen dadurch geprägt, dass die Arbeitnehmer keine festen Arbeitszeiten haben. Zum anderen wird neben der fehlenden Fixierung der Arbeitszeit auch auf die Kontrolle der Einhaltung der Vertragsarbeitszeit durch den Arbeitgeber weitgehend verzichtet.

In der Regel geht man beim Konzept der Vertrauensarbeit davon aus, dass die Lage der Arbeitszeit nicht so maßgeblich ist, sondern vielmehr der Zeitraum oder der Zeitpunkt, zu dem eine definierte Arbeitsleistung erbracht werden soll. Es wird darauf vertraut, dass die Leistung wirklich erbracht wird.

Verzicht auf feste Arbeitszeiten

Der **Verzicht auf feste Arbeitszeiten** bedeutet, dass den Arbeitnehmern erhebliche Handlungsspielräume sowohl hinsichtlich des Umfangs der abzuleistenden Arbeitsstunden als auch der Lage der Arbeitszeit eröffnet werden. Wann ein Arbeitstag beginnt und wann er endet, wird von den Arbeitnehmern in eigener Verantwortung festgelegt. Aus Arbeitgebersicht reicht es aus, einen Zeitkorridor zu beschreiben und die Steuerung der Arbeitsleistung durch Zielvorgaben oder Projektarbeit zu gewährleisten.

Um die Funktionsfähigkeit des Betriebsablaufs sicherzustellen und um Servicezeiten zu gewährleisten, ist es z.T. notwendig, Arbeitnehmer in Gruppen oder Abteilungen zusammenzufassen, die untereinander Absprachen über notwendige Anwesenheiten treffen und eine durchgehende Präsenz zu ermöglichen.

Vertrauensarbeitszeit bedeutet, dass Zeiterfassung und **Zeitkontrolle durch den Arbeitgeber** obsolet werden. So spielt beispielsweise das bei flexiblen Arbeitzeitsystemen häufig verwendete Instrument der Arbeitszeitkonten keine bzw. keine wesentliche Rolle mehr. Das bedeutet aber auch, dass sich der Arbeitgeber nicht mehr, wie bei der Erfassung der Arbeitszeit, ständig vergewissern kann, ob er für sein Geld auch die vereinbarte Gegenleistung erhält. Umgekehrt sind die Arbeitnehmer häufig nicht mehr in der Lage einzuschätzen, ob ihr Arbeitseinsatz tatsächlich noch angemessen ist oder ob die Vergütung aufgrund von geleisteter Mehrarbeit erhöht werden muss.

Keine Zeitkontrolle mehr

Für die Arbeitnehmer hat die Vertrauensarbeitszeit den unbestrittenen Vorteil, dass die häufig als kleinlich empfundene Kontrolle, ob die Arbeitszeit auch tatsächlich von der ersten bis zur letzten Minute erbracht wird, nicht mehr erfolgt. An die Stelle der Registrierung der Arbeitszeit durch Zeiterfassungsgeräte tritt bei der Vertrauensarbeitszeit der **eigenverantwortliche Zeitausgleich** unmittelbar durch die Arbeitnehmer. Das heißt, bei der Vertrauensarbeitszeit tragen die Arbeitnehmer selbst die Verantwortung dafür, dass die vertraglichen oder tarifvertraglich geschuldeten Arbeitszeiten eingehalten und Mehr- oder Minderarbeiten ausgeglichen werden. Gleiches trifft für die Beachtung der gesetzlichen Vorschriften zu.

Die Abschaffung der Arbeitszeiterfassung führt zu einer **Kosten- und Zeitersparnis**. Es muss kein Erfassungssystem betrieben und gewartet werden. Komplizierte Umbuchungen, z.B. bei Dienstreisen, Arztbesuchen oder Kundenterminen, müssen nicht mehr mit großem Zeitaufwand durchgeführt werden.

Ableistung der vertraglichen Arbeitszeit

Allerdings bedeutet das nicht, dass es bei der Vertrauensarbeitszeit egal ist, wie lange ein Arbeitnehmer arbeitet. Die Ableistung der vereinbarten vertraglichen Arbeitszeit ist nach wie vor arbeitsvertragliche Pflicht. Im Unterschied zum Werkvertrag steht nämlich beim Arbeitsvertrag nicht die Aufgabenerfüllung, sondern die **Bereitstellung der Arbeitskraft in einem vereinbarten zeitlichen Umfang** im Vordergrund. Dennoch steht für den Arbeitgeber durch den Verzicht auf die Zeiterfassung nicht mehr die für die Arbeit verwendete Zeit im Vordergrund, wodurch die **Anwesenheit der Arbeitnehmer nicht mehr zur Leistungsbeurteilung** dienen kann. Vielmehr verlagert sich der Schwerpunkt der Leistungsbeurteilung bei der Vertrauensarbeitszeit auf die **Arbeitsergebnisse** und somit auf die Frage, ob die Arbeitnehmer die ihnen übertragenen Aufgaben erfolgreich erfüllen.

Fazit

Vertrauensarbeitszeit lässt sich zusammenfassen als ein Arbeitszeitsystem, in dem
- der Arbeitnehmer seine arbeitsvertraglichen Verpflichtungen zur Arbeitszeit eigenverantwortlich erfüllt, während der Arbeitgeber auf die Kontrolle dieser Einhaltung verzichtet,
- dem Arbeitnehmer optimale Rahmenbedingungen und Gestaltungsspielräume geboten werden, seine Arbeitszeit ergebnisorientiert einzusetzen und an seine persönlichen Bedürfnisse und Wünsche (Frühaufsteher oder „Nachtmenschen") auszurichten.

Mögliche Varianten

Ein einheitlicher Begriff der Vertrauensarbeitszeit existiert nicht. Die Spannbreite möglicher Varianten reicht von der Ersetzung der technischen Zeiterfassung durch die Zeiterfassung per Hand bis hin zum gänzlichen Verzicht auf Zeiterfassung. Zwischen diesen beiden Extremen sind eine Reihe weiterer Varianten denkbar:

- persönlich ausgehandelte Arbeitszeiten innerhalb eines Teams
- feststehende Arbeitszeiten, deren Einhaltung nicht überprüft wird
- Führung über Zielvereinbarungen
- Verzicht auf eine Vereinbarung über zu leistendes Arbeitsvolumen oder auf Kernanwesenheitsstunden
- Führung eines persönlichen Zeitkontos der Arbeitnehmer zur Selbstkontrolle
- Freiheit des Arbeitnehmers bezüglich des „Ob" der Zeiterfassung
- fehlende Notwendigkeit der Anwesenheit
- fehlende Notwendigkeit der Arbeitsleistung während der Anwesenheit

Vor- und Nachteile der Vertrauensarbeitszeit

Arbeitssouveränität

Für Arbeitnehmer gewinnt Arbeitssouveränität, die ihnen eine möglichst optimale Verbindung zwischen ihren privaten Bedürfnissen und ihrer Arbeitszeitgestaltung erlaubt, zunehmend an Bedeutung. Insbesondere qualifizierte Arbeitnehmer möchten in Unternehmen arbeiten, die ihnen weitgehend eine **eigenverantwortliche Arbeitszeitgestaltung und die Realisierung persönlicher Zeitinteressen** ermöglichen. Dementsprechend wird die Vertrauensarbeitszeit immer wichtiger, denn durch sie kann die zeitliche Organisation der Arbeit eher den individuellen Bedürfnissen angepasst werden, als wenn eine Zuteilung der Arbeit durch Vorgesetzte erfolgt. Auch ein zu spätes Kommen gibt es nicht mehr. Ebenso ist niemand mehr genötigt, ständig, auch in Phasen der schöpferischen Pause, geschäftig auszusehen, um nicht den Eindruck entstehen zu lassen, es ermangele an Arbeit.

Vorteile der Vertrauensarbeitszeit

Vertrauensvorschuss für die Mitarbeiter

Vertrauensarbeitszeit symbolisiert, wie schon der Name sagt, Vertrauen. Es gibt für Unternehmen wohl keine bessere Möglichkeit, den Mitarbeitern unmissverständlich einen Vertrauensvorschuss zu geben als durch den **Verzicht auf Zeitkontrolle.** Im Übrigen werden zugleich etwaige Vertrauensdefizite offenkundig und damit einer Bearbeitung zugänglich gemacht. Fehlt es am Vertrauen bei einem nennenswerten Teil der Beteiligten, funktioniert das ganze Konzept nicht.

Die **Eigenverantwortlichkeit** der Arbeitnehmer bei der Koordination ihrer Arbeits- und Freizeit wird gezielt gefordert und gefördert.

Beurteilung nach Leistung

Die Arbeitnehmer werden nicht nach Anwesenheit, sondern nach **Leistung** beurteilt. Damit wird zum einen ein Anreiz dafür gegeben, mit der eigenen Arbeitszeit effizient umzugehen,

Vertrauensarbeitszeit | Grundlagen

zum anderen wird die Grundlage für eine gerechtere Beurteilung der Arbeitnehmer geschaffen, indem formale **Zeitgerechtigkeit durch Leistungsgerechtigkeit** ersetzt wird.

Vertrauensarbeitszeit bietet eine weitmögliche und **unbürokratische** Berücksichtigung von persönlichen Leistungskurven und individuellen Arbeitsstilen.

Ergebnisorientierung

Der Vorteil des produktiveren und effektiveren Einsatzes der Arbeitszeit aufgrund stärkerer Ergebnisorientierung kommt nicht nur Arbeitgebern, sondern auch den Arbeitnehmern direkt zugute. In der **Verbindung von Entlastungs- und Effizienzziel** liegt das wohl wichtigste Potenzial der Vertrauensarbeitszeit. Arbeitnehmer können auch längere **Phasen der Arbeitsbefreiung** in Anspruch nehmen.

Arbeitnehmerinteresse

Vertrauensarbeitszeit entspricht dem Interesse der Arbeitnehmer. Mündige und leistungsfähige Arbeitnehmer lassen sich immer weniger eine auf Anwesenheitserfassung beruhende Bewertung ihrer Arbeit aufzwingen. Dies vor allem, weil sie zum Nachweis ihrer Leistungsfähigkeit den Nachweis eines Zeitguthabens nicht benötigen.

Arbeitszufriedenheit und Motivation der Arbeitnehmer steigen.

Vertrauensarbeitszeit unterstützt **ortsungebundenes Arbeiten** – beim Kunden oder zu Hause –, bietet eine weitmögliche und unbürokratische Berücksichtigung von persönlicher Leistungskurve und auch individuellem Arbeitsstil – insbesondere auch durch die Trennung von Anwesenheitszeit und Arbeitszeit – und deckt sich durch die selbstständigere Planung des Arbeitspensums mit Zeitinteressen der Mitarbeiter.

Die **Führungskräfte** können sich auf ihre Führungsaufgaben konzentrieren. Niemand kann sich mehr hinter scheinbar objektiven Zeitdaten verstecken, und die Verantwortung der Führungskräfte für die Vermeidung und Reduzierung von Überlasten ist klar umrissen.

Nachteile/Gefahren der Vertrauensarbeitszeit

Überlastgefahr

Trotz der genannten Vorteile ist das Arbeitszeitsystem der Vertrauensarbeitszeit nicht unproblematisch. Im betrieblichen Alltag werden nämlich Projekte und Ziele zunächst weitgehend unabhängig von der hierfür benötigten Zeit geplant. So werden Aufträge für das Unternehmen in der Regel von Stellen eingeholt, die mit der **Arbeitsorganisation** nichts zu tun haben. Der Maßstab, der hier angelegt wird, ist der **Kundenwunsch** und nicht der zu erbringende Arbeitsaufwand.

In einer solchen Situation setzen sich Arbeitnehmer, gerade weil kein vorgegebener Zeitrahmen mehr existiert, häufig selbst unter **Druck**. Dann ist eine Verlängerung der Arbeitszeit schnell an der Tagesordnung. Die Beurteilung, worin der Grund für diese ständige Verlängerung der Arbeitszeit liegt, ist kaum möglich. Dies kann ebenso gut die **unangemessene Arbeitsmenge** wie auch eine **schlechte Arbeitszeitorganisation** sein. Letztere haben die Arbeitnehmer aber selbst zu verantworten. Probleme entstehen dadurch, dass überlastete Arbeitnehmer die offene Aussprache scheuen. Gibt der Arbeitnehmer dann zu, mit seinen eigenen Projekten nicht zurande zu kommen, so besteht die Gefahr, dass dies negative Auswirkungen auf seine Karriere hat. Aus diesem Grund werden Überlastungssituationen häufig nicht offenbart. Im Wesentlichen birgt das Arbeitszeitmodell der Vertrauensarbeitszeit folgende Gefahren:

Gefahren der Vertrauensarbeitszeit
- Verlängerung der Arbeitszeit durch unkontrolliertes Anwachsen der Arbeitsmenge
- Aufspaltung der Arbeitszeit, der Arbeitstag wird konturlos
- Arbeitnehmer werden bezüglich ihrer Leistung unsicher und gleichen diese Unsicherheit durch eine Verlängerung ihrer Arbeitszeit aus
- Verzicht auf Überlastmeldungen aufgrund sozialen Drucks und Angst vor negativen Auswirkungen auf die Karriere
- keine Beachtung der gesetzlichen oder tariflichen Arbeitszeitvorschriften in der täglichen Gestaltung der individuellen Arbeitszeit
- Aushöhlung der Mitbestimmungsrechte des Betriebsrats bei Mehrarbeit, die häufig nicht mehr als solche erkennbar ist

Vermeidung der Gefahren
Zur Vermeidung solcher Gefahren müssen zum einen die Arbeitnehmer, die nur **eigenverantwortlich** über ihre Arbeitszeit bestimmen, die tariflichen und gesetzlichen Vorgaben zur Arbeitszeit kennen. Daher ist es sinnvoll und notwendig, die Arbeitnehmer **bei der Einführung** der Vertrauensarbeitszeit durch **Schulungen** über die tariflichen und gesetzlichen Vorgaben zur Arbeitszeit zu informieren. Hierbei wird eine einmalige Schulung nicht ausreichen. Vielmehr sollten auch Fortsetzungsschulungen stattfinden, welche insbesondere die bisherigen Erfahrungen mit der Vertrauensarbeitszeit berücksichtigen.

Überwachungsmöglichkeiten erkennen
Zum anderen ist in jedem Fall der Betriebsrat gefragt, indem er sich bei der Vereinbarung von Vertrauensarbeitszeit nicht nur **Mitbestimmungsmöglichkeiten,** sondern insbesondere **Überwachungsmöglichkeiten** zur rechtzeitigen Erkennung von Überlastsituationen einräumen lässt.
Nähere Einzelheiten im Abschnitt „Vorgehensweise des Betriebsrats" in diesem Stichwort.

Ausgestaltung der Vertrauensarbeitszeit

Die Grundelemente der Vertrauensarbeitszeit sind die den Arbeitnehmern gewährte **Arbeitszeitsouveränität** hinsichtlich ihrer individuellen Arbeitszeitplanung sowie der Verzicht auf die Erfassung und damit auf die Kontrolle der Arbeitszeit durch den Arbeitgeber. Es existieren aber sehr unterschiedliche Ausgestaltungen der Vertrauensarbeitszeit.

Vertrauensarbeitszeit | Grundlagen

Arbeitnehmer bestimmen Zeit und Lage der Arbeitszeit selbst

Arbeitszeitsouveränität: Vertrauensarbeitszeit wird hauptsächlich dadurch charakterisiert, dass die Arbeitnehmer die Lage und Verteilung ihrer Arbeitszeit selbst bestimmen können. Zwar wird unter den Begriff der Vertrauensarbeitszeit auch die Arbeit gefasst, die keinerlei arbeitszeitlichen Vorgaben unterliegt.

Hierbei ist jedoch zu beachten, dass der Arbeitnehmer auch bei der Vertrauensarbeitszeit in der Regel keine grenzenlose Arbeitszeitsouveränität erhält. Vielmehr sind in den meisten Betrieben **Zeitkorridore** festgelegt, in deren Rahmen sich die Lage und Verteilung der Arbeit durch die Arbeitnehmer halten sollte.

Des Weiteren besteht bei Arbeitsgruppen oder Abteilungen zumeist die Verpflichtung, Absprachen über ihren Arbeitseinsatz untereinander zu treffen, beispielsweise in kundenorientierten Betrieben, um gewährleisten zu können, dass während der Öffnungszeiten immer Ansprechpartner zur Verfügung stehen.

Zeitkonto ist keine Beurteilungsgrundlage

Verzicht auf Arbeitszeiterfassung/-kontrolle: Der weitere der Vertrauensarbeitszeit immanente Gestaltungsbestandteil besteht darin, dass der Arbeitgeber sowohl auf die Erfassung der Arbeitszeit wie auch auf deren Kontrolle verzichtet. Daraus folgt aber nicht, dass der Arbeitnehmer zur Selbstkontrolle beispielsweise kein persönliches Zeitkonto führen darf, dieses Zeitkonto stellt nur keine Beurteilungsgrundlage für den Arbeitgeber dar. Die **Steuerung der Arbeit** erreicht der Arbeitgeber vielmehr **durch andere Mechanismen,** wie etwa die Festsetzung von Zielvorgaben und Zielvereinbarungen oder durch Projektaufgaben.

Zusätzliche Aufgaben für Führungskräfte

Für die erfolgreiche Durchführung von Vertrauensarbeitszeit spielt die Qualität der Führungsarbeit eine große Rolle, da es Sache der Führungskräfte ist, beispielsweise den Arbeitsumfang und den dafür erforderlichen Arbeitsaufwand miteinander in Einklang zu bringen und die diversen Aufgaben zu koordinieren.

Die Erfahrungen mit der Vertrauensarbeitszeit zeigen, dass sie aus Sicht der Arbeitnehmer insbesondere dort gut funktioniert, wo ein **gutes Verhältnis zwischen ihnen und ihrem Vorgesetzten** besteht. Aus diesem Grund sind auch die Bedenken gegenüber der Vertrauensarbeitszeit seitens der Führungskräfte in der Regel umso größer, je weniger es gelingt, die betrieblichen Arbeitsaufgaben und die vereinbarten Arbeitsergebnisse mit den verfügbaren Zeitbudgets in Übereinstimmung zu bringen.

Geänderte Anforderungen

Durch die Vertrauensarbeitszeit ändern sich die Anforderungen an die Führungskräfte, vor allem der jeweils untersten Führungsebene. Nun ist nicht mehr die Kontrolle der Arbeitszeitleistung gefragt und es geht auch nicht mehr um Pünktlichkeit oder die Erfüllung vorgegebener

Anwesenheitspflichten. Vielmehr ist eine **Unterstützung der Arbeitnehmer bei der Nutzung der Gestaltungsmöglichkeiten der Vertrauensarbeitszeit** erforderlich.

- Führungskräfte müssen ein **Klima gegenseitigen Vertrauens** schaffen und darauf achten, dass das Sozialverhalten des Teams stimmt. Das heißt, sie müssen insbesondere dafür sorgen, dass die durchsetzungsschwächeren Arbeitnehmer nicht zu kurz kommen.
- Führungskräfte müssen mit den Arbeitnehmern **Serviceversprechen und Servicezeiten vereinbaren,** diese laufend optimieren und ihre Einhaltung überprüfen. Hierbei ist es von besonderer Bedeutung, diese Zeit- und Qualitätsstandards nicht einfach vorzugeben, sondern sie gemeinsam mit den Arbeitnehmern zu entwickeln, zu vereinbaren und fortlaufend zu überprüfen.
- Führungskräfte sollten ihr **eigenes Arbeitszeitmanagement stets überprüfen und überdenken.** Es ist nämlich nichts authentischer und prägender als ein vorbildliches Arbeitszeitmanagement der Führungskraft.
- Führungskräfte sollten **regelmäßige Arbeitszeitplanungsgespräche** mit den Arbeitnehmern führen, sie auch sonst beim anforderungsgerechten und sparsamen Umgang mit der Arbeitszeit unterstützen und eine gleichmäßige Auslastung der Arbeitnehmer sicherstellen.

Entlastungsmaßnahmen

Die wichtigste Methode, Arbeitnehmer zu entlasten und zugleich die Arbeitsprozesse schlank zu halten, liegt im **Weglassen verzichtbarer Arbeiten.** In einem Überlastgespräch mit dem Team sollte gegebenenfalls geprüft werden, ob die zu übernehmenden Aufgaben tatsächlich sämtlich sinnvoll sind.

Erst an zweiter Stelle sollte es darum gehen, ob die verbliebenen Tätigkeiten tatsächlich genau an diesem Arbeitsplatz erledigt werden müssen. Oftmals lassen sich **durch Verlagerungen nämlich Synergieeffekte** erzielen, durch die das Arbeitsvolumen verringert wird.

Arbeitsstil des Arbeitnehmers

Überlastung und Stress können aber auch mit dem Arbeitsstil des einzelnen Arbeitnehmers zu tun haben. Dementsprechend kann es hilfreich sein, wenn die Führungskräfte die betroffenen Arbeitnehmer in einen **Zeitmanagementkurs** schicken und ihnen hierdurch zu höherer Effizienz verhelfen.

Zufuhr von Kapazität

Reichen die vereinbarten Entlastungsmaßnahmen nicht aus, so muss **Kapazität zugeführt** werden, sei es durch bezahlte Mehrarbeit, den Aufbau eines Langzeitkontos, zusätzliches Personal oder den Zukauf externer Leistungen. Solche Maßnahmen müssen gut begründet werden, da es andernfalls keinen Anreiz für den sparsamen Umgang mit der Arbeitszeit gibt.

Vertrauensarbeitszeit | Grundlagen

Förderung der betrieblichen Vertrauenskultur

Neben dem Vertrauensverhältnis zu den einzelnen Arbeitnehmern ist es unabdingbar, dass die Führungskräfte die betriebliche Vertrauenskultur ständig fördern.

Ein Klima gegenseitigen Vertrauens kann im Führungsverhältnis nur **durch die Führungskraft** initiiert werden. Die selbstverständlichste und zugleich schwierigste Anforderung an die Führungskraft ist es, **selbst konstant vertrauenswürdig zu handeln.** Dies beinhaltet insbesondere:

- Verlässlichkeit
- vorhersehbares Agieren
- die Wahrheit zu sagen
- die Arbeitnehmer an Entscheidungen zu beteiligen
- Aufgaben nicht nur scheinbar, sondern tatsächlich zu delegieren
- genau zu informieren
- Anregungen der Arbeitnehmer offen aufzunehmen und
- deren Interessen nicht nur zu berücksichtigen, sondern sich hierfür auch einzusetzen

Dies wird in der Regel nur mit einem höheren zeitlichen Anteil der Führungsaufgabe am gesamten Arbeitszeitbudget gehen; er ist bei den meisten Führungskräften heute zu gering.

Die Führungskraft muss den Mitarbeitern einen Vertrauensvorschuss gewähren. Er fällt vielen schwer, wird aber in aller Regel von den Arbeitnehmern durch ein entsprechend vertrauenswürdiges Verhalten honoriert.

Andererseits muss auf einen Vertrauensbruch angemessen, aber deutlich reagiert werden. Andernfalls ist es mit dem Vertrauensklima schnell vorbei. „**Vertrauenskontrolle**" ist dann fair, wenn jedermann weiß, dass sie stattfindet und dass sie gegebenenfalls zu unmissverständlichen Reaktionen führen wird. In diesem Zusammenhang ist darauf hinzuweisen, dass auch im Rahmen der Vertrauensarbeitszeit „**Zeitbetrug**" durch Arbeitnehmer streng zu ahnden ist.

Überlastungsreaktion

Eine Überlast oder Überlastung besteht, wenn ein Arbeitnehmer seine arbeitsvertraglichen Verpflichtungen unter Berücksichtigung der grundsätzlich bestehenden Möglichkeit zum Zeitausgleich nicht innerhalb seiner Arbeitszeit eigenverantwortlich erfüllen kann. **Arbeitsaufgaben und vereinbartes Arbeitszeitbudget klaffen auseinander** und der Arbeitnehmer sieht für sich keine Möglichkeit einer eigenverantwortlichen Schließung der Lücke.

Am besten sollten mit der Führungskraft oder in einer Betriebsvereinbarung **Standards für das Signalisieren von Überlast** im Voraus festgelegt werden. Wie diese aussehen, hängt vor allem von der **Art der Arbeitsaufgaben** ab. Hat beispielsweise ein Arbeitnehmer einen relativ gleichförmigen Arbeitsanfall zu bewältigen, so muss ein Überlastsignal früher erfolgen, damit die notwendigen Maßnahmen zum Überlastabbau noch rechtzeitig greifen können. Bei einem mit Projektarbeit beschäftigten Arbeitnehmer erfolgt ein Überlastsignal erst später. In jedem Fall sollte eine frühzeitige Signalisierung selbstverständlich und auch möglich sein.

Wichtig

Führungskräfte müssen Überlastmeldungen der Arbeitnehmer ausdrücklich einfordern und begrüßen.

Überlastgespräch

Zum Erfolg des Überlastgesprächs trägt erfahrungsgemäß die Berücksichtigung folgender Punkte bei:

- Es darf nur um die Schließung zukünftig erwarteter Lücken zwischen Arbeitszeitbudget und Aufgabenumfang gehen. Die Vergangenheit sollte dagegen nicht berücksichtigt werden. Der Arbeitnehmer steuert seine Arbeitszeit eigenverantwortlich. Daher dürfen seine Zeitaufzeichnungen, die er gegebenenfalls zur eigenen Orientierung vorgenommen hat, nicht betrieblich eingesehen werden oder gar Grundlage der Entlastungsgespräche sein.
- Gegenstand des Überlastgesprächs ist ausschließlich die Frage, was sich ändern muss, damit zukünftig die vertraglichen Vereinbarungen zur Arbeitszeit (meist die Erreichung der Vertragsarbeitszeit) eingehalten werden können.

Die Führungskraft sollte immer **Lösungsvorschläge des Arbeitnehmers einfordern** und diese sorgfältig prüfen. Sie ist aber auch verpflichtet, selbst Lösungsvorschläge zu machen und darauf hinzuweisen, wenn die dargestellten Maßnahmen ihrer Meinung nach zur Entlastung nicht tauglich sind oder nicht ausreichen. Die Führungskraft sollte ihre Maßnahmenvorschläge immer begründen, um die Beteiligung des Arbeitnehmers bei der anschließenden Umsetzung zu fördern.

Überlastvereinbarung

Wird eine Überlast von Arbeitnehmer oder Führungskraft festgestellt, so vereinbaren beide verbindlich entsprechende **Entlastungsmaßnahmen.** Dies sollte am besten schriftlich erfolgen, wobei regelmäßig eine Aktennotiz genügt.

Wichtig

Ein laufendes Feedback sollte Grundlage der Begleitung der Umsetzung der getroffenen Maßnahmen sein, um gegebenenfalls rechtzeitig erneut gegensteuern zu können.

Wo Vertrauensarbeitszeit sinnvoll bzw. nicht sinnvoll ist

Die Einführung von Vertrauensarbeitszeit ist nicht unbedingt für alle Arbeitnehmergruppen sinnvoll. Ob Vertrauensarbeitszeit ein sinnvolles Arbeitszeitmodell ist, hängt von der Ausgestaltung des Arbeitsvertrags sowie der zu erledigenden Aufgaben und der Fähigkeit des einzelnen Arbeitnehmers zum eigenverantwortlichen Umgang mit seiner Arbeitszeit ab.

Hier haben sich **Mitarbeitergruppen** herauskristallisiert, für die eine Vertrauensarbeitszeit sinnvoll ist, und solche, bei denen eine Vertrauensarbeitszeit wenig sinnvoll und unpraktikabel erscheint.

Arbeitnehmer, für die Vertrauensarbeitszeit sinnvoll ist

Einhaltung der Vertragsarbeitszeit unerheblich

Geradezu prädestiniert für die Vertrauensarbeitszeit sind solche Arbeitnehmer, bei denen es aufgrund der arbeitsvertraglichen Ausgestaltung auf die Einhaltung der Vertragsarbeitszeit nicht ankommt. Hierbei handelt es sich insbesondere um Arbeitnehmer mit **einzelvertraglich geregelter pauschalierter Mehrarbeitsvergütung** bzw. um solche, bei denen eine **Erfolgsvergütung** vereinbart wurde, wie sie z.B. im Außendienst üblich ist. Während für die Ersteren ein persönliches Zeitkonto eigentlich gar nicht geführt werden kann, ergibt die Einführung solcher Konten für die Letzteren keinen Sinn, weil sich bei ihnen ein hoher Arbeitszeiteinsatz bereits unmittelbar in der Vergütung niederschlägt.

Eigenverantwortliche Erfüllung der Vertragsarbeitszeit

Der zweite Arbeitnehmerkreis, für den Vertrauensarbeitszeit infrage kommt, umfasst alle Arbeitnehmer, denen die Übernahme der Verantwortung zur eigenverantwortlichen Erfüllung der Vertragsarbeitszeit zugetraut werden kann und die bei der Erledigung ihrer Arbeitsaufgaben Gestaltungsspielräume haben.

Aufwendige Anwesenheitskontrolle

Schließlich ist die Vertrauensarbeitszeit für solche Arbeitnehmer sinnvoll, bei deren Tätigkeit Anwesenheitskontrolle **unverhältnismäßig aufwendig** oder gar **undurchführbar** ist, zumindest aber **wenig Nutzen** erbringt, obwohl bei ihnen die Arbeitszeit als Maßstab noch eine Rolle spielt. Hierbei handelt es sich um Arbeitnehmer,

- die vorwiegend außer Haus arbeiten, etwa mit hohem Reiseanteil,
- bei denen Arbeitszeitkontrollen keine oder nur geringe ergebnisrelevante Informationen liefern. Das ist z.B. in der Softwareentwicklung, in Forschung und Entwicklung sowie im Marketing der Fall.

Für diese Arbeitnehmer ist Vertrauensarbeitszeit nicht sinnvoll

Bei Arbeitsaufgaben, bei denen **aus der Anwesenheit unmittelbar auf die Leistung geschlossen werden kann**, etwa in einem Callcenter, bringt eine Vertrauensarbeitszeit keinen zusätzlichen Nutzen. Bei **rein durch Führungskräfte gesteuerten Arbeitszeitsystemen** oder bei zumindest äußerst eingeschränkten Gestaltungsmöglichkeiten auf Arbeitnehmerseite ist eine Flexibilisierung auf der Basis betrieblich gesteuerter Zeitkonten die sinnvollste Methode. Sie liefert in diesem Fall aussagefähige Ergebnisse, und die sonst mit Zeitkonten regelmäßig verbundenen Zeitverbrauchsanreize treten nicht auf.

Wenn man die Einführung der Vertrauensarbeitszeit bei solchen Arbeitnehmern kritisch betrachten soll, so heißt das nicht, dass dieses Arbeitszeitmodell hier nicht funktionieren kann. Es kann durchaus **sinnvolle Motive** geben, auch für solche Arbeitnehmer die Einführung der Vertrauensarbeitszeit zu probieren, wie etwa der Wunsch nach einem einheitlichen Arbeitszeitsystem für sämtliche Mitarbeiter eines Unternehmens.

In Anbetracht der Tatsache, dass sich immer mehr und unterschiedliche flexible Arbeitszeitsysteme entwickeln, ist es verständlich, dass es **kein Arbeitszeitsystem gibt, das für alle Anforderungen und alle Arbeitnehmer passt.** Vielmehr muss jedes Unternehmen für sich herausfinden, welches flexible Arbeitszeitmodell am besten zu ihm und seinen Arbeitnehmern passt.

Fazit

Kerngedanke der Vertrauensarbeitszeit ist die eigenverantwortliche Verteilung der individuellen Arbeitszeit durch die Beschäftigten zur Erledigung ihrer Arbeitsaufgaben im Rahmen der geltenden rechtlichen Vorschriften.

Es steht die ergebnisorientierte Arbeitsweise im Vordergrund.

Die Beschäftigten erhalten mehr Handlungs- und Zeitspielräume und können private Interessen bei der Planung ihrer Zeitorganisation stärker berücksichtigen.

Der Arbeitgeber bringt seinen Mitarbeitern damit besonderes Vertrauen entgegen. Im Gegenzug wird ein verantwortungsvoller Umgang mit der Verteilung der Arbeitszeit erwartet.

Rechtliche Voraussetzungen

Arbeitsvertrag, kein Werkvertrag

Trotz der starken Betonung der Eigenverantwortlichkeit bei der Verteilung der Arbeitszeit zwischen Arbeitnehmer und Arbeitgeber besteht ein Arbeitsvertrag und kein Werkvertrag. Grundlage der Entlohnung bleibt auch bei der Vertrauensarbeitszeit damit nach wie vor die **tarifvertragliche oder arbeitsvertragliche Arbeitszeit.** Zwar wird dem Arbeitsergebnis eine größere Bedeutung zugebilligt, doch stellt auch innerhalb eines solchen flexiblen Arbeitszeitmodells die Bereitstellung der Arbeitskraft in dem vereinbarten zeitlichen Umfang weiterhin eine arbeitsvertragliche Pflicht dar. Folglich ändert die Praktizierung der Vertrauensarbeitszeit nichts an dem Arbeitnehmerstatus des Beschäftigten.

Dementsprechend müssen insbesondere auch die nachfolgenden **Vorgaben des Arbeitszeitgesetzes** eingehalten werden:

- Regelungen der **Höchstarbeitszeit** von acht bzw. zehn Stunden täglich. Die wöchentliche Höchstarbeitszeit von 48 Stunden muss ebenfalls beachtet werden.
- Regelung über die Verlängerung der Arbeitszeit über zehn Stunden hinaus nach § 7 ArbZG
- **Pausenregelungen** gemäß § 4 ArbZG, d.h., bei Arbeitszeiten von mehr als sechs Stunden pro Tag ist eine Ruhepause von 30 Minuten vorgeschrieben, bei mehr als neun Stunden verlängert sich die Pause auf 45 Minuten. Besonderheiten für Jugendliche und Schwangere müssen beachtet werden.
- Nach dem Arbeitsende bzw. vor Beginn des nächsten Arbeitstags ist eine zwingende **Ruhezeit** von ununterbrochen elf Stunden einzuhalten (§ 5 ArbZG).

Praxistipp

Im Rahmen der Einführung von Vertrauensarbeitszeit kann die Einhaltung der Ruhezeiten z.B. dadurch gesichert werden, dass der Arbeitszeitkorridor so gelegt wird, dass zwischen spätestem Arbeitsende und frühestem Arbeitsbeginn mindestens elf Stunden liegen.

Arbeitsrechtliche Schutzvorschriften

Bei der Vertrauensarbeitszeit können sich jedoch hinsichtlich der Einhaltung der arbeitszeitrechtlichen Schutzvorschriften **Schwierigkeiten** ergeben. So stehen bei diesem Arbeitszeitmodell die Länge und die Verteilung der Arbeitszeit nicht von vornherein fest, sondern sind variabel. Zudem erfolgt die Organisation der Arbeitszeit nicht durch den Arbeitgeber, sondern regelmäßig eigenverantwortlich durch den Arbeitnehmer. Damit muss aber der Arbeitnehmer die gerade zu seinem Schutz bestehenden Vorgaben selbst berücksichtigen. Da die Organisation der persönlichen Arbeitszeit bei der Vertrauensarbeitszeit im Wesentlichen den Arbeitnehmern obliegt, ist es erforderlich, ihnen Kenntnisse der arbeitszeitrechtlichen Vorschriften, insbesondere hinsichtlich des Arbeitszeitgesetzes, zu verschaffen.

Praxistipp

Die Durchführung von regelmäßigen Schulungen, in denen den Arbeitnehmern zumindest grundlegende Kenntnisse über die Organisation ihrer Arbeitszeit unter Berücksichtigung der gesetzlichen und vertraglichen Regelungen vermittelt werden, ist sinnvoll.

Aufzeichnungspflicht

Auch wenn der Verzicht auf Erfassung und Kontrolle der Arbeitszeit die Vertrauensarbeitszeit ausmacht, so sind **selbstverständlich die gesetzlichen Vorgaben einzuhalten,** wodurch dem Arbeitszeitmodell Vertrauensarbeitszeit in gewissem Maße Grenzen gesetzt werden. Eine dieser Regelungen ist § 16 Abs. 2 ArbZG.

Danach ist der Arbeitgeber verpflichtet, die über die werktägliche Arbeitszeit von acht Stunden hinausgehende Arbeitszeit der Arbeitnehmer **aufzuzeichnen und diese Aufzeichnungen mindestens zwei Jahre aufzubewahren.** Soweit es nicht um Arbeitszeit an einem Werktag, sondern an einem Sonn- und Feiertag geht, besteht zusätzlich die Dokumentationspflicht, wenn die tägliche Arbeitszeit acht Stunden unterschreitet. Diese Aufzeichnungen dürfen nicht zur Leistungskontrolle herangezogen werden.

Auf den ersten Blick scheint die Aufzeichnungspflicht nach § 16 Abs. 2 ArbZG im Gegensatz zur Vertrauensarbeitszeit zu stehen, da Letztere gerade auf Erfassung und Kontrolle der Arbeitszeit verzichtet.

Dennoch steht die gesetzliche Regelung der Vertrauensarbeitszeit nicht grundsätzlich im Weg. Die **Lösung** ist darin zu sehen, dass der Arbeitgeber gemäß § 16 Abs. 2 ArbZG nicht dazu verpflichtet ist, die Aufzeichnungen selbst vorzunehmen. Dem Arbeitgeber steht es frei, die Aufzeichnungspflicht auf den Arbeitnehmer zu übertragen, er muss jedoch die erforderlichen organisatorischen Vorbereitungen treffen, um dem Arbeitnehmer die tatsächliche Zeiterfassung auch zu ermöglichen (vgl. Arbeitshilfe). Allerdings ist der Arbeitgeber dann dazu verpflichtet, zumindest stichprobenartig zu kontrollieren, ob die Arbeitnehmer der Aufzeichnungspflicht auch nachkommen.

Wichtig

Unterlässt ein Arbeitgeber die Aufzeichnungen bzw. kommt er seiner Kontrollpflicht nicht nach, begeht er eine Ordnungswidrigkeit, die mit Bußgeldern geahndet werden kann (§ 22 Abs. 1 Nr. 9 ArbZG).

Sicht des Arbeitgebers

Gestaltung des Einführungsprozesses von Vertrauensarbeitszeit

Durch die demografische Entwicklung und den Mangel an qualifizierten Arbeitskräften kann der Arbeitgeber durch diese Arbeitsform einen Vorteil bei der Mitarbeitergewinnung haben. So können neue Mitarbeiter gewonnen werden, die sonst z.B. wegen starrer Zeitrahmen die Kinderbetreuung nicht realisieren können oder nicht zu Hause arbeiten wollen.

Für Arbeitgeber hat die Vertrauensarbeitszeit darüberhinaus den Vorteil einer höheren Arbeitsproduktivität und einer Verringerung des administrativen Aufwands (z.B. Arbeitszeiterfassung fällt weg).

Für die Einführung von Vertrauensarbeitszeit gibt es sicher **nicht den einen richtigen Weg.** Da Ausgangslage, Motive und Vertrauensbasis von Unternehmen zu Unternehmen sehr unterschiedlich sind, können hier nur grundlegende Empfehlungen genannt werden.

Bei der Vertrauenskultur, die der Vertrauensarbeitszeit zugrunde liegt, ist das Vertrauen in die Zuverlässigkeit der Mitarbeiter wichtig ebenso wie das Vertrauen in die Führungsfähigkeiten der Vorgesetzten.

Schwierigkeiten bei der Einführung

Ob und in welchem Maße all diese Vorteile eintreten, hängt nicht nur von den mit der Einführung einer Vertrauensarbeitszeit verbundenen Motiven und der Ausgestaltung der Regelung zwischen den Betriebsparteien ab. Es gibt eine Reihe von Gründen, warum sich Arbeitnehmer hierbei schwer tun:

- jahrelange Gewöhnung und betriebliche Förderung und Belohnung zeitorientierter Arbeitsweisen
- damit zusammenhängend Zweifel, ob die bisherige formale „Zeitgerechtigkeit" tatsächlich durch eine höhere Leistungsgerechtigkeit abgelöst wird
- die Sorge vor Leistungsdruck und Leistungsdifferenzierung
- eine als nicht tragfähig genug angesehene betriebliche Vertrauensbasis
- die Befürchtung, Führungskräfte seien mit den – veränderten – Aufgaben des Zeitmanagements überfordert

Diese Argumente müssen bei der Einführung entkräftet werden, um die Mitarbeiter auf die Vertrauensarbeit einzustimmen.

Interessenlagen untersuchen

Es muss geklärt werden, welche Arbeitnehmer bereits auf Einführung der Vertrauensarbeitszeit warten, dieser also positiv gegenüberstehen, und welche Arbeitnehmer der Einführung dieses Arbeitszeitmodells skeptisch gegenüberstehen. Es empfiehlt sich, mit einer **Pilotphase auf freiwilliger Basis** mit den interessierten Arbeitnehmern zu beginnen.

Gemeinsame Durchführung des Projekts von Arbeitgeberseite und Betriebsrat

Es ist ratsam, eine kleine Projektgruppe von fünf bis zehn Mitgliedern aus Betriebsrat, Personalleitung und Führungskräften der beteiligten Pilotbereiche zu bilden, die die Ein- und Durchführung begleitet. Bei der Feinabstimmung des neuen Arbeitszeitsystems sollten in geeigneter Form alle Führungskräfte und alle Arbeitnehmer beteiligt sein, die dieses System später umsetzen sollen: Sie kennen die abzudeckenden Funktionen, die von ihnen zu erledigenden Aufgaben und ihre persönlichen Interessen am besten.

Sicherheiten einbauen

Die Einführung der Vertrauensarbeitszeit **sollte nicht absolut sein.** Es sollten Erprobungsphasen von sechs bis zwölf Monaten durchgeführt werden. Außerdem sollte jede Betriebspartei die Möglichkeit haben, die Erprobungsphase zu beenden und zum alten Arbeitszeitmodell zurückzukehren, wenn es aus ihrer Sicht nicht mehr weitergeht. Auch wenn diese Option in der Praxis so gut wie nie in Anspruch genommen wird, so erleichtert diese Möglichkeit den Beteiligten Vertrauen und Risikobereitschaft.

Außerdem sollte jede Vertrauensarbeitszeitregelung eine paritätisch aus Betriebsrat- und Arbeitgebervertretern besetzte Stelle enthalten, die bei Meinungsverschiedenheiten bei der Auslegung der Regelung nach Anhörung der Beteiligten einvernehmlich entscheidet.

Zügige Durchführung

Generell gilt: Je länger und je aufwendiger das Verfahren ist, desto höher ist die Erwartungshaltung der Arbeitnehmer und desto lauter werden die Bedenken der Skeptiker.

Man sollte sich daher zu Beginn des Arbeitszeitinnovationsprozesses auf dessen zeitlich straffen und gut ausgeplanten Ablauf verständigen.

Es sollte aber immer bedacht werden, dass sich Vertrauensarbeitszeit in einem Unternehmen nicht innerhalb von wenigen Tagen einführen lässt. Arbeitgeber sollten etwa eineinhalb bis zwei Jahre für die Umsetzung veranschlagen.

Ziele bestimmen

Bei der Vertrauensarbeitszeit werden in einer Zielvereinbarung konkrete Ziele festgehalten, zusammen mit Zeitfenstern für die Erreichung. Diese Zielplanung setzt voraus:

- realistische Zeitvorgaben
- Risikoplanung (mögliche Störungen, Veränderungen der Ressourcen)

Zeitaufzeichnung

Typischerweise wird bei der Vertrauensarbeitszeit die **Zeitaufzeichnung** an den Arbeitnehmer delegiert. Die Verantwortung für die Korrektheit bleibt aber beim Arbeitgeber. Eine weitgehende Kontrolle durch den Arbeitgeber kann entfallen. Er muss aber die Einhaltung aller Schutzgesetze und tariflicher sowie betrieblicher Vereinbarungen überwachen.

Daneben besteht eine **Aufbewahrungspflicht** von zwei Jahren für die Daten der Arbeitszeiterfassung. Diese kann auch auf den Arbeitnehmer übertragen werden.

Beim Arbeitgeber verbleibt aber die Pflicht, die korrekte Durchführung der Aufzeichnung der Arbeitszeit stichprobenartig zu prüfen. Er muss die Mitwirkung der Arbeitnehmer bei der Zeitaufzeichnung mit den ihm zur Verfügung stehenden Mitteln sicherstellen.

Besondere Führungsaufgaben notwendig

Vertrauensarbeitszeit und andere Formen der mobilen Arbeit stellen besondere Aufgaben an die Vorgesetzten. Führungskräfte müssen:

- die speziellen Verträge der Mitarbeiter kennen,
- Regelungen hinsichtlich des Arbeitszeitrahmens, Servicezeiten, gesetzlichen Bestimmungen (wie Tageshöchstarbeitszeit, Pausenregelungen, Ruhezeiten) kennen und beachten,
- Überlastungssituationen einzelner Mitarbeiter erkennen und lösen können,
- erbrachte Leistungen und Einhaltung der gesetzlichen Regelungen kontrollieren,
- Mitarbeiter bei Verletzung ihrer Arbeitspflichten angemessen führen.

Führungskräfte müssen hier entsprechend geschult werden. Vielleicht ist auch ein organisierter Erfahrungsaustausch zwischen den Führungskräften sinnvoll und wichtig.

Fazit

Auch weite Spielräume bei der Arbeitszeitgestaltung entbinden den Arbeitgeber nicht von seinen arbeitsrechtlichen Fürsorgepflichten noch von der arbeitszeitschutzrechtlichen Verantwortlichkeit.

Der Arbeitgeber muss alle erforderlichen Maßnahmen treffen, damit Verstöße gegen das Arbeitszeitgesetz verhindert oder zumindest wesentlich erschwert werden.

Auswirkungen auf die Arbeitnehmer

Die Vertrauensarbeitszeit hat für die Mitarbeiter auch einige Vorteile. Sie können Arbeitszeit und Freizeit nach den persönlichen Wünschen frei einteilen und so stark auf ihre Bedürfnisse eingehen, z.B. freie Tage unter der Woche, später Arbeitsbeginn. Durch die fehlende Kontrolle der Einhaltung der Arbeitszeiten verbessert sich häufig auch die Mitarbeiterzufriedenheit.

Gutes Selbstmanagement erforderlich

Bei der Vertrauensarbeitszeit ist gegenseitiges Vertrauen zwischen Arbeitgeber und Arbeitnehmer notwendig. Die Beschäftigten vertrauen dem Arbeitgeber, dass es ein ausgewogenes Verhältnis zwischen Arbeitsanforderung und der vereinbarten Arbeitszeit gibt. Ein Ausgleich für geleistete Mehrarbeit kann eigenverantwortlich vorgenommen werden. Die Mitarbeiter müssen also ihre Arbeitszeit eigenverantwortlich planen.

Die Arbeitnehmer vereinbaren mit dem Arbeitgeber Ziele, die in einer bestimmten Zeit erfüllt werden müssen. Wichtig ist dabei, die Ziele realistisch zu gestalten und regelmäßig zu überprüfen. Die Vertrauensarbeitszeit kann sonst auch zu einer Überlastung führen. Probleme bei der Zielerreichung und Arbeitsüberlastung sollten dem Arbeitgeber früh mitgeteilt werden, um schnell gegensteuern zu können.

Ohne eine „**Überlastungsmeldung**" kann der Arbeitgeber davon ausgehen, dass der Arbeitnehmer sein Arbeitspensum in der vereinbarten Arbeitszeit erfüllen kann. Regelungen zur Vertrauensarbeitszeit sollten die Verpflichtung enthalten, regelmäßig über die Arbeitsbelastung zu berichten und bei Überlastungssituationen ein Gespräch mit dem Vorgesetzten zu führen.

Wichtig

Der Arbeitnehmer muss, neben dem Arbeitsbeginn und -ende, eigenverantwortlich für seine Pausen sorgen.

Aufzeichnungspflichten nach § 16 ArbZG durch den Arbeitnehmer

Bei der Vertrauensarbeitszeit wird die Pflicht der Arbeitszeitaufzeichnung vom Arbeitgeber an den Arbeitnehmern delegiert. Die Art der Dokumentation der Arbeitszeit ist nicht festgelegt, meist wird der Arbeitgeber hier Vorgaben machen und unter Umständen geeignete Formulare oder Tools zur Verfügung stellen. Nähere Einzelheiten in den Arbeitshilfen „Formular zu § 16 Abs. 2 Arbeitszeitgesetz" und „Formblatt: Überlastsituation".

Die Dokumentation dient auch der Information der Beschäftigten über die von ihnen geleistete Arbeitszeit. Die Lage der Arbeitszeit ist aber nicht aufzeichnungspflichtig, sondern nur deren Dauer. Der Arbeitnehmer kann vom Arbeitgeber verpflichtet werden, die Aufzeichnungen zwei Jahre aufzubewahren.

Vorgehensweise des Betriebsrats

Mitbestimmung

Die Einführung von Vertrauensarbeitszeit ist grundsätzlich mitbestimmungspflichtig nach § 87 Abs. 1 Nr. 2 BetrVG, da festgelegt wird, welcher zeitliche Rahmen den Mitarbeitern zur Erbringung ihrer Arbeitsleistung zur Verfügung steht. Dies gilt zum einen für die Festlegung der Tage, an denen gearbeitet wird, und zum anderen für die Festlegung der Zeitkorridore an den einzelnen Tagen.

Der Betriebsrat hat ein **Initiativrecht,** er kann die erstmalige Einführung von Vertrauensarbeitszeit verlangen. Gründe dafür können z.B. sein, die Zeiterfassung und die damit verbundene Kontrolle der Beschäftigten zu verhindern und die Persönlichkeitsrechte der Mitarbeiter zu schützen. Die Einführung von Vertrauensarbeitszeit sollte aber gut überlegt werden, da auch einige Gefahren beachtet werden müssen. So bestehen dann z.B. weniger Schutzmechanismen für die Mitarbeiter (z.B. eindeutige Darstellung der Stunden, um Arbeitsüberlastungen schneller zu erkennen).

Wichtig

Vertrauensarbeitszeit sollte nicht ohne **Betriebsvereinbarung** eingeführt werden. Es besteht die Gefahr, dass mit der Zustimmung für die Vertrauensarbeitszeit zukünftig die Mitbestimmung in diesem Bereich durch die Öffnung und den Wegfall der Zeiterfassung erschwert wird.

Die vorübergehende Verkürzung oder Verlängerung der betriebsüblichen Arbeitszeit unterliegt in der Vertrauensarbeitszeit der Mitbestimmung. Die betriebsübliche Arbeitszeit wird durch den Arbeitszeitrahmen bestimmt. Überschreitungen der vertraglich geschuldeten Arbeitszeit des einzelnen Arbeitnehmers innerhalb des Arbeitszeitrahmens lösen keine Mitbestimmungsrechte aus.

Auskunftsanspruch des Betriebsrats

Im Rahmen seiner allgemeinen Überwachungsaufgabe kann der Betriebsrat vom Arbeitgeber Auskunft über die im Betrieb praktizierten Arbeitszeiten verlangen (BAG vom 06.05.2003 – Az: 1 ABR 13/02 –). Dies gilt auch bei Vertrauensarbeitszeit. Der Betriebsrat kann vom Arbeitgeber Auskunft über Beginn und Ende der täglichen Arbeitszeit, über Über- und Unterschreitung der regelmäßigen wöchentlichen Arbeitszeit und über die aufzuzeichnenden Zeiten verlangen. Er kann dagegen **keine Auskunft über die Dauer** der täglichen Arbeitszeit verlangen, da er nur die Einhaltung der gesetzlichen oder tariflichen Ruhezeiten und mögliche Verlängerungen der betrieblichen Arbeitszeit überprüfen soll.

Auf Verlangen müssen dem Betriebsrat die **Daten vom Arbeitgeber zugänglich gemacht** werden. Er muss sich nicht selbst die Informationen von den Mitarbeitern beschaffen.

Der Auskunftsanspruch besteht auch, wenn die Vertrauensarbeitszeit in einer Betriebsvereinbarung geregelt wird. Er kann sein Informationsrecht also zu jeder Zeit durchsetzen.

Wichtig

Macht der Betriebsrat von seinem Auskunftsanspruch Gebrauch, so führt das nicht zwangsläufig zu einer erneuten Zeiterfassung. Inhalt des Auskunftsanspruchs sind nur die Arbeitszeitdaten, mit welchen sich die Einhaltung gesetzlicher, tariflicher oder betrieblicher Regelungen kontrollieren lassen.

Die so erhaltenen Daten darf der Betriebsrat nicht ohne Weiteres direkt der Aufsichtsbehörde zur Verfügung stellen. Dies kann eine Verletzung von Datenschutzrechten darstellen.

Betriebsvereinbarung zur Vertrauensarbeitszeit

Um einen unzulässigen Verlust seiner Mitbestimmungsrechte zu verhindern, sollte der Betriebsrat zumindest einige **generelle Regelungen** treffen, die einen **Mindestschutz** der Arbeitnehmer schaffen. Aus diesem Grunde muss der Betriebsrat bei der Einführung der Vertrauensarbeit ausreichende Rahmenbedingungen in einer Betriebsvereinbarung schaffen. So wird sichergestellt, dass Arbeitsbedingungen nicht am Betriebsrat vorbei zulasten der Arbeitnehmer umgestaltet werden. Die Einhaltung der in der Betriebsvereinbarung getroffenen Regelungen zur Handhabung der Vertrauensarbeitszeit kann vom Betriebsrat erzwungen werden. Dies gilt z.B. auch dann, wenn die Betriebsvereinbarung eine Beteiligung des Betriebsrats in Fragen der Verteilung der Arbeitszeit oder des Ausgleichs von Überstunden nicht ausdrücklich vorsieht. Der Betriebsrat kann verlangen, dass der Arbeitgeber freiwillige und unvergütete Überschreitungen des in der Betriebsvereinbarung festgelegten Arbeitszeitrahmens unterbindet. Dieses Urteil des Bundesarbeitsgerichts (vom 29.04.2004 – Az: 1-ABR 30/02 –) gilt auch für die Vertrauensarbeitszeit.

Eine Betriebsvereinbarung sollte immer folgende Punkte enthalten:

- Arbeitsrahmen
- Eventuelle Servicezeiten
- Entstehung von Überstunden und deren Abgeltung
- Möglichkeit von Gleittagen
- Vorgehen bei Überlastung
- Auszeichnungspflichten
- Einrichtung einer Schlichtungsstelle

Praxistipp

Vereinbaren Sie ausdrücklich die Art und Weise des Zeitausgleichs:

- Ist es z.B. nur möglich früher zu kommen und zu gehen oder sind auch ganze Gleittage möglich? Wie können diese Gleittage lieben am Anfang und Ende einer Woche? Sind mehrere Tage möglich oder nicht?
- Geht der Ausgleich nur innerhalb einer Woche, eines Monats oder innerhalb eines Jahres?
- Können Arbeitszeitkonten, z.B. für ein Sabbatical mit den Mehrstunden gefüllt werden?

Wichtig ist die Einführung einer unabhängigen **Schlichtungsstelle,** die bei Arbeitsüberlastungen oder dem Streit darüber entscheiden kann. Diese sollte paritätisch von Arbeitgeber und Arbeitnehmern besetzt sein, eventuell könnten auch Betriebsarzt, Arbeitsschutzbeauftragte oder eine neutrale Person beteiligt werden. Diese „Clearingstelle" kann auch genutzt werden, um als betriebliche Arbeitsgruppe die Umsetzung der Vertrauensarbeitszeit sicherzustellen oder Nachbesserungen durchzuführen.

Ihre digitalen Arbeitshilfen

 Sie erhalten direkt einsetzbare Arbeitshilfen zu diesem Stichwort. So können Sie schnell und einfach Ihre benötigte Arbeitshilfe finden und diese gleich am PC bearbeiten.

Arbeitshilfen
- Checkliste zur Einführung von Vertrauensarbeitszeit
- Beispiel für eine Spitzenaufschreibung gemäß § 16 Abs. 2 ArbZG für Arbeitnehmer mit Fünftagewoche
- Abschaffung der Zeiterfassung – pro und contra
- Formular zu § 16 Abs. 2 Arbeitszeitgesetz
- Formblatt: Überlastsituation
- Eckpunkte einer Betriebsvereinbarung zur Vertrauensarbeitszeit
- Eckpunkte einer Betriebsvereinbarung über flexible Arbeitszeiten mit "Fenster" zur Vertrauensarbeitszeit
- Elf Fragen und Antworten zur Vertrauensarbeitszeit

Zeitarbeit

Grundlagen

So funktioniert Zeitarbeit in Deutschland

Zeitarbeit – Leiharbeit – Arbeitnehmerüberlassung

Die Beschäftigungsform der Zeitarbeit hat sich in den letzten Jahren zu einer festen Größe auf dem deutschen Arbeitsmarkt entwickelt. Verbreitet spricht man auch von Leiharbeit, von Personalleasing oder von Arbeitnehmerüberlassung. Zur Vereinfachung wird im Folgenden stets der Begriff „Zeitarbeit" verwendet.

Gemeint ist damit ein speziell gestaltetes **Dreiecksverhältnis** zwischen Verleiher, Zeit-(Leih-)arbeitnehmer und Entleiher, das vom Standardmodell eines Arbeitgeber-Arbeitnehmer-Verhältnisses zu unterscheiden ist. Bei diesem atypischen Beschäftigungsverhältnis schließt ein Zeitarbeitsunternehmen, der **Verleiher,** einen Überlassungsvertrag mit einem anderen Unternehmen, das Personalbedarf hat, also dem **Entleiher.** Entliehen wird ein **Zeitarbeitnehmer,** der nur mit dem Verleiher zuvor einen Arbeitsvertrag geschlossen hat, seine Arbeitsleistung aber gegenüber dem Entleiher erbringt.

Zeitarbeit als Personalstrategie?

Ursprünglich verfolgten Unternehmen mit dem **Einsatz von zusätzlichen Arbeitskräften** außerhalb der Stammbelegschaft meist das Ziel, saisonale oder konjunkturbedingte Auftragsspitzen aufzufangen, ohne gleich die Stammbelegschaft durch neu einzustellende Mitarbeiter erweitern zu müssen. Denn dies bietet das unternehmerische Risiko, diese Mitarbeiter dann in wirtschaftlich schlechteren Auftragszeiten wieder entlassen zu müssen. Auch zur Überbrückung kurzfristiger Ausfälle von Mitarbeitern, etwa bei Massenepidemien (Grippewelle etc.) oder zur Haupturlaubszeit, eigneten sich die kurzfristig über Zeitarbeitsunternehmen anzuheuernden Zeitarbeiter.

Etwa seit 2005 änderte sich allerdings in vielen Betrieben das Motiv für den **Einsatz von Zeitarbeitern.** Diese ersetzen zunehmend ganze Abteilungen der vormaligen Stammbelegschaft. Nicht nur finanzielle Gründe spielen dabei die entscheidende Rolle, auch wenn Zeitarbeitnehmern in der überwiegenden Zahl der Fälle ein deutlich niedrigerer Lohn bezahlt wird, als ihn die Stammbelegschaft erhält. Doch noch wichtiger scheint zu sein, dass Unternehmen bei unklarer Konjunkturlage gerne Teile der Arbeitnehmer lieber als „flexible Manövriermasse" behandeln wollen, denen ohne Bindung an feste Kündigungsfristen und Kündigungsgründe kurzerhand der Stuhl vor die Tür gestellt werden kann. In diesem Zusammenhang ist eine Diskussion zum Missbrauch der Zeitarbeit entfacht worden.

Daraus ergibt sich, dass die Zeitarbeit im Vergleich zu anderen Branchen durch eine überdurchschnittlich hohe **Fluktuation** und **Dynamik** gekennzeichnet ist: Die Beschäftigungsverhältnisse werden häufiger geschlossen und wieder aufgelöst und die Beschäftigungsdauer ist kürzer gegenüber „normalen" Arbeitsverhältnissen. So ist das Risiko für Zeitarbeitnehmer, arbeitslos zu werden, rund viermal höher als für normal beschäftigte Arbeitnehmer. Fast die Hälfte aller Zeitarbeitsverhältnisse endet schon nach weniger als drei Monaten.

Andererseits kann Zeitarbeit für Menschen mit langen Phasen der Erwerbslosigkeit oder mit niedriger Qualifikation manchmal eine Chance darstellen, aus dieser Situation der Arbeitslosigkeit endlich herauszukommen und auf dem Arbeitsmarkt wieder Fuß zu fassen.

Entwicklung der Zeitarbeit

Im Juni 2013 gab es in Deutschland laut der Arbeitsmarktberichterstattung der Bundesagentur für Arbeit vom Februar 2014 insgesamt **852.000 Zeitarbeitnehmer**. Dies entspricht einem Anteil an der Gesamtarbeitnehmerschaft von etwa zwei Prozent. In den letzten zehn Jahren ist die Zahl der Zeitarbeitnehmer damit auf das Zweieinhalbfache, in den letzten 20 Jahren sogar auf das Siebenfache angestiegen. Zum Vergleich: Mitte 1983 lag die Zahl der Zeitarbeitnehmer noch bei 26.000, zehn Jahre später schon bei 121.000. Dieser kontinuierliche Anstieg wurde lediglich für kurze Phasen der Konjunkturschwäche, z.B. während der Wirtschafts- und Finanzkrise 2008/2009, unterbrochen.

Das Einbrechen von Schlüsselindustrien wie etwa der deutschen Automobilbranche (Hersteller samt Zulieferer) führte dann aber zu einem spürbaren Abbau von Leiharbeitsverhältnissen. Während im Jahr 2008 noch weit über 700.000 Personen in der Zeitarbeitsbranche beschäftigt waren, belief sich diese Zahl im April 2009 nur noch auf 500.000. Dieser drastische Rückgang innerhalb kürzester Zeit macht deutlich, dass Zeitarbeit auch ein **Barometer für die Konjunktur** ist: In Zeiten guter Wirtschaftslage werden Zeitarbeiter verstärkt eingesetzt, in Zeiten des Abschwungs und der Rezession ist die Nachfrage nach Zeitarbeitern geringer. Zeitarbeiter zählen dann zu den ersten Arbeitskräften, die entlassen werden bzw. deren Arbeitsverhältnisse nicht mehr verlängert werden.

Geschichte der Zeitarbeit

Die Zeitarbeit wurde in Deutschland erstmals 1972 durch das **Gesetz zur Regelung der gewerbsmäßigen Arbeitnehmerüberlassung (Arbeitnehmerüberlassungsgesetz – AÜG)** vom 07.08.1972 gesetzlich geregelt.

Die Voraussetzung dafür, dass es in Deutschland überhaupt zu einer gewerbsmäßigen Arbeitnehmerüberlassung kommen konnte, wurde durch ein **Grundsatzurteil des BVerfG** vom 04.04.1967 geschaffen: Die Verfassungsrichter erlaubten damit die Verleihung von Zeitarbeitern durch Arbeitnehmerüberlassungsverträge und schränkten das Vermittlungsmonopol der damaligen Bundesanstalt für Arbeit (heute: Bundesagentur für Arbeit) ein.

Das Arbeitnehmerüberlassungsgesetz wurde seit seinem Erlass mehrmals geändert. Zu den wesentlichen Novellierungen zählen folgende Maßnahmen:

Am 01.01.1982 wurde die gewerbsmäßige Arbeitnehmerüberlassung in der Bauwirtschaft gesetzlich verboten. Zum 01.01.2003 wurde dieses Verbot wieder aufgelockert und allgemeingültige Tarifverträge wurden als Voraussetzungserfordernis für die Entleihung festgeschrieben.

Ein wichtiger Einschnitt war die Aufnahme des Gleichstellungsgrundsatzes (Gebot des „Equal Pay" bzw. „Equal Treatment") in das Gesetz zum 01.01.2004. Dieses heute in § 9 Nr. 2 AÜG verankerte Gebot sieht vor, dass ein Zeitarbeitnehmer unter den gleichen Arbeitsbedingungen (einschließlich des Arbeitsentgelts) arbeiten soll wie die Stammbelegschaft des Entleiherbetriebs. So soll vermieden werden, dass er als „Arbeitnehmer zweiter Klasse" behandelt wird. Allerdings sind Abweichungen durch Tarifverträge zulässig.

Die gesetzliche **Höchstdauer eines Einsatzes** von Zeitarbeitern in einem Entleiherbetrieb wurde schrittweise aufgehoben. Ursprünglich war die Höchstverleihdauer auf drei Monate begrenzt. Sie wurde ab 01.05.1985 auf sechs und später auf neun und zwölf Monate und ab 01.01.2002 auf 24 Monate angehoben, bis sie schließlich zum 01.01.2003 ganz aufgehoben worden ist.

Im Koalitionsvertrag zwischen CDU, CSU und SPD vom Dezember 2013 ist vorgesehen, dass die **Überlassungsdauer regelmäßig auf 18 Monate begrenzt** werden soll. Hiervon sollen Tarifverträge abweichen können. Eine gesetzgeberische Umsetzung dieser Erklärung der Großen Koalition steht noch aus.

Ebenfalls weggefallen ist das **Wiedereinstellungsverbot.** Seit 01.01.2004 ist nach einer Kündigung die erneute Einstellung eines Zeitarbeitnehmers zulässig, wenn das Zeitarbeitsunternehmen eine neue Beschäftigungsmöglichkeit für ihn sieht.

Mit Wirkung zum 30.04.2011 wurde eine Regelung in das Arbeitnehmerüberlassungsgesetz aufgenommen, mit der die Möglichkeit geschaffen wurde, eine **Lohnuntergrenze** (tarifvertraglicher Mindestlohn) per Rechtsverordnung verbindlich festzusetzen (§ 3a AÜG). Zur Umsetzung siehe unter „Einführung eines Mindestlohns".

Als Folge der Umsetzung von europarechtlichen Vorgaben findet das Arbeitnehmerüberlassungsgesetz mit Wirkung zum 01.12.2011 nicht mehr nur auf gewerbliche Arbeitnehmerüberlassung Anwendung; vielmehr reicht eine Arbeitnehmerüberlassung **im Rahmen einer wirtschaftlichen Tätigkeit** aus. In § 1 Abs. 1 Satz 1 AÜG (Erlaubnispflicht) wurde entsprechend das Wort „gewerbsmäßig" gestrichen und durch den Passus „im Rahmen ihrer wirtschaftlichen Tätigkeit" ersetzt. Der Gesetzestitel wurde entsprechend geändert in „Gesetz zur Regelung der Arbeitnehmerüberlassung" (früher „gewerbsmäßige" Arbeitnehmerüberlassung). In § 1 Abs. 1 AÜG wird ein neuer Satz 2 eingefügt: „Die Überlassung von Arbeitnehmern an Entleiher erfolgt **vorübergehend.**" Die Frage, ab wann eine Überlassung nicht mehr vorübergehend ist, wurde bislang höchstrichterlich durch das BAG noch nicht entschieden bzw. durch den Gesetzgeber nicht konkretisiert.

Einführung eines Mindestlohns

Seit dem Jahr 2004 hat der Deutsche Gewerkschaftsbund (DGB) mit dem Bundesverband Zeitarbeit (BZA) als Arbeitgebervertreter **Tarifverträge für die Zeitarbeitsbranche** abgeschlossen, die Eingruppierungen in neun unterschiedliche Entgeltgruppen vorsehen. Die Einführung der Tarifverträge hat aber nicht dazu beigetragen, die Lücke zwischen dem durchschnittlichen monatlichen Entgelt von Zeitarbeitnehmern und dem des regulär angestellten Personals zu verringern oder gar zu schließen.

Nachdem nach langer politischer Diskussion mit Wirkung zum 30.04.2011 im Rahmen einer Änderung des Arbeitnehmerüberlassungsgesetzes die gesetzliche Möglichkeit für eine Lohnuntergrenze geschaffen wurde (vgl. § 3a AÜG), ist am 01.01.2012 mit der **Ersten Verordnung über eine Lohnuntergrenze in der Arbeitnehmerüberlassung** ein branchenweiter Mindestlohn für die Zeitarbeit eingeführt worden.

„**Mit Wirkung zum 01.04.2014** ist die Zweite Verordnung über eine Lohnuntergrenze in der Arbeitnehmerüberlassung in Kraft getreten. Danach wurden die Beträge bis Dezember 2016 neu festgelegt."

Das Mindeststundenentgelt beträgt **im Westen**

- vom 01.04.2014 bis 31.03.2015 = 8,50 Euro,
- vom 01.04.2015 bis 31.05.2016 = 8,80 Euro,
- vom 01.06.2016 bis 31.12.2016 = 9,00 Euro.

Das Mindeststundenentgelt beträgt **im Osten**

- vom 01.04.2014 bis 31.03.2015 = 7,86 Euro,
- vom 01.04.2015 bis 31.05.2016 = 8,20 Euro,
- vom 01.06.2016 bis 31.12.2016 = 8,50 Euro.

Wichtig

Der Mindestlohn gilt für alle in Deutschland eingesetzten Zeitarbeitnehmer, und zwar unabhängig davon, ob der Arbeitgeber seinen Sitz im In- oder Ausland hat.

Branchenzuschläge in der Zeitarbeit

Zum 01.11.2012 traten erstmals Tarifverträge in Kraft, die die Zahlung von Branchenzuschlägen für Leiharbeiter in der **Metall- und Elektroindustrie** vorsehen.

Diesem „Pilotabschluss" folgten entsprechende Einigungen über Branchenzuschläge in der **chemischen Industrie** sowie in der **Papier, Pappe und Kunststoff verarbeitenden Industrie**. Weitere Branchen wie Druckindustrie, Textil- und Bekleidung sind im Jahr 2013 gefolgt.

Rechtliche Voraussetzungen

Europäische Leiharbeitsrichtlinie

Die **Richtlinie 2008/104/EG des Europäischen Parlaments und des Rates vom 19.11.2008 über Leiharbeit (Leiharbeitsrichtlinie)** sichert den ca. drei Millionen Zeitarbeitern in der Europäischen Union europaweite Mindeststandards für ihre wesentlichen Arbeitsbedingungen zu. Sie müssen vom ersten Tag ihrer Beschäftigung an hinsichtlich Entgelt, Urlaub, Arbeitszeit, Ruhezeiten und Mutterschaftsurlaub mit den regulären Arbeitnehmern im Unternehmen gleichgestellt werden. Insbesondere verankert sie den Grundsatz „gleiches Geld für gleiche Arbeit" (Equal Pay). Die Richtlinie lässt jedoch Ausnahmen zu, so etwa bei der Anwendung von Tarifverträgen.

Umsetzung in deutsches Recht

Die Richtlinie musste innerhalb von drei Jahren in **nationales Recht** übertragen werden, also bis Ende 2011. Das deutsche Recht entsprach zwar weitgehend der EU-Richtlinie. So findet sich beispielsweise schon seit dem Jahr 2004 das Verbot der geringeren Vergütung (Equal Pay) in § 9 Nr. 2 AÜG.

Durch das **Gesetz zur Änderung des Arbeitnehmerüberlassungsgesetzes – Verhinderung von Missbrauch der Arbeitnehmerüberlassung** – vom 28.04.2011 wurden weitere Vorgaben der EU-Leiharbeitsrichtlinie erfüllt und das Arbeitnehmerüberlassungsgesetz in einigen wesentlichen Punkten geändert.

Das Arbeitnehmerüberlassungsgesetz (AÜG)

Die gewerbsmäßige Arbeitnehmerüberlassung wurde im deutschen Arbeitsrecht seit 1972 im **Gesetz zur Regelung der gewerbsmäßigen Arbeitnehmerüberlassung** (seit 01.12.2011 „Gesetz zur Regelung der Arbeitnehmerüberlassung") geregelt. Zentrale Vorschriften des Arbeitnehmerüberlassungsgesetzes sind:

§ 1 Erlaubnispflicht

Verleiher von Arbeitnehmern arbeiten dann **gewerbsmäßig** i.S.v. § 1 Abs. 1 AÜG, wenn sie mit Gewinnerzielungsabsicht handeln und diese Tätigkeit auf eine gewisse Dauer angelegt ist. In diesem Fall bedürfen sie einer Erlaubnis der Bundesagentur für Arbeit, die unter bestimmten Voraussetzungen versagt werden kann (sog. Verbot mit Erlaubnisvorbehalt, §§ 1 bis 7 AÜG). Seit Dezember 2011 wird im Zuge der Ausweitung der Erlaubnispflicht auf eine Arbeitnehmerüberlassung **im Rahmen einer wirtschaftlichen Tätigkeit** abgestellt. Das Merkmal der Gewerbsmäßigkeit ist damit entfallen. Es erfolgt im Gesetz eine Klarstellung, dass Überlassungen grundsätzlich **vorübergehend** erfolgen. Keiner Erlaubnispflicht unterliegt aber die gewerbsmäßige Arbeitnehmerüberlassung zwischen Arbeitgebern, wenn die Überlassung nur **gelegentlich** erfolgt und der Arbeitnehmer nicht zum Zweck der Überlassung eingestellt und beschäftigt wird (Ausnahmetatbestand in § 1 Abs. 3 Nr. 2a AÜG).

§ 1b Einschränkungen im Baugewerbe

Zeitarbeit ist grundsätzlich quer durch alle Branchen zulässig. Besonderheiten gelten nur im Baugewerbe (§ 1b AÜG).

§ 3a Lohnuntergrenze

Mit Wirkung zum 30.04.2011 wurde für die Zeitarbeitsbranche per Gesetz die Möglichkeit geschaffen, eine Lohnuntergrenze per Rechtsverordnung verbindlich festzusetzen. Die **Erste Verordnung über eine Lohnuntergrenze in der Arbeitnehmerüberlassung** vom 21.12.2011 ist am 01.01.2012 in Kraft getreten (zu den aktuellen Mindestlöhnen siehe Abschnitt „Grundlagen").

Praxistipp

Die Einführung der Mindestlöhne für Zeitarbeit steht im Zusammenhang mit der innerhalb der Europäischen Union in Artikel 45 AEUV festgeschriebenen Grundfreiheit der **Arbeitnehmerfreizügigkeit**.

Bereits zum 01.01.2005 trat das Gesetz über die allgemeine Arbeitnehmerfreizügigkeit in Kraft. Danach dürfen sich Unionsbürger in jedem anderen EU-Mitgliedsstaat als Arbeitnehmer frei bewegen, eine Beschäftigung suchen und ausüben und sind mit inländischen Arbeitnehmern gleichzubehandeln.

Eine siebenjährige Übergangsfrist galt aber für die erst im Jahr 2004 der EU beigetretenen acht Länder Polen, Ungarn, Tschechien, Slowakei, Slowenien, Estland, Lettland und Litauen (sog. „EU-8"). Für Bürger dieser EU-Staaten gilt die Freizügigkeit erst seit 01.05.2011.

Der rechtzeitig zu diesem Datum eingeführte Mindestlohn soll verhindern, dass ausländische Dumpinglöhne den deutschen Arbeitsmarkt beeinflussen.

§ 9 Nr. 2 AÜG Equal-Pay-/Equal-Treatment-Gebot und „Drehtürklausel"

Für Zeitarbeiter gelten **dieselben wesentlichen Arbeitsbedingungen** wie für die vergleichbaren regulären Beschäftigten des Entleihers. Dieser Gleichstellungsgrundsatz, verankert seit dem 01.01.2004 in § 9 Nr. 2 AÜG, wird oft mit dem englischen Ausdruck „Equal Treatment and Pay" (gleiche Behandlung und Bezahlung) bezeichnet.

- Hierbei gilt aber die Ausnahme, dass aufgrund von Tarifverträgen von diesem Grundsatz des **Equal Pay and Equal Treatment** abgewichen werden darf! Dies kann entweder dadurch geschehen, dass das Leiharbeitsverhältnis direkt von einem Tarifvertrag erfasst wird. Oder die Einzelarbeitsverträge zwischen Verleiher und Leiharbeitnehmer nehmen Bezug auf einen geltenden Tarifvertrag. Das Gesetz stellt aber klar, dass der Tarifvertrag keine Unterschreitung der seit 30.04.2011 festgesetzten Mindestlöhne vorsehen darf (§ 9 Nr. 2 AÜG).

- Mit der ebenfalls zum 30.04.2011 eingeführten sog. **„Drehtürklausel"** wurde das Verbot gesetzlich verankert, Stammbeschäftigte zu entlassen und unmittelbar danach bzw. kurze Zeit später entweder in demselben Unternehmen oder in einem anderen Unternehmen desselben Konzerns wieder als Zeitarbeitskräfte zu schlechteren Arbeitsbedingungen einzusetzen. Danach gilt eine abweichende tarifliche Regelung nicht für Leiharbeitnehmer, die in den letzten sechs Monaten vor der Überlassung an den Entleiher aus einem Arbeitsverhältnis bei diesem oder einem Arbeitgeber, der mit dem Entleiher einen Konzern bildet, ausgeschieden sind (§ 9 Nr. 2 AÜG am Ende).

Damit soll dem Missbrauch von Zeitarbeit durch systematische Substituierung der Stammbelegschaft durch Zeitarbeiter begegnet werden.

§ 13a Informationspflicht des Entleihers über freie Arbeitsplätze

In Umsetzung der EU-Leiharbeitsrichtlinie erhalten Zeitarbeitskräfte künftig **mehr Rechte im Entleiherbetrieb:** Entleiher müssen seit 01.12.2011 Zeitarbeitnehmer über frei werdende Stellen in ihrem Betrieb informieren.

§ 13b Zugang des Leiharbeitnehmers zu Gemeinschaftseinrichtungen oder -diensten

Außerdem erhalten Zeitarbeitnehmer den Zugang zu Gemeinschaftsdiensten und -einrichtungen, wie beispielsweise Betriebskindergarten, Kantine, Beförderungsmittel etc.

§ 14 Mitwirkungs- und Mitbestimmungsrechte

Der Betriebsrat des Entleiherunternehmens ist vor der Übernahme eines Leiharbeitnehmers zur Arbeitsleistung nach § 99 BetrVG zu beteiligen (§ 14 Abs. 3 AÜG). Zur Reichweite dieses Mitbestimmungsrechts liegt seit dem Beschluss des BAG vom 17.06.2008 – 1 ABR 39/07 – inzwischen auch höchstrichterliche Rechtsprechung vor.

Im Detail siehe dazu Ausführungen im Abschnitt „Vorgehensweise des Betriebsrats".

Sicht des Arbeitgebers

Vorteile für den Entleiher

Die Vorteile für Entleihbetriebe durch den Einsatz von Zeitarbeitern sind unbestritten:
- hohe Flexibilität beim Einsatz der externen Arbeitskräfte
- kein Kündigungsschutz
- Einsparung von Personalkosten

Der Entleiher profitiert von der Zeitarbeit insbesondere bei **Nachfragespitzen,** da hier keine regulären Arbeitskräfte gesucht und eingestellt werden müssen. Bei Nachlassen der Nachfrage können die Zeitarbeitsverhältnisse wieder beendet werden – **Entlassungen des Stammpersonals werden vermieden.**

Der Entleihbetrieb spart Kosten für das Bewerbungsverfahren inklusive der Werbung und Ausgaben in der Personalabteilung. Da der Verleiher bei Ausfall des Zeitarbeiters z.B. durch Krankheit entweder nicht bezahlt wird oder Ersatz stellen muss, ergeben sich auch hier **Kosteneinsparungen.** Der Entleiher ist außerdem nicht verpflichtet, den eigenen Tarif zu zahlen, sondern nur den mit dem Verleiher vereinbarten Preis, und braucht **keine Kündigungsfristen** einzuhalten oder Abfindungen zu zahlen.

Missbrauch von Zeitarbeit? – Kritik der Gewerkschaften

Unstrittig ist, dass manche Arbeitgeber durch den gezielten Einsatz von Zeitarbeitern Teile ihrer Stammbelegschaft ersetzen. Das soll Statistiken zufolge für etwa ein Viertel der Unternehmen gelten, die Verträge mit Zeitarbeitsfirmen geschlossen haben. Die Zeitarbeitsbranche war insbesondere zum Jahresbeginn 2010 heftig in die negativen Schlagzeilen geraten, nachdem bekannt geworden war, dass eine große Drogeriemarktkette Mitarbeiter entlassen und über eine konzerneigene Zeitarbeitsfirma zu geringeren Löhnen wieder eingestellt hatte.

Hier setzt auch die gesellschaftliche Kritik an: So wird von gewerkschaftlicher Seite argumentiert, dass **weniger Zeitarbeitsplätze geschaffen als reguläre Arbeitsplätze ersetzt** werden. Diese These ist aber unter Wirtschaftswissenschaftlern umstritten: Einige Ökonomen vermuten, dass zahlreiche zusätzliche Arbeitsplätze entstehen, weil Unternehmen ein geringeres Risiko eingehen und daher schneller einstellen. Dadurch würden auch in solchen Situationen Arbeitnehmer eingestellt, in denen man ansonsten mit Überstunden oder Preissteigerung auf die gestiegene Nachfrage reagiert hätte.

Unstrittig ist dagegen, dass durch Zeitarbeit das **allgemeine Lohnniveau abgesenkt** wird.

Auswirkungen auf die Arbeitnehmer

Worauf sich Zeitarbeitnehmer einstellen müssen

Ob eine Beschäftigung als Zeitarbeitnehmer/Zeitarbeitnehmerin die richtige Lösung ist, bleibt immer eine individuelle Entscheidung, bei der es auf die fachliche Qualifikation, persönliche Lebensumstände und finanzielle Aspekte ankommt.

Im Folgenden werden anhand von beispielhaften Fragen zur Selbsteinschätzung der individuellen Situation ein paar **grundsätzliche Bedingungen** angesprochen, die für den Einsatz als Zeitarbeitnehmer vorausgesetzt werden. Sie können als Entscheidungshilfe dienen bei der Prüfung, ob diese besondere Beschäftigungsform für den Arbeitnehmer überhaupt infrage kommt:

Mobilität
- Sind Sie bereit, auch außerhalb Ihres Wohnorts zu arbeiten?
- Können Sie sich vorstellen, an verschiedenen Einsatzorten tätig zu sein?

Flexibilität
- Fällt es Ihnen leicht, sich auf wechselnde Arbeitsorte, andere Arbeitsbedingungen und neue Arbeitskollegen/Vorgesetzte einzustellen?
- Können Sie sich schnell auf veränderte Situationen am Arbeitsplatz einstellen? Arbeiten Sie sich gerne in neue Arbeitsgebiete ein?
- Können Sie damit umgehen, manchmal sehr kurzfristig bei einem Entleihbetrieb eingesetzt zu werden und dann im Gegenzug wieder längere arbeitsfreie Phasen ohne einen Einsatz zu haben?
- Sind Sie bereit, in solchen arbeitsfreien Zeiten eine Weiterbildung zu absolvieren?

Familiäre Situation
- Sind Sie bei Ihrer Urlaubsplanung flexibel oder z.B. an feste Zeiten (z.B. Schulferien) gebunden?

Finanzielle Situation
- Würden Sie Gehaltsabstriche im Vergleich zu ihrem letzten Verdienst in Kauf nehmen?
- Können Sie sich damit abfinden, dass die Chance, in einem Entleiherbetrieb einen festen Arbeitsplatz zu bekommen, eher gering ist?

Fazit
Wenn Sie als Arbeitnehmer die meisten dieser Fragen mit „Ja" beantwortet haben, dann könnte Zeitarbeit eine Möglichkeit für Sie sein. Reagieren Sie auf den Großteil der Fragen eher mit „Nein", dann sollten Sie sich fragen, ob Zeitarbeit wirklich das Richtige für Sie ist.

Vorgehensweise des Betriebsrats

Zeitarbeiter dürfen beim Entleiher Betriebsrat wählen

Zeitarbeitnehmer, die **länger als drei Monate** im Entleiherbetrieb zur Arbeitsleistung eingesetzt werden, dürfen dort bei der Betriebsratswahl mitwählen. So sieht es § 7 Satz 2 BetrVG (seit 2001) ausdrücklich vor. Allerdings wird ihnen nach drei Monaten nur das aktive Wahlrecht zugesprochen, ein passives Wahlrecht (Wählbarkeit) im Entleiherbetrieb erwerben Zeitarbeitnehmer nicht.

Zeitarbeiter zählen jetzt auch für Betriebsratsgröße des Entleihers

§ 14 Abs. 1 AÜG stellt klar, dass Zeitarbeitnehmer nach ihrer betriebsverfassungsrechtlichen Stellung Arbeitnehmer des Verleihbetriebs (Zeitarbeitsunternehmens) bleiben. § 14 Abs. 2 AÜG gewährt Zeitarbeitnehmern nur ein Teilnahmerecht an Betriebsversammlungen und die Möglichkeit, die Sprechstunden des Betriebsrats in Anspruch zu nehmen.

Daraus hat das BAG bisher die Konsequenz gezogen, dass Zeitarbeiter beim Entleiher zwar unter den o.g. Voraussetzungen den Betriebsrat **wählen** können, aber im Hinblick auf die Berechnung von dessen Mandaten (Betriebsratsgröße) und Freistellungen **nicht mitzählen** (so: BAG, Beschluss vom 16.04.2003 – 7 ABR 53/02 –).

Im Jahr 2013 hat der Siebte Senat des BAG diesen bislang geltenden Grundsatz **„Wählen – aber nicht zählen"** überraschend aufgegeben. Mit Urteil vom 13.03.2013 – 7 ABR 69/11 – hat das Gericht in Abkehr zu seiner bisherigen Rechtsprechung festgestellt, dass Zeitarbeitnehmer bei der für die Größe des Betriebsrats maßgeblichen Anzahl der Arbeitnehmer (Schwellenwert nach § 9 BetrVG) grundsätzlich zu berücksichtigen sind.

Herausforderung für Betriebsräte

Insbesondere in Betrieben mit hohem Zeitarbeiteranteil bestimmen diese atypischen Arbeitsverhältnisse den Betriebsalltag wesentlich mit. Nur selten läuft das Nebeneinander von Stammbelegschaft und Zeitarbeitern ohne Konflikte ab. Zeitarbeiter haben zwar die Möglichkeit, die Sprechstunden des Betriebsrats zur Kontaktaufnahme zu nutzen, oft nehmen sie solche Angebote aber aus Angst vor negativen Folgen überhaupt nicht wahr.

Aufgrund ihres zeitlich begrenzten Arbeitseinsatzes identifizieren sich Zeitarbeitnehmer meistens nur bedingt mit dem Unternehmen. Viele leiden unter ihrer Rolle als „Fremdmitarbeiter", wenn sie nur unzureichend in die soziale Struktur des entleihenden Unternehmens integriert werden und das Konkurrenzverhalten regulärer Mitarbeiter spüren.

Aufgaben und Mitbestimmung des Betriebsrats bei Zeitarbeit

Die kollektivrechtlichen Vorschriften zur Mitbestimmung des Betriebsrats finden regelmäßig auch für Zeitarbeitnehmer Anwendung. Hier werden die zentralen Rechte und Pflichten des Betriebsrats mit Bezug zur Zeitarbeit erläutert:

- **§ 75 BetrVG**
  § 75 Abs. 1 BetrVG statuiert eine **Überwachungspflicht** des Betriebsrats. Er hat gemeinsam mit dem Arbeitgeber darüber zu wachen, dass die Beschäftigten nach den Grundsätzen von Recht und Billigkeit behandelt werden und insbesondere Benachteiligungen unterbleiben. Diese Pflicht greift nicht nur im Hinblick auf die Stammbelegschaft, sondern auch gegenüber externem Personal. Der Betriebsrat hat daher dem besonderen **Schutzbedürfnis der Zeitarbeitnehmer** Rechnung zu tragen und deren Interessen aktiv wahrzunehmen.

- **§ 80 BetrVG**
  Gemäß § 80 Abs. 1 Nr. 1 BetrVG hat der Betriebsrat darüber zu wachen, dass die zugunsten der Beschäftigten geltenden Gesetze, Verordnungen, Unfallverhütungsvorschriften, Tarifverträge und Betriebsvereinbarungen eingehalten und durchgeführt werden. Dazu gehören auch alle **Schutzvorschriften für Zeitarbeitnehmer.** § 80 Abs. 2 BetrVG enthält ein spezielles Informationsrecht des Betriebsrats gegenüber dem Arbeitgeber zu Zeitarbeitnehmern und anderen Beschäftigten, die nicht in einem Arbeitsverhältnis zum Arbeitgeber stehen.

- **§ 87 BetrVG**
  Die in dieser Vorschrift geregelten Mitbestimmungstatbestände in **sozialen Angelegenheiten** für den Betriebsrat gelten, soweit der Entleiher (und nicht der Verleiher!) Weisungsbefugnis ausübt (also Nr. 1, 2, 3, 6, 7, 12 und 13). Das Mitbestimmungsrecht in Fragen der Lohngestaltung liegt dagegen beim Betriebsrat des Verleihers.

- **§§ 90, 92, 92a BetrVG**
  Zu den Maßnahmen, über die der Betriebsrat unter Vorlage der erforderlichen Unterlagen zu unterrichten ist, gehört auch die Beschäftigung von externem Personal. Zur **Personalplanung,** über die er rechtzeitig und umfassend zu unterrichten ist, gehört der geplante Einsatz von Zeitarbeitnehmern. Der Betriebsrat kann im Rahmen seines Vorschlagsrechts zur Beschäftigungssicherung auch Vorschläge zum Umgang mit Zeitarbeit machen.

- **§ 99 BetrVG**
  Der Betriebsrat ist vor der Übernahme eines Zeitarbeitnehmers zur Arbeitsleistung nach § 99 BetrVG zu beteiligen. Dies regelt § 14 Abs. 3 AÜG ausdrücklich.

Nach der Rechtsprechung des BAG hat bei der **Eingruppierung** von Zeitarbeitnehmern der Betriebsrat im Entleiherbetrieb aber keine Mitbestimmungsrechte, sondern nur der Betriebsrat im **Verleiherbetrieb.**

Siehe Rechtsprechung „Mitbestimmung des Betriebsrats bei Eingruppierung von Leiharbeitnehmern".

Fazit

Als Betriebsrat in einem Unternehmen mit Zeitarbeitern haben Sie eine schwierige Schlichtungsfunktion wahrzunehmen: Sie müssen auf der einen Seite die angestammten Rechte der Stammbelegschaft wahren und andererseits die besonderen Interessen der Zeitarbeiter vertreten, ohne diese als „Arbeiter zweiter Klasse" zu behandeln.

Nicht alle Probleme der Zeitarbeiter (weniger Geld für gleiche Arbeit, vage Aussichten auf eine Festanstellung) lassen sich lösen. Ziel der Betriebsratsarbeit kann daher nur sein, den Einsatz von Zeitarbeit zu kontrollieren und zu gestalten. Das bringt viel zusätzliche Arbeit, für die oft nicht die dafür erforderliche Personalausstattung vorhanden ist.

Ihre digitalen Arbeitshilfen

 Sie erhalten direkt einsetzbare Arbeitshilfen zu diesem Stichwort. So können Sie schnell und einfach Ihre benötigte Arbeitshilfe finden und diese gleich am PC bearbeiten.

Arbeitshilfen
- Checkliste: Zeitarbeitsvertrag
- Zehn Fragen und Antworten zur Zeitarbeit

Stichwortverzeichnis

A

Änderungskündigung 149
Arbeitszeit
– § 2 ArbZG Begriff 18
– Auswirkungen auf die Arbeitnehmer 26
– Beginn 15
– Begriff 15
– Bereitschaftsdienst 18
– Berufsschultage 17
– Betriebsveranstaltungen 17
– Dienstreise 16
– Ende 15
– Flexibilisierung 24
– Höchstarbeitszeiten 19
– Lage 21
– Pausen 15
– rechtliche Voraussetzungen 18
– Rufbereitschaft 18
– Ruhepausen 19
– Ruhezeiten 21
– Sonderregelungen 21
– Waschen und Umkleiden 15
– Wegezeit 16
Arbeitszeitbegriff
– Einführung 15
– Grundlagen 15
– Sicht des Arbeitgebers 25
– Vorgehensweise des Betriebsrats 27
Arbeitszeiterfassung
– Arbeitszeitbetrug 39
– Arten 34
– Aufsichtspflichten des Betriebsrats 44
– Betriebsvereinbarung 46
– Grundlagen 33
– Manipulation 39
– Mitbestimmungsrechte des Betriebsrats 44
– mobile 37
– Nachteile 34
– rechtliche Voraussetzungen 39
– Vorgehensweise des Betriebsrats 44
– Vorteile 33
– Vorteile aus Arbeitgebersicht 42
– Vorteile aus Arbeitnehmersicht 43

Arbeitszeitkonten
– Abgrenzung zur Mehrarbeit 64
– Arbeitsausfall 68
– Ausgleichsanspruch 49
– Auswirkungen auf die Arbeitnehmer 75
– Flexi-Gesetz 61
– Grundlagen 49
– Haftung des Arbeitgebers 71
– Historische Entwicklung 51
– Insolvenzsicherung 69
– Krankheit 66
– Langzeitkonten 56
– Modelle 51
– Negativsaldo 63
– rechtliche Voraussetzungen 61
– Sicht des Arbeitgebers 73
– Übertragung von Wertguthaben 65
– Voraussetzungen 50
– Vorgehensweise des Betriebsrats 76
– Weisungsrecht des Arbeitgebers 62
– Zeitguthaben 49
– Zeitschulden 49

B

Bereitschaftsdienst
– Anordnung 91
– Arbeit auf Abruf 80
– Arbeitsbereitschaft 78
– Arbeitszeitgesetz 81, 93
– Arbeitszeitverlängerung mit Ausgleich 84
– Arbeitszeitverlängerung ohne Ausgleich 85
– Aufenthaltsort 92
– Auswirkungen auf die Arbeitnehmer 92
– Begriff 78
– Betriebsvereinbarung 95
– Einführung 94
– Grundlagen 78
– Mitbestimmungsrechte 94
– Nachtarbeit 83
– Opt-out-Regelung 85
– Pausenregelung 82
– Personengruppen 80
– rechtliche Voraussetzungen 81

- Regelmäßiges Vorliegen 84
- Rufbereitschaft 79, 92
- Ruhezeiten 83
- Sicht des Arbeitgebers 91
- TVöD 87
- Vorgehensweise des Betriebsrats 93

E

Elternzeit
- Anhörungsrecht vor Kündigung 126
- Antrag 108
- Arbeitshilfen 128
- Arbeitslosigkeit 119
- Aufteilung 106
- Auswirkungen auf die Arbeitnehmer 124
- Betreuungsfälle 103
- Bundeselterngeld- und Elternzeitgesetz 97
- Dauer 104
- Elterngeld 97
- Grundlagen 97
- Kürzung des Erholungsurlaubs 118
- Mitbestimmungsrecht 126
- rechtliche Voraussetzungen 103
- Sicht des Arbeitgebers 122
- Sonderkündigungsschutz 116
- Sozialversicherung 120
- Teilzeitanspruch 112
- Teilzeitbeschäftigung 110
- Übertragbarkeit 105
- Unterstützung des Betriebsrats 126
- Väterbeteiligung 97
- Verkürzung 106
- Verlängerung 106
- Vorgehensweise des Betriebsrats 126

Entgeltfortzahlung
- Krankheitsfall 170

Ersatzruhetag 265

F

Familienpflegezeit
- Ankündigungspflichten 207
- Arbeitszeit 211
- Auswirkungen auf die Arbeitnehmer 209
- Begriff 200
- Bürokratieaufwand 208
- Ersatzkraft 205, 207
- Familienpflegezeitgesetz 205
- Grundlagen 196
- Kündigung 211
- kurzzeitige Arbeitsverhinderung 201
- nahe Angehörige 200
- Pflegebedürftigkeit 200
- Pflegezeit 202
- Pflegezeitgesetz 201
- rechtliche Voraussetzungen 200
- Rechtsanspruch 210
- Sicht des Arbeitgebers 207
- Sonderkündigungsschutz 204
- teilweise Freistellung 203, 207, 209
- Verlängerung 203
- Vorgehensweise des Betriebsrats 211
- vorzeitige Beendigung 203, 207

Flexi-I-Gesetz 70
Flexi-II-Gesetz 61, 70
Funktionsgleitzeit
- erweitert 132

G

Gleitzeit
- Auswirkungen auf die Arbeitnehmer 139
- Direktionsrecht 138
- einfach 133
- Einführung 140
- Funktionsgleitzeit 131
- Grundlagen 129
- Kernarbeitszeit 129
- Krankheit 136
- Leistungsbestimmungsrecht 133
- Mitbestimmung 140
- Modelle 130
- Pausenregelung 135
- qualifiziert 133
- Rahmenarbeitszeit 129
- rechtliche Voraussetzungen 133
- Sicht des Arbeitgebers 137
- Sollarbeitszeit 130
- sozialversicherungsrechtliche Bedeutung 136
- Spätdienstzulage 134
- Streikteilnahme 135

Stichwortverzeichnis

- Urlaub 135
- Vorgehensweise des Betriebsrats 140
- zulässige Arbeitszeit 134

Gleitzeitkonten
- Überwachung 140

K

Kurzarbeit
- Aktuelle Maßnahmen 146
- Änderungskündigung 149
- Arbeitsvertrag 149
- Auswirkungen auf die Arbeitnehmer 154
- Betriebsvereinbarung 148
- Einführung 151
- Entlassungssperre 151
- Ermächtigungsgrundlage 147
- Folgen für das Arbeitsverhältnis 144
- Grundlagen 143
- Initiativrecht 157
- Kurzarbeitergeld 145
- Massenentlassung 143, 150, 159
- rechtliche Voraussetzungen 147
- Saisonkurzarbeit 144
- Sicht des Arbeitgebers 153
- Transferkurzarbeit 144, 160
- Verhandlungen 158
- Vorgehensweise des Betriebsrats 156
- Zulässigkeit 151
- Zustimmung des Betriebsrats 156

Kurzarbeit Null 143
Kurzarbeitergeld 147

M

Mehrarbeit
- Abbau 178
- Abgeltung 167
- Arbeitszeitgesetz 164
- Aufzeichnungspflicht 166
- Auswirkungen auf die Arbeitnehmer 174
- Begriff 162
- Entwicklung 163
- Ersetzungsbefugnis 169
- Freizeitausgleich 168
- Grundlagen 162
- Informationsrechte 178
- Jugendliche 165
- Mitbestimmungsrecht 172, 177
- Mütter 165
- Notfälle 166
- Rahmenregelungen 179
- rechtliche Voraussetzungen 164
- Schwerbehinderte 165
- Sicht des Arbeitgebers 172
- unbezahlte Überstunden 163
- Verweigerung 174
- Vorgehensweise des Betriebsrats 177
- Vorteile 172

N

Nachtarbeit
- Auswirkungen 230

Nebenbeschäftigung
- Anzeigepflicht des Arbeitnehmers 186
- Arbeitsunfähigkeit 189
- Arbeitszeitgrenzen 187
- Auswirkungen auf die Arbeitnehmer 192
- Begriff 182
- Erholungsurlaub 188
- Erlaubnisvorbehalt 184
- Genehmigungsvorbehalt 184
- Gesetzliche Nebenbeschäftigungsverbote 186
- Grundlagen 182
- rechtliche Voraussetzungen 184
- Schwarzarbeit 189
- Sicht des Arbeitgebers 190
- Statistik 183
- Verbot 184
- Vorgehensweise des Betriebsrats 194
- Wettbewerbsverbot 186
- Widerrufsvorbehalt 185
- Zweitjob 183

P

Pflegezeit
- Familienpflegezeitgesetz 198
- Freistellungsansprüche nach dem Pflegezeitgesetz 201
- Grundlagen 196

Stichwortverzeichnis

- Pflegebedürftigkeit 200
- Pflegesituation in Deutschland 196
- Pflegezeitgesetz 196
- Sonderkündigungsschutz 204

R

Rufbereitschaft
- Ausgestaltung 94
- Einführung 94

S

Sabbatical
- Arbeitszeitgesetz 215
- Auswirkungen auf die Arbeitnehmer 224
- Betriebsangehörigkeit 216
- Betriebsvereinbarung 216, 226
- Erkrankung 217
- Grundlagen 213
- Kosten 222
- Lohnverzicht 214
- Mitbestimmungsrechte 226
- Planung 223
- rechtliche Voraussetzungen 215
- Sicht des Arbeitgebers 222
- Überstundenabbau 214
- Vorgehensweise des Betriebsrats 226

Saisonkurzarbeit 143

Schichtarbeit
- ältere Arbeitnehmer 239
- Arbeitnehmerschutzgesetze 234
- arbeitsmedizinische Untersuchung 236
- Arbeitszeitgesetz 234
- Ausgleich für die Nachtarbeitsstunden 237
- Auswirkungen 230
- Auswirkungen auf die Arbeitnehmer 244
- Begriff 228
- Begriffsdefinitionen 233
- besondere Personengruppen 239
- Branchen 229
- Gestaltungsmöglichkeiten 242
- Gesundheitsschutz 231
- Grundlagen 228
- höchstzulässige Nachtarbeitszeit 235
- Jugendliche 240

- Mitbestimmungsrechte 248
- Modelle 228
- Nachtarbeit 233
- Nachtarbeitnehmer 233
- Nachtzeit 233
- Pflichten des Arbeitgebers 242
- Rechte des Arbeitnehmers 244
- rechtliche Voraussetzungen 233
- Schwangere 240
- Schwerbehinderte 240
- Sicht des Arbeitgebers 241
- Stillende 240
- Systeme 228
- Überwachungspflicht 249
- Umsetzungsanspruch 237
- Unterlassungsanspruch 248
- Voraussetzungen 242
- Vorgehensweise des Betriebsrats 247
- Zuschlag 238

Sonn-/Feiertagsarbeit
- Aufsichtsbehörde 258
- Ausgleichsleistungen 259
- Auskunftsrecht 266
- Auswirkungen auf die Arbeitnehmer 264
- Behördliche Genehmigung 265
- Beschäftigungsverbot 254
- Betriebsänderung 266
- Branchen 252
- Ersatzruhetag 260
- Genehmigungsfreie Sonn- und Feiertagsarbeit 255
- Genehmigungspflichtige Sonn- und Feiertagsarbeit 257
- Grundlagen 252
- Höchstarbeitszeit 260
- kulturelle Bewertung 253
- Leistungsverweigerungsrecht 264
- Mindestruhezeiten 254
- Notfälle 266
- rechtliche Voraussetzungen 254
- Ruhe und Entspannung 252
- Sicht des Arbeitgebers 262
- Sonntagsruhe 254
- Verlängerung der betrieblichen Arbeitszeit 265
- Verzicht 253

Stichwortverzeichnis

   – Vorgehensweise des Betriebsrats 265
   – Zuschläge 261

T

Tarifvertragliche Kurzarbeit 147
Teilzeitbeschäftigung
   – Ablehnungsgründe 284
   – Anspruchsvoraussetzungen 283
   – Antragsfrist 287
   – Arbeit auf Abruf 276, 293
   – Arbeitsablauf 285
   – Arbeitshilfen 304
   – Arbeitsplatzteilung 276
   – Ausbildung 292
   – Ausschreibung von Arbeitsplätzen 281
   – Auswirkungen auf die Arbeitnehmer 299
   – Begriff 271
   – betriebliche Gründe 284
   – Diskriminierungsverbot 278
   – Drei-Stufen-Theorie 287
   – gesetzliche Anspruchsgrundlagen 269
   – Grundlagen 269
   – Information über freie Arbeitsplätze 282
   – Kosten und Nutzen für den Arbeitgeber 297
   – Minijob 274
   – Modelle 273
   – rechtliche Voraussetzungen 278
   – Rechtsanspruch nach TzBfG 283
   – Reduzierung der Arbeitszeit 301
   – Rückkehr zur Vollzeitarbeit 291
   – Sicht des Arbeitgebers 297
   – Statistik 271
   – Verlängerung der Arbeitszeit 302
   – Vorgehensweise des Betriebsrats 301
   – Vorteile und Risiken für die Arbeitnehmer 299
   – Weiterbildung 292
Telearbeit
   – Arbeitsbedingungen des Betriebsrats 332
   – Arbeitsschutzrecht 314
   – Arten 305
   – Auswirkungen auf die Arbeitnehmer 326
   – Begriff 305
   – beratende Funktion des Betriebsrats 331
   – Dauer der Arbeitszeit 317

   – Einführung 321
   – Entwicklung 308
   – Europäische Rahmenvereinbarung 309
   – Grundlagen 305
   – Haftung 321
   – Haftungsfragen 319
   – Heimarbeit 312
   – Lage der Arbeitszeit 317
   – Mehrarbeit 318
   – Mitbestimmung 329
   – persönliche Voraussetzungen 310
   – Pilotprojekt 308
   – rechtliche Voraussetzungen 312
   – Rechtslage 312
   – Rückkehr auf den alten Arbeitsplatz 323
   – Selbständigkeit 312
   – Sicht des Arbeitgebers 324
   – Vorgehensweise des Betriebsrats 329
   – Weisungsgebundenheit 313
Transferkurzarbeit 143, 160

U

Überstunden
   – Abgeltung 167
   – Aufzeichnungspflicht 166
   – Auswirkungen auf die Arbeitnehmer 174
   – Begriff 162
   – Entwicklung 163
   – Freizeitausgleich 168
   – Grundlagen 162
   – Jugendliche 165
   – Mehrarbeitsvergütung 168, 175
   – Mehrarbeitszuschlag 167
   – Mütter 165
   – Notfälle 166
   – pauschale Abgeltung 169
   – Schwerbehinderte 165
   – Sicht des Arbeitgebers 172
   – unbezahlt 163
   – Vorgehensweise des Betriebsrats 177
Urlaub
   – Abgeltung 347
   – allgemeine Grundsätze 355
   – Altersteilzeit 337
   – Arbeitgeberwechsel 346

- Arten 335
- Auswirkungen auf die Arbeitnehmer 354
- Beschäftigungsverbote 337
- Betriebsurlaub 335
- Betriebsvereinbarung 356
- Bildungsurlaub 336
- Bundesurlaubsgesetz 339
- Elternzeit 336
- Entgeltfortzahlung 347
- Erkrankung 346
- Familienpflegezeit 337
- Feiertage 343
- gesetzliche Vorschriften 339
- Gratifikation 347
- Grundlagen 335
- Kündigung 346
- Mindesturlaub 341
- Mutterschutz 337
- Pflegezeit 337
- rechtliche Voraussetzungen 341
- Sabbatical 336
- Sicht des Arbeitgebers 352
- Sondergesetze 339
- Sonderurlaub 336
- Teilurlaub 344
- Übertragung 348
- Urlaubsplan 355
- Verfall 350
- Vorgehensweise des Betriebsrats 355
- Wartezeit 344
- widersprechende Erwerbstätigkeit 346
- Zeitpunkt 345

V

Vertrauensarbeitszeit
- Arbeitsrechtliche Schutzvorschriften 370
- Arbeitszeitorganisation 359
- Aufzeichnungspflicht 371
- Ausgestaltung 363
- Auswirkungen auf die Arbeitnehmer 375
- Betriebsvereinbarung 377
- Grundlagen 359
- Nachteile 362
- Rechtliche Voraussetzungen 370
- Sicht des Arbeitgebers 372
- Überlastungsreaktion 366
- Varianten 360
- Vertrauenskultur 366
- Vorgehensweise des Betriebsrats 376
- Vorteile 361

Z

Zeitarbeit
- Arbeitnehmerüberlassungsgesetz 384
- Auswirkungen auf die Arbeitnehmer 388
- Begriff 380
- Entstehung 380
- Europäische Leiharbeitsrichtlinie 384
- Geschichte 381
- Mindestlohn 382
- rechtliche Voraussetzungen 384
- Sicht des Arbeitgebers 387
- Vorgehensweise des Betriebsrats 389